Sous-estimation de soi
et contraintes au succès

Points de vue
Collection dirigée par Denis Pryen

Dernières parutions

Jean-Bosco Germain ESAMBU MATENDA, *Conflits identitaires et enjeux économiques internationaux dans la région des Grands Lacs,* 2014.
Serge TCHAHA et Christophe DEGAULE, *Le lion's spirit,* 2014.
SHANDA TONME, *La presse en accusation. Soupçons sur un pouvoir au-dessus de tous les pouvoirs*, 2014.
Armand SALOUO, *Vaincre la corruption en Afrique, la solution patrimoniale,* 2014.
Jonas SILIADIN, *Togo, démocratie impossible ?,* 2014.
Daniel NKOUTA, *La question nationale au Congo-Brazzaville*, 2014.
Georges MAVOUBA-SOKATE, *La construction d'une conscience nationale au Congo par les musiciens*, 2014.
Martine et Jean-Pierre VERNIER – Élisabeth ZUCKER-ROUVILLOIS, *Être étranger en terre d'accueil*, 2013.
Grégoire LEFOUOBA, *Curriculum vitae du Congo, Rive Droite,* 2013.
Bastaine Yannick MOUBAMBA, *Mythe de l'eldorado et psychopathologie*, 2013.
Jérôme GUIHO, *Mahamadou Danda, un Nigérien libre*, 2013.
Henri PEMOT, *Mali. Lettre ouverte au président*, 2013.
Rachel-Albert KISONGA MAZAKALA, *L'idéologie du Lumumbisme,* 2013.
Jean Carletto BOPOUNGO, *L'insertion professionnelle des jeunes en échec scolaire. Le projet des z'héros*, 2013.
Cédric ONDAYE-EBAUH, *Crises financières internationales et pays en développement. Les enseignements pour le Congo Brazzaville,* 2013.
Anicet BOKA, *Coupé-décalé. Le sens d'un genre musical en Afrique*, 2013.
Denise BUCUMI-NKURUNZIZA, *The power of hope. The First Lady of Burundi. My story,* 2013.
Alexandra FOUILLOUX, *Les enjeux de la crise dans le delta du Niger*, 2013.
Mosamete SEKOLA, *Combat pour la résurrection du MNC*, 2013.
Romain Mensan SÉMÉNOU, *l'Afrique n'a pas dit son dernier mot : l'inculturation,* 2013.
Martial BISSOG, *Chroniques pour l'émergence d'une Afrique rayonnante*, 2013.

Dr. Bruno T. Mukendi

Sous-estimation de soi et contraintes au succès

Un agenda d'action pour l'avancement africain

L'Harmattan

5-7, rue de l'École-Polytechnique ; 75005 Paris

http://www.librairieharmattan.com
diffusion.harmattan@wanadoo.fr
harmattan1@wanadoo.fr

ISBN : 978-2-343-03314-3
EAN : 9782343033143

A toi Etty Bela, ma très chère épouse.
A nos enfants, Fanny Christian, Desacre, Gloryson, Trezila et Eden.
A ma mère Christine Kaseka.
A vous tous, je dédie cet ouvrage pour votre inconditionnel amour et soutien.

Remerciements

Ce livre a fait l'objet de nombreuses années de recherches et plusieurs personnes ont contribué de loin ou de près, directement ou indirectement, au développement de son contenu et à sa matérialisation. Je voudrais dans les lignes qui suivent leur exprimer mes sentiments de vive gratitude.

Mes remerciements vont d'abord aux cadres africains qui ont participé à la série des séminaires de formation organisés par Washington International Management Institute (WIMI) depuis 1995. Ils m'ont consciemment ou inconsciemment enrichi avec leurs idées et préoccupations sur le thème de cet ouvrage et son importance pour le développement de l'homme noir en général, et de l'Africain en particulier. J'adresse, par la même occasion, mes remerciements à toutes les personnes qui ont accepté de répondre à mes questions durant les travaux de recherches.

Je remercie d'une façon particulière mes collègues formateurs à WIMI, Dr. Phillip LeBel, Professeur émérite d'Économie et ancien Directeur du Centre de recherche économique sur l'Afrique de l'Université de Montclair à New Jersey et Dr. Mourad Benachenhou, ancien Directeur Exécutif de la Banque mondiale pour leurs conseils de relecture qui m'ont été d'un précieux secours. Je suis également redevable au Dr. Georges Nzongola-Ntalaja, Professeur d'Études africaines à l'Université de Caroline du Nord à Chapel Hill ; au Dr. Francis B. Nyamnjoh, Professeur et Chef de Département d'Anthropologie sociale à l'Université du Cap Town en Afrique du Sud, et à M. Pierre Claver Damiba, ancien Directeur Régional du PNUD-Afrique et ancien Secrétaire Exécutif de la Fondation pour le renforcement des capacités en Afrique, pour leurs encouragements et observations sur la version préliminaire de ce livre.

Je voudrais reconnaître l'assistance de Théodore Nshima et celle d'Albert Nyembwe qui ont contribué à épurer le manuscrit d'erreurs orthographiques et typographiques. Je ne peux pas taire longtemps ma gratitude particulière pour mes enfants qui m'ont aidé dans la mise en page de ce livre. Cet ouvrage n'aurait pas éventuellement abouti n'eût été le soutien inconditionnel et l'assistance diverse de ma très chère épouse Etty Bela. Les débats parfois intenses sur les récits de sa propre expérience avec la problématique de l'étude et ses impacts sur le développement socioéconomique africain, n'ont cessé d'enrichir davantage ma compréhension du phénomène de la sous-estimation de soi et de sa complexité. Qu'elle trouve ici l'expression de ma profonde reconnaissance.

Sommaire

Avant-propos

Depuis environ trois décennies, on assiste à un changement de perspectives dans la conception du développement, allant des approches classiques centrées sur les critères économiques (notamment la croissance du produit intérieur brut, PIB) dans l'appréciation du progrès économique, à celles axées sur les besoins et le renforcement des capacités humaines. Cette nouvelle réorientation est elle-même une conséquence logique des crises économico-financières, de résultats mitigés des politiques d'ajustement structurel, de la paupérisation et d'inégalités croissantes ainsi que de l'instabilité sociopolitique qui se sont fait jour, et qui ont démontré les limites du modèle économiste de développement. Au cœur de cette nouvelle vision du développement se situe la personne humaine dont le bien-être complet devient désormais la finalité de tout processus de changement, à l'opposé de l'approche traditionnelle qui mettait un accent presque exclusif sur l'accumulation des richesses matérielles. La problématique humaine est ainsi au centre de l'approche contemporaine du développement, telle que préconisée par les Nations Unies et adoptée par l'ensemble de la communauté internationale. [1]

Dans l'optique du Programme des Nations Unies pour le développement (PNUD), l'architecte et le promoteur en chef de ce nouveau paradigme, le développement orienté vers la personne humaine, " place les populations au centre des changements économiques et politiques ; " il vise à créer un environnement permettant aux individus et aux collectivités d'élargir la gamme des choix qui leur sont offerts en vue de mener une vie longue, saine, productive et créative. [2] De ce point de vue, et sur la base de ses différents

---

[1] Le concept de développement humain et le centrage de la personne humaine au cœur du développement ont été mis en évidence d'une façon significative par le PNUD à travers ses Rapports mondiaux sur le développement humain. Le premier Rapport sur le développement publié en 1990 voit le développement humain comme " un processus qui conduit à l'élargissement des possibilités offertes à chacun. Vivre longtemps et en bonne santé, être instruit et avoir accès aux ressources nécessaires pour jouir d'un niveau de vie convenable sont les plus importantes. S'ajoutent la liberté politique, la jouissance des droits de l'homme et le respect de soi " . PNUD, Rapport mondial sur le développement humain, New York, 1990, pp. 10.

[2] Les différents Rapports mondiaux sur le développement humain depuis 1990 reviennent sur tous les aspects repris dans cette définition. Voir en particulier les Rapports mondiaux sur le développement humain 1990 et 1991 (Vue d'ensemble) ainsi que celui de 2013 sur l'essor du Sud qui met encore en exergue les principes moteurs du développement centré sur la personne humaine (participation, responsabilité, équité, etc.).

rapports mondiaux sur le développement humain, on peut dégager au moins trois enjeux principaux qui sont au cœur de ses préoccupations. En premier lieu, le développement humain doit avoir comme point de départ les besoins et les intérêts des populations. Bien que ceux-ci soient innombrables, la théorie humaniste d'Abraham Maslow les regroupe en cinq catégories, à savoir : les besoins physiologiques, de sécurité, d'estime, d'appartenance et d'épanouissement de soi. [3] En termes du développement humain, les besoins couvrent tous les droits fondamentaux : le droit à la vie, à la sécurité sociale, économique, politique, juridique, culturelle et physique ainsi que le droit au respect et à la dignité. Le développement devient, comme l'envisageait déjà la Commission Sud de l'Assemblée Générale des Nations Unies dirigée par le feu Président de la Tanzanie, Julius Nyerere, " un processus qui libère les populations de la peur, du besoin et de l'exploitation, de l'oppression politique et sociale, leur permettant de développer la confiance en elles-mêmes et de mener une vie digne et épanouie. " [4]

Deuxièmement, le développement doit permettre aux gens de réaliser leurs potentialités. [5] Contrairement aux théories traditionnelles qui invalident les populations ou les pauvres pour la conduite de leur propre changement, le développement humain suppose que les populations et les communautés disposent d'un bassin illimité de ressources qui n'attendent qu'à être explorées et mobilisées pour leur avancement. Il ne s'agit pas seulement des ressources matérielles, mais aussi des savoirs et des savoir-faire qui pourraient servir de forces motrices de transformation. L'une des tâches essentielles du développement revient donc à accompagner les individus et les communautés pour asseoir ou développer des compétences critiques en vue de prendre leur destinée en mains.

Enfin, au titre du dernier enjeu, le développement met en avant la responsabilisation individuelle et collective en tant que mécanisme et moyen pour faciliter sa réalisation. Il souligne entre autres la nécessité pour tout peuple de devenir auteur authentique des choix et des actions qui animent son développement. Le développement humain résulte ainsi de la capacité à exercer l'initiative et la responsabilité afin de créer un environnement dans lequel les gens peuvent jouir d'une vie longue, heureuse, productive et créative.

En positionnant la personne humaine comme moyen et finalité de tout progrès, le développement humain établit ainsi clairement la primauté de la qualité de la ressource humaine - en termes d'innovations,

---

[3] Abraham Maslow, Motivation and Personality, New York: Harper, 1954.

[4] Nyerere croyait que " le développement d'un pays est fondamentalement l'élévation de la personne humaine et des populations qui le réalisent. L'argent et la richesse qu'il représente est le résultat et non sa base. " Mwalimu J. K. Nyerere, Ujamaa: Essays on Socialism, Oxford: Oxford University Press, 1968.

[5] PNUD, Rapport mondial sur le développement humain, 1990, pp. 1.

d'autoresponsabilité, d'affirmation de soi, d'assertivité, et de partenariat avec les autres forces sociales de changement, - comme le véritable avantage comparatif des nations et le fondement de leurs richesses. La matière grise, dit-on, constitue la matière première de tout progrès. Dans ce sens, des peuples ou des nations qui se sous-estimationnt et se dégradent, non seulement retardent leur propre avancement, mais courent en même temps le risque de demeurer des instruments serviles au service de la promotion de ceux-là qu'ils élèvent consciemment ou non. C'est probablement pour cette raison que Nathaniel Branden et beaucoup d'autres chercheurs voient dans l'estime de soi un besoin économique important à l'heure de la globalisation et un attribut majeur pour l'adaptation et la réussite dans un monde de plus en plus complexe, compétitif et défiant. [6]

Quel que soit le degré d'adhésion à une problématique devenue centrale pour accélérer le rythme des changements, il ne fait plus de doute aujourd'hui qu'une personne, physique ou morale qui se renie, ne connaîtra jamais de progrès durable. La problématique d'estime de soi renvoie ainsi à la question de savoir comment faire face aux défis de la vie de manière à maximiser les chances de succès sur le plan personnel et collectif. Comment en fait bénéficier de la modernisation et de la mondialisation sans avoir nécessairement à renforcer l'assimilation, la domination, la subordination et des vulnérabilités croissantes ? La présente étude explore des pistes de réflexion face à ce questionnement.

---

[6] Nathaniel Branden, " Self-Esteem in the Information Age" , In Organization of the Future, Frances Hesselbein et al. edit. The Drucker Foundation, Jossey Bass Press, 1997, pp. 221-229. Voir aussi: The Psychology of Self-Esteem, New York: Bantam, 1969.

Introduction générale

Aucun peuple n'a suscité autant de controverses en matière de développement international que les Africains. Sauf quelques exceptions, les Noirs africains, en tant que groupe social, connaissent moins de succès que les autres. L'Afrique subsaharienne demeure l'épicentre de la pauvreté dans le monde, tout en étant en même temps considérée comme un sous-continent jalonné de perspectives prometteuses de croissance économique. L'heure de l'Afrique a sonné, déclarait l'ancien Président de la Banque mondiale, James Wolfensohn en 1998, soulignant que les Africains doivent prendre leur destin en main. En fait, il préconisait que " l'espoir de l'Afrique repose sur des gens qui refusent des aumônes et veulent simplement qu'on leur donne la chance " ; des gens qu'il a appelés "dignes et nobles. " [7]

Certes, l'Afrique se distingue par sa diversité ; de plus, des avancées importantes sont notables ci et là dans le domaine de la gouvernance politique. Ce qui a impulsé une dynamique de croissance économique qui semble avoir produit " des tigres africains, " et une classe moyenne dite " en ébullition. " [8] Ce qui est aussi évident, c'est que, malgré des investissements énormes, aucun pays africain ne peut prétendre aujourd'hui avoir créé des bases productives solides et diversifiées, pour asseoir son développement ou prétendre à une économie réellement nationale. [9] Et cela, après plus de quatre décennies de coopération au nom du développement ! La faim et des crises périodiques de famine sont fréquentes, non seulement dans des régions désertiques et sahéliennes, mais un peu partout sur un continent plein de terres fertiles et d'alternance saisonnière.

Des débats intenses autour du livre d'Alexandre de Souza, qui se demande si l'homme africain est réellement intelligent, ne sont qu'une illustration banale d'une problématique fondamentale du doute de soi qui ravage les milieux africains, de l'intérieur comme de la diaspora. [10] S'il est vrai qu'une nouvelle génération du leadership se met en place, comme le professe Madame Ellen Johnson Sirleaf, Présidente de la République du

---

[7] James, Wolfensohn, L'heure de l'Afrique, Allocution prononcée devant la Commission économique des Nations Unies pour l'Afrique, Addis-Abeba, le 27 janvier 1998.

[8] Dans son ouvrage Emerging Africa, Steven Radelet parle plutôt des 17 pays émergents d'Afrique. Voir: Steven Radelet, Emerging Africa, Washington, DC: Center for Global Development, 2010. Voir aussi le Rapport sur le développement humain 2013 du PNUD qui cite les cas de l'Afrique du Sud, le Ghana, et Maurice.

[9] L'Afrique du Sud exceptée.

[10] Alexandre de Souza, L'homme africain est-il intelligent, Paris: Editions AFNOD, 2010.

Liberia, [11] et qu'une classe moyenne africaine augmente en proportion, la question essentielle est de savoir si ce type des dirigeants et cette classe moyenne montante sont réellement porteurs d'espoir et du développement véritable de l'Africain. Peut-on, en particulier, être satisfait d'une classe politique qui amplifie un modèle de croissance économique extravertie, grossissant la dépendance sur tous les plans, [12] ou de la montée d'une classe moyenne africaine, signe, dit-on, de progrès, quand celle-ci s'engage dans un mode de consommation qui l'incite plus à l'admiration aveugle des produits et des technologies importés qu'à leur domestication ? Prétendre qu'une telle classe moyenne est porteuse du développement et d'espoir pour l'Afrique[13], ne relève que du mythe de la caverne et d'une mauvaise appréhension des facteurs de blocage au type de développement qui conférerait de l'espoir et du respect à l'Africain.

En effet, il apparait, à l'évidence, un état d'esprit de plus en plus généralisé d'auto dévaluation, d'autodestruction et de fortes prédispositions à admirer tout ce qui est étranger. Cette mentalité s'impose avec force, et contraint les Africains et leurs nations à performer en deçà de leur potentiel humain et économique ; et cela en un temps où un sens renouvelé d'affirmation de soi, de responsabilité individuelle et collective et de solidarité s'avère impératif pour répondre efficacement aux défis posés par la globalisation, les inégalités et le sous-développement persistant. Si des affirmations telles que " les Africains ne sont bons en rien, " " nous sommes en Afrique, on ne peut pas s'attendre à des miracles ici, " " nous ne pouvons rien faire sans nos grands frères ou nos oncles, " [14] " nous, les Africains, nous nous détruisons mutuellement, " ne sont pas nouvelles, c'est plutôt l'intensité de leur récurrence et leurs impacts potentiels sur le développement individuel et collectif qui suscitent l'inquiétude.

La négation de soi apparaît comme un facteur essentiel contribuant à l'appauvrissement chez l'Africain, quand on sait que la construction d'une nouvelle Afrique, selon les Chefs d'État et de Gouvernement africains eux-mêmes, est subordonnée à la restauration de leur estime de soi. " En dépit des difficultés actuelles, " ont-ils souligné dans le cadre du Nouveau partenariat pour le développement de l'Afrique (NEPAD), " notre peuple doit reprendre confiance dans son génie créateur... Notre lutte ne pourra

[11] Voir l'introduction d'Ellen J. Sirleaf au livre de Steven Radelet, op. cit. pp. 1-7.

[12] A l'opposé d'une croissance inclusive profitable aux Africains.

[13] Voir par exemple comment la classe moyenne africaine est présentée dans: " Africa's Burgeoning Middle Class Bring Hope to a Continent " , The Guardian, Sunday 25 December 2011.

[14] Se référant à l'assistance technique extérieure.

réussir que si notre peuple devient maître de son destin. " [15] L'ex-président sud-africain, Thabo Mbeki, l'une des figures de proue du mouvement contemporain de la Renaissance africaine, n'a-t-il pas affirmé que les Africains ne deviendront jamais combattants de celle-ci sans le rétablissement de leur estime de soi ? [16] Entre-temps, un nombre relativement important d'études dont certaines sont reprises dans ce livre, démontrent que les mentalités des Africains et leurs attitudes envers eux-mêmes font obstruction au développement durable.

Malgré l'accumulation des preuves sur les effets débilitants de la sous-estimation de soi sur les efforts des transformations socio-économiques, les stratégies y afférant, continuent à négliger ce facteur primordial. Pourtant, les difficultés croissantes pour améliorer les performances africaines et augmenter les bases productives de leurs économies auraient pu inciter les gouvernements et leurs bailleurs de fonds à comprendre que quelque chose de plus fondamental que des conditions défavorables, des politiques peu judicieuses ou l'insuffisance des cadres techniques, affecte le succès des réformes envisagées pour asseoir le développement africain durable. Le succès du Plan Marshall en Europe a été attribué non seulement à l'aide massive reçue et aux facteurs structuro- institutionnels, mais également aux attitudes, c'est-à-dire à une forte motivation de réussir qui a facilité la conversion rapide du capital acquis en infrastructures pertinentes et de haute qualité.[17]

1. But de l'ouvrage

Le présent ouvrage constitue un essai d'explication des contraintes socio-psychologiques dont on parle à peine dans la littérature scientifique et les rapports techniques, mais qui affectent de manière significative la performance de l'Africain où qu'il se trouve. L'étude explore les dimensions, les manifestations, les causes et les conséquences de la sous-estimation de soi parmi les Africains. Je discute des processus et des éléments qui contribuent à saper l'estime de soi chez l'Africain, dans le but de mieux appréhender leurs modes de fonctionnement et comment ils peuvent être inversés. Je soutiens que les Africains disposent de potentiels considérables de transformation socio-économique susceptibles de les hisser au rang des champions dans le monde, mais à condition de changer

[15] Voir la Déclaration des Chefs d'Etats africains à leurs peuples dans le cadre du Nouveau partenariat pour le développement de l'Afrique (NEPAD), Octobre 2001 repris en tête du Chapitre *V*.
[16] Thabo Mbeki, Statements on the African Renaissance, SABC, Gallager Estate, 13 August 1998. Voir aussi Statements at the United Nations University, The African Renaissance: South Africa and the World, 9 April 1998.
[17] Michael Todaro, Economics for a Developing World, Second Edition, Harlow: Longman, 1982, pp. 90.

radicalement leurs façons de se voir, de se comporter et de faire les choses, et leur manière de se connecter les uns aux autres. Un peuple qui se perçoit en négatif et qui capitalise sur des divisions, au lieu d'exploiter les opportunités de collaboration étroite pour son avancement, s'est déjà déclassé dans la compétition mondiale pour l'excellence. L'étude tente de répondre à deux questions fondamentales, à savoir : (1) dans quelle mesure les Africains se croient-ils capables et dignes de valeur dans le processus de développement et (2) quelles sont les sources et conséquences possibles de la sous-estimation de soi en termes de développement individuel et collectif ?

En analysant la problématique de la sous-estimation de soi, mon objectif n'est pas simplement d'exposer un mal qui ralentit, ou freine le développement des communautés africaines noires, mais d'engager un débat sur cette problématique, tout en permettant à toute personne qui me lit de situer sa responsabilité dans l'aggravation ou le maintien de ce phénomène débilitant. Les remèdes que je propose sont des prescriptions pour une nouvelle vie pleine de dynamisme, et s'inscrivent dans la perspective de l'émergence d'un nouveau paradigme de changement, centré sur la foi par les Africains en leurs capacités intrinsèques, en vue de trouver des solutions idoines et durables à leurs problèmes dans une dialectique de collaboration étroite, de responsabilisation individuelle et collective et d'affirmation positive. Mon souci majeur est d'appréhender et de situer le doute de soi africain, pas tellement sur le plan individuel, mais, plutôt, ses implications au niveau du développement collectif et communautaire. Dans ce sens, l'étude s'adresse premièrement aux Africains, quel que soit leur rang social ou leur milieu de vie. Les praticiens et les étudiants du développement international y trouveront également des informations utiles.

Certains pourraient rétorquer que les crises d'estime de soi se manifestent dans toutes les sociétés humaines, à des degrés divers, et qu'elles ne sont pas limitées à l'Afrique et aux Africains. Je le reconnais dans cette étude en parlant des pays européens et américains qui sont aussi confrontés à ce problème. Néanmoins, les conséquences de part et d'autre ne sont pas les mêmes. Par exemple, la sous-estimation de soi aux États-Unis ou en France ne conduit nullement à des politiques publiques extraverties. La crise de l'estime de soi africaine se greffe sur un ensemble d'autres crises historico-structurelles, économiques et culturelles, qui lui donne des dimensions particulières. Il s'agit en fait d'une sous-estimation chronique qui ne peut pas être résolue sans des changements importants à la fois sur les plans individuel et national, qui intègrent le politique, l'économique et le culturel.

2. Comment est née l'idée d'écrire ce livre ?

L'idée d'entreprendre des recherches sur la problématique de la sous-estimation de soi et de son incidence sur le développement africain remonte à plusieurs années. En effet, au milieu de la crise congolaise (zaïroise) en 1980, je publiais avec un collègue une étude intitulée : " La problématique du développement au Zaïre : une question de leadership." [18] Plusieurs discussions et interviews, réalisées dans le cadre de cette étude auprès des fonctionnaires, des étudiants, des intellectuels et des politiciens, faisaient ressortir une crise multidimensionnelle de la société zaïroise. Bien que les aspects économico-structurels et politiques à la base de l'effondrement progressif de l'État fussent mieux connus, il y avait une autre constante qui apparaissait en filigrane dans de nombreuses observations, et qui relevait, cette fois-ci, de l'ordre sociopsychologique.

Je constatais, alors, un effort prononcé de négation de soi dans la société zaïroise, lequel effort contrastait avec l'idéologie de l'authenticité, ou de l'affirmation de soi, prônée par les autorités. Le mépris pour les ressources humaines nationales et les produits locaux en faveur de l'importé, était discernable partout. Bien que le pays dispose d'enseignants brillants comme d'économistes de haute facture internationale, l'assistance technique non africaine dominait dans presque tous les domaines. En fait, c'était ce que les populations elles-mêmes voulaient, car, plus il y avait d'enseignants blancs dans une école (y compris les Haïtiens à peau claire), par exemple, plus l'école avait de la valeur. Aux yeux du commun des gens, le développement semblait être assimilé à une présence nombreuse d'une population non noire. On constatait alors que déjà de nombreux jeunes grandissaient avec l'espoir d'immigrer en Europe, au point que l'attraction était irrésistible pour " Miguel " (L'Europe) ou " Super Miguel " (Les États-Unis), vécus dans l'imaginaire populaire comme des lieux paradisiaques, où tout jeune Zaïrois brûlait d'envie d'atterrir. Si les causes et les conséquences de ces comportements et attitudes sur le développement devinrent alors le centre de mon attention, ce fut plutôt vers la mi-1990, notamment au cours de ma carrière internationale, que je me rendis plus compte de l'ampleur et de la gravité du problème africain de la sous-estimation de soi, ainsi que de l'urgence qui s'imposait d'y remédier.

Mon enthousiasme pour la question s'intensifia encore à la suite d'une interview que j'ai accordée, à Washington, en 2004, à une chaîne de télévision congolaise, interview qui fut diffusée plusieurs fois au Congo-Démocratique. Au cours de cette interview, j'avais passé en revue, avec preuves à l'appui, les symptômes de la sous-estimation de soi et ses conséquences sur le développement. Je reçus, par la suite, beaucoup d'encouragements des téléspectateurs, qui insistèrent tous sur la pertinence du sujet et souhaitèrent me voir en parler davantage. Je fus particulièrement

[18] T. B. Mukendi et Ntumba Luaba, La problématique du développement au Zaïre: une question de leadership, In Discussion Papers, CIEDOP, Campus de Kinshasa, 1980.

ému de constater que bon nombre d'intervenants étaient des étudiants universitaires qui confirmèrent mes propos.

J'ai ainsi poursuivi mes recherches, dont les résultats préliminaires furent, alors, l'objet d'une présentation aux assises annuelles de " l'Association des Études Africaines, " tenues à San Francisco en novembre 2006. L'intérêt suscité par les débats sur le sujet, au cours de la conférence, fut tel que je me résolus à publier, sans tarder, le résultat de mes réflexions sous la forme d'un article. Celui-ci parut, en 2007, dans le " Journal of Development Alternatives and Area Studies. " [19] A la suite de cette publication, de nombreux amis et collègues notèrent, alors, que j'avais touché du doigt le mal africain, dont personne avant moi n'avait osé aborder tout haut. Certains collègues non africains, tout en reconnaissant la pertinence de la question et de l'étude qui en traitait, exprimèrent leur scepticisme quant à l'espoir de jamais voir les principaux bailleurs de fonds, qui vivent de la sous-estimation africaine, saisir l'opportunité que j'offrais d'approfondir cette problématique et de prendre en compte son impact sur le développement durable.

Si mon expérience personnelle a été d'un apport décisif dans le traitement du sujet, je dois, toutefois, souligner que des cadres africains francophones, anglophones et lusophones participant aux séminaires de formation organisés à Washington et à travers l'Afrique par le " Washington International Management Institute, " que je dirige, ont enrichi considérablement ma vision sur la problématique de l'estime de soi, telle qu'ils la vivent dans leurs milieux de vie sociale et professionnelle. Les récits et les expériences des uns et des autres ont, pour la plupart, validé ma propre analyse du phénomène. Les participants francophones, en particulier, qui n'avaient pas eu accès à ma publication rédigée en anglais, et avaient pris connaissance de mon approche à travers mes notes et les discussions tenues en Français, me suggérèrent, à leur tour, de systématiser mes réflexions dans un livre, qui devait, selon eux, être rédigé en Français. Beaucoup d'entre eux (et également des amis et collègues de travail), firent remarquer que la sous-estimation de soi était plus accentuée en Afrique francophone et lusophone que chez les Anglophones (point de vue que je ne partage pas), et me recommandèrent, par conséquent, de privilégier les premiers. Telle fut la genèse de cet ouvrage.

3. Aspects méthodologiques

Très peu d'études ont été menées sur les perceptions et les évaluations que les Africains se font d'eux-mêmes, aussi bien que leur impact sur le

[19] Bruno Mukendi, Raising Self-Esteem to Accelerate Sustainable Development in Africa, In Journal of Development Alternatives and Area Studies, Vol. 26, No 1 &2, (March-June 2007).

développement individuel et collectif. J'ai choisi, pour la présentation d'une idée globale sur la problématique de la sous-estimation de soi, de fonder mon étude, principalement, sur les déclarations des Africains, la recension de la littérature sur le domaine, et, évidemment, mon expérience personnelle.

L'échantillon des personnes interrogées a été suffisamment diversifié ;il couvre toutes les catégories sociales : hommes, femmes, fonctionnaires, politiciens, cadres d'entreprises, commerçants, enseignants, chauffeurs de taxi, chercheurs, membres et responsables des confessions religieuses, citoyens ordinaires et fonctionnaires internationaux. Mon souci majeur était d'intégrer toutes ces couches sociales dans l'étude, de manière à me permettre de dégager une idée générale sur la perception de chacune d'entre elles sur l'objet de la recherche. Les auto-rapports fournis font état des sentiments, opinions, capacités, ou évaluation des Africains par eux-mêmes, leur regard sur les autres Africains, et la qualité de la collaboration interafricaine. L'essentiel des données a été collecté à travers des interviews téléphoniques, des discussions à bâtons rompus avec certaines personnalités-cibles, en plus de la revue de la littérature portant sur le domaine.

Quant à la mesure de l'estime de soi, je me suis inspiré de quatre critères principaux, trouvés dans la littérature du domaine, pour circonscrire la substance même de ce concept. Ces critères m'ont servi dans la préparation des guides d'interviews. Il s'agit de : (a) *l'amour de soi* (attitudes d'approbation ou de désapprobation vis-à-vis de soi-même et d'autres Africains, connaissance de ses potentialités et de ses limites, acceptation de ses qualités et potentialités, mais aussi de ses défauts et de ses limitations, valorisation de ses ressources humaines, culturelles/intellectuelles et économiques, de ses produits et services) ; (b) *la vision de soi* (perception ou évaluation positive ou négative de soi-même et des autres Africains, conviction qu'on a de ses potentiels, de ses qualités, mais aussi de ses défauts) ; (c) *la confiance en soi* (sentiments de posséder des compétences nécessaires et appropriées pour faire efficacement face aux situations données ou aux défis du développement sur le plan individuel et collectif, degré d'assertivité et de courage manifesté ou non dans le traitement des dossiers et dans les relations avec autrui) et (d) *la relation de soi* individuel avec les autres Africains (degré de collaboration entre Africains, degré de participation dans les centres de formation appartenant aux noirs Africains, degré d'approvisionnement dans les entreprises noires, niveau de coopération entre Africains [20]).

---

[20] Les participants africains aux séminaires de Washington International Management Institute sur les thématiques du management de petites et moyennes entreprises et de la gouvernance d'entreprise, ont enrichi avec leurs expériences ma compréhension sur la collaboration problématique entre africains dans le processus de création et de gestion des entreprises privées.

Il va sans dire que ces critères interagissent les uns sur les autres, et ne sont pas mutuellement exclusifs. Une personne peut regretter d'être noire, comme on le verra plus tard (amour de soi, et aussi vision de soi), se déprécier à longueur de journée (image de soi, mais aussi amour de soi), avoir peur de défendre publiquement ses opinions ou ses intérêts (confiance en soi, conséquence de l'amour et de la vision de soi), et ne pas vouloir travailler avec -ou aider à promouvoir- ses frères et sœurs Africains (soi relationnel, amour de soi).

Si j'ai choisi de me référer aux auto-rapports des acteurs primaires, en plus des interviews, pour mesurer l'estime de soi, je dois aussi reconnaitre que le recours aux approches qualitatives et interprétatives (auto-évaluations personnelles, anecdotes et expériences personnelles) a souvent posé des problèmes de fiabilité des données. [21] Qu'est-ce qui prouve que les évaluations faites par une personne sur elle-même reflètent réellement ses propres capacités ? Festinger déclare que les êtres humains ont rarement accès à des standards objectifs et absolus à partir desquels ils peuvent se juger eux-mêmes. Beaucoup de personnes ont tendance à exagérer leurs performances, ou à censurer, dans leurs récits les éléments qu'ils considèrent socialement répréhensibles. Pour parer à cette situation, Festinger conseille de " se comparer aux autres, de faire des comparaisons sociales. " [22] Dans le même sens, Charles Cooley prévoyait, déjà en 1902, que pour savoir si les individus ont les qualités qu'ils déclarent posséder, il faut connaître les jugements que les autres personnes se font d'eux. [23] En d'autres termes, la mesure de l'estime de soi est déterminée par des jugements extérieurs à la personne : ce que les autres (l'environnement extérieur) pensent d'elle. Les Africains peuvent se croire capables et compétents ; mais il faut aussi que cette capacité et cette compétence soient reconnues par les bailleurs de fonds qui travaillent avec eux.

La validation externe de l'estime de soi comporte des risques sérieux de dés-authentification. Comme le précise le Dr. Phil McGraw, [24] cette approche peut générer une entité fictive, un concept de soi tel que perçu et défini par les autres, en fonction de leurs propres critères et leurs propres intérêts, ce qui ne pourrait pas nécessairement correspondre avec le soi authentique. Par exemple, plusieurs récits sur la civilisation africaine, écrits

---

[21] Voir Laurence, Jerome McKinney et T. Bruno Mukendi, Qualitative Approaches in Organization Theory. In Introduction to Administrative Theory, University of Pittsburg External Studies, 1998.

[22] Cité dans Bruno Mukendi, Raising Self-Esteem to Accelerate Sustainable Development in Africa, Journal of Development Alternatives and Area Studies, Vol. 26 (March-June 2007), pp. 216.

[23] Charles H. Cooley, The Human Nature and the Social Order, New York: Scribner, 1902.

[24] P. C. McGraw, Self Matters: Creating Your Life from Inside Out, New York: Simon & Schuster Source, 2001.

par certains explorateurs, administrateurs, missionnaires et chercheurs européens, ont été critiqués pour avoir été emprunts de biais ethnocentriques causant des distorsions flagrantes de la réalité décrite. Un professeur de l'Université d'Oxford fit le commentaire suivant au sujet de l'Histoire africaine : " Peut-être, dans l'avenir, y aura-t-il une certaine Histoire de l'Afrique à enseigner. Mais à l'heure actuelle, il n'en existe pas : il n'y a que l'Histoire des Européens en Afrique. Le reste n'est qu'obscurité, et l'obscurité n'est pas un sujet de l'Histoire. " [25] Bien qu'il existe maintenant des milliers de volumes crédibles sur l'Histoire fascinante de l'Afrique, l'apprentissage à partir de ces sources déformées, et dont la principale motivation était de trouver " une interprétation sauvage de l'Afrique et de rationaliser la mission dite civilisatrice, " ne favoriserait pas une meilleure compréhension des sociétés africaines. Il est, certes, utile de rester ouvert aux jugements extérieurs sur soi, mais sans pour autant fonder tout son verdict sur eux.

Enfin, une problématique d'envergure pour le développement durable comme celle de l'estime de soi exige d'être véhiculée dans un langage clair et accessible à la majeure partie de la population. A défaut d'exprimer mes idées dans une langue africaine, j'ai tenté, dans la mesure du possible, de simplifier le style pour faciliter la compréhension des textes par des non professionnels.

4. Limitations de l'étude

Je suis curieux d'appréhender le phénomène du doute de soi, sa dynamique et ses manifestations et la manière dont il peut être inversé pour améliorer les chances du développement africain. Dans le même temps, je suis conscient de la complexité de cette problématique. La portée et les dimensions diverses de la conception de soi exigent des recherches minutieuses pour lesquelles je n'ai ni la prétention de conduire, ni le temps matériel nécessaire.

En plus, bien que l'étude couvre toute l'Afrique Subsaharienne, je m'abstiens de faire des généralisations ; la diversité des pays africains, avec différentes zones géographiques, et des caractéristiques historiques, économiques, politiques et socioculturelles diverses, influe sur le caractère de chacune de ses populations. Bien que des similarités puissent être relevées, il y a aussi place pour des particularités et des exceptions. Enfin, la nature même du problème de l'estime de soi fait qu'il demeure encore un tabou dans beaucoup de milieux africains et qu'il n'y a pas, en conséquence de cet interdit, une documentation abondante et appropriée sur le sujet en dehors des analyses philosophiques générales. Sous ce rapport, l'étude n'est

---

[25] Cité dans Bruno Mukendi, Raising Self-Esteem to Accelerate Sustainable Development in Africa, op. cit. pp. 216-217.

qu'une investigation exploratoire devant être complétée, dans l'avenir, par des analyses spécifiques plus approfondies.

Bien que le livre se concentre sur les Noirs Africains, ses constatations et ses conclusions peuvent être partagées par les autres Noirs du monde, au regard de l'évidence scientifique et des expériences personnelles. L' œuvre de B. Mpoy " Bootstraps: Is the Price too Low ? " qui s'appesantit sur les Noirs Américains confirme les arguments principaux de ce livre. Les Noirs projettent des attitudes d'inadéquation et d'insécurité qui ne font qu'accentuer leur impuissance, leur marginalisation et leur pauvreté en tant que groupe ethnique. Dans un segment de l'émission télévisée 20/20 par John Stossel de la chaîne ABC, le 15 septembre 2006, la seule race qui ait montré des sentiments haineux entre ses membres parmi les répondants aux interviews était les Noirs Américains. Les plus pauvres sont éventuellement les plus susceptibles de se haïr les uns les autres, ce qui ne leur permet pas de générer des synergies positives, et de se faire mutuellement confiance pour des collaborations sérieuses et durables.

Enfin, plusieurs personnes interviewées m'ont parlé chacune de ses propres expériences d'estime de soi. Pour des raisons d'espace, je ne pouvais pas reprendre chaque rapport. En fait, la plupart des récits se recoupent et convergent souvent vers les mêmes conclusions. Certains exemples de sous-estimation de soi ont été néanmoins écartés parce qu'ils ont été jugés extrêmement dégradants.

5. Observations théoriques

Il n'est pas inféré dans ce livre que la sous-estimation de soi constitue la seule variable explicative du faible niveau de développement économique et social africain. Je suis pleinement conscient que d'autres perspectives théoriques sont proposées pour expliquer l'incapacité de l'Afrique à répondre adéquatement aux besoins de ses peuples. Il est à noter par exemple que les partisans de l'approche du système mondial et de sa théorie corollaire de la dépendance lient le sous-développement de l'Afrique à sa dépendance continue à l'égard des politiques et des stratégies extraverties, une aide extérieure empoisonnée et des structures politico-économiques dominées par des intérêts extérieurs. [26]

Sous cet angle, le sous-développement africain et la pauvreté qui en découle sont considérés comme le résultat d'un long processus historique de l'exploitation du continent par l'impérialisme occidental, par le biais de ses clients locaux. L'explication du sous-développement réside principalement,

[26] T. P. Zeleza, Rethinking Africa's Globalization, Vol. 1: The Intellectual Challenges, Trenton, New Jersey, World Press Inc, 2003. Immanuel Wallenstein, the Modern World System: Capitalist Agriculture and the Origins of the European World Economy in the Sixteenth Century, New York: Academic Press, 1974.

non dans les structures internes, [27] mais dans les mécanismes de prédation et de domination du Centre sur la Périphérie : le prélèvement du surplus créé dans les périphéries qui y empêche l'accumulation ou la reproduction du capital ; la détérioration constante des termes de l'échange des produits principaux d'exportation et l'institutionnalisation ″ des économies des dettes ″ qui renforcent la dépendance et la paupérisation, avec, comme conséquences, des soldes négatifs de sorties des ressources financières (paiement des dettes) par rapport aux entrées (aides, nouveaux emprunts, investissements étrangers directs, etc.). [28] Ces mécanismes amplifient le sous-développement à la Périphérie, ce qui entraîne, à son tour, le développement au Centre, ou, selon l'expression classique d'André Gunder Frank, le développement du Centre ne serait que le développement du sous-développement à la Périphérie. [29]

En clair, l'argument est que ″ l'Afrique est pauvre parce que ses investisseurs extérieurs et ses créanciers sont immensément riches. ″ [30] Le choix, cependant, d'accepter ou de refuser les politiques recommandées, notamment celles avancées par les institutions financières internationales, appartient aux Nations africaines. Ces dernières, par le biais de leurs élites dirigeantes, sont manipulées à accepter, sans contestation, des idées, des stratégies et des priorités qui n'ont pas nécessairement leurs meilleurs intérêts à cœur. Face à cette situation, il peut être rétorqué que des peuples qui se font exploiter peuvent être naturellement perçus par l'exploitant comme ayant moins de valeur ou comme étant simplement inférieurs par rapport à celui qui profite le plus de la relation. Ainsi par exemple, la subjugation noire à l'esclavage, la colonisation, la néo-colonisation et l'exploitation économique qui en ont résulté sont interprétées comme des preuves irréfutables de la supériorité de l'exploitant.

Par ailleurs, un certain nombre d'études attribuent les faibles performances de l'Afrique en matière de développement à la persistance chronique de certaines valeurs culturelles africaines, ainsi qu'à des attitudes et des pratiques qui ne permettent pas au continent de tirer amplement profit

---

[27] A l'exception des classes bourgeoises compradores.

[28] Samir Amin, L'accumulation à l'échelle mondiale- Critique de la théorie du sous-développement, Paris, IFAN-Dakar et Editions Anthropos, 1970. Aussi de Samir Amin, L'impérialisme et le développement inégal, Paris, Editions de Minuit, 1976. Celso Furtado, Théorie du développement économique, Paris, PUF, 1976. F. M. Cardoso et E. Faletto, Dépendance et Développement en Amérique Latine, Paris: PUF, 1978. Souraya Hassan Houssein et Christian Palloix, De l'économie du développement à l'économie du changement institutionnel, CRIISEA-UPJV, février, 2003. www. christianpalloix.com/pdf/communication/Hassan_Houssein_et_Palloix_De_l'economie_du_developpement_a__Pergignan_fevrier_2003. pdf.

[29] André Gunder Frank, Le développement du sous-développement, Paris: PUF, 1976.

[30] N. Klein, "A Noose, Not a Bracelet" , In the Nation, June 10, 2005.

des possibilités technologiques et scientifiques qui se cachent derrière la supériorité occidentale. [31] Ce paradigme connecte le sous-développement à la culture africaine, considérée comme fataliste et primitive, et qui a prouvé son incapacité à s'adapter à l'évolution constante des réalités et des exigences de la vie moderne. [32] Cette thèse s'ancre dans l'héritage de la théorie de la modernisation avec sa dichotomie tradition-modernité, celle-ci exprimant en douceur l'occidentalisation du monde. [33] Axelle Kabou argue, par exemple, que le sous-développement africain n'est pas lié aux forces extérieures à l'Afrique comme la traite négrière, l'impérialisme occidental, la détérioration des termes de l'échange, ou la dette, facteurs sur lesquels insistent les dirigeants africains ; mais il est le produit de la culture africaine, des attitudes régressives et des comportements négatifs issus des traditions arriérées, qui ont été renforcées par les idéologies de la Négritude et de l'Africanisme post-indépendantistes. Selon Kabou, " c'est le refus par l'Afrique de reconnaître son état de primitivité et d'arriération, refus auquel s'ajoute la recherche obscure de son authenticité, qui explique son sous-développement. Le refus de reconnaitre son état entraîne donc le refus de progresser. " [34]

Il est vrai que certaines valeurs traditionnelles africaines peuvent ralentir ou freiner le progrès. [35] Il y a aussi des attitudes, sous-produits de

---

[31] A. Kabou, Si l'Afrique refusait le développement, Paris: Editions l'Harmattan, 1992. M. Dia, " Développement et valeurs culturelles en Afrique subsaharienne " , Finances et Développement (décembre 1991).

[32] P. Chabal, Power in Africa Reconsidered, In The African Exception, edit. Ulf Engel and Gorm Rye Olsen, Burlington, VT: Ashgate Publishing Co, 2005, pp. 17-34. Voir aussi Kabou, op. cit.

[33] La modernité est marquée par les valeurs de l'universalisme, l'individualisme, la neutralité et l'accomplissement tandis que la tradition présente des valeurs opposées: particularisme, communautarisme, subjectivisme et ascription. Une imitation passive de l'Occident (copiage) est un grand danger contre des transformations véritables des sociétés africaines.

[34] Axelle Kabou, op. cit. D'après elle, le discours sur l'africanité, comme ceux sur la traite négrière, la colonisation, l'impérialisme et le néo-impérialisme ne relève que du vendredisme régressif ou de faux débats traduisant une stratégie d'évitement par les Africains. Elle pêche sérieusement ici en n'oubliant que ces éléments conditionnent pour la plupart le type de développement en Afrique. Le commerce triangulaire des marchandises humaines a vidé des territoires entiers de leurs hommes valides, a désorganisé et même détruit la force de travail et par voie de conséquence a bloqué ou ralenti le rythme de développement des sociétés en proie à l'esclavage. La trinité coloniale a façonné un modèle économique extraverti, un système d'enseignement aliénant et une vision prélogique de l'Afrique, sans culture ni valeurs dignes. Tout ceci a indubitablement des conséquences néfastes sur l'émancipation économique et culturelle du continent.

[35] Voir par exemple Marcel Kessy sur l'esprit communautaire, le mythe du chef, le fatalisme, etc. Kessy, op. cit.

l'intégration de l'Afrique dans le système capitaliste mondial, qui sont, dans une certaine mesure, responsables des blocages du développement. La persistance dans l'Afrique postindépendance de la mentalité coloniale de, " l'élitisme assimilé, " et ses conséquences psycho-comportementales, en termes d'acceptation de la subordination et de la soumission, plutôt que les valeurs africaines en elles-mêmes, peuvent contrecarrer les efforts vers un développement réellement endogène et autonome. [36] " Le principal ennemi de l'Afrique, " disaient Isaac James Mowoe et Richard Bjornson, est en son intérieur, ce sont les Africains eux-mêmes, la mentalité néocoloniale et bourgeoise des élites dirigeantes. " L'affirmation dans le monde, enchaînent-ils, " exige une cassure radicale avec le passé colonial ; l'échec du développement est avant tout l'échec dans la résistance contre le néo-colonialisme. " [37]

Une littérature abondante s'est aussi appesantie sur le paradigme institutionnel (les faiblesses ou les carences institutionnelles), pour justifier l'incapacité de l'Afrique à atteindre un niveau robuste de développement économique. C'est dans ce sillage intellectuel que se situent de nombreuses agences de développement international. Le chaînon manquant dans le développement africain réside dans la faiblesse des capacités institutionnelles, déclarait la Banque mondiale. [38] C'est aussi l'argument principal d'un ouvrage récent de Daron Acemoglu et James Robinson " Why Nations Fail : The Origins of Power, Prosperity and Poverty. " [39] Pour ces auteurs, il ne faut pas aller très loin pour comprendre les inégalités de développement dans le monde. " Ni la culture, ni l'ignorance, ni la géographie, " soutiennent-ils, " ne peuvent expliquer les niveaux divergents de développement entre les pays. Les pays pauvres le sont parce que les tenants du pouvoir font des choix qui créent la pauvreté. " Les dirigeants

---

[36] M Kebede, " African Development and the Primacy of Mental Decolonization, " Africa Development, Vol. XXIX, No 1, CODESRIA, (2004). S. S. Nyang, The Cultural Consequences of Development in Africa, In I. Serageldin and J. Taboro, eds, Culture and Development in Africa, Washington DC: The World Bank, pp. 429-446. V. Y. Mudimbe, The Invention of Africa, Bloomington Indiana University Press, 1988. Bruno Mukendi, L'Afrique et le refus du dévcloppement: une pensée controversée. Présentation sur le livre d'Axelle Kabou à l'invitation de l'Institut national d'études et de recherche (INEP), Bissau, 1993.

[37] Isaac Jame Mowoe and Richard Bjornson, eds. " Africa and the West, Legacies of Empire, New York: Greenwood Press, 1986. Cité par Christopher L. Miller, Theories of African Development, Chicago: The University of Chicago Press, 1990, pp. 14.

[38] E. Jaycox, Capacity Building: The Missing Link in African Management. Address to the African-American Institute Conference on " African Capacity Building: Effective and Enduring Partnerships" , Reston, Virginia, May 20, 1993.

[39] Daron Acemoglu and James Robinson, Why Nations Fail: The Origins of Power, Prosperity and Poverty, Crown Business, 2012.

politiques ne sont pas en mesure de créer les institutions et les incitations qu'il faut pour que leurs économies puissent fonctionner efficacement et décoller. Il en découle une mauvaise utilisation des ressources.

Le fonctionnement des institutions est, certes, dénaturé par la logique patrimoniale dominante dans la plupart des pays africains. [40] Il est aussi correct d'avancer que les choix économiques des dirigeants sont influencés par- et profitent non seulement à- la confrérie régnante, mais aussi par les puissances extérieures, dont les appuis politiques, économiques, militaires et sécuritaires, se sont révélés critiques pour la survie au pouvoir de certains hauts responsables africains dont les performances en termes de développement humain et de droits de l'homme ont été notoirement médiocres. La thèse institutionnaliste devrait également reconnaître que le mimétisme historique ne cesse de contribuer à la transplantation en Afrique des institutions, sans pour autant prendre en compte les conditions nécessaires pour leur intégration harmonieuse et leur fonctionnalité dans le milieu d'accueil. La nécessité d'un Parlement moderne ne peut être contestée ; mais que faut-il pour qu'il ne devienne pas une caricature législative, mais d'abord et avant tout une structure républicaine capable de s'acquitter effectivement des fonctions législatives, représentatives et de contrôle d'un Parlement moderne digne de ce nom ?

Sans pour autant balayer les autres arguments qui expliquent les difficultés des Africains à atteindre des niveaux robustes de développement, j'estime que le sous-développement africain est fondamentalement la conséquence de la persistance des mentalités coloniales de négation de soi et de subordination couplée des relations socioéconomiques de production, caractérisées par l'exploitation et l'exclusion dans une dynamique de développement du sous-développement. Comme l'affirme l'historien burkinabé Joseph Ki-Zerbo :

> " Nous sommes Noirs, c'est-à-dire infériorisés parce que nous sommes exploités. Le jour où l'exploitation aura cessé, nul ne pensera plus à notre couleur. De même que personne ne pense plus à la couleur de nos richissimes qui hantent les côtes d'Azur ou d'Emeraude ; la bourgeoise n'a pas de couleur, pas plus que l'argent. " [41]

---

[40] Il est évident que le maque de légitimité de certaines institutions, l'impunité, la corruption, le clientélisme, la carence des moyens et l'insuffisance des compétences dans les secteurs clés réduisent presque à néant toute efficacité institutionnelle dans certains pays africains, compromettant par là la capacité étatique à fournir des biens et des services de bonne qualité à des coûts acceptables aux citoyens.

[41] Joseph Ki-Zerbo, Regards sur la société africaine, Dakar: Panafrica, 2008, pp. 154.

Cependant, en dépit de la primauté des facteurs historiques et économico-structurels, l'attention doit également se porter sur les aspects liés aux processus socio-psychologiques, résultant des relations socioéconomiques de la modernité, et qui ont des répercussions sur la capacité individuelle à faire face efficacement aux exigences du développement. Des leçons tirées du monde des affaires enseignent que les changements de stratégies ou de structures ne suffisent pas pour stimuler la performance ; ils doivent être accompagnés par des changements concomitants des mentalités et des comportements de la part des employés. En fait, le moyen le plus efficace pour obtenir de meilleures performances est de commencer par le bas, c'est-à- dire de transformer la façon dont les gens pensent, sentent et agissent. [42] Une image négative de soi, seule ou en association avec d'autres facteurs, peut militer contre des stratégies endogènes du développement et empêcher les Africains de tirer profit des possibilités d'accumulation des richesses, qui sont, par ailleurs, considérées comme la condition sine qua non pour asseoir le développement économique. Dans une démarche visant à établir les conditions susceptibles d'accélérer le progrès économique et sociopolitique, une bonne stratégie de développement devrait donc identifier, évaluer et harmoniser les exigences divergentes des aspects structurels, institutionnels, économiques et autres du sous-développement, avec des composantes psychologiques.

Si je propose, dans ce livre, que la faible conception de soi constitue l'un des facteurs déterminants qui minent les performances africaines, je ne veux nullement avancer par là que tous les pays africains, ou que tous les Africains, souffrent du doute de soi, ou qu'ils partagent le même degré d'estime de soi. L'histoire de la coopération internationale est pleine d'anecdotes faisant état d'assertivité parfois inhabituelle de la part de certains pays africains, même parmi les plus petits du continent. Par exemple, une réaction tranchée du gouvernement du Cap-Vert, face à un comportement jugé non-acceptable d'une délégation de la Banque mondiale, aurait permis de réajuster la collaboration entre la Banque et le Cap-Vert pour la fonder sur le respect mutuel. [43] Dans le même ordre d'idées, un

---

[42] David Schwartz, The Magic of Thinking Big, 1965.

[43] On raconte qu'après la revue d'un programme de la Banque mondiale avec le gouvernement du Cap Vert, une délégation de celle-ci a rédigé comme d'habitude un aide-mémoire de fin de mission. Celui-ci devait être approuvé par le gouvernement cap-verdien. Une réunion de synthèse a été aussi prévue entre la Banque et les autorités gouvernementales. Cependant, l'aide-mémoire rédigé par les cadres de la Banque a été jugé tellement dégradant pour un pays souverain que le vice-premier ministre du pays aurait refusé non seulement de le signer, mais a aussi annulé la réunion de synthèse prévue avec les cadres de la Banque. En colère, le gouvernement décidera de protester vigoureusement auprès du siège de l'institution. De ce fait, le vice-premier ministre embarquera sur le même vol que les membres de la délégation de la Banque, sans pourtant que ceux-ci sachent où ils allaient et

certain nombre de chercheurs africains, des praticiens du développement, des politiciens, des entrepreneurs et des représentants de la société civile ont fait preuve de courage héroïque, en contestant avec force des politiques économiques orthodoxes, en questionnant leur pertinence et leur viabilité pour l'Afrique, tout en proposant des solutions audacieuses pour des transformations accélérées et autonomes. [44] Le Plan d'Action de Lagos (1980), le Cadre Alternatif Africain au Programme d'Ajustement Structurel pour le Développement Socio-Economique (1989) et la Charte Africaine de la Participation Populaire et le Développement (1990) viennent à l'esprit. La vague actuelle des programmes d'ajustement structurel, avec les préoccupations de lutte contre la pauvreté et la bonne gouvernance, est en partie le résultat des critiques et des protestations manifestées par les Africains, qui préconisent des stratégies de développement axées sur la personne humaine.[45]

Enfin, l'art africain est admiré et célébré à travers le monde ; les musiciens africains ont extraordinairement influencé d'autres styles musicaux et des traditions en Europe, en Amérique du Nord, en Amérique Centrale et en Amérique Latine. Il existe de nombreux écrivains et cinéastes africains dont les performances ont été honorées à travers le monde. Certains se sont même vus décerner le Prix Nobel dans leur domaine de travail, et beaucoup d'autres ont reçu des titres honorifiques de reconnaissance internationale similaires. Des compositeurs réputés, comme Paul Simon et Sting, continuent à s'imprégner de -ou à puiser dans - la musique africaine. Les Africains ont montré une capacité exceptionnelle à innover, par la conception de productions scientifiques de haute valeur ; et un bon nombre d'entre eux assument des positions de leadership dans des institutions internationales.

---

pourquoi. Arrivé à Washington, l'autorité capverdienne aurait cherché à être reçue par le Président de la Banque à qui elle exhibera l'aide-mémoire préparé par ses cadres. En ajoutant, que son gouvernement ne tolérera plus un tel acte dans l'avenir qui pourrait entraîner la suspension de sa coopération avec la Banque mondiale. Celle-ci a pris bonne note et est passée à l'action: les cadres concernés ont été immédiatement déchargés de leur portefeuille et les relations entre le gouvernement et la nouvelle équipe de la Banque devaient désormais se fonder sur le respect mutuel. [43]Tout ceci ne serait pas arrivé si le Cap-Vert s'était vu petit devant son financier et s'était refusé de le confronter, comme le font la plupart des pays africains.

[44] M. Bratton and Nicolas Van de Valle, Toward Governance in Africa: Popular Demands and State Response, In Governance and Politics in Africa, edit. Goran Hyden et Michael Bratton, Boulder: Lynne Rienner Publishers, 1992.

[45] Issa G. Shivji, The Changing Development Discourse in AAfrica, Pambazuka, October 6, 2005 (Tanzanie). http: //www. globalpolicy. org/socecon/develop/africa/2005/1007discourse. htm.

Paradoxalement, c'est parmi ces groupes des professionnels et d'élites intellectuelles et dirigeantes que les attitudes ambivalentes d'inadéquation et d'infériorité face à des non-africains sont particulièrement discernables ; ce qu'un Professeur africain a caractérisé " d'insulte collective " ou de cas " pathologique de la xénophilie. " En face d'un complexe d'infériorité débilitante chez les Africains, dont les implications vont au-delà de leurs vies quotidiennes, il est difficile pour tout Africain et pour les amis réels de l'Afrique de ne pas se sentir humilié par le fardeau d'une telle attitude face à soi-même.

6. Plan du livre

L'ouvrage est subdivisé en sept chapitres, après cette introduction générale. Le Chapitre 1 définit le concept d'estime de soi, ses éléments constitutifs et précise sa nature dynamique et sa pertinence pour le développement individuel et collectif. J'examine en profondeur les symptômes de la sous-estimation de soi au Chapitre 2, en insistant sur ses manifestations dans l'administration de l'État, les activités de la coopération internationale, les politiques publiques et dans la vie quotidienne. Ce chapitre constitue l'une des charpentes de l'étude, et conduit, au Chapitre 3, à s'interroger sur le rôle de l'estime de soi dans l'Histoire Africaine contemporaine. Les grands mouvements d'estime de soi sont ici survolés : la Négritude, le Panafricanisme, l'Authenticité et la Renaissance africaine. Je poursuis la discussion au Chapitre 4 en introduisant la problématique de la solidarité et de la collaboration interafricaine. Le traitement rend compte de la qualité de la collaboration formelle et informelle entre les Africains, de l'intérieur comme de l'extérieur du Continent.

Les éléments recueillis dans les chapitres précédents ouvrent la voie à l'analyse des causes et des conséquences de la sous-estimation de soi au Chapitre 5. Les deux derniers chapitres discutent des axes stratégiques pour construire l'estime de soi tant au niveau individuel que collectif. Je commence d'abord par parler des secrets des champions (Chapitre 6), pour démontrer comment les compétences de l'estime de soi ont aidé à propulser les individus et les organisations dans la vie pratique. Par souci de plus de clarté, le dernier chapitre (Chapitre 7), sur la construction proprement dite de l'estime personnelle et collective, est structuré en cinq axes stratégiques qui correspondent aux fondements méthodologiques de la conception de soi. Il discute, successivement, de comment développer, sur le plan personnel et collectif, la connaissance et la conscience de soi, l'acceptation de soi, la responsabilité individuelle et collective, l'affirmation de soi et comment parvenir à l'autonomie. Quelques remarques finales clôturent l'étude.

Chapitre 1

Notions, dynamique et pertinence de l'estime de soi pour un développement accéléré

" Nous devons être le centre de nous-mêmes
et non la périphérie des autres. "

" Il faut trouver en nous-mêmes les ressources intellectuelles et morales
pour le changement. "

Joseph Ki-Zerbo

La construction, le maintien ou le développement de l'estime de soi est, de nos jours, un objectif recherché par les individus et les organisations, au regard de l'importance de celle-ci sur la performance. Au cours des deux dernières décennies, de nombreuses études scientifiques associent la réussite dans la vie à une estime de soi positive et stable, obligeant de centrer l'attention sur les conditions qui facilitent l'émergence d'un concept de soi performant.

Etant donné la présence de plusieurs conceptualisations théoriques sur ce thème, au risque de semer de la confusion pour sa meilleure compréhension, il est nécessaire de commencer la discussion par la clarification des concepts. C'est le but de ce chapitre qui vise à expliciter la notion d'estime de soi, son caractère dynamique et mouvant, son impact sur le développement socioéconomique, sur l'avancement personnel et sur le renforcement organisationnel et la bonne gouvernance. Mon intention n'est pas d'entrer dans des polémiques théoriques sur la question, mais de cerner d'entrée de jeu, les éléments constitutifs clés de l'estime de soi et leur pertinence sur le développement individuel et collectif.

1. Comment comprendre le concept d'estime de soi ?

Le concept d'estime de soi ou le " self-esteem " a reçu une popularité rarement égalée en Occident, au vu des discours et des productions scientifiques sur le sujet. Dans la vie courante, on entendra l'enseignant, le fonctionnaire, le politicien, le médecin, le psychologue, le psychiatre, le chef d'entreprise, le prêtre ou le pasteur, insister, chacun devant son auditoire, sur la promotion ou le maintien de l'estime personnelle. Les écoles apprennent aux enfants, et dès le niveau primaire, à développer une image positive d'eux-mêmes, à résister aux représentations négatives, à construire une dynamique relationnelle et, surtout, à croire qu'ils sont capables de haute performance. La devise " Believe in Yourself " [46] est courante dans le langage populaire. Même la tenue vestimentaire, l'apparence et le maintien de la ligne sont brandis au nom de la préservation de l'estime de soi. En 1986, l'État de Californie est allé jusqu'à mettre en place une Commission dont la tâche principale était de trouver des voies et moyens pour rehausser l'estime de soi des habitants de ce gigantesque État américain. [47]

Des émissions religieuses télévisées et radiodiffusées vantent à longueur de journée et, en particulier tous les dimanches, les mérites de l'estime de soi pour une vie heureuse et pleine de succès. Le célèbre pasteur et évangéliste américain Joël Osteen est bien connu pour ses prédications et ses discours motivationnels, qui encouragent les fidèles à développer de l'intérieur une image correcte d'eux-mêmes, car dit-il, " l'environnement ambiant a tendance à nous conditionner à penser de nous-mêmes comme des êtres faibles, ou des perdants, alors que nous avons en nous le sang royal ou l'ADN de Dieu Tout-Puissant. " Ainsi, les invite-t-il à refuser de se sentir intimidés par les talents, la beauté, ou la richesse des autres, car, selon lui, chacun d'entre eux dispose des mêmes potentialités qu'il convient seulement de découvrir et de mettre en œuvre. Il leur conseille d'éviter un langage ou/et un environnement négatif qui conduisent à des comportements d'autodégradation. Le Pasteur Osteen soutient avec force que " la manière dont nous nous voyons détermine en dernier ressort le type de vie que nous voulons mener. Si nous nous visualisons en termes d'échecs, nous aurons comme résultat l'échec. Par contre, si nous percevons en nous le succès, nous allons nous conditionner pour ne produire que du succès. " [48]

Le concept de l'estime de soi suscite également beaucoup d'intérêt dans la littérature scientifique, où le consensus sur sa signification reste encore loin d'être atteint. On doit à l'américain William James [49] la première utilisation de ce terme. Selon lui, l'estime de soi est la conscience de la valeur de soi qui se situe à l'intérieur d'une personne. Il la définit comme étant le rapport entre les réalisations et les prétentions (aspirations) dans la

---

[46] Croyez en vous-même.

[47] Cité par Nicholas Emler, Self-Esteem: the Costs and Causes of Low Self-Worth, Layerthorpe: Joseph Rowntree Foundation, 2001, pp. 13.

[48] Joel Osteen, Your Best Life Now, New York: Warner Faith, 2005. Ce livre est très intéressant parce qu'il donne des étapes pour programmer le succès dans la vie en commençant par élargir sa vision, développer et maintenir un état d'esprit positif. Voir aussi du même auteur: Become a Better You, Gate Group, 2009, Your Life Now: 7 Steps to Living at Your Full Potential, 1987.

[49] William James, Principles of Psychology (1890), Dover Publications, 1950 (vol I and vol II). .

vie. Autrement dit, James postule que l'estime de soi est la relation entre ce que sont réellement les humains (le soi réel- réalisations ou succès) et ce qu'ils veulent être (l'idéal de soi- aspirations, objectifs). Plus l'écart entre le soi réel et l'idéal de soi est grand, plus l'estime de soi est faible. Dans ce sens, l'estime de soi est fonction du succès que quelqu'un enregistre au regard de ses ambitions ou objectifs, sous réserve que ces objectifs soient réalistes. James pense que le jugement de compétences de soi a des effets sur l'estime de soi globale, lorsqu'il porte sur les domaines jugés importants par la personne. [50] Par exemple, une personne qui valorise l'économie (objectif), et qui a des compétences sûres dans ce domaine (soi réel), se sentira à la hauteur dans des discussions sur cette question, et fera donc preuve d'une estime de soi élevée. Par voie de conséquences, l'augmentation ou le maintien de *self-esteem* nécessite que la personne accumule des réussites ou des réalisations positives dans sa vie. De ce point de vue, des échecs disproportionnés tendent à diminuer l'estime de soi.

Contrairement à James qui situe l'évaluation de soi à l'intérieur de la personne, Charles Cooley soutiendra, quelques années plus tard, qu'autrui serait le miroir à travers lequel nous nous percevons et que les jugements d'autrui nous seraient intériorisés, et créeraient les perceptions que nous avons de nous-mêmes. [51] En d'autres termes, l'environnement social, tel que la famille, l'école et la société en général, influe sur la perception de la valeur de soi. Ainsi, le déterminant de *self-esteem* est de nature sociale. Plusieurs recherches ont corroboré cette thèse, en montrant, par exemple, l'influence de la famille, de l'école et des personnes influentes, telles que les parents et les amis, sur l'estime de soi des enfants -ou son manque- aux différents stades de leur développement.

Les travaux de ces deux pionniers ont profondément influencé les approches contemporaines de l'estime de soi, en mettant particulièrement en exergue son caractère multidimensionnel et dynamique. L'estime de soi

---

[50] Cette notion sera approfondie plus tard par nombreux chercheurs. A la suite de travaux de Crooker, l'estime de soi dépend des expériences de succès et d'échec dans plusieurs domaines d'activité dont l'importance varie selon la personne. Crooker soutient que c'est en cherchant à obtenir des succès et à éviter des échecs dans certains domaines clés pour la personne que l'individu tente de maintenir, protéger et augmenter son estime de soi globale. C'est ce que Bear et Juvoen appellent " processus compensatoire » utilisé par les gens (ici les apprenants) en difficultés pour protéger leur concept de soi global. On peut imaginer par exemple qu'en aiguisant les compétences de gestion macroéconomique, les compétences de leadership et les compétences de livraison et gestion des services de base- des domaines importants aux yeux des bailleurs de fonds qui fournissent des appuis financiers et techniques- les gouvernements africains peuvent élever leur estime de soi.

[51] Charles Cooley, Human Nature and the Social Order, seventh edition. New York: Shocken Books, 1902, 2009.

repose sur trois ingrédients principaux, à savoir : l'amour de soi, la vision (image) positive de soi et la confiance en soi. [52] C'est ainsi que Coopersmith parle de l'estime de soi en se référant à l'évaluation qu'un individu émet, et maintient, à propos de lui-même : "cela s'exprime à travers des attitudes d'approbation et désapprobation, et indique l'étendue des croyances que l'individu a au sujet de sa capacité, son importance, son succès et sa dignité. Cette évaluation de soi implique un jugement que l'individu porte sur lui-même, il examine son rendement, ses capacités, afin de les comparer à ses standards et à ses valeurs 0personnelles pour arriver à une décision sur sa propre valeur. " [53]

Le psychologue américain Abraham Maslow[54] voit dans l'estime de soi un besoin fondamental de développement humain. Maslow inclut le *self-esteem* dans sa théorie célèbre sur la hiérarchie des besoins essentiels de la personne humaine, à côté des besoins physiologiques (manger et boire)[55], de sécurité (logement, intégrité physique), d'appartenance (association, participation)[56] et d'épanouissement personnel. [57] Il perçoit un double aspect

[52] L'amour de soi est un élément central de l'estime de soi. Il faut d'abord s'aimer et pour mieux le faire, il vaut mieux se connaître en termes de potentiels et de limites. Cet amour est inconditionnel et ne dépend pas de ses performances ;il faut s'aimer malgré ses défauts, ses échecs, ou sa situation financière. C'est cet amour de soi qui protège en cas d' événements douloureux ou de difficultés. Il assure l'équilibre. Quant à la vision de soi, elle concerne l'image qu'on porte sur soi, l'évaluation qu'on fait de ses qualités et de ses défauts ;la conviction qu'on a de ses potentiels, ses qualités, mais aussi de ses défauts. Une vision positive de soi permet d'atteindre ses objectifs en dépit des contraintes sur sa voie. Enfin, la confiance en soi renvoie à ses capacités ;être capable de réfléchir ou d'agir de manière appropriée dans des situations importantes. Il s'agit d'un sentiment de posséder des capacités nécessaires pour compter sur soi et faire face aux défis de la vie. La confiance en soi est souvent confondue avec l'estime de soi.

[53] Stanley Coopersmith, The Antecedents of Self-Esteem. University of California at Davis, 1967.

[54] Abraham Maslow, Motivation and Personality, New York: Harper, 1954. Voir aussi, A. Maslow, A Theory of Human Motivation, In Psychological Review 50 (4), 3370-396. http: //psychclassics. yorku. ca/Maslow/motivation. htm

[55] Les besoins physiologiques sont des besoins dont la non-satisfaction peut menacer l'intégrité physique de l'individu. Il s'agit par exemple de l'alimentation, de l'eau, du sommeil, etc. Antoine de Saint-Exupery avait compris l'importance fondamentale de l'eau quand il s'était retrouvé affamé en panne d'avion dans un désert. " L'eau, tu n'as ni goût, ni arôme, tu n'es pas nécessaire à la vie, mais tu es la vie " , cria-t-il.

[56] Les besoins d'appartenance sont aussi appelés besoins d'intégration sociale de l'individu. En faisant participer les agents à la prise de décision, on touche leur besoin naturel d'appartenance.

[57] Les besoins d'épanouissement sont aussi appelés les besoins de dépassement de soi. C'est le besoin d'élévation de la condition humaine, de transformation de soi, de

dans l'estime de soi : l'estime que l'on a de soi (amour propre, confiance en soi, appréciation de ses propres aptitudes et qualités), et le respect et l'estime que l'on reçoit des autres (reconnaissance, acceptation, appréciation). Selon Maslow, si le besoin de self-esteem n'est pas satisfait, les gens seront toujours enclins à le rechercher par tous les moyens ; et ils ne pourront jamais s'auto-réaliser. Sa non-satisfaction correspond à un déficit socio-psychologique auquel il convient de porter remède. C'est pour cette raison que le développement ou le renforcement de l'estime de soi est fortement recommandé pour la motivation des ressources humaines.

Le fondement de la pensée humaniste repose sur la notion que tout être humain, du fait de sa nature, mérite un respect inconditionnel. Il doit s'estimer, et doit être estimé par les autres, quelles que soient ses possessions matérielles. La valeur et la dignité humaines ne sont pas nécessairement liées aux disponibilités en banque, même si le capitalisme à outrance tend à nous le faire croire. Cette conception des choses est proche de la vision biblique, selon laquelle l'homme et la femme ont été créés à l'image de Dieu ; ils ont en eux un sang royal (Jésus étant le Roi des rois), et méritent donc de la considération et du respect. En conséquence, toutes les personnes humaines ont en elles des potentialités immenses pour mener une vie heureuse. Le problème réside dans la réponse à la question suivante : comment actionner ces potentialités ? L'estime de soi se réfère donc non seulement à l'image qu'on se fait ou que l'on a de soi, mais aussi à la valeur intrinsèque d'un individu ou du groupe social auquel il appartient, et à la dignité humaine.

Plus qu'un besoin psychologique, Nathaniel Branden établit que l'estime de soi est " un besoin économique important de notre temps, un attribut majeur pour s'adapter et réussir dans un monde de plus en plus complexe, compétitif et défiant. " [58] Il décrit l'estime de soi comme " l'expérience d'être capable de faire face aux exigences de la vie et d'être digne du bonheur. Il s'agit de la confiance dans l'efficacité de son esprit, dans sa capacité à penser, à prendre des décisions appropriées et à gérer le changement. L'estime de soi est également l'expérience que le bonheur, le succès, la réussite et l'épanouissement, sont possibles pour moi. " Comme quelqu'un d'autre disait de l'estime de soi : " elle est une réserve consciente de forces personnelles dans laquelle une personne puise l'énergie nécessaire pour combattre ou gérer les difficultés de la vie." Sa fondation, aux dires de

---

spiritualité ou de recherche de la relation avec Dieu ou l'être transcendant par la religion, la quête du sens de la vie (philosophie). La formation et l'éducation permanente est l'un des moyens de satisfaction de ce besoin.

[58] Nathaniel Branden, " Self-Esteem in the Information Age" , In Organization of the Future, Frances Hesselbein et al. edit. The Drucker Foundation, Jossey Bass Press, 1997, pp. 221-229. The Psychology of Self-Esteem, New York: Bantam, 1969.

Branden, repose sur la conscience de soi, l'acceptation de soi, l'autoresponsabilité, l'affirmation de soi et l'autonomie. [59]

En somme, l'estime de soi renvoie à un ensemble de croyances, attitudes, opinions et idées sur soi. Ces croyances et attitudes, positives ou négatives, résultent des expériences de vie ou des pensées qui conduisent leurs auteurs à développer des opinions, des sentiments ou des comportements, favorables ou défavorables de soi. Mais plus qu'une auto-évaluation ou une référence à des valeurs subjectives, comme le sentiment de dignité personnelle et les attitudes intérieures de soi, l'estime de soi s'étend à l'appréciation de ses propres capacités, ses compétences, ses aptitudes et ses réalisations qui, elles-mêmes, sont des qualités objectives affectant la confiance en soi, un sous-produit de l'estime personnelle.

Si l'estime de soi est l'évaluation que nous faisons de nos pensées, de nos actions et de nos comportements, les résultats issus de ce jugement conduisent à une décision telle que l'action me valorise (je suis valable) ; ou dans le cas contraire, elle me dévalorise (je ne suis pas valable). Cependant, une seule auto-évaluation ne peut garantir des résultats crédibles. Des exagérations sont possibles. C'est en fait la moyenne de ces jugements, selon Mead, [60] qui serait intériorisée. Ce qui revient à dire qu'un seul jugement, ou une seule auto-évaluation, ne suffit pas pour émettre un verdict sur soi en termes de valeur positive ou négative. Il faut plusieurs évaluations de soi dont la moyenne servira de baromètre de self-esteem. Quand un étudiant échoue, par exemple, à un examen ou deux, il ne peut pas d'emblée conclure qu'il n'est pas apte à poursuivre ses études et, par conséquent, perdre de la valeur.

2. La dynamique du concept de soi

Les recherches sur la dynamique de l'estime de soi montrent qu'elle a des dimensions subjectives (évaluation subjective de soi) et cognitives (évaluation de ses capacités). Elle se construit, et se reconstruit, au gré des expériences de la vie ; elle peut fluctuer même si elle se maintient à un niveau moyen, qui est relativement stable au fil du temps. [61] Les individus peuvent en manquer dans certains domaines, tout en l'affichant dans d'autres. On peut avoir une bonne estime de soi comme entrepreneur, et une faible estime de soi comme politicien. Un économiste accompli peut faire preuve de self-esteem dans son domaine, mais souffrir d'une diminution de la conception de soi dans ses rencontres avec d'autres cultures au cours de

---

[59] Nathaniel Branden, op. cit.

[60] Voir Bruno Mukendi, Raising Self-Esteem to Accelerate Sustainable Development in Africa, op. cit.

[61] A. Bandura, Self-Efficacy in Changing Societies, 1995. M. Jackson, Self-Esteem and Meaning: A Life Historical Investigation, Albany: State University of New York Press, 1984.

négociations internationales, l'amenant à se comporter comme un sujet docile, et non comme un acteur proactif de changement. Cependant, les recherches indiquent que la perte de l'estime de soi dans des domaines jugés importants par une personne, ou par des personnes significatives dans la vie (parents, pairs et amis dans le cas des adolescents et Banque mondiale ou FMI dans le cas des gouvernements africains) peut affecter l'estime de soi globale.

L'estime de soi varie selon un continuum allant de faible à sévère, chaque degré de sévérité présentant une variété de conséquences dans la vie. C'est lorsqu'elle devient chroniquement faible, ou quand elle fait partie du mode de vie, qu'elle est très dommageable. En fait, on distingue généralement deux niveaux absolus de self-esteem : faible et haute estime de soi. Ces deux extrêmes sont à éviter. Un sens enflé d'estime personnelle peut inciter à l'arrogance, à la perte de l'humilité, à la sous-estimation des autres et à l'infatuation de l'infaillibilité personnelle, ou tout simplement à la pathologie du comportement narcissiste. De la même manière, l'excès de self-esteem peut conduire les nations qui l'affichent à adopter des comportements en violation des normes de relations internationales acceptables. Loin du narcissisme, l'estime de soi suppose la perception la plus réaliste possible de soi-même, tout en préservant la conscience de ses difficultés et de ses limites.

La faible estime de soi, tout comme les préjugés, est rarement reconnue par ceux qui en souffrent ; elle peut être intériorisée inconsciemment. Parmi ses symptômes, on note des comportements, conscients ou inconscients, de dévalorisation de soi, l'utilisation de certains mots -ou de certaines expressions- dévalorisant ou valorisant les personnes qu'on garde en haute estime, la haine de soi, l'indécision, des excuses sans fin, l'inaction chronique, justifiée souvent par des faux-fuyants, le constant rejet des responsabilités sur les autres, des reproches continus à soi-même, la valorisation exagérée des autres personnes, sans les placer dans une perspective correcte, un traitement préférentiel des gens qu'on tient en haute estime. Voici une description du profil moyen d'une personne souffrant d'un déficit en self-esteem :

> " La personne qui a peu d'estime d'elle-même est dépourvue de valeur. Souvent, elle aura des difficultés à réussir quoi que ce soit. Elle se fait constamment des reproches intérieurs. Elle se dit incapable d'accomplir telle ou telle tâche ; elle se sent inférieure aux autres. Souvent, elle se déprécie sans même s'en rendre compte ! Elle s'évalue d'après son passé, d'après les critiques des autres. Son impression de ne rien valoir

vient avant tout de son dialogue intérieur qui est souvent presque exclusivement négatif. " [62]

Un niveau faible d'estime de soi est caractérisé par des sentiments et des attitudes de dépréciation et de dévaluation individuelles, ou du manque d'importance accordée à soi ou à son groupe. Ces sentiments et les attitudes qui en découlent, débouchent sur un sens d'insécurité personnelle ou de groupe, et sur des sentiments d'inadéquation, qui peuvent rendre quelqu'un (ou le groupe) à la fois vulnérable et dépendant des autres pour la définition de son identité et de ses priorités. En d'autres termes, l'estime de soi affecte la confiance qu'on a en soi-même, étant donné que celle-ci se projette par l'assurance dans ses propres talents et ses capacités. Comme le remarque Charles Handy, " la confiance en soi est la seule chose qui donne à un individu la force de s'engager dans l'inconnu et de persuader autrui d'avancer là où personne ne s'est encore aventuré. " [63] Imaginez un chef qui ne croit pas en son propre jugement. Ses collaborateurs hésiteront à le suivre, et risquent même de se sentir dans l'insécurité. Un responsable qui a confiance en lui-même projette une image qui encourage ses collaborateurs à lui faire confiance, et qui les rassure. C'est cette confiance en soi qui l'incite à faire preuve d'audace et à prendre des décisions difficiles. Il reste cependant vrai, soulignent Meridith et al, que la " confiance en soi doit être tempérée par un doute raisonnable, l'humilité qui nous fait admettre que l'on peut parfois se tromper, que les autres ont également des idées, qu'ils peuvent avoir raison, qu'écouter est aussi important que parler. " [64]

Si tu n'as pas la foi en toi-même, si tu crois et penses que tu n'as pas la capacité de réussir dans les affaires, tu ne commenceras jamais un business ; et, encore pire, tu risques de ne jamais réussir, si tu t'y engages. Comme homme, tu es ce que tu crois et penses être. Si tu penses que tu es un citoyen, ou une citoyenne, de seconde classe, tu le seras, et tu risqueras de le demeurer infiniment, à moins de changer ta vision des choses, c'est-à-dire ton paradigme. La vérité biblique selon laquelle " la foi sauve " ou " si tu as la foi, tu peux déplacer des montagnes " est une réalité incontestable dans la vie sociale et organisationnelle. Jésus n'avait-il pas dit : " Tout est possible à celui qui croit" (Matthieu 17 : 20 ; Marc 9 : 23). " Si tu as la foi, tu peux déraciner un baobab, " c'est-à-dire, tu es capable de surmonter efficacement les difficultés de la vie et de rendre possible ce qui apparait impossible. De

---

[62] Tiré de l'Association canadienne pour la santé mentale: pour une meilleure santé mentale des québécois et québécoises, L'estime de soi, Semaine nationale de la santé mentale, du 3 au 9 mai 1999. Document paru en ligne.

[63] Charles Handy, Le nouveau langage de l'organisation et ses implications pour les dirigeants, op. cit. pp. 31-38.

[64] Geoffry G. Meridith, Robert E. Nelson et Philip A. Neck. Gestion et esprit d'entreprise. BIT, Genève, 1982.

même que le carburant donne l'énergie nécessaire pour que les réacteurs de l'avion démarrent et qu'il prenne son vol, de même, la foi en soi est cette puissance ou cette énergie qui permet aux individus, groupes sociaux et aux nations d'affronter avec détermination et succès les défis auxquels ils sont confrontés.

3. Pourquoi est-il nécessaire de construire l'estime de soi ?

a. L'estime de soi est cruciale pour le développement et l'avancement humains

Attitude envers soi-même, l'estime de soi est largement perçue comme une ressource qu'il convient de cultiver et d'exploiter pour atteindre ses objectifs dans la vie. Les gens ne la cherchent pas pour elle-même, mais en raison des avantages qu'elle procure. Selon Bandura, le sentiment d'auto-efficacité, qui vient avec une haute estime de soi, renforce la volonté de poursuivre ses objectifs et de persévérer malgré les difficultés [65] (Voir Graphique 1). D'autres études ont montré que les personnes qui affichent de l'estime de soi font preuve de détermination et de persévérance face à des échecs. [66] Ils restent concentrés sur leurs tâches, face à des tentatives de découragement de la part de leurs détracteurs. L'estime de soi renforce donc la confiance en soi, la capacité à prendre des risques malgré la peur et consolide la persévérance, en dépit des obstacles.

En fait, trois qualités essentielles considérées comme facilitatrices du progrès ou de la réussite, sont associées avec l'image et l'opinion que les gens se font d'eux-mêmes et la confiance qu'ils ont en eux-mêmes. Il s'agit de la *détermination, du courage* et *de la persévérance.* [67] La détermination signifie la capacité de s'engager dans sa mission, la résolution interne de réussir ses plans, la foi que vous avez en vous-même et qui vous fait déplacer des montagnes. Le courage ne veut pas dire le manque de peur, mais la capacité d'agir malgré la peur, de se mettre débout et de dire non quand vos intérêts sont en jeu ; de prendre des risques calculés et d'agir quand il le faut. Il sied de noter ici que la peur reste l'ennemi numéro un du

---

[65] Bandura, op. cit.

[66] A. Meca et al, The Social Importance of Self-Esteem: University of California Press, 1985. B. Lerner, Self-Esteem and Excellence: The Choice and the Paradox, American Educator, Winter 1985.

[67] Bruno Mukendi, Raising Self-Esteem to Accelerate Sustainable Development in Africa, Journal of Development Alternatives and Area Studies, Vol. 26, No 1 & 2, March-June 2007. On peut également consulter à ce sujet des analyses sur les effets des valeurs et des attitudes sur le développement, notamment l'éthique protestante et l'éthique confucianiste. Voir Mitchell A Seligson & John Passé-Smith, edit. Development and Underdevelopment. The Political Economy of Global Inequality, Boulder, London: Lynne Rienner, 2003, Partie 4 sur Culture et Développement, pp. 225-273.

succès, l'une des maladies endémiques du sous-développement africain, et par conséquent, un grand défi pour le leadership du changement. La peur vous ferme la bouche quand vous voulez parler ou revendiquer vos droits ; elle empêche les individus et leurs sociétés de tirer au maximum profit des opportunités offertes par leur environnement ; elle les rend malades, leur cause des difficultés organiques, et finit par raccourcir leur vie. Il suffit de penser à la démission collective à laquelle on assiste dans un certain nombre de pays africains, face à des pouvoirs politiques devenus totalement corrompus et inefficaces, mais survivant à cause d'une grande peur des populations à prendre les risques qui s'imposent et à changer éventuellement l'existant.

La persévérance est la capacité de persister dans la poursuite de ses objectifs, ou ses plans, en dépit des contraintes, ou des échecs qu'on pourrait endurer sur le chemin ; c'est continuer à se battre pour ce en quoi on croit malgré les obstacles. La conjonction et l'interaction de ces trois facteurs produisent un niveau d'énergie interne, appelée, " énergie optimale " qui permet à une personne de mieux performer et de garder la maitrise de soi, quelles que soient les circonstances.

Implicitement donc, la théorie d'estime de soi suppose que le pouvoir de changement est un élément intrinsèque à l'individu, et que les limitations aux aspirations et au bonheur sont fondamentalement internes à toute personne humaine. L'homme est ce qu'il pense être. Une conception négative de soi affecte la confiance en soi et donne lieu à des difficultés d'ordre psychologique, socioculturel et économique dont les conséquences peuvent être incalculables. Des individus qui se sentent importants, capables et compétents, ont plus de chances de réussir que ceux qui se sentent moins importants, moins capables et plus incompétents. [68] Un niveau faible de self-esteem peut facilement faire dérailler une mission de négociation à l'étranger, si ses membres se mettent psychologiquement en position inférieure par rapport à l'autre camp, entrainant ainsi une acceptation presque automatique des données et des propositions provenant de ce dernier.

---

[68] Sur self-estime, vous pouvez consulter: Bruno Mukendi, Raising Self-Esteem to Accelerate Sustainable Development in Africa, Journal of Development Alternatives and Area Studies, Vol. 26, No 1 and 2, March-June 2007, pp. 210-291. Abraham H. Malow, On Management. John Wiley & Sons: New York, 1998. Bernard Weiner, Human Motivation. New Jersey: Erl Baum, 1989, Michael Jackson. Self-Esteem and Meaning: A Life Historical Investigation. Albany: State University of New York Press, 1984. Phillip C. McGraw: Self Matters. Creating your Life from the Inside out. Simon & Schuster Source: New York, 2001.

Graphique 1

La relation entre estime de soi et performance

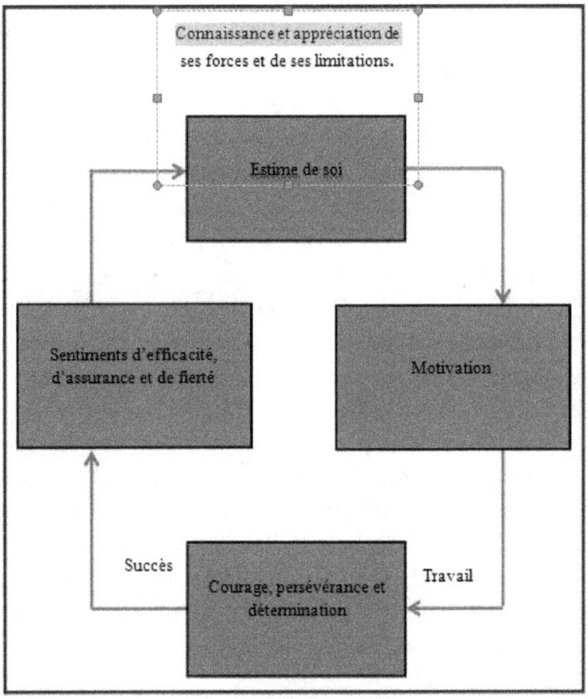

Vous noterez par exemple au Graphique 1, les relations implicites entre l'estime de soi et la performance. Une connaissance et appréciation réaliste de ses forces et de ses limitations renforcent la volonté individuelle de s'engager dans des projets d'envergure avec détermination, courage et persévérance. Ce qui conduit à terme à la réalisation de ses objectifs ou au succès. Les résultats positifs obtenus produisent à leur tour des sentiments d'efficacité, d'assurance et de fierté qui impactent positivement sur le niveau d'estime personnelle. Les secrets des gagnants (ou champions) à travers le monde résident en effet dans la connaissance et l'évaluation réaliste de leurs potentiels, la foi en eux-mêmes et la mobilisation sans réserve de toutes leurs énergies pour atteindre leurs objectifs, tout en restant courageux, optimiste, déterminé et persévérant au milieu des défis. Feu Samuel Walton, le milliardaire américain et propriétaire des plus grandes chaines de magasins à prix modérés (Wal-Mart et Sam's Club), a réussi de manière spéculaire jusqu'à dépasser en chiffre d'affaires les chaines classiques anglo-américaines, telles que J. C. Penny, Kmart et Target, en raison, notamment, de sa profonde conviction, depuis sa jeunesse qu'il pouvait et devait être le meilleur dans tout ce qu'il entreprenait (" I should always try to be the best I could at whatever I took on"), et qu'il disposait des talents nécessaires pour atteindre ce but. Sachant qu'il avait tout pour réussir, il s'était engagé de façon passionnée et diligente à travailler, à apprendre de ses erreurs et à s'améliorer sans cesse jusqu'à ce qu'il devint " champion " dans son secteur d'activité. [69] Michael Jordan, le meilleur jouer de basketball de tous les temps, et dont je parle plus loin dans cette étude, est une autre illustration parlante des compétences que génère l'estime de soi en action.

En fait, une diminution de la conception de soi conduit à des attitudes négatives vis-à-vis du travail et du perfectionnement personnel. Le Professeur Todaro fait valoir que " les nations et les personnes à faible estime de soi n'ont souvent pas la force psychologique et économique pour résister à la domination et à la perte de leur liberté de choisir. " [70] Par son effet sur l'affaiblissement de la capacité de choisir les stratégies de développement propres et des faux-fuyants qui résultent d'une vision généralement négative ou erronée de ses propres potentialités, une faible estime de soi a également comme corollaire la mauvaise performance économique. Les nations et les personnes atteintes d'une faible estime de soi, sont plus enclines à être prises en charge ; elles se sentent psychologiquement à l'aise quand elles sont sous le contrôle des autres nations, organisations ou individus ; elles ont tendance à être dépendantes des autres pour des idées, le sens de direction ou la survie[71], et selon Denis Goulet " à lâcher aux yeux de ceux qu'elles tiennent en haute estime." [72] Historiquement, le niveau de développement économique est associé à un niveau élevé d'accomplissement de soi.

Au vu de ce qui précède, l'estime de soi est incontestablement une composante essentielle du développement d'une nation. En effet, depuis la fin de la Seconde guerre mondiale et l'avènement des institutions internationales de développement, ce concept fondamental de développement a été défini comme un phénomène essentiellement économique, exprimé en termes de croissance du produit national. Ce point de vue a été sérieusement remis en question dans les années 1970 et 1980 quand les effets multiplicateurs de la croissance économique ont eu du mal à se matérialiser sous la forme d'améliorations soutenues des conditions socio-économiques dans la plupart des pays en développement. Ces expériences ont permis de conclure que les transformations nécessaires pour développer

[69] Sam Walton et John Huey, Sam Walton, Made in America: My Story, New York: Doubleday, 1992, pp. 6-11.

[70] Michael P. Todaro, Economics for a Developing World, Second Edition, Harlow: Longman, 1982, pp. 99-100.

[71] Todaro , op. cit.

[72] Denis Goulet, The Cruel Choice: A New Concept in the Theory of Developpement. New York: Atheneum, 1971.

un pays vont au-delà des indicateurs économiques, aussi importants fussent-ils. Tout compte fait, le développement est un processus d'élévation durable du bien-être d'une population, processus qui couvre à la fois le bien-être économique, social, politique et psychologique. Dans son ouvrage classique sur l'économie du développement, le Professeur Todaro assigne trois principaux objectifs à celui-ci, à savoir : (1) *satisfaire aux besoins essentiels de la vie*, (2) *augmenter ou maintenir l'estime de soi* et (3) *élargir la liberté des gens.* [73]

L'incorporation de l'estime de soi et de la liberté de choisir parmi les valeurs centrales du développement implique que celui-ci ne peut pas simplement être évalué en termes économiques, mais en tenant dûment compte des questions d'auto-identité, de la responsabilité personnelle et collective, de l'affirmation de soi et de l'autonomie. Des peuples minoritaires et opprimés dans l'histoire ont pu devenir des puissances financières, grâce à une régénération interne fondée sur une prise de conscience de leur identité, et grâce à la mise en place des mécanismes divers de promotion de la solidarité intragroupe, aux fins de la défense effective de leurs intérêts. Le cas du peuple juif est édifiant à ce sujet. Comme Messay Kebede précise :

> " ... Ce que les gens peuvent faire et devenir dépend en grande partie des représentations qu'ils se font d'eux-mêmes. S'ils se définissent en des termes stimulants et positifs, il y a une forte probabilité qu'ils se fixent de grands objectifs et croient qu'ils ont ce qu'il faut pour les réaliser. En revanche, s'ils ont une piètre opinion d'eux-mêmes, ils seront moins ambitieux et moins enclins à penser qu'ils ont le calibre nécessaire pour atteindre de grands objectifs. Des représentations dégradantes de soi peuvent conduire à des comportements qui militent contre la création d'opportunités et le succès. " [74]

Si l'estime de soi est une composante d'une vie plus autoactualisante, elle a par conséquent une incidence directe sur le développement humain. Un processus de transformation qui érode l'estime de soi est, donc, par définition anti-développement. L'affirmation de soi est encore plus critique dans les pays qui ont connu l'esclavage, la colonisation et de nouvelles formes de domination économique. De nombreux et profonds bouleversements qui ont affecté les sociétés africaines ont, non seulement entraîné maints conflits, avec des normes de comportements souvent contradictoires (tradition contre modernité), mais ont aussi contribué à anéantir le " self " des gens. L'Africain a été présenté, et continue à l'être, comme incapable de se diriger,

---

[73] Todaro, op. cit.

[74] Messay Kebede, African Development and the Primacy of Mental Decolonization, In Africa Development, Vol. XXIX, No1 CODESRIA, (2004), pp. 110.

et l'Afrique elle-même, comme le bastion de l'incarnation de tout ce qui est mauvais ou ne marche pas. Cette affirmation, universellement orchestrée, de " l'incompétence africaine, " réelle ou imaginaire, consciente ou inconsciente, a conduit nombre d'Africains à se sous-estimationr par rapport à eux-mêmes et aux autres peuples. Confrontés à cette acculturation et cette perception négative de l'Afrique et de l'Africain, seules les personnes dotées d'un ego suffisamment solide et équilibré, peuvent bien réussir dans leurs ambitions. Ne dit-on pas que pour réussir, il faut être " bien dans sa peau " ?

b. L'estime de soi est un élément essentiel de la bonne gouvernance

La bonne gouvernance est un objectif recherché, en principe, par tous les pays du monde. L'expression renvoie globalement aux règles, méthodes et pratiques qui concourent à une gestion transparente, efficace, efficiente, responsable et équitable des affaires publiques. Au niveau des Etats, ses objectifs importants incluent l'instauration d'un État de droit, la démocratisation, l'affirmation de l'identité nationale, la participation populaire, la responsabilisation effective des populations et le renforcement des valeurs d'efficience, d'efficacité, de transparence et d'équité dans la gestion.

La mise en œuvre de la bonne gouvernance implique que soient recherchés des mécanismes qui favorisent la mobilisation des populations et leur responsabilisation, en vue d'assurer la légitimité de l'État ainsi que l'efficacité, l'appropriation citoyenne, et la pérennisation de ses actions. C'est ici que l'estime de soi intervient comme un élément stratégique fondamental de la bonne gouvernance, dans la mesure où celle-ci offre des outils puissants de motivation des populations à œuvrer pour le changement. La reconnaissance de la valeur individuelle est non seulement le fondement de toute organisation ou société qui se dit démocratique, mais aussi un facteur majeur pour la dynamisation de sa force de travail. Les classes progressistes blanches et les minorités ethniques américaines, galvanisées par le slogan " Yes, we can " ont pris conscience qu'elles étaient en fait les catalyseurs du changement (conscience en soi) qu'elles recherchaient, et se sont, par conséquent, mobilisées massivement (conscience pour soi) pour plébisciter à la présidence du pays un candidat noir, en un temps où nombreux étaient encore les sceptiques. La foi en ses capacités produit incontestablement des transformations dans le système de gouvernance. [75]

L'estime de soi, qui se fonde sur la prise de conscience de soi, la responsabilité individuelle et collective, l'affirmation de soi et le

---

[75] Karl Marx a fait une distinction à ce sujet entre " la conscience en soi » et " la conscience pour soi » comme étant des étapes essentielles dans le processus de transformation d'une société. La conscience en soi permet de connaître ses potentiels et ses limitations et donne lieu à la conscience pour soi, ou l'organisation nécessaire pour changer ses conditions.

dépassement de soi, s'inscrit à la fois dans le processus d'une grande efficacité, dans l'appropriation du développement [76] et la promotion des attitudes et des mentalités susceptibles de favoriser l'émergence d'une citoyenneté responsable et consciente de son rôle dans la lutte contre le sous-développement. L'utilisation rationnelle des outils et stratégies qu'elle préconise permettront, entre autres, de réhabiliter les valeurs civiques et éthiques (par exemple : respect du bien commun, amour de la patrie, solidarité, engagement communautaire au service public, confiance en soi, unité dans la diversité), et de corriger, par là les anomalies, des systèmes autocratiques qui ont, jusqu'ici, participé à la production des valeurs et des références sociétaires en dehors du champ républicain.

c. *L'estime de soi est critique pour le développement des entreprises*

Si l'estime de soi, à travers les mouvements panafricains, a servi de socle à l'émancipation politique rapide du continent africain (voir Chapitre 3), elle peut incontestablement appuyer les efforts pour la transformation socioéconomique de ce continent. Quand je parle des facteurs de sous-estimation de soi qui rendent les individus moins performants, je suis, en même temps, conscient que les mêmes facteurs portent, mutatis mutandis, préjudice au bon fonctionnement des organisations, tant publiques que privées, dans la mesure où ils grèvent considérablement les capacités que possèdent ces organisations d'innover et d'atteindre leurs objectifs. Toute organisation qui s'ignore, qui projette un regard négatif sur sa valeur et ses capacités, qui n'a pas conscience de ses atouts et de ses limitations, aura des difficultés à exploiter les opportunités du marché et à répondre efficacement aux attentes de ses mandataires. Il suffit d'observer les administrations publiques africaines qui dévalorisent leurs propres ressources humaines et de constater les effets concomitants de cette situation sur l'efficacité et la durabilité de leurs prestations. Saverio Tomasella a raison d'avancer que l'estime de soi est un préalable à la transformation de l'entreprise moderne, un atout réel pour son renforcement.

---

[76] Je pense ici à la Déclaration de Paris de 2005 et à l'Agenda d'action d'Accra de 2008 sur l'efficacité de l'aide ainsi que de la Déclaration de Busan qui met l'accent sur l'efficacité du développement, tout en reconnaissant les principes qui sous-tendent les deux premières Déclarations, à savoir: l'appropriation nationale du développement, l'alignement des bailleurs de fonds sur les stratégies et systèmes de gestion des pays bénéficiaires de l'aide, l'harmonisation des interventions dans le cadre de l'approche-programme, la gestion pour l'obtention des résultats et non la gestion par les résultats ou objectifs, la responsabilité mutuelle pour la réalisation des résultats de développement.

" Une entreprise qui connaît sa juste valeur, ses forces, ses faiblesses entre dans le cercle fécond de l'estime et trouve plus facilement et plus rapidement des solutions aux questions, qui du fait de la concurrence et des interactions sur son marché, ne manquent pas de surgir. Plus encore, elle est à même d'anticiper certaines évolutions dont elle sent qu'elles se dessinent, ou qu'elle souhaite induire, en accord avec sa vision du monde." [77]

Dans une organisation où les travailleurs sont contraints à la passivité face à leurs supérieurs, et ne se sentent pas à l'aise pour dire à haute voix ce qu'ils pensent, de peur d'être contredits ou réprimandés ; où il est difficile d'exprimer ses idées ou son désaccord sans être sanctionné, on ne peut pas s'attendre à y trouver la créativité, l'innovation, ou une communication ouverte entre base et sommet de la hiérarchie organisationnelle, type de communication bi-directionnelle qui seraient propices à la bonne prise de décision. Il en est de même des attitudes concomitantes à la passivité imposée aux travailleurs, telles que le fatalisme, le pessimisme, les préjugés, et les complaintes, que Tomasella considère comme des freins à l'estime d'entreprise et à sa transformation. En fait, le concept de soi présuppose que le soi devienne le centre de gravité en termes de responsabilité. La croyance en soi-même, en ses capacités et en sa responsabilité, dans une perspective de collaboration avec les autres, demeure la clé de voûte du progrès et du succès. Un travail assidu et organisé du soi donc conforte sa performance. Dans les organisations africaines, cependant, l'emprise du fatalisme culturel peut entrainer les agents et cadres à faire moins confiance en leurs compétences qu'en des forces obscures et magiques qui échappent à leur contrôle. Dans ces conditions, le langage de la malédiction et les pratiques de l'envoûtement, pour combattre un collègue ou un chef, d'une part, et le recours aux fétiches et les cérémonies d'invocations des esprits en vue d'arracher des promotions et des avantages divers, d'autre part, deviennent pratiques courantes.

Marcel Zadi Kessy, l'ancien Président Directeur-Général (PDG) de la Société de Distribution d'Eau de la Côte d'Ivoire (SODECI) et de la Compagnie Ivoirienne d'Electricité (CIE) apporte un éclairage intéressant à ce sujet. Dans son livre, " Culture africaine et gestion de l'entreprise moderne, [78] il donne des exemples où l'on constate que les agents et les cadres africains croient que la réussite et la promotion dépendent de l'action des forces occultes, des pouvoirs du féticheur ou du marabout. Au travers de ces exemples, on s'aperçoit que, pour certains Africains, les causes de la réussite ou de l'échec dans la vie ne sont pas à rechercher en eux, et qu'elles

[77] Saverio Tomasella, L'estime de soi: un préalable à la transformation ? http: //www. psycho-ressources. com/bibli/estime-de-soi. html.
[78] Marcel Kessy, Culture africaine et gestion de l'entreprise, Abidjan: CEDA, 1998.

sont déjà déterminées et imposées par le destin. Les attitudes fatalistes se traduisent [2]par un aveu d'impuissance face aux défis auxquels les organisations modernes sont confrontées. Des telles attitudes peuvent affecter la rentabilité et l'efficacité des organisations, car l'excellence y repose sur l'esprit de créativité, l'innovation et un travail persévérant et organisé. Dans ce contexte, l'estime de soi fournit des outils et des stratégies capables d'aider à construire l'estime d'entreprise et de l'accompagner dans des réformes visant sa réinvention.

Le graphique 2 ci-dessous présente, sous une forme schématique, les divers éléments qui interviennent dans la problématique de l'estime de soi.

Graphique 2

Différents éléments qui interviennent dans l'estime de soi pour arriver à l'auto-efficacité

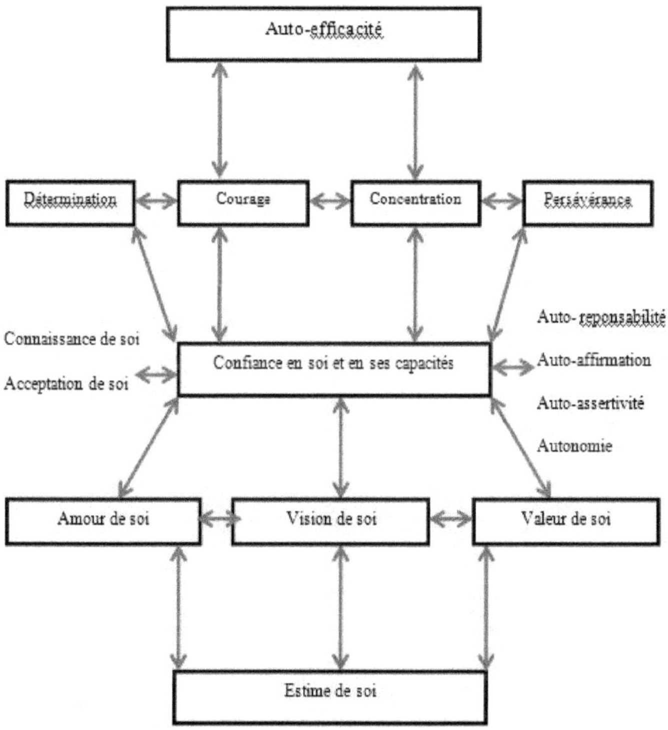

Chapitre 2

Manifestations de la sous-estimation de soi

" La ruine d'une nation commence
dans la maison de ses habitants. "
Proverbe Ashanti, Afrique de l'Ouest.

La problématique de l'estime de soi n'a jamais cessé d'agiter, dans sa globalité, l'esprit des Africains et des africanistes. La littérature africaine comporte une riche documentation décrivant l'image de l'Afrique telle que perçue par les étrangers (Occidentaux essentiellement), mais également dans une certaine mesure, l'image et la pensée que les Africains se font d'eux-mêmes suite à des expériences historiques de la traite négrière, de la colonisation, de l'apartheid, du néo-colonialisme et de la globalisation. Les conséquences de ces systèmes de domination sont au cœur des thèmes majeurs qui tissent les discussions tenues sur le soi africain, à savoir : le déracinement culturel ou l'aliénation mentale (la séparation avec le soi africain authentique), l'expropriation (l'exploitation économique et sociale qui amplifie l'appauvrissement) et l'avilissement (la servitude qui ôte la dignité humaine). [79]

Nombre de travaux scientifiques se sont intéressés à la politique éducative coloniale et à son fondement stratégique, l'assimilation des peuples colonisés à la culture du colonisateur, pour mettre à découvert ses conséquences socio psychologiques dans l'Afrique contemporaine, en termes d'élites extraverties, aliénées et souffrant d'un esprit de subordination envers les Blancs. Pour ne citer que quelques écrits, je pense ici à l'œuvre de Frantz Fanon, " Peau noire, masques blancs " qui analyse avec profondeur et finesse la pensée, le comportement et les attitudes de l'intellectuel noir quasi totalement occidentalisé, et produit d'une longue histoire d'assimilation coloniale. De même, " L'Aventure ambigüe " de Cheikh Hamidou Kane rend compte de la situation pathétique des élites africaines, écartelées entre deux mondes et se tournant contre leurs propres traditions et les valeurs ancestrales pour affirmer, dans leur quotidienneté, l'universalité de la civilisation occidentale, en vue de se faire accepter et de se valoriser dans la société " moderne. " La symbolique du dilemme de l'élite noire africaine qui

[79] Achille Mbembé, A propos des écritures africaines de soi, Politique africaine, 2000 (No 77). Francis B. Nyamnjoh, op. cit. V. Mudimbe, The Invention of Africa, op. cit.

veut, à tout prix, ressembler aux Blancs est également capturée de façon métaphorique par le poète ougandais Okot p'Bitek dans ses poèmes classiques " Song of Lawino " et " Song of Ocol. " Lawino, jouant le caractère de l'épouse d'Ocol, raconte, et se plaint de la manière dont l'éducation occidentale a totalement changé son mari Ocol, qui, de retour au pays natal, ne veut plus rien de tout ce qui est et sent africain. Ocol, totalement déraciné, veut désormais vivre, rire, manger, se débaucher dans les stupres de la chair, et se comporter comme les Blancs malgré les demandes incessantes de sa femme de revenir à la raison et de renouer avec ses traditions ancestrales. Ocol répond aux plaintes de son épouse en traçant un tableau tragique de l'Afrique, qu'il assimile aux ténèbres, à l'obscurité, à la maladie, à l'ignorance, à la pauvreté, et qu'il compare, enfin, à un riche grenier de tabous, de traditions et de coutumes. Face à ce tableau tragique du sort de l'Afrique, il finit par demander à sa mère pourquoi il était né Noir. [80].

De même, la cogitation critique de Bitek sur l'avenir culturel de l'Afrique était partagée par bon nombre de ses compatriotes africains. Je ne peux pas oublier de rappeler les analyses et les prédictions de l'écrivain congolais Mabika Kalanda. Il sonna l'alarme dès 1967, quelque sept ans après l'indépendance du Congo (RDC) : il remarqua que le Congo était mal parti, et proposa qu'il soit procédé à une remise en question " mentale, " pour ramener son pays natal sur la voie d'un développement véritable. Son livre historique, " La remise en question : base de la décolonisation mentale, " parut comme un Manifeste ambitionnant d'asseoir les bases du développement autocentré, passant par la lutte contre la dépendance culturelle, intellectuelle, et économique, de l'élite congolaise et du nouvel État. [81] Cet ouvrage servira en fait d'orientation à la politique nationale d'authenticité, qui échoua malheureusement, car mal conçue et exécutée.

Les contraintes psychologiques de l'assimilation continuent à alimenter de nos jours les débats, dans un effort d'internaliser le développement africain. Au sommet de l'afro-pessimisme dans les années quatre-vingt et au début des années quatre-vingt-dix, un certain nombre d'études soigneusement documentées, dont l'une par Axelle Kabou intitulée " Si l'Afrique refusait le développement, " donna plus de consistance à l'argument relatif à la faible estime de soi. Ce fut un livre très médiatisé ; j'en ai fait moi-même une étude critique, en soulignant ses mérites ainsi que ses faiblesses, et qui donna lieu à deux présentations publiques en Guinée-Bissau. Passant en revue les facteurs déterminants qui contraignent les économies africaines, Kabou insiste sur le conformisme intellectuel par

---

[80] Okot p, Bitek, Song of Lawino & Song of Ocol, Oxford: Heinmann, 1972. La chanson de Lawino a été publiée pour la première fois en 1966 tandis que celle d'Ocol l'a été pour la première fois en 1967.

[81] Mabika Kalanda, La remise en question: base de la décolonisation mentale. Edition du Laboratoire d'analyses sociales: Kinshasa, 1967.

rapport aux idées occidentales et par rapport à l'adoption de modèles qui rendent difficiles des solutions innovantes qui pourraient engager le continent dans une nouvelle direction ; elle souligne le mépris de l'expertise africaine par les Africains, ce qui entraîne une dépendance perpétuelle et coûteuse sur l'assistance technique étrangère ; de même qu'elle note une acceptation quasi automatique de non-Africains, indépendamment de leur niveau d'expertise et d'expérience, la haine entre les Africains, et leur grande prédisposition à la division et l'autodestruction, deux antivaleurs qui contrecarrent les efforts vers une véritable coopération intra-africaine. [82] Dans le même sens, Fantu Cheru, l'ancien Rapporteur spécial des Nations Unies sur le Programme d'ajustement structurel et la dette extérieure affirme :

> " La mentalité de mendicité des élites africaines, le culte presque sacré et l'adulation des Européens, peu importe le rang et le niveau d'éducation, le rejet par les élites de tout ce qui est africain, des produits de consommation fabriqués localement à des médecins et Professeurs africains, sont autant de témoignages qui traduisent la façon dont la mentalité de dépendance est profondément enracinée chez l'Africain. " [83]

Sous ce rapport, Cheru considère la décolonisation mentale comme l'étape primordiale vers le développement durable et l'émancipation véritable de l'Afrique.

Je passerai en revue, dans ce chapitre, les manifestations de la faible estime de soi africaine dans différents secteurs de la vie. L'exposé montre la gravité de la crise d'estime de soi dans le processus du développement africain, traduisant un contraste profond entre, d'un côté, la vie quotidienne africaine et, de l'autre, les ambitions légitimes pour le respect de soi, la dignité et le développement durable. L'analyse des causes de ce contraste et de leurs conséquences fait l'objet d'un traitement séparé. Par souci de clarté, j'ai choisi de catégoriser les symptômes de la sous-estimation de soi selon qu'ils se manifestent dans l'administration publique, la gestion de la coopération internationale, les politiques publiques et dans la vie courante. Ces catégories ont une valeur purement heuristique et ne sont aucunement tranchées.

---

[82] Kabou, op. cit.

[83] Fantu Cheru, African Renaissance: Roadmaps to the Challenges of Globalization. Cité dans Bruno Mukendi, 2007, op. cit.

1. Manifestations de la sous-estimation de soi dans l'administration de l'État

L'administration publique constitue l'instrument sur lequel l'État se fonde pour assurer la mise en œuvre des politiques publiques et prester des services aux populations sur une base égalitaire et transparente. Cependant, la bureaucratie africaine, en dépit des efforts déployés ici et là pour son renforcement, est demeurée l'un des goulots d'étranglement des transformations véritables des sociétés africaines, en raison notamment de la culture d'aliénation et de subordination dont elle est tributaire, et qu'elle ne cesse de sécréter.

Du gardien qui ouvre la barrière, à l'huissier qui porte le dossier, sans omettre le chef qui décide, les interactions entre les agents, cadres de l'État et des Blancs[84] qui sollicitent leurs services sont souvent teintées des traitements préférentiels en faveur de ces derniers. Si les nationaux peuvent passer plusieurs heures, jours, semaines, voire des mois entiers avant de recevoir un service pour lequel ils ont droit, il n'en est pas de même pour les non-Africains. Ainsi, une licence de commerce, un permis de conduire, ou un dédouanement des marchandises peuvent être obtenus en un temps record par les non-Africains, alors que les autochtones sont appelés à rester en ligne, ou à faire des va-et-vient.

Il ne faut pas omettre de faire remarquer que tout traitement préférentiel ne découle pas du doute de soi. L'accès à certains avantages peut être conditionné par des faveurs matérielles ou la corruption. S'il n'est pas question d'un échange immédiat des biens ou des services, il peut simplement s'agir d'un positionnement stratégique pour l'agent administratif en charge du service. Tisser de bonnes relations avec les non-Africains, en particulier, les Américains et les Européens, peut déboucher un jour sur une recommandation pour un visa pour soi-même ou ses enfants. Autrement dit, que l'administré soit Africain ou pas, sa puissance financière ou sociopolitique peut faire débloquer rapidement une situation ou faciliter l'accès à un service quelconque.

Toutefois, le traitement préférentiel octroyé par le fonctionnaire de l'État à certains administrés, trouve son explication dans la faible estime de soi, aux fondements psychologues profonds ; ce comportement reflète un complexe d'infériorité internalisé, qui conduit à la notion que le non-Africain est supérieur ou plus compétent, et mérite, par conséquent, un traitement préférentiel. Le décideur ne reçoit pas nécessairement quelque chose en retour (une rente illicite), mais une satisfaction psychologique pour

[84] Les Blancs aux yeux des Africains ne sont pas seulement des Occidentaux qui les ont colonisés. Tous ceux qui ont une peau différente de la leur sont appelés Blancs, y compris les Libanais, les Indiens, les Pakistanais, les Chinois, etc. Cette appellation est donc utilisée dans ce sens général.

avoir favorisé une personne qu'il tient en haute estime. [85] Les exemples qui suivent illustrent davantage cet argument.

Des attitudes ambivalentes des Africains face aux étrangers sont frappantes, au premier contact avec le sol africain, dans les aéroports. Je vais illustrer le phénomène par un exemple vécu que je tire de ma propre expérience. Je débarque, un jour, à l'Aéroport international Léopold Sédar Senghor de Dakar. Entre-temps, un vol Air France atterrit avec une foule de passagers à bord venant de Paris. Nous nous acheminons presque au même moment dans la salle d'accueil pour les formalités de santé, d'immigration et de douanes. A ma très grande surprise, je vois devant moi un agent sanitaire sénégalais occupé à trier les passagers auxquels devaient être réclamées les cartes de santé. Presque 99% de ceux à qui il avait déjà exigé d'exhiber leur carte étaient Noirs. Quand mon tour arriva, je refusai de la lui tendre, alors que je la tenais à la main ; je lui adressai alors poliment la parole en disant que son comportement discriminatoire des passagers pouvait lui coûter son poste, si j'en informais les autorités. Me jetant un regard discourtois, il s'abstint de vérifier ma carte. Immédiatement après, je remarquai qu'il avait pris conscience de son erreur de jugement et s'était mis à exiger de tous les voyageurs qu'ils présentent leur carte de santé.

Toujours dans un aéroport international, mais cette fois-ci à N'Djili (Kinshasa en République Démocratique du Congo), en juin 2012, alors que j'attendais avec mon épouse notre vol, je m'aperçus que les policiers en poste à la porte d'accès vers la salle d'enregistrement faisaient entrer les non-passagers blancs (y compris les Libanais), tout en interdisant l'accès aux Congolais, mentionnant, à juste titre, devant eux, la règle que les non-passagers n'étaient pas autorisés à y entrer. Nous pouvons spéculer sur la motivation derrière la conduite discriminatoire de ces deux agents. Mais, on ne peut pas automatiquement écarter l'assomption que leurs comportements traduisaient des attitudes d'infériorité vis-à-vis des Blancs (en général), attitudes leur dictant, sans même qu'ils en prennent conscience, d'accorder à ces Blancs des privilèges exorbitants des règles qu'ils avaient à charge d'appliquer sans discrimination. [86]

Les étrangers viennent en Afrique avec des moyens dérisoires, mais après un bout de temps, nombre d'entre eux prétendent à une richesse considérable. Il est fréquent d'entendre parler, notamment des Libanais et de leur esprit de solidarité, comme on le verra plus tard dans ce livre. Face à la réussite économique rapide de ces étrangers à l'Afrique qui saisissent

---

[85] Certaines personnes éprouvent de la satisfaction psychologique quand elles ont des amis blancs ou quand elles sont visitées par eux. Elles se sentent grands, étant reconnues par les gens qu'elles gardent en haute estime.

[86] J'ai reçu des récits des gardiens de bâtiments administratifs qui laissent passer des caucasiens sans poser des questions ou exiger des pièces d'identité alors qu'ils se comportent différemment devant les Noirs.

rapidement les opportunités des pays du Continent, faut-il chercher chez les Africain l'explication de leur échec au sein du même environnement, dans une incapacité, une indisposition africaine à l'entrepreneuriat ou un manque de valorisation de soi ?

Des traitements préférentiels dans la passation des marchés publics, pas nécessairement à cause des 10 pourcent des commissions, mais pour des raisons purement socio-psychologiques, pointent du doigt cette dernière cause, bien qu'elle ne soit pas la seule. En effet, les marchés publics jouent un rôle essentiel dans la promotion du développement économique et social dans les pays en développement. La réalisation des projets d'investissement se fait généralement par le biais des marchés publics. Cependant, l'attribution des contrats, parfois sur des bases discriminatoires et fantaisistes par certains responsables africains, malgré des apparences de transparence, contribue non seulement à aggraver la dépendance envers une expertise extérieure, qui n'est pas nécessairement compétente, mais, également, à accentuer l'inefficience et l'inefficacité dans le développement. Voici ce que disent les cadres africains interrogés à ce sujet :

> " Les cadres des projets et les représentants du gouvernement qui sont responsables de l'attribution des contrats ne font pas confiance aux ressortissants de leur propre pays ; ils donnent des avantages aux étrangers, surtout aux Occidentaux, mais aussi aux Asiatiques. Pour certains, attribuer un contrat à un compatriote le rendrait plus riche. Les étrangers sont considérés comme déjà riches ; et la concurrence socio-économique est perçue comme ne jouant qu'avec les compatriotes. Ce qui est inquiétant cependant, c'est que les étrangers qui dominent nos économies ne gardent pas leur argent dans le pays. Ils y laissent le minimum indispensable pour maintenir à flot leurs compagnies. " [87]

Il n'y a pas de problèmes si un marché public est concédé à une personne morale ou physique étrangère compétente. Le bât blesse quand certains Africains préfèrent des Blancs sur la base de préjugés, ou tout simplement parce qu'ils sont mus par un sentiment secret d'envie à l'égard du compatriote africain, et refusent que ce compatriote, Noir, accède à plus de moyens financiers qu'eux. J'ai personnellement été témoin d'une situation où un Africain au sein du Système des Nations Unies, s'était opposé à une candidature d'un autre Africain pour un poste de consultant international en Afrique centrale en faveur d'une Française blanche qui n'avait ni qualifications, ni expériences comparables. Finalement, la candidature de l'Africain put prévaloir, notamment grâce à une dame, Italienne et blanche, qui réussit à démontrer la supériorité, sur tous les plans,

---

[87] Tiré de Bruno Mukendi, Raising Self-Esteem to Accelerate Sustainable Development in Africa, op. cit.

de l'offre technique africaine. Cependant, après avoir échoué dans son plan de sabotage de son compatriote Africain, le cadre africain en question se hâta d'aller affirmer, en privé, à son " confrère " noir que sa candidature avait été retenue grâce à lui, et prétendant qui l'avait défendu avec acharnement !

Le choix des institutions de formation est un autre exemple souvent cité dans la passation des marchés de services. Dans les années quatre-vingt-dix, j'ai été invité à l'Institut international de droit (IID) à Washington, DC pour explorer la possibilité d'une coopération entre cette institution et le Washington International Management Institute (WIMI), dont je suis le président-directeur général. Alors que je me dirigeais vers la salle de réunion, j'aperçus le Directeur de l'IID en train de parler avec l'un de ses conseillers et les membres du corps professoral. A gauche du directeur se tenait un monsieur que je n'avais jamais rencontré auparavant. Peu de temps après, le directeur me présenta l'inconnu comme le Directeur exécutif de la section ougandaise de l'IID. Comme l'Afrique est l'une des priorités géographiques de WIMI, il avait été jugé utile que le directeur de l'antenne ougandaise de l'IID, qui était en visite au siège de cette institution, puisse participer à cette réunion de haut niveau. Après une brève introduction, le directeur de l'IID -Washington, demanda à son hôte de parler de son antenne régionale, et des défis éventuels auxquels il était confronté. Dès l'entrée en matière, le directeur de l'IID- Ouganda précisa que ses premières années à la tête de l'institution en Afrique avaient été très difficiles ; il souligna qu'il n'était pas facile pour les Africains d'accepter leurs propres frères, qu'ils avaient tendance à les dénigrer par n'importe quel moyen ; que, par conséquent, ils préféraient aller en Angleterre ou venir ici en Amérique, quand les mêmes cours ou des cours plus avancés sont offerts par leurs propres frères, ou sœurs dans leurs pays . " Cette période de démarrage fut difficile pour nous, " souligna-t-il, " mais cette perception est en train de changer ; nous avons fait quelques progrès, " conclut-il. [88]

En réalité, les Africains semblent éprouver une satisfaction psychologique dès lors qu'ils se trouvent dans une institution étrangère blanche, présumée de facto supérieure, en dépit de ce qui y est enseigné et comment cela est enseigné. La survalorisation des institutions étrangères, sans tenir compte de leur capacité effective à fournir des connaissances et des compétences spécifiques adaptées aux problèmes de développement africain, constitue une maladie endémique. Francis Nyamnyoh a bien appréhendé cette situation en s'inspirant de son expérience sud-africaine. Il observe à juste titre que " la recherche des symboles académiques occidentaux et le respect voué aux diplômes obtenus à l'étranger " sont aussi systématiques que dans le reste du continent. Il développe cette remarque en faisant les constatations suivantes :

[88] Tiré de Bruno Mukendi, (2007), op. cit.

" En dépit de la présence de nombreuses universités locales, un doctorat obtenu en Grande Bretagne procure plus d'estime à son titulaire que tout autre diplôme obtenu dans une université locale. Comme d'autres Africains, les Sud-Africains se posent mutuellement la question ou demandent de manière instinctive aux autres : où avez-vous obtenu votre diplôme ? Et, en fonction de l'université citée, votre collègue de même grade académique vous traite comme un supérieur, un égal ou un inférieur. " [89]

Dans ce contexte, estime-t-il, " les parents continuent à pousser leurs enfants à acquérir une éducation occidentale, convaincus qu'un diplôme, même obtenu dans une université occidentale aux visées mercantiles et de second ordre, offre de plus grandes opportunités que ceux obtenus dans une université supposée être l'une des meilleures en Afrique. " [90]

Je voudrais illustrer des situations similaires avec trois témoignages tirés de mes activités de formation à Washington International Management Institute. Un directeur général de l'administration sénégalaise est au centre du premier témoignage, tandis qu'une délégation de la RDC (à l'époque Zaïre) en formation à WIMI servira d'appui dans la deuxième illustration. Le dernier cas reprend les éléments d'un discours prononcé par l'ancien leader de l'opposition guinéenne et député à l'Assemblée Nationale Monsieur Mamadou Ba, à la clôture d'un séminaire de WIMI sur la gouvernance démocratique, au nom de ses collègues participants.

En 2010, M. X, directeur général dans l'administration sénégalaise était stagiaire dans l'un de mes séminaires à Washington. Quelques mois après qu'il soit rentré dans son pays, à ma grande surprise, mon service de réception me fera savoir que M. X était en ligne à partir de DC. Comme d'habitude avec mes anciens stagiaires, je me suis empressé de lui parler. Après les formalités d'usage, il m'informera qu'il était à DC depuis une semaine pour une formation dans un centre dont je préfère taire le nom. Sans que je ne lui aie posé une question, il enchaîna pour féliciter WIMI, qui, pour lui, n'a pas de concurrent sur le plan de la qualité des formations. Il se mit à se plaindre de son centre de formation, insistant qu'il n'y avait pas grand-chose en termes de valeur ajoutée. Il signala qu'il y avait beaucoup de participants africains, environ 99 pourcent des participants. " Mais, nous sommes venus perdre notre temps ici ; la substance manque, " déclara-t-il. Il m'informera qu'il avait déjà commencé à faire de la publicité de WIMI auprès de ses collègues qui souhaitaient apprendre et enrichir leurs

[89] Francis B. Nyamnjoh, Pour un système éducatif adapté au développement de l'Afrique: quelques considérations épistémologiques, traduit de l'anglais: A Relevant Education for African Development " Some Epistemological Considerations, Africa Development, Vol. XXIX, (No1), 2004.
[90] Francis B. Nyamnjoh, op. cit.

connaissances. Comme je connaissais bien le centre en question qui est par ailleurs dirigé par un Blanc, j'ai tout simplement demandé à mon interlocuteur de passer à mon bureau avec le programme du séminaire. Un coup d'œil sur le plan d'activités de la formation était suffisant pour confirmer ses plaintes. Pour un séminaire de dix jours, six étaient consacrés à des sujets qui avaient peu de pertinence avec la thématique de la formation : toute la première journée des travaux était réservée exclusivement à l'orientation et aux formalités administratives ; ensuite venaient des visites sociales (visiter des " Shopping Centers " pour faire les achats), une visite soi-disant professionnelle au " Millennium Challenge Corporation " (MCC). Après dix jours de formation, la conclusion à laquelle toute personne avertie devait aboutir est déconcertante : on a fait du tourisme. C'est malheureusement ce genre d'institutions touristiques, vides de formation de valeur, et survivant grâce à des réseaux formels et informels tissés avec certains bailleurs de fonds, qui exploitent, sans scrupule et toute honte bue, la xénophilie africaine, et qui, malgré tout, gardent pignon sur rue auprès des Africains.

Les attitudes d'autodépréciation amènent les Africains à promouvoir les institutions étrangères et à les enrichir, et, par ricochet, à condamner les leurs à la régression. J'ai été invité à faciliter deux sessions de formation sur la privatisation dans un centre de formation à Washington, DC. Pendant la même période, WIMI, mon institution, offrait le même cours. Le séminaire de ce Centre comprenait à peu près 14 participants dont neuf Congolais (Zaïrois à l'époque), trois Burkinabés, une Marocaine et un stagiaire d'une autre nationalité dont le nom m'échappe. En revanche, pour le même séminaire, WIMI, mon organisation, n'avait aucun Congolais. Après avoir dispensé mon cours, je retournai à mon institut pour m'occuper de mes propres séminaristes. Trois jours plus tard, le responsable de la formation du centre m'appela pour me dire que les participants insistaient pour que je revienne leur faire cours. Je lui fis comprendre que cela n'était pas possible, vu que j'avais le même séminaire dans mon Institut. Mais il finit par me convaincre de l'aider, ne fût-ce que pour une journée de travail. Je ne pus que constater avec une grande satisfaction la joie que les cadres africains avaient manifestée en me voyant de retour au Centre.

Alors que je m'apprêtais à entrer dans le vif du sujet, le procès de l'institution qui abritait le séminaire commença, à ma grande surprise. Les participants, toutes nationalités confondues se plaignaient du fait que, depuis que j'étais parti, ils n'avaient rien appris sur la privatisation. Un représentant de la délégation congolaise (RDC) prit la parole pour me présenter séance tenante les excuses de sa délégation, en disant à peu près les mots suivants : " Nous avons reçu le calendrier de formation de WIMI, déclara-t-il, mais notre hiérarchie ne voulait pas qu'on vienne dans le Centre de formation de notre compatriote. Nous sommes humiliés par notre geste, en face de votre excellence ; mais désormais nous ne commettrons pas la même erreur de chercher ailleurs une formation, alors que nous disposons encore de ce qu'il peut y avoir de mieux dans le domaine. Excusez-nous encore une fois, nous allons rendre compte aussitôt que nous rentrons au pays. " Sur ces entrefaites, un Burkinabé prit à son tour la parole ; il confirma aussi que son Projet de privatisation avait bel et bien réceptionné le calendrier de formation de WIMI ; mais ce fut, d'après lui, le conseiller technique belge (dont je tairai le nom), affecté au projet par la Banque mondiale, qui n'avait pas voulu que les Burkinabé aillent à WIMI. Il promit également de faire un compte-rendu détaillé à son administration.

Ce qui est à souligner, c'est que, depuis ce temps-là, WIMI a assisté à un afflux de participants, notamment des entreprises congolaises publiques du portefeuille, me faisant conclure que le message a été bien passé et la leçon bien tirée. Le ministre congolais du portefeuille, à l'époque le Professeur et Général Likulia, profitera plus tard, d'une de mes missions à Kinshasa, non seulement pour signer un accord de coopération entre nos deux institutions, mais également pour prononcer, devant ses cadres, au cours d'un déjeuner en mon honneur, des paroles fortement patriotiques : " WIMI fait la fierté du Congo et de l'Afrique et nous devons tous travailler pour soutenir cette œuvre qui, selon tous les rapports reçus, est conduite dans la discipline et avec toute excellence. Cherchez à appuyer et pas du tout à détruire votre frère. N'attendez pas que les autres le fassent à votre place. " Telle fut la substance de son allocution.

La dernière illustration de la mentalité de dévaluation des Africains par les Africains est clairement exprimée dans les paroles de M. Ba, ancien leader de l'opposition guinéenne, représentant ses collègues participants à un des multiples séminaires prodigués à WIMI. Après deux semaines de formation sur la gouvernance démocratique dans cette institution, les participants à cette rencontre avaient désigné le " Vieux Ba, " pour dire un mot en leur nom à la séance officielle de clôture. On pouvait bien constater qu'il n'avait pas préparé un discours formel, mais savait quoi dire. Dans son adresse, il fera savoir qu'il était venu aux États-Unis pour participer à deux formations sur un même thème, à savoir la gouvernance. La première formation s'était tenue à New York et était organisée par les Nations Unies, et la deuxième formation, intervenant immédiatement après, était celle de WIMI tenue à Washington, et qui s'achevait. Il poursuivit en disant qu'au départ de chez lui, il n'était pas sûr qu'il y ait quelque chose de sérieux à WIMI ; peut-être, se dit-il, des débats académiques qui n'apporteront rien. Il s'était décidé tout de même à venir voir et entendre. " Mais après la formation à New York et celle de WIMI, " reconnut-il, " je dois vous dire que WIMI n'a rien à envier à une structure aussi financièrement puissante que l'ONU. L'ONU doit en vérité venir apprendre de WIMI sur la gouvernance démocratique, et non le contraire (paroles suivies des acclamations de la salle). J'avoue que j'avais tort dans mes préjugés initiaux, et je suis très fier du travail exceptionnel que nos frères sont en train d'ébaucher ici en Amérique. " Il félicita à plusieurs reprises la direction de l'Institut et se tourna vers ses collègues demandant à ce qu'ils se mobilisent pour soutenir massivement le WIMI.

WIMI a reçu de nombreux témoignages dans ce sens depuis sa création et certains sont postés annuellement sur son site internet. Mon souci ici n'est nullement de jeter des fleurs au WIMI, même s'il les mérite, ou de prétendre que nous ne commettons pas d'erreurs. Je voudrais me limiter à mettre en exergue des comportements, conscients ou inconscients qui minent les progrès de l'Africain. Aucune société humaine ne s'est hissée au rang de puissance mondiale en dévaluant tout ce qu'elle a de plus précieux en elle, sa propre expertise, tout en conférant systématiquement, et sans examen critique préalable, de la valeur à celle qui n'est pas nécessairement capable de -ou ne s'intéresse pas à -l'aider résolument à trouver des solutions idoines et durables à ses défis, hors de toutes considérations pécuniaires.

Au centre de ces comportements d'inadéquation réside la problématique de la " perception de l'autre, " comme en témoigne le récit suivant d'un consultant que j'ai interrogé :

> " Vers la fin des années quatre-vingt, deux experts africains contractés par l'USAID (United States Agency for International Development) arrivent en Gambie pour une formation en faveur des agents de l'administration publique. Le jour de l'ouverture, les formateurs arrivent tôt dans la salle de formation pour les préparatifs. Alors qu'il était l'heure de démarrer les travaux, les participants entrent et sortent, et s'attroupent en dehors de la salle pour causer entre eux. Une trentaine de minutes après, les experts formateurs se décident de les interpeller. A leur grande surprise, les participants répondent qu'ils attendaient les experts. Ces derniers déclarèrent : " nous sommes là depuis plus d'une heure. " Les participants les regardèrent avec étonnement comme s'ils n'étaient pas convaincus qu'ils étaient en effet des experts en charge de leur séminaire. Ils avaient probablement une autre image de ce qu'est un expert, mais pas celle des leurs frères Noirs qui étaient devant eux. "

J'ai vécu une situation similaire en Sierra Leone en 1997, alors que j'assistais le gouvernement dans le renforcement de la gouvernance démocratique. Pire encore, c'est qu'ici, mon interlocuteur était l'un des ministres importants. Je fus accompagné au cabinet du ministre par un fonctionnaire des Nations Unies. Ledit fonctionnaire était une blanche Portugaise de nationalité mozambicaine. Après une brève introduction par la collègue (qui m'a présenté comme chef de mission et spécialiste en gouvernance démocratique et formation des formateurs), j'ai pris la parole pour discuter de la substance de la mission avec le Ministre. Cependant, lorsqu'il fut à son tour de parler, son Excellence m'ignorera complètement, fixant ma collègue dans les yeux, lui expliquant directement les problèmes et les besoins de son institution et lui présentant des requêtes. Ma collègue dut l'interrompre pour lui dire clairement qu'elle était Africaine comme lui, malgré la couleur de sa peau, et qu'elle était de nationalité mozambicaine. Elle invita séance tenante le Ministre à s'adresser directement à moi, chef de mission, non à elle, qui n'était qu'une accompagnatrice administrative, et n'avait rien à dire sur les questions de la gouvernance démocratique. Le complexe d'infériorité affiché par le Ministre était tellement flagrant et embarrassant que ma collègue et moi passâmes une grande partie de la soirée à l'hôtel à partager des expériences analogues de sous-estimation de soi, phénomène qui ne cesse de rabaisser les responsables africains et d'hypothéquer le développement du Continent.

La théorie classique du développement enseigne que celui-ci est favorisé par l'épargne nationale et l'investissement. La mobilisation de l'épargne nationale permet aux gouvernements de disposer des ressources nécessaires pour financer les programmes socio-économiques. Quand cet argent est déposé dans les banques, il augmente la capacité de financement des projets du secteur privé, moteur de la croissance et de la création d'emplois. Mais la poursuite de la croissance se heurte à la fragilité des institutions financières, notamment les banques. Le taux de bancarisation en Afrique subsaharienne est le plus faible au monde, variant entre 5% à 10%. [91] Il n'y a pas suffisamment de banques, en partie parce que les entrepreneurs qui ont des revenus substantiels préfèrent les garder en sécurité à l'étranger. [92] L'ancien Président de la Banque mondiale, James Wolfensohn, s'était déclaré sidéré d'apprendre, lors de sa visite en Afrique, en 1998, que le volume des avoirs des Africains à l'étranger dépassait de loin celui des Latino-américains et des Asiatiques. En effet, " les Africains détiennent 37% de leurs avoirs privés en dehors de l'Afrique, alors que les pourcentages correspondants sont de 3% en Asie et de 17% en Amérique latine. " [93] M. Wolfenson conclut logiquement que les Africains n'ont pas confiance en

---

[91] Jean-Placide Keza, Les enjeux économiques de la bancarisation en Afrique subsaharienne, 2008. www. cesbc. org/congo/Keza/labancarisationdemasse. htpm. Voir aussi Noel Tshiani, La bataille pour une monnaie nationale crédible, Bruxelles: De Boeck, 2012.

[92] Ceux qui ont des comptes bancaires sur place gardent des sommes moins importantes souvent utilisées à des besoins qui ne sont liés à l'investissement. Selon une étude, la raison la plus fréquente pour détenir un compte bancaire en Afrique est le besoin de prêt pour faire face aux urgences financières familiales (généralement une personne qui tombe malade). Le deuxième besoin évoqué réside dans les frais de scolarité, les maisons et les dépenses ponctuelles pour un mariage ou des funérailles. 38 % de ceux qui ont des comptes bancaires disent les utiliser pour recevoir des envois de fonds des membres de la famille à l'étranger. Voir Quel est l'état de la bancarisation en Afrique ? www. terangaweb. com/quel-est-letat-de-la-bancarisation-en-afrique/

[93] James Wolfensohn, L'heure de l'Afrique, op. cit. pp. 10.

l'Afrique, et qu'ils doivent changer leurs propres vues, s'ils veulent y attirer des investissements étrangers. Les autorités chantent le développement, mais l'argent qu'elles font, soit légalement, soit illégalement, est transféré à l'étranger. Même les cadres des institutions régionales africaines situées en Afrique placent leur argent en dehors du continent. Ces actes sont, certes, rationnels au vu de l'insécurité créée par les mêmes dirigeants ; mais, ils dénotent, en même temps, un manque total d'attachement au continent ou une absence de patriotisme, lubrifiant essentiel pour la construction de tout pays.

2. Manifestations de la sous-estimation de soi dans la coopération au développement

L'Afrique subsaharienne reçoit une aide extérieure dont le montant cumulé est supérieur à celui d'autres régions, avec une aide publique au développement (ADP) par habitant de $41, 7 contre $4, 9 pour l'Asie de l'Est et le Pacifique, $11, 3 pour l'Asie du Sud et $6, 3 pour l'Amérique Latine et les Caraïbes. Dans le même temps, l'ADP a représenté au cours de la même année (2005) 5, 1% du PIB en Afrique subsaharienne contre 0, 2% pour l'Asie de l'Est et le Pacifique ; 0, 3% pour l'Asie du Sud et 0, 8% pour l'Amérique Latine et les Caraïbes. En fait, dans nombre de pays africains, il n'y aurait pas de budgets de développement sans les aides extérieures. Quelques exemples aident à illustrer cette conclusion.

La plupart des programmes et projets burkinabè de développement sont élaborés et mis en œuvre avec l'appui de la communauté internationale. Le financement du développement du pays est assuré à environ 85% par l'extérieur, sous forme de prêts, de subventions et de dons divers. [94] Il en est de même pour le Sénégal, où l'aide publique au développement joue un rôle prépondérant dans le fonctionnement de toutes les institutions du pays, y compris celles relatives à l'enseignement. [95] L'aide publique au développement revêt une importance capitale dans l'économie guinéenne puisqu'elle représente environ 85% du financement des programmes de développement. Selon les données de l'OCDE, la Guinée a reçu une aide totale (tous les donateurs confondus-décaissements) d'US $228. 02 millions en 2007 ; elle est montée à US $328. 3 millions en 2008 pour redescendre à US $214. 34 millions en 2009 ; elle monte à US$217. 7 millions en 2010 pour se tenir à US $201. 19 millions en 2011. Les données du Ministère de la Coopération Internationale montrent que les engagements à titre des dons

---

[94] Burkina Faso, Ministère de l'Economie et du Développement, " Expérience du Burkina Faso en matière de coordination de l'aide." Présentation au Forum de Rome sur l'harmonisation des procédures pour une meilleure coordination des interventions des partenaires techniques et financiers, Rome, 2003.

[95] Abdoulaye Diagne et Gaye Daffé. Le financement de l'éducation au Sénégal, Paris: AEDEA ET CODESDRIA, 2001, p. 86-92.

pour 2012 se chiffraient à US $153. 842. 601 millions. L'APD a représenté environ 5, 1%, 7, 9% et 9, 3% du PIB en 2005, 2007 et 2008, respectivement.[96] Par ailleurs, la Guinée-Bissau vit presque totalement de l'assistance extérieure. Les flux annuels de l'aide sont rarement descendus en dessous de 20% du GDP au cours de la dernière décennie, et cela, en dépit du fait que les appuis budgétaires ont été très volatiles[97].

Pas un seul pays noir africain n'échappe donc à la dépendance de l'aide extérieure, quoiqu'à des degrés variés ; et cette aide est fortement concentrée dans les secteurs autres que celui de la production qui est central pour la renaissance économique. A titre indicatif, les données du Tableau 2 montrent que plus de 50% de l'aide bilatérale à l'Afrique en provenance des pays du CAD (Comité d'aide au développement) ont porté entre 2005 et 2010 sur le social et l'humanitaire.

Tableau 1

Répartition de l'aide publique au développement (APD)

Pays/Régions	Aide publique au développement par habitant (En US$) 2005	Aide publique au développement en % PIB 2005
Gabon	38, 9	0, 7
Afrique du Sud	15, 5	0, 3
Bangladesh	9, 3	2, 2
Botswana	40, 2	0, 7
Ghana	50, 6	10, 4
Maroc	21, 6	1, 3
Pakistan	10, 7	1, 5
Madagascar	49, 9	18, 4
Cameroun	25, 4	2, 5
Uganda	41, 6	13, 7
Guinée	19, 4	5, 5
Congo-RDC	31, 8	25, 7
Asie de l'Est et Pacifique	4, 9	0, 2
Amérique Latine et Caraïbes	11, 3	0, 3
Asie du Sud	6, 3	0, 8
Afrique Subsaharienne	41, 7	5, 1

Source : PNUD, Rapport mondial sur le développement humain 2007/2008.

Une forte dépendance de l'Afrique à l'égard de l'aide extérieure fait que la coopération internationale devient incontestablement le domaine où la bassesse bat son plein et la subordination africaine ainsi que le traitement préférentiel des non-Africains par les Africains, éclate au grand jour, malgré

[96] Bruno Mukendi, Projet de politique nationale de l'aide de la République de Guinée, Conakry, juillet 2013.

[97] Voir World Bank: Guinea-Bissau: Concept Note for a Country Economic Memorandum, Bissau, January 2010.

l'écran de fumée du protocole et du langage diplomatiques. [98] En fait, comment ne pas se sentir diminué quand on sait d'emblée que le processus de développement que l'on acclame à longueur de journée se déploie à travers des programmes et des projets que les bailleurs de fonds étrangers conçoivent, dont ils fournissent l'essentiel des ressources, et dont ils surveillent étroitement l'exécution ! Fantu Cheru, ancien Rapporteur spécial des Nations Unies sur le Programme d'ajustement structurel et la dette extérieure, cité ci-dessus, a pleinement raison d'avancer que l'aide extérieure renforce la dépendance de l'Afrique et que la décolonisation mentale serait presque impossible sans la réduction systématique ou même l'élimination de cette dépendance.

Tableau 2

Aide publique au développement par secteur entre 2005 et 2010
(En % des engagements des bilatéraux des pays du CAD/OCDE)

Secteur	2005	2006	2007	2008	2009	2010
Social	27, 4	28, 7	43, 7	42, 6	44, 8	41, 4
Economique	7, 7	4, 4	10, 0	16, 1	11, 6	15, 3
Production	3, 8	5, 1	6, 4	6, 5	7, 8	9, 8
Multisectoriel	5, 3	3,2	5, 1	5, 1	4, 8	6, 2
Aide programmes	5, 2	8, 0	9, 2	8, 4	10, 2	5, 4
Dette	36, 5	40, 8	12, 7	7, 5	7, 4	10, 3
Humanitaire	11, 7	8, 7	11, 2	12, 0	11, 9	9, 2
Autres	2, 2	1, 2	1, 7	1, 9	1, 6	2, 4

Source OCDE, 2012. Cité dans le Rapport OMD 2012.

Un point de vue populaire, mais insidieux et tacitement accepté par tous les acteurs de la coopération internationale, est que les solutions au développement ne peuvent pas émaner de l'intérieur de l'Afrique, et que les Africains (de l'intérieur comme de l'extérieur) sont incapables de se développer, ou d'avancer d'eux-mêmes sans l'assistance extérieure. " La prémisse dans la communauté internationale, " affirme Thabo Mbeki, l'ancien chef de l'État sud-africain, est que " les Africains n'ont pas la

[98] Ce sont les représentants des organismes de coopération, y compris les Noirs Africains qui déplorent eux-mêmes officieusement les pratiques de subordination et de servitude dans les pays africains où ils travaillent.

capacité de se prendre en charge et doivent compter sur la générosité étrangère. "[99] Les Africains n'ont nullement contesté ce point de vue avec force et de manière directe et persistante. Parfois, ils ne le peuvent pas parce qu'ils ne font pas leur propre travail d'étude soigneuse des dossiers afin d'avancer avec les bailleurs de fonds, des alternatives solides sur des questions d'importance.

J'ai été personnellement frappé, en Guinée-Bissau, de la légèreté avec laquelle étaient conduites les réunions de commissions mixtes bilatérales et d'autres rencontres avec les bailleurs de fonds. En dehors des discours d'ouverture des travaux, le gouvernement avait rarement des stratégies ou des recommandations solides à faire aux partenaires, au regard de l'évolution de la coopération en cours et de ses politiques. Des réunions préparatoires avec les secteurs concernés se faisaient à la hâte, " à la petite sauce " et, souvent, en dernière minute, sans connaissance approfondie de l'état réel des projets sous le couvert de la coopération concernée, faute de suivi efficace des projets. Par voie de conséquence, les débats dans des groupes techniques étaient fortement déséquilibrés, les bailleurs de fonds maîtrisant très bien les dossiers et suffisamment préparés avec des propositions concrètes, soit pour corriger les actions en cours, soit pour réorienter la coopération. La désorganisation interne au sein du gouvernement renforçait donc la prise en charge complète de la conduite effective des travaux techniques par les partenaires techniques et financiers. Dans ces conditions, le gouvernement finissait parfois par accepter n'importe quoi, par manque de stratégies préalablement discutées et définies de manière interne.

C'est également l'attitude de silence devant les partenaires étrangers, même dans les circonstances où les intérêts supérieurs du pays sont en danger, qui est répréhensible. J'ai été témoin, à maintes reprises lors de mes interventions sur le terrain, de cette passivité inquiétante. L'actuel Chef de l'État libérien, Madame Ellen Johnson-Sirleaf, alors Directrice du PNUD pour l'Afrique, avait organisé à New York, en 1992, une réunion des économistes principaux de pays du PNUD, réunion à laquelle je fus convié. Au cours de cette rencontre, elle encouragea ses économistes à aider les gouvernements africains à " dire non" aux donateurs (y compris le PNUD), quand ils le désiraient ou avaient une justification à cette réponse négative. A cette époque, j'étais conseiller technique principal de l'ONU auprès du Ministère de la Coopération Internationale du gouvernement de la Guinée-Bissau. Comme souligné plus haut, ce pays est presque totalement dépendant de l'aide étrangère, qui représente plus de 80% des recettes publiques. Par conséquent, la capacité à mobiliser et à faire un usage rationnel de l'aide demeure la condition sine qua non pour le développement économique et social de ce pays. Ma responsabilité était d'aider à renforcer les capacités de coordination et de gestion de l'aide. À cet égard, il est arrivé que le

[99] Thabo Mbeki, Washington Post, June 10, 2004.

gouvernement (en 1994) fût mécontent de la façon dont le programme macroéconomique financé par le PNUD était piloté. À la demande du ministre en charge de la coopération, le directeur général de la Coopération internationale convoquera plusieurs réunions avec les cadres des ministères de la Coopération, du Plan et des Finances en vue d'examiner les problèmes et d'élaborer des lignes directrices pour la discussion avec le PNUD. Je pouvais sentir la colère de mes homologues nationaux, en particulier contre le conseiller économique principal du PNUD, un jeune Canadien qui, selon eux, ne faisait pas correctement et de manière compétente son travail. Ils étaient donc impatients d'aborder cette question lors de la réunion avec l'équipe du PNUD. Je fus, par la suite, choqué et déçu de constater que, lorsque la réunion eut finalement lieu avec le PNUD, les cadres nationaux ne purent pas, comme prévu, exprimer leurs préoccupations, donnant l'impression qu'ils étaient probablement sous l'influence des assistants techniques étrangers dont je faisais partie.

J'ai quitté Bissau après quatre ans de service sanctionné par un certificat de haut mérite technique du gouvernement en reconnaissance du travail accompli, notamment pour ce qui est de la qualité et de la pertinence des séminaires de formation organisés en faveur de hauts cadres du pays. Dans certains de ces séminaires de formation, cependant, je me souviens que j'ai eu du mal à convaincre les cadres techniques qu'ils pouvaient rejeter des projets qui ne s'inscrivaient pas dans les besoins prioritaires du gouvernement. De leur point de vue, ils envisageaient difficilement le refus, par leur gouvernement, d'une aide extérieure, quelle que fût sa nature et ses conditionnalités.

La passivité des responsables africains face aux dossiers importants de la coopération internationale est aussi surprenante et généralisée. Il n'est pas rare de voir des individus, qui n'ont pas les qualifications requises, recevoir, sous la pression des sièges des agences internationales ou bilatérales, l'approbation des gouvernements africains en tant que représentants résidents de leurs organisations, ou de constater que des membres du personnel expatrié des organismes internationaux, sans expérience assise en matière de développement, donner des leçons aux autorités supérieures, sans que celles-ci élèvent la moindre contestation. Certaines personnes, qui ne peuvent pas être acceptées comme experts dans leur propre pays d'origine, sont envoyées en Afrique pour obtenir de l'expérience. Les institutions de financement les présentent comme des experts, et les pays absorbent cette définition sans leurs propres tests. Ils sont experts, simplement parce que les bailleurs de fonds l'ont dit, mais dans la situation réelle de travail comme l'a soutenu Stiglitz[100], cette expertise ne se matérialise point. Certains expatriés se positionnent tactiquement en assistants techniques de substitution et de contrôle au lieu de jouer le rôle attendu de transfert des connaissances et

[100] Stifiglitz (2003), op. cit.

d'appui à la conception, aux études et à la mise à œuvre des actions initiées. La démotivation des cadres nationaux-suite à de mauvaises conditions de travail- a aussi favorisé la prise en charge par l'assistance technique extérieure de certaines fonctions d'administration et du traitement des dossiers pressants qui ne relèvent pas de son mandat.

La situation n'est pas du tout différente au niveau administratif. Comment, par exemple, un bureau résident d'une agence de coopération spécialisée dans le renforcement des capacités, peut-il appuyer efficacement un pays quand lui-même souffre d'un déficit grave de capacités techniques en son sein, du sommet à la base ? Il suffit de s'entretenir avec les hauts cadres de la plupart des institutions publiques africaines, pour se rendre compte du mécontentement profond qu'ils ont développé vis-à-vis de certains grands bailleurs de fonds et de leurs pratiques en matière de renforcement des capacités. Mais en public, tout se passe comme si de rien n'était ; le mot d'ordre implicite étant le silence et la soumission. Ce comportement permissif, sous-tendu par la crainte de contredire ouvertement les opinions de ceux qui fournissent les ressources, fait que toute personne sur le bulletin de paie d'un bailleur de fonds, quel que soit son niveau d'expérience et son éducation, se croit justifiée pour donner des leçons aux responsables nationaux et de s'attendre à ce qu'ils s'y conforment.

Dans le même ordre d'idées, les cadres des projets non-Africains ont pris une importance démesurée dans de nombreux pays. Certains se permettent un langage arrogant devant les autorités nationales, et aucune sanction n'est prise à leur endroit. Les cadres nationaux les utilisent, parfois, pour faire passer le message au sommet de la hiérarchie, parce que le ministre, ou le directeur général a plus confiance en eux. Un agent subalterne d'un organisme international en mission dans un pays africain a plus de chances d'être reçu par un Ministre, voire un Chef d'État qu'un Professeur ordinaire d'une université locale. Les responsables africains tendent ainsi à dévaloriser leur propre expertise, pour la simple raison qu'elle est africaine. A ce sujet, un collègue de service en mission d'assistance technique au Liberia, un Hongrois-Français, m'avait révélé son expérience au Zaïre (aujourd'hui République Démocratique du Congo) qui m'avait mystifié. Dans les années quatre-vingt, ce collègue faisait partie d'une équipe d'experts du FMI à la Banque centrale du Zaïre. Peu de temps après, ils s'étaient rendu compte que le Zaïre n'avait pas besoin d'une expertise extérieure pour appuyer le programme de stabilisation en cours. Il me cita les noms de quelques économistes nationaux, poids lourds avec lesquels ils travaillaient, pour enfin conclure que les véritables experts étaient des Zaïrois, et qu'eux n'étaient en réalité que leurs étudiants. Ses collègues et lui-même auraient imputé la faute au gouvernement zaïrois de l'époque, qui selon les propres dires de ce fonctionnaire international, avait des difficultés à valoriser ses propres ressources humaines dans un contexte où les bailleurs étrangers n'avaient aucune motivation de le faire.

Dans cet environnement de laisser-aller, il n'est pas étonnant que les concepts et les idées qui animent le développement soient souvent avalés sans qu'il y ait des débats internes sérieux et élargis sur leur pertinence. Le document de stratégie de réduction de la pauvreté (DSRP) en offre une bonne illustration. Depuis la fin des années quatre-vingt-dix du siècle dernier, l'approche de développement dans le monde a été recentrée sur la lutte contre la pauvreté. Ce revirement d'optique faisait suite aux échecs enregistrés par les politiques d'ajustement structurel et de stabilisation macroéconomique, et surtout au cercle infernal d'endettement dans lequel elles avaient plongé une partie considérable des pays soi-disant en développement. Afin d'agir rigoureusement sur le fardeau de la dette qui pesait sur les pays très endettés, et de manière à rendre leur situation d'endettement compatible avec les objectifs de croissance économique durable, les Assemblées conjointes du FMI et de la Banque mondiale adoptèrent en 1996 l'Initiative en faveur des pays pauvres très endettés (PPTE). Pour profiter des mesures relatives à cette initiative de réduction de la dette, les gouvernements des pays concernés devaient présenter à la Banque mondiale et au FMI un document de stratégie de réduction de la pauvreté (DSRP). Aux yeux des institutions de Washington, ce document devenait le seul cadre de référence en matière d'objectifs et de priorités de développement des pays, servant ainsi d'instrument d'orientation, de mobilisation et de coordination de l'aide. [101] C'est dans ce contexte qu'il convient d'inscrire le lancement des politiques africaines de réduction de la pauvreté, afin de permettre aux pays d'atteindre les seuils de l'initiative PTTE et de bénéficier d'un allégement de la dette.

Si la stratégie de réduction de la pauvreté a eu l'avantage de présenter une vision d'ensemble du développement pour encadrer la planification et la programmation de l'aide, elle ne semble pas avoir résolu les questions fondamentales liées à l'appropriation, l'harmonisation et l'alignement complets des programmes et politiques d'assistance aux priorités essentielles pour la réduction de la pauvreté. En effet, l'exigence principale du cadre stratégique de la pauvreté demeure l'appropriation nationale. Ce principe est fondamental, parce qu'il part de l'idée que l'aide extérieure n'est pas un simple transfert de ressources ; les politiques d'aide orientent le soi-disant développement dans un sens donné, qui peut ou pas être nécessairement acceptable pour le pays bénéficiaire ; elles définissent la nature des changements à apporter et le mode d'insertion dans l'économie capitaliste. La problématique de l'appropriation nationale se pose presque dans toute son entièreté dans plusieurs pays africains. Les diagnostics posés dans le cadre des exercices d'élaboration des politiques nationales de l'aide dans les pays tels que le Rwanda, la Sierra Léone, la Guinée-Bissau et la Guinée-

[101] Bruno Mukendi, Les principes et méthodes de coordination de l'aide, Washington DC: Washington International Management Institute, 2007.

Conakry font ressortir la faiblesse de l'appropriation nationale de l'aide comme étant la première contrainte majeure à son efficacité. J'ai constaté par exemple dans les deux derniers pays que la présence des gouvernements nationaux tant dans la définition des stratégies et actions de développement que dans leur coordination, paraissait faible. L'impression générale qui se dégagea de mes interviews était que les partenaires techniques et financiers avaient une influence prépondérante sur les orientations et les stratégies de développement. La fragilité des institutions nationales était à la base de cette situation débilitante. [102]

D'une manière générale, l'appropriation nationale est rendue très difficile par entre autres les conditionnalités, les méthodes et procédures de gestion et les modalités de financement de certains bailleurs de fonds. [103] D'abord, au niveau de la stratégie de réduction de la pauvreté elle-même, les débats sur son originalité et sa pertinence n'ont cessé de faire couler de l'encre dans la littérature. L'argument central est que la conception de la pauvreté ne s'écarte en aucun point du cadre analytique prescrit par la Banque mondiale. La méthodologie pour sa préparation et les questions centrales au cœur de la paupérisation sont fournies par la Banque mondiale. [104] Ce qui remet donc en cause le rôle de leadership assumé par les pays bénéficiaires de l'aide.

Dans l'acception courante, la pauvreté est fréquemment perçue comme résultant fondamentalement des faiblesses internes de production et des carences administratives ou de l'inadéquation (ou inaccessibilité) des infrastructures socio-économiques. Cette vision étroite du problème de la pauvreté en Afrique néglige les aspects structurels, historiques et socio-psychologiques qui conditionnent l'appauvrissement. Des études ont prouvé que la paupérisation est une conséquence logique de l'expansion du capitalisme et des relations d'exploitation issues de cette dynamique. [105] Elle découle aussi du contrôle effectif des politiques économiques africaines, et

---

[102] Bruno Mukendi, Polilitque nationale de l'aide de la République de Guinée-Bissau , Bissau, 2012 et Projet de politique nationale de l'aide de la République de Guinée, Conakry, 2013.

[103] Bruno Mukendi, 2009, op. cit. Milly Hubert, Les pièges de l'appropriation: vers un cadre déontologique pour la réforme de l'aide, Paris: Inter-réseaux, Développement rural, 2001. Easterly Williams, The White Man's Burden: Why the West's Efforts to Aid the Rest of the World Have Done so Much Harm and so Little Good, New York: Penguin Press, 2006.

[104] Maia Green, " Representing Poverty and Attacking Representations: Perspectives on Poverty from Social Anthropology" , Journal of Development Studies, Vol. 42, (No7), 2006pp. 1108-1129.

[105] Voir des prises de positions sur ce sujet: Mitchelle Seligson & John T Passe-Smith (eds), The Political Economy of Global Iniquality, Boulder: Lynne Rienner, 2003. Samir Amin, L'accumulation à l'échelle mondiale. Une critique de la théorie du sous-développement, Paris: Editions Anthropos, 1970.

des économies elles-mêmes, par les forces extérieures. [106] Enfin, la paupérisation est liée à la persistance des mentalités coloniales d'élites assimilées, qui renforcent la dépendance vis-à-vis de l'extérieur pour tout problème, même les petites choses banales que les Africains pourraient entreprendre eux-mêmes. Une dépendance socioculturelle, économique et politique a des conséquences psychologiques délétères, conduisant aux réflexes de subordination, qui sont devenus aujourd'hui des facteurs aggravant du sous-développement. Les défis actuels du développement invitent à sortir de cette vision limitée de la paupérisation, et imposent de donner une importance beaucoup plus grande que par le passé à la valorisation et à l'élargissement des forces productives locales et aux efforts de lutte contre l'aliénation mentale qui fait obstruction aux initiatives propres des Africains.

Il est vrai, qu'à l'opposé des stratégies précédentes, la confection du cadre stratégique de lutte contre la pauvreté se veut participative, responsabilisant en principe le gouvernement national en tant que chef de file dans le processus de définition des priorités et axes d'intervention pour juguler la pauvreté. En réalité, cependant, l'appropriation populaire de la stratégie reste douteuse du fait que les méthodes de participation utilisées paraissent souvent plus superficielles que substantives. Dans de nombreux pays, les consultations populaires à travers les ateliers du DSRP visent à faire entériner des recommandations conçues ailleurs, plutôt que de recueillir les données afin de modifier, si possible, les schémas et idées préconçus. En outre, à part quelques cadres clés de certains ministères centraux, les DSRP africains sont largement méconnus en dehors des cercles de négociation avec les bailleurs de fonds. [107] Il n'est, dès lors, pas étonnant de constater que les solutions proposées par les DSRPs ne se démarquent en rien des actions déjà tentées et initiées dans le passé. Le fait même que le document de stratégie doit être approuvé à Washington exige que le soi-disant chef de file se conforme, sur le plan de la forme et du fond, aux instructions reçues pour éviter des retards éventuels dans son approbation et dans le décaissement des fonds. Sur l'essentiel, donc, les initiatives de changement de politique émanent de l'extérieur, et les Africains ne se préparent qu'à s'organiser pour les avaler. Comme le constate Dambisa Moyo dans son ouvrage percutant sur une aide extérieure qu'elle qualifie de " morte " :

> " On voit très rarement les responsables élus, ou les décideurs africains en charge du portefeuille de développement émettre une opinion sur ce

[106] Bruno Mukendi, Raising Self-Esteem to Accelerate Sustainable Development in Africa, op. cit. Seligson et al, op. cit.

[107] J'ai constaté personnellement cette situation en Guinée et en Guinée-Bissau où la plupart des cadres des ministères n'avaient aucune idée spécifique sur le contenu de leur DSRP .

qui devrait être fait, ou ce qui pourrait en fait marcher pour sauver le continent de sa régression... Une des conséquences désastreuses de cette situation est le manque de dialogues et de débats honnêtes, critiques et sérieux, sur les avantages et les inconvénients de l'aide. " [108]

Même si les cadres stratégiques de lutte contre la pauvreté étaient entièrement sous la conduite des nationaux, les modalités strictes de gestion et de financement de certains bailleurs de fonds ne facilitent pas l'application des principes d'alignement et d'harmonisation des procédures de l'aide. Nombreux pays africains se plaignent que l'aide est ciblée en fonction des priorités et des préférences des donateurs, la plupart des cadres de coopération ne sont pas alignés sur leurs DSRPs ou leurs stratégies sectorielles, une grande partie de l'aide n'est pas comptabilisée au budget de l'État, l'aide est fragmentée et concentrée, etc. Des duplications de projets dans un même secteur ou dans une même région géographique pour répondre seulement aux préférences sectorielles ou géographiques des donneurs, accentuent la concentration de l'aide au lieu de sa répartition équilibrée. Bien que nombre des pays africains disposent d'un arsenal de règles et de procédures de passation des marchés publics, les avis d'appel d'offres sont souvent préparés et publiés dans les journaux locaux et internationaux selon le modèle des bailleurs de fonds.

En plus, la multiplicité des conditions imposées par les donneurs, leur diversité, et parfois même leur manque de cohérence, concourent au mauvais fonctionnement des programmes d'aide dans un environnement administratif déjà pétrifié. [109] J'ai constaté, par exemple, en Guinée-Bissau et en Guinée-Conakry, que la grande diversité et la complexité des conditions financières, des modalités et procédures, des conditionnalités portant sur les contreparties, des directives contradictoires entre donateurs, les préalables d'organisation, les prescriptions en matière de dépenses en devises et en monnaie nationale et des taux différents de per diem entre les PTF pour le personnel local, contribuaient à limiter l'efficacité de l'aide. Il en était de même de la notion même de priorité qui tendait à varier selon les PTF en fonction de leur approche des problèmes de développement, de leur préférence pour certains secteurs ou régions, de leur savoir-faire et de leur niveau d'expertise. Des pressions sur les gouvernements pour se conformer aux priorités d'intervention des donateurs aggravaient le phénomène de la

[108] Dambisa Moyo, Dead Aid. Why Aid is not Working and How There is a Better Way for Africa. New York: Farrar, Straus and Giroux, 2009, pp. 27.

[109] Bruno Mukendi, 2009, op. cit. Thompson Ayodele et al, " African Perspectives on Aid: Foreign Aid Will Not Pull Africa out of Poverty" , Cato Institute Economic Development Bulletin, (No 2), septembre 14, 2005. Bandon and al, Perpetuating Poverty: The World Bank, the IMF and the Developing World, Washington DC: Cato Institute, 1994.

fragmentation de l'aide. J'ai conclu que ces conditionnalités multiples imposées par certains PTF aux projets ou programmes, accroissaient la volatilité de l'aide et sa non-ponctualité, conduisaient à un engagement de façade par les autorités nationales et causaient des retards énormes dans l'achèvement des objectifs escomptés, tout en réduisant à néant le principe de partenariat et de responsabilité mutuelle, surtout quand les conditionnalités étaient sujettes à l'interprétation des PTF. [110]

Les procédures d'octroi de fonds et d'autorisation des activités de certains bailleurs de fonds sont excessivement lourdes en un temps où les mêmes partenaires conseillent aux Africains de moderniser et d'assouplir leurs procédures et méthodes de travail dans l'optique d'une nouvelle gestion axée sur les résultats. Un avis de non-objection, qui est en fait une conditionnalité administrative, doit être obtenu même si un programme entier de travail a déjà été approuvé. Par exemple, le Programme de renforcement des capacités institutionnelles de la Guinée (PRCI), avec un investissement initial de 21 millions de dollars américains, a vu des activités déjà approuvées bloquées en cours d'exécution à la suite des difficultés d'obtention des avis de non-objection de la Banque mondiale. Ceci aurait contribué à ralentir la mise en œuvre des actions prévues, à ternir l'image du programme et à précipiter sa fermeture en 2003. [111]

Le malaise profond que génère cette modalité de gestion est, de plus en plus, associé avec le temps considérable que les cadres de la Banque prennent pour réagir, délais dépassant parfois des mois entiers, avec la conséquence que cela entraîne, en termes de retards enregistrés dans le démarrage ou la mise en œuvre des actions déjà planifiées. Le comble en est que la perception générale attribue les problèmes que connaissent les projets aux pays récipiendaires de l'aide, et non à ceux qui fournissent les moyens, supposés être toujours de bonne foi et bien organisés pour accélérer le

[110] Dans le cas de la Guinée et de la Guinée-Bissau, les décaissements de l'aide ne sont ni prévisibles, ni constants, à la suite des réticences et des conditionnalités multiples. Cette situation rend difficile la planification et la programmation des actions. La volatilité de l'aide contribue à l'instabilité macroéconomique en créant des perturbations budgétaires tandis que sa non-ponctualité entraîne des retards dans la mise en œuvre des actions et dans l'atteinte des objectifs préconisés. Des questions de gouvernance (non-respect des accords, suspicions de corruption, lenteur dans la mise en œuvre des réformes) et des difficultés liées à l'absorption de l'aide par la partie nationale ont en grande partie justifié des retards dans les décaissements par les bailleurs.

[111] Camara Kerfalla, Réflexions sur la problématique du Programme de renforcement des capacités institutionnelles (PRCI) en Guinée, Document non publié, 2005. Voir aussi Secrétariat d'Etat à la Coopération Internationale et Washington International Management Institute (WIMI), Rapport de mission: Introduction d'un système de coordination de l'aide extérieure en Guinée: diagnostique et propositions d'amélioration, tome 1, 2003.

développement ! L'aide doit se prêter à des modalités de versements rapides pour aider à répondre rapidement aux besoins qui ont suscité sa demande. La ponctualité de l'aide est facilitée quand les procédures d'autorisation des activités et des sorties de fonds, comme celles relatives à la passation des marchés, sont allégées et décentralisées.

Au terme de la Déclaration de Paris sur l'efficacité de l'aide, une coopération fructueuse doit être dictée par le principe de partenariat, qui prône la collaboration et la complémentarité entre partenaires sur une base égalitaire. Cette Déclaration de 2005 stipule que tout partenariat constructif doit se greffer sur le respect mutuel, la transparence, une participation ouverte à la planification et une prise de décision collective à toutes les étapes du cycle de projet. [112]

Dans beaucoup de pays africains, cependant, des rapports actuels teintés de méfiance, la mal gouvernance ou la suspicion de sa présence, un déséquilibre des pouvoirs assorti des complexes de subordination, rendent toute relation à base égalitaire quasiment utopique. Le fait même qu'un côté dispose de, et contrôle les ressources financières dont l'autre a fortement besoin, conforte l'arrogance du premier et son penchant d'imposer même des solutions fantaisistes. J'ai vécu des cas où des autorités gouvernementales de rang aussi élevé que ministre ou président de l'Assemblée Nationale ou du Sénat d'un pays envoient des requêtes ponctuelles de financement aux représentants de certaines agences résidentes de coopération, requêtes qui demeurent sans réponse, alors que le principe élémentaire de la correspondance administrative ou diplomatique requiert une suite, même sous la forme d'un accusé de réception. Il peut y avoir certainement plusieurs motivations derrière un tel comportement, mais il n'est pas exclu qu'il traduise de la déconsidération vis-à-vis du gouvernement national.

Dans certains cas où une suite a été réservée, le refus a été parfois catégorique, même sur des questions prioritaires du point de vue du programme de travail départemental. Ce refus formel est souvent camouflé dans des justifications habituelles, comme des difficultés de trésorerie ou la non-inscription de l'activité en question dans le plan de travail annuel. Curieusement, quand l'initiative de financement d'une activité donnée provient d'un bailleur de fonds, celui-ci fera tout de son mieux pour trouver non seulement de l'argent, mais aussi un lien direct entre l'activité et les priorités du ministère ou de son programme de travail annuel, s'il existe. Le donateur n'est pas inquiété de quoi que ce soit, sachant pertinemment bien qu'il est très sollicité par les institutions nationales, qui sont par ailleurs en compétition pour accéder aux aides disponibles ou mobilisables. Si le bailleur refuse un appui à l'un d'eux, même pour des raisons imaginaires, il

[112]OCDE et Banque mondiale, Les bonnes pratiques émergentes pour une gestion axée sur les résultats de développement, Première version, Paris: OCDE, 2006 (document disponible en ligne).

peut prêter assistance à un autre qui lui plait, s'assurant ainsi de son soutien dans le cercle gouvernemental. La paralysie interne du gouvernement, qui travaille en solo, fortifie la position du donateur, tout en inféodant davantage l'appareil gouvernemental national à ses dictats. Certains pays se sont dotés aujourd'hui d'une politique nationale de l'aide extérieure, tels que le Rwanda et la Sierra Leone, qui vise à instaurer l'ordre et la discipline nécessaires dans la gestion gouvernementale de l'aide afin de renverser à terme cette situation.[113]

Dans le même ordre d'idées, certains organismes d'aide (y compris ceux dirigés par les Africains) défendent mordicus la modalité de gestion directe de l'aide, sous prétexte de faiblesses institutionnelles nationales.[114] Selon cette procédure, certains partenaires techniques et financiers (PTF) gèrent des projets, soit directement, soit par l'entremise d'une structure intermédiaire sous leur contrôle effectif, telle que des organisations non gouvernementales internationales (souvent de leurs pays d'origine pour les bilatéraux), ou des unités parallèles des projets, fonctionnant sous le couvert du gouvernement national. Certains d'entre eux interviennent avec des projets dans des provinces sans que les ministères sectoriels ou les préfectures concernés en soient informés, attendant jusqu'à ce qu'ils aient des problèmes avec les bénéficiaires pour se manifester devant l'autorité compétente. Sauf quelques rares exceptions, les règles de gestion administrative et financière de chaque bailleur s'appliquent à la gestion des dépenses des programmes et des projets.

J'ai rencontré, en 2012, dans une évaluation de projet en Afrique de l'Ouest, que la modalité d'exécution directe, retenue et appliquée dans sa rigueur par un donateur dans un contexte où la flexibilité était nécessaire, avait contribué à ralentir le rythme d'exécution des activités, et à créer des tensions entre ce donateur et le bénéficiaire, qui entendait avoir une emprise

---

[113] Le but principal poursuivi à travers l'élaboration d'une politique nationale de l'aide extérieure est de permettre à un gouvernement d'assurer le leadership dans le processus de gestion et de coordination des aides de manière à ce que ces aides contribuent efficacement à la réalisation des objectifs et priorités de développement du pays. Aujourd'hui, les objectifs spécifiques consistent dans de nombreux pays à (a) assurer l'efficacité de l'aide à travers une application stricte des engagements de la Déclaration de Paris et l'Agenda d'Action d'Accra sur l'efficacité de l'aide ;(b) définir les politiques et procédures internes de l'aide pour améliorer sa gestion, et (c) définir clairement les responsabilités institutionnelles en matière de mobilisation, gestion et coordination de l'aide ainsi que les structures des dialogues pour améliorer le processus de mobilisation et de coordination de l'aide. J'ai appuyé tout récemment la Guinée et la Guinée-Bissau à mettre en place leurs politiques respectives de l'aide extérieure.

[114] Les faiblesses institutionnelles varient selon les organisations et les pays, mais ne sont pas une donnée universelle. En termes de pays, elles sont plus accentuées dans les pays qui viennent de sortir des conflits politiques.

sur les activités substantives du projet. De ce fait, le bénéficiaire avait progressivement perdu confiance dans la volonté et la capacité du bailleur d'avancer le projet, en particulier, quand il s'était rendu compte qu'il ne pouvait pas pleinement participer à certaines décisions, telles que le recrutement des experts, ou que certaines de ses requêtes ne pouvaient pas trouver des réponses concrètes, en raison des règles de gestion du donateur. La gestion directe, quand bien même justifiée dans certaines conditions par la faiblesse des capacités nationales, entre en contradiction avec le principe fondamental de l'efficacité de l'aide, à savoir, l'appropriation nationale.

Sous la modalité de gestion directe de l'aide, les tentatives de négociations des actions stratégiques déjà ficelées par un bailleur sont mal reçues par lui, et considérées comme une remise en cause du bien-fondé de ses actions. Dans ce contexte, le bénéficiaire, dans l'espoir de déboucher plus vite sur la réalisation des projets, renonce à s'engager dans des négociations sérieuses. Les décaissements de fonds se font souvent par paiements directs. Dans certains cas, cette approche de gestion directe a été appliquée suite à des abus et à la mauvaise gestion manifestée par le récipiendaire de l'aide. [115]

Quels que soient les avantages qu'elle puisse comporter, cette forme d'assistance-contrôle entre en contradiction avec le principe générateur du développement durable, qui veut que le pays ou l'institution bénéficiaire de l'aide puisse apprendre à se prendre en charge. Comme dit un adage populaire : " Aide- toi et le ciel t'aidera. " En d'autres termes, la gestion directe de l'aide apporte très peu en termes de renforcement des capacités. Le bénéficiaire a l'impression qu'on lui apporte une technologie clé à main, un schéma préconçu ailleurs. Ce qui engendre des frustrations et conduit au désintéressement. Bien que la modalité d'appui direct soit généralisée, elle est plus perceptible dans la coopération bilatérale non remboursable. Celle-ci risque fort d'être enfermée dans la logique de la gestion directe si elle est présentée comme un don, et du fait qu'elle peut être assujettie à plusieurs considérations (stratégiques, commerciales, politiques) dont le développement ne peut être qu'une composante.

Le point que je voudrais souligner ici est que la coopération actuelle engage les parties dans une relation de subordination, au lieu de partenariat, comme souhaité par les parties prenantes depuis plusieurs années. [116] Les

---

[115] Secrétariat d'Etat à la Coopération Internationale-Guinée et Washington International Management Institute, op. cit. Voir aussi Bruno Mukendi, 2007, op. cit.

[116] Le Président de la Banque mondiale James Wolfensohn avait particulièrement insisté sur le partenariat dans son allocution avec les responsables africains en 1998 à Addis-Abeba. Voir James Wolfensohn, L'heure de l'Afrique. Allocution prononcée devant la Commission économique des Nations Unies pour l'Afrique, Addis-Abeba, le 27 janvier 1998, pp. 4-5. Plusieurs initiatives internationales ont été

décisions ne peuvent pas être consensuelles à toutes les étapes de programmation et de financement, comme le souhaite le Comité d'aide au développement (CAD) de l'OCDE[117], quand on sait que chaque organisme d'aide dispose de ses propres instruments d'analyse de besoins, de programmation et de financement qui fondent en gros sa stratégie d'assistance. Le partenariat pour le développement se construira difficilement dans un contexte où celui-ci reste compris en pratique comme un commerce basé sur le principe de gagne-perd. [118]

Il est important de noter que la mentalité de subordination conduit les Africains à accepter, parfois sans réserves, des structures inutiles qui exacerbent la confusion et la duplication institutionnelle. Il est logique de penser que le cadre stratégique de lutte contre la pauvreté devrait sortir du-et se greffer sur- le système national de planification. Paradoxalement, c'est à travers le DSRP que certains gouvernements africains entendent mettre en place un système national de planification, et élaborer un plan d'orientation à moyen et long terme, ainsi que guider le développement des capacités de formulation et d'évaluation des politiques sectorielles. En Guinée par exemple, le gouvernement, sur proposition de la Banque mondiale, a mis en place un Secrétariat permanent du DSRP. Au lieu d'intégrer ses fonctions dans la structure existante de la planification du développement, il a rattaché, toujours sur proposition de la Banque, ce nouvel organe au Ministère de l'Économie et des Finances. Dirigé par un ancien cadre supérieur du Ministère du Plan, ce Secrétariat joue en fait le rôle d'un Ministère-bis du Plan, à côté d'un Ministère formel du Plan dont les activités essentielles de planification et de programmation sont en réalité confisquées par le ministère en charge de l'économie et des finances. [119] C'est le Secrétariat qui

---

avancées depuis mi-1995 pour trouver des solutions plus efficaces et plus adaptées à l'efficacité de l'aide, mettant un accent particulier sur le principe de partenariat. C'est le cas par exemple de l'Initiative 20/20 à l'occasion du Sommet sur le développement social à Copenhague en 1995 ;l'Initiative en faveur des pays pauvres très endettés-PPTE en 1996, le document des stratégies de réduction de la pauvreté-DSRP en 1999, le Consensus de Monterrey en 2002, la Déclaration de Rome de 2003, la Déclaration de Paris sur l'efficacité de l'aide en 2005 et l'Agenda d'action d'Accra en 2008. Pour plus d'informations, voir Bruno Mukendi, Concepts de base et instruments de coordination de l'aide, Washington, DC: Washington International Management Institute, 2010.

[117] Organisation de coopération et de développement économiques. Organization for Economic Cooperation and Development.

[118] OECD et Banque Mondiale, op. cit.

[119] Le Ministère de l'Economie et des Finances, à travers le Secrétariat du DSRP se charge de la coordination des travaux de préparation du DSRP qui demeure le cadre national de planification ;il s'occupe aussi de la programmation des investissements à travers sa direction nationale des investissements, un rôle également joué par le

endosse désormais la responsabilité de coordonner la collecte des données pour répondre aux exigences d'informations de la Banque mondiale sur la situation socio-économique de la Guinée. Des leçons d'expériences en Guinée même et ailleurs auraient conseillé la prudence, eu égard à la fragilité des initiatives extérieures de coordination de l'aide, qui souvent disparaissent aussitôt que les bailleurs de fonds lâchent leur support. C'est le cas du Comité de coordination des aides au développement (CCAD), toujours en Guinée, créé en mars 1994 et financé par le PNUD, et des secrétariats de suivi des programmes d'ajustement structurel de la Banque mondiale qui ont virtuellement disparu dans beaucoup de pays.

Au total, cette approche ne semble pas stratégique parce qu'un Secrétariat du DSRP constitue une administration de mission ; elle est donc temporaire, devant régner aussi longtemps que la Banque mondiale et d'autres donateurs y injectent de l'argent, en attendant qu'ils sautent opportunément sur d'autres solutions de rechange lorsque la stratégie en cours finira par montrer toutes ses limites. [120]La crise du développement africain est en grande partie une crise de la planification stratégique échappant au contrôle national, et qu'il convient de restituer au centre de la direction des pays africains. Des solutions conjoncturelles, qui affaiblissent les structures en place, en les privant de leurs cadres, et en détournant vers d'autres emplois les maigres ressources budgétaires disponibles au niveau des administrations centrales, n'ont jusque-là que contribué à aggraver la crise institutionnelle dont pâtit le continent.

Pour parler toujours de la Banque mondiale, ses méthodes de travail et leur impact sur le développement ont déjà fait l'objet de critiques sérieuses, même par ses propres hauts fonctionnaires. Le Professeur Stiglitz, son ancien vice-président, devait reconnaître publiquement que " les méthodes de travail de cette institution étouffaient la créativité et encourageaient la passivité chez ses clients. "

> " Le message derrière les principaux messages est que les clients sont incapables de prendre en charge leur propre processus d'apprentissage et de trouver d'eux-mêmes des solutions. Ils doivent être assistés, on doit leur montrer la voie. Ces méthodes par lesquelles l'approche conventionnelle trace le chemin à suivre renforcent chez les clients la passivité et l'inefficacité. " [121]

Plan. Celui-ci a élaboré un plan quinquennal de développement (2011-2015) qui est ignoré par les principaux bailleurs du pays.

[120] Mukendi, 2009, op. cit.

[121] Stiglitz, 1999, op. cit, pp. 210.

Pour mieux comprendre le message de Stiglitz, il suffit d'examiner les comportements des cadres de l'institution première du développement sur le terrain. La centralité du PAS et du DSRP dans la planification, la budgétisation et la gestion du développement a fait que les tâches y afférant bénéficient de la priorité sur toute autre question nationale, indépendamment de l'étape à laquelle le travail ou la procédure pourrait être. En conséquence, les activités régulières de gestion dans le pays bénéficiaire des prêts de la Banque sont constamment paralysées, du fait des missions fréquentes de son personnel permanent comme de ses consultants. [122] Ainsi, lorsqu'une mission est dépêchée sur le terrain, la priorité gouvernementale est d'office portée sur cette mission. Pour donner l'apparence d'un effort collectif, un ou deux consultants nationaux, selon l'ampleur et la nature du travail à faire, sont ajoutés à l'équipe internationale. Dans certains cas, et en fonction de la qualité des experts étrangers, le rôle des consultants locaux peut être limité à la collecte d'informations et au protocole. Les différences d'opinions ne sont pas les bienvenues et leurs auteurs prennent un risque grave de perdre leur position pour avoir contesté l'orthodoxie prônée par la Banque. Convaincus de l'efficacité de leurs idées, les fonctionnaires et les consultants de la Banque sont souvent peu enclins à admettre les failles de leurs propositions. Pourtant, lorsque la mise en œuvre des recommandations proposées échoue, le blâme est disproportionnellement placé sur le gouvernement qui est accusé d'avoir failli à sa promesse de soutenir les réformes. Il est rare que les gouvernements africains se sentent réellement en position de commande des programmes qui sont présentés comme les leurs. En conséquence, les projets continuent d'être associés à leurs bailleurs de fonds : le Projet de la Banque mondiale, le Projet de l'Union européenne, le Projet de la Coopération française, le Projet du PNUD, et cela en dépit d'incessants appels en faveur d'une approche de développement pilotée par le client, recentrant encore le débat sur les voies et moyens les plus efficaces pour internaliser le développement. Pourtant, la Banque elle-même avait déjà annoncé par la bouche de son Président depuis 1998 qu'elle ne voulait plus entendre les Africains parler des projets de la Banque mondiale :

> " Pas question des projets de la Banque mondiale. Je n'en suis plus propriétaire. Ce que je veux, ce sont des projets ivoiriens, des projets sénégalais, des projets éthiopiens. Et tant que ces projets ne seront pas sous le contrôle des dirigeants et du peuple africain, nous n'y participerons pas. L'Afrique ne dépend pas de la Banque mondiale ; c'est un continent composé d'Etats souverains qui ont leur dignité. Il

[122] Mbaya Kankwenda, Marabouts ou marchands du développement en Afrique, Paris: L'Harmattan, 2000.

faut reconnaître ce principe et agir en conséquence pour pouvoir aller de l'avant. L'Afrique doit prendre en main son destin. " [123]

A bon entendeur, salut ! Tout compte fait, ces pratiques se sont avérées malheureusement contre-productives et ont contribué à ternir l'image et la réputation de la Banque mondiale, mettant en évidence le besoin urgent pour elle de fournir une assistance technique de haute qualité aux gouvernements bénéficiaires de ses ressources. Malgré la rhétorique, l'agence première de développement international a été interpellée pour se réinventer, pour aider les pays récipiendaires à se forger un sentiment profond et authentique d'appartenance et d'appropriation dans la manière dont leurs stratégies importantes de développement sont confectionnées et mises en œuvre. Dans ce contexte, et face à une désapprobation croissante de son approche au développement, et sur la base de ses propres évaluations internes, qui confirmaient par ailleurs son inefficacité relative dans la promotion du développement durable et autonome, la Banque a pris des mesures importantes visant à la transformation de son approche. [124] Conformément à sa nouvelle politique de développement axée sur le client, elle exige désormais que son personnel développe des compétences comportementales, considérées comme capitales pour valoriser ses clients.

> " Pour relever les défis dans l'utilisation des connaissances aux fins du renforcement des capacités, la Banque devra mener les affaires d'une manière différente. Cela nécessitera un changement des mentalités, des comportements et de la façon dont le personnel pense renforcer les capacités afin de produire des résultats. . . Les compétences de base sont : l'écoute du client, l'humilité, l'empathie, la curiosité, la confiance, la souplesse et la patience. " [125]

En somme, les membres du personnel de la Banque mondiale sont conviés à jouer le rôle de facilitateurs du changement. Comme tels, ils doivent faire preuve d'une écoute attentive du client, mieux appréhender ses préoccupations, ses sentiments, ainsi que les solutions qu'il envisage de mettre en place, et cela sans idées préconçues. Autrement dit, le personnel de la Banque doit, plutôt que de faire montre d'attitudes condescendantes, croire en la capacité naturelle de ses clients à réfléchir et à prendre des

---

[123] James D. Wolfensohn, L'heure de l'Afrique. Allocution prononcée devant la Commission économique des Nations Unies pour l'Afrique, Addis-Abeba, le 27 janvier 1998, pp. 4-5.

[124] World Bank, Capacity Enhancement through Knowledge Transfer: A Behavioral Framework for Reflection, Action and Results, Washington DC: World Bank-Africa Region, 2005.

[125] Ibidem, pp. XIV.

décisions rationnelles. Il doit faire preuve d'humilité et de respect dans sa relation avec les clients, faire confiance en leurs idées, les aider à faire des choses par eux-mêmes plutôt que de les faire pour eux, apprendre à ne pas imposer ses idées, mais aider les clients à dégager des leçons apprises de leur propre expérience et à les convertir en actions concrètes sur le terrain. [126]

Il s'agit là d'idées hautement audacieuses et bienvenues qui, si elles étaient bien suivies et mises effectivement en pratique, changeraient profondément la façon dont la première agence de développement international exécute son mandat. Cette nouvelle façon de gérer les relations entre la Banque et les pays bénéficiaires de ses prêts améliorerait sensiblement la valeur ajoutée de ses interventions sur le terrain. Il reste cependant à voir si les Africains, qui ont, psychologiquement et économiquement, beaucoup souffert des effets nocifs des politiques passées de la Banque mondiale et qui ont intériorisé des sentiments d'infériorité et de passivité face à elle, mettront à profit ce vent frais de changement pour remettre en question de manière critique leurs propres mentalités et leurs comportements, en vue de prendre en main la conduite effective du développement africain.

3. Manifestations de la sous-estimation de soi dans la vie courante

A l'aube du XXIe siècle, j'ai donné un coup de fil à un haut fonctionnaire camerounais que j'avais connu quelques années auparavant. Je lui ai posé la question de savoir comment il allait. Il a vite répondu comme suit : " Eh bien, je suis en Afrique, vous ne pouvez pas vous attendre à grand-chose ici. " Plus tard, j'ai posé une question analogue à un ami ghanéen. Sa réponse était typique : " La vie est lente, nous essayons de faire de notre mieux grâce à Dieu ! Vous devez savoir que c'est l'Afrique. " Un fonctionnaire guinéen travaillant pour le Ministère de l'Économie et des Finances fut plutôt poétique et philosophique dans sa réponse. Il m'a renvoyé à la fable française, " Les animaux malades de la peste, " suggérant par là que tout le monde dans son pays était gravement malade ou infecté par la " peste. " [127]

En 1998, en route vers l'aéroport de Douala au Cameroun, mon chauffeur de taxi, M. Liongo[128], un homme barbu, dans la quarantaine, m'a engagé dans une conversation longue et stimulante. Il avait l'air très bien éduqué et informé. Il a été fonctionnaire de l'État camerounais. Mécontent de sa situation salariale, il a passé en vain plusieurs mois à la recherche d'un

[126] Ibidem.

[127] Cette section est basée en partie sur mes recherches antérieures. Voir Bruno Mukendi, 2007, op. cit.

[128] Nom imaginaire, le nom authentique a été retiré.

emploi bien rémunéré à Yaoundé. C'est ainsi qu'il résolut d'aller tenter sa chance dans la capitale économique du pays. Je lui ai posé la question de savoir pourquoi il n'avait pas pensé à créer sa propre entreprise avec le peu d'argent qu'il avait reçu du gouvernement. " Je ne peux pas réussir dans les affaires, " m'a-t-il répondu. Comment allez-vous savoir que vous ne pouvez pas réussir si vous n'avez pas essayé, ai-je rétorqué. " Je ne suis pas de ces groupes ethniques comme les Bamiléké qui sont bons dans les affaires, " enchaîna-t-il.

Revenant sur notre sujet d'emploi, je lui ai demandé s'il n'avait pas cherché à obtenir de l'aide de la part des amis. Il me regarda bizarrement et bourdonna une phrase que je n'ai pas bien pigée. Quand j'ai insisté pour savoir ce qu'il avait dit auparavant, il répondra, " Je ne me soucie plus des amis, parce que les personnes que vous aidez aujourd'hui deviennent vos ennemis demain. J'ai assisté de nombreuses personnes dans ma vie, même celles que je ne connaissais pas auparavant, mais pour certaines raisons, mes relations tournent au vinaigre avec les personnes mêmes que j'ai aidées à sortir du pétrin. " Je lui ai demandé le pourquoi de cette ingratitude envers lui. Il répondit comme suit : " C'est un fait avéré que les gens ici sont mauvais, il y a beaucoup de choses aussi, sans doute la jalousie, je ne sais pas? Que penseriez-vous si vous vous rendiez compte que ce sont vos meilleurs amis qui invoquent des esprits maléfiques contre vous, ou recourent à la magie noire pour bloquer votre succès, ou tout simplement se débarrasser de vous ? " Sans attendre ma réaction, il poursuivit en disant : " Vous qui êtes en Amérique, vous devez connaître la source de la force des Blancs. Ici, nous parlons de la solidarité, mais ne la pratiquons pas. Vos vrais ennemis sont ceux qui vivent avec vous, et ceux-là mêmes que vous avez aidés. " Comme nous nous approchions de l'aéroport, je lui ai posé une question générale sur l'état de l'économie et la situation politique du pays. " Tout est mauvais, nous avons peur de dire la vérité, parce que personne ne veut risquer sa vie, " répondit-il.

L'auto-évaluation de M. Longio était particulière à divers points de vue. Bien qu'il soit instruit et ouvert, sa conviction qu'il ne pouvait rien faire de sa propre initiative l'a empêché d'expérimenter l'entrepreneuriat, ce qui l'aurait éventuellement rendu plus prospère et indépendant. La même peur, qui l'empêcha de tirer profit des opportunités, l'incitera à fermer la bouche quand il s'agira de décrire la situation politique et économique de son pays. Le fixant tout droit dans les yeux, je pouvais dire qu'il ne voyait rien à l'horizon de son futur, sauf le pessimisme et de l'obscurantisme ; il ne pouvait pas projeter un avenir autre que celui circonscrit par sa vision négative de la vie. Son compte-rendu personnel, qui peut être généralisé sans risque d'erreur, révèle aussi que certains Africains commencent leur vie d'adultes responsables avec de bonnes intentions altruistes les poussant à aider les autres, mais au cours de leur vie, ils changent de cap, à cause d'expériences négatives qui contredisent la solidarité communautaire proclamée. A ce titre, son récit corrobore parfaitement ce que déclarait à haute voix la Super Star de la musique congolaise classique, le regretté Johnny Bokelo, de l'Orchestre Conga Succès dans son fameux disque lingala " Tambola na Mokili (Voyager à travers le monde). Dans ce morceau de musique, on vous apprend que ce sont les gens qui sont dans votre cercle rapproché ou " pré carré, " les gens en qui vous avez pleinement confiance, les gens avec qui vous mangez et buvez chaque jour, qui vont vous faire du mal. Il s'agit des " prétendus " membres de famille et des amis. Ils prétendent aimer quand ils n'aiment pas, donnant ainsi raison au dicton africain : " Le vers qui ronge le fruit est dans le fruit. " Voici à peu près ce que Bokelo dit à ce sujet dans son disque :

> " Voyagez à travers le monde et vous en verrez des histoires ! La personne qui vous fait du mal, c'est celle avec qui vous mangez. Mon ami de chaque jour me montre de la gentillesse seulement lorsqu'il est avec moi. Quand je tourne le dos, je deviens son ennemi acharné. . . "

Les paroles de cette chanson expriment avec clarté cette triste, et bien répandue, expérience de la vacuité des relations interpersonnelles ; elles dénoncent le comportement des amis et des proches parents, qui ne sont que des ennemis qui se camouflent sous le couvert des relations d'affection avec leurs proches, pour en tirer profit. Ce sont, en fait, des opportunistes en quête de leurs propres intérêts sordides, et, consciemment ou inconsciemment, prêts à tourner le dos à leur bienfaiteur aussitôt qu'ils ont atteint leurs buts inavoués. Un véritable ami, un véritable frère ou une véritable sœur manifesteront toujours leur amour et leur estime, même dans des situations extrêmes de conflit où ces qualités sont mises à l'épreuve. Pour les Chrétiens en particulier, le principe de l'amour demeure le fondement même de la foi chrétienne. Etre Chrétien et ne pas aimer son prochain est un paradoxe, car dans l'amour se trouve l'accomplissement même de la Loi divine. " Aimez-vous les uns les autres, comme je vous ai aimé, vous aussi aimez-vous les uns les autres " (Jean 13, 34). " A ceci tous connaîtront que vous êtes mes disciples, si vous avez de l'amour les uns pour les autres " (Jean 13, 35). " Il n'y a pas de plus grand amour que de donner sa vie pour ses amis " (Jean 15, 13). Même si l'entraide et la recherche de la collaboration ou de la solidarité, expressions vivantes de notre amour et estime des autres, et par là l'application concrète d'un commandement cardinal de Dieu, reviennent à nous hanter tous, leur rejet n'est pas du tout la solution.

Monsieur Liongo se plaignait du comportement de ses compatriotes, comme si le manque de collaboration était inhérent aux seuls Camerounais.

Le récit qui suit prouve le contraire. Le tressage des cheveux était devenu à un moment donné une activité très lucrative dans la région métropolitaine de Washington aux États-Unis. La plupart des femmes impliquées dans ce commerce affichaient tous les signes extérieurs d'une classe moyenne assise. Un groupe de dames originaires de l'Afrique occidentale était employé par un Blanc dans la banlieue de Maryland. Les travailleuses étaient ouest-africaines et le superviseur était originaire de l'Afrique du Sud. Un jour, ces dames abordèrent, lors d'une de leurs discussions à bâtons rompues, le sujet l'harmonie qui régnait entre elles dans leurs relations de travail. L'une d'entre elles posa la question de savoir si elles se comporteraient de la même façon sous une direction africaine. Toutes réagirent ensemble et instantanément en proclamant que ce n'était pas possible. Ma conjointe, qui suivait discrètement leur conversation, alors qu'elle attendait son tour d'être tressée, intervint pour demander pourquoi elles en étaient arrivées à cette conclusion unanime. L'une d'entre elles s'empressa de répondre : " il est difficile de travailler en harmonie entre les Africains ; même si vous êtes bien payées, vous chercherez toujours à créer des problèmes. C'est juste la façon dont nous sommes. " D'autres dames firent, de la tête, un signe d'approbation en réponse à leur collègue. Cet exemple ne devrait pas être interprété comme indiquant, ou simplement suggérant, qu'il n'y a pas d'affaires prospères des Africains avec une main-d'œuvre africaine totalement dévouée. Loin de là. En effet, les exemples d'entreprises prospères et entièrement africaines, du propriétaire au plus simple travailleur, sont nombreux tant en Afrique qu'à l'étranger. L'anecdote que j'ai mentionnée plus haut met cependant en évidence un comportement culturel aberrant, qui nécessiterait un style de leadership différent, de la nature proposée par certains universitaires Africains. [129]

Une institution hospitalière confessionnelle protestante, l'hôpital rural de Bulape dans la région du Kasaï Occidental, en République Démocratique du Congo, offre le cadre d'une autre expérience de la sous-estimation personnelle dans laquelle se tiennent mutuellement les Africains. Bien que son fonctionnement repose sur le personnel médical congolais, l'hôpital reçoit, de temps à autre, des étudiants stagiaires américains. Un jour, une dame gravement malade se présente à l'hôpital. De prime abord, elle déclare qu'elle voulait être soignée par un docteur blanc, et non par un Congolais. Le stagiaire blanc la reçut pour une auscultation initiale, et lui demanda d'attendre le médecin ; cette phrase jeta la confusion et l'incompréhension dans l'esprit de la malade. Agitée, elle réagit ainsi : " le docteur, c'est vous, je ne vois pas un autre docteur dans cet hôpital. " Le stagiaire insista qu'il n'était pas docteur et que le médecin traitant passerait bientôt. Quand finalement le médecin arriva, et s'apprêta à l'examiner, la malade insista

[129] Kessy, op. cit. Henri Burgoin, L'Afrique malade du management, Paris: Editions Jean Piccolec, 1984.

encore devant lui pour être traitée par le stagiaire blanc, qui était, pour elle, le médecin. Il fallut faire intervenir son mari pour la convaincre que le véritable docteur était, en fait, son compatriote congolais, et que l'assistant blanc n'était qu'un stagiaire.

L'attitude dérogatoire de la patiente congolaise face au médecin congolais reflète un comportement généralisé, devant lequel nombre de médecins noirs sont confrontés dans leur pratique médicale en Afrique et ailleurs. Les patients ont souvent des a priori sur le personnel médical ; celui ou celle avec la peau blanche étant assimilé€ à la connaissance et l'expertise. Entre un médecin ou un dentiste noir et un blanc, y compris les Libanais, les Indiens et les Chinois, le choix initial presque automatiquement tombe sur le second, jusqu'à ce que le patient lui-même finisse par revenir à la raison, après avoir vécu une tragédie à cause de son choix initial fondé exclusivement sur le critère de couleur de la peau de son médecin traitant. Même les milieux scolaires ne sont pas épargnés par ces aberrations. Un ami, Professeur camerounais dans une université canadienne m'a raconté, avec une certaine peine, comment il s'est vu rejeté récemment par une de ses propres compatriotes, qui a suspendu sa participation à un séminaire de formation organisé par l'université, tout simplement " parce qu'elle ne voulait pas se retrouver devant les mêmes Camerounais qu'elle a laissés au pays." Et cela, malgré le fait que son compatriote a la réputation d'être le meilleur formateur dans le programme de perfectionnement de l'université. C'est là réellement le comble de l'arriération et de l'aliénation mentale !

En somme, les anecdotes quotidiennes de sous-estimation africaine n'ont rien d'anecdotique et révèlent le caractère endémique de cette attitude. Certaines d'entre elles ont mi leurs victimes dans une situation si humiliante qu'elles préfèrent ne pas en parler, même confidentiellement, que serait-ce les exposer ouvertement au grand public. La sous-estimation de soi va jusqu'à pousser ceux ou celles qui en souffrent à tenter de changer de couleur de peau. Il est par exemple courant de voir les dames et les hommes investir leurs maigres salaires dans des produits de beauté de " nature raciste, " par simple souci de ressembler aux Blancs. Plus votre peau devient claire, plus vous gagnez en considération sociale, croient-ils. D'autre part, certains Africains de la diaspora, qui ont donc choisi de s'expatrier, poussés par des motivations aussi singulières que diverses, agissent, et se comportent, dans leur pays d'adoption, comme s'ils n'avaient jamais mis les pieds hors de leurs pays d'origine. Ils ne cherchent pas à mieux connaître et découvrir le pays d'accueil et étendre leurs réseaux humains. Leur cercle de fréquentation est limité à quelques compatriotes et parents avec qui ils s'entretiennent souvent en langue maternelle. Du fait de cet esprit de " ghetto ", ces Africains de la diaspora semblent avoir une perception très biaisée, voire erronée, des Américains (Blancs comme Noirs, et Hispaniques), qu'ils ne connaissent pas bien, et par conséquent ne les mettent pas en propre perspective. Il s'ensuit des complexes profondément enracinés dans leurs mentalités, complexes d'infériorité et de subordination particulièrement manifestes par des mots ou des expressions qu'ils utilisent dans des conversations telles que ; " les Blancs (y compris les Hispaniques) sont exceptionnels, " ou dans leurs comportements face à ces derniers (attitudes de soumission totale qui ne se sont pas affichées en présence des frères ou sœurs d'origine africaine).

Un autre exemple intéressant de la sous-estimation de soi africaine est rapporté par le Professeur Ali, en fonction dans une institution d'enseignement supérieur dans le Maryland. [130] Il fit un bref séjour à Mbuji Mayi, en RDC, à l'appel de son père agonisant. Mbuji Mayi est la capitale diamantifère du Congo. Au soir de son arrivée, il se retrouva entouré des membres de sa famille auxquels s'étaient joints leurs amis. A un moment, au cours de cette rencontre, un homme interrompit le cours de la conversation avec une question qui, pour le professeur, était inattendue. Cette question servit d'amorce à un échange entre le professeur et cette personne, qui représentait les creuseurs de diamant. Tenant à reproduire fidèlement le contenu de cet échange, je rapporte, telles qu'elles se sont déroulées, les séquences de cet échange entre les deux personnes :

" *Diamantaire* : Professeur Ali, là d'où vous venez, y-a-t-il moyen de vendre le diamant ?

Professeur Ali : Oui il y a moyen. Dans la ville de New York, il existe tout un quartier où l'on achète et vend le diamant.

Diamantaire : S'il en est ainsi, pouvez-vous nous dire comment vendre notre diamant là-bas ?

Professeur Ali : En ce qui me concerne, vous pouvez faire ceci : si vous êtes nombreux, vous pouvez mettre ensemble vos diamants. Ensuite, vous pouvez désigner, parmi vous, une ou deux personnes qui voyageront à Washington avec moi. Vous achetez leurs tickets. Pour ce qui est de l'hébergement, elles vont rester chez moi. Le lendemain, je les accompagnerai à New York pour rencontrer les acheteurs auxquels je vais montrer les diamants qu'elles auront apportés. Une fois que vous vous serez mis d'accord sur le prix avec les acheteurs, ils vous payeront la somme agréée, et vous leurs remettrez les diamants.

Diamantaire : Nous avons bien compris ce que vous venez de nous dire. Mais, quand nous allons partir avec vous à New York, nous ne connaissons pas l'anglais. Comment allons-nous suivre ce que vous serez en train de vous dire avec les Blancs ?

---

[130] Ce nom est imaginaire, le nom réel ayant été omis.

Professeur Ali : Comme moi je communique très bien en anglais et en luba, il n'y aura pas de problèmes. Partout et à tout moment, je serai avec vous quand vous rencontrerez les acheteurs de diamant. Vous parlerez en français ou en luba et moi je traduirai en anglais pour les Blancs. Quand ils répondent ou posent une question en anglais, moi je ferai l'interprète en luba.

Diamantaire : Si vous parlez avec les Blancs en anglais, comment saurions-nous que ce que vous nous dites est vrai ?

Professeur Ali : Qu'est-ce-que je vais obtenir en vous mentant ? Ils vont vous donner de l'argent en mains propres et sous vos yeux. Je voudrais vous poser quelques questions. Pensez-vous que je vais vous mentir quand nous arriverons à New York ? Pourquoi avez-vous l'habitude de remettre le diamant aux Libanais pour vendre pour vous en Europe pendant que vous restez ici en train d'attendre qu'ils ramènent votre argent ? Comment savez-vous que l'argent que les Libanais vous remettent correspond au prix auquel ils ont vendu votre diamant ?

Diamantaire : Nous faisons cela parce que les Libanais sont des Blancs ; vous, vous êtes un Noir, comme nous.

Diamantaire : Oui, nous vous avions bien compris. Mais nous trouvons que New York est très loin. Nous vous posons la question suivante : Avez-vous sur vous trois cent mille dollars pour acheter le diamant que nous avons ici ?

Professeur Ali : Non, moi, je ne fais pas le commerce de diamant. Ensuite, le but de mon voyage n'est pas d'acheter le diamant. Je suis venu rendre visite à mes parents. "

J'ai repris cette anecdote dans son intégralité parce qu'elle fait ressortir deux aspects importants liés à la sous-estimation africaine : la méfiance de l'Africain vis-à-vis d'un autre Africain contrastant avec la confiance presque aveugle dans les non- Africains. Le Professeur Ali est fils du village, et se trouve parmi les gens qui l'ont vu naître et qui connaissent très bien ses parents. Mais ce n'est pas pour autant qu'ils ont confiance en lui. La base de la méfiance est qu'il est leur propre enfant, un Noir. En tant que telle, sa communication est supposée ne pas être transparente. Selon leur vue biaisée, il y a de fortes chances qu'il ne dise pas la vérité et/ou qu'il commette une escroquerie. La même attitude ne s'applique pas aux Libanais, pour la simple et bonne raison qu'ils sont des Blancs. Pourtant, il est bien connu que certains Libanais font des bénéfices colossaux sur des transactions qu'ils effectuent en faveur des Congolais, mais ceux-ci se contentent des miettes.

Je voudrais terminer cette section avec quelques exemples de faible estime de soi que propose M. Moussa Blimpo, qui était alors étudiant doctorant togolais en économie à l'Université de New York (en 2009). J'ai rencontré par hasard Monsieur Blimpo sur l'internet et il partage trois expériences de sous-estimation de soi que voici :

> " Un grand Professeur d'université aux États-Unis rentre dans son pays d'origine en Afrique avec son étudiant américain qui poursuivait les études de maîtrise. Ce dernier souhaitait avoir quelques expériences pratiques sur le terrain. Le Professeur ne fut pas en mesure de lui décrocher un rendez-vous auprès d'une autorité politique influente. Cependant l'étudiant lui-même réussira à rencontrer l'autorité en question. "

> " L'été dernier, dans une discussion passionnante avec des amis et des étudiants de l'Université de Lomé au Togo, un étudiant pré-doctoral déclarait : je dois avoir un Blanc dans mon comité. "

> " Quand je suis arrivé en France en 2000 pour mes études universitaires, j'ai demandé de faire une année préparatoire avant de m'inscrire dans le programme proprement dit de quatre ans conduisant à un diplôme en mathématiques. En fait, je croyais que mon diplôme d'études secondaires du Togo n'était pas équivalent au français. Heureusement, mon frère qui fréquentait la même université française me convaincra que nous couvrons plus des matières au Togo qu'en France. " [131]

Monsieur Blimpo en est arrivé à la conclusion selon laquelle, dans l'ensemble, les Africains ont un biais négatif envers leurs propres capacités et aptitudes et celles d'autres Africains. Il constate ce biais à tous les niveaux de la société africaine. Il avance quatre raisons pour expliquer ces comportements. Il y a d'abord, selon lui, le fait que les Blancs sont auteurs de nombreux progrès et découvertes scientifiques dans l'histoire humaine, lequel fait est promu à travers le système formel d'éducation. En d'autres termes, la supériorité technologique et scientifique des Blancs conduit les Africains à se sous-estimationr à leur égard. Ensuite, Monsieur Blimpo trouve qu'étant donné la corruption systémique, et la médiocrité qui en résulte, chez décideurs et fonctionnaires africains, tout étranger est de facto supposé être capable de faire mieux. Je ne pense pas ici que ce soit seulement les responsables médiocres (par exemple sans éducation) qui

---

[131] Ces exemples sont disponibles sur aidwatchers. com/2009/04/self-esteem-in-Africa.

voient en tout étranger de la capacité ; la plupart des intellectuels africains sont victimes de la même perception, comme démontré dans cette étude.

La troisième raison avancée par Blimpo concerne la persistance des attitudes (de subordination) héritées de la colonisation et de l'esclavage. Enfin, il se réfère à la prédominance continue des fonctionnaires blancs dans les projets d'aide, suivie de l'importance et de l'attention que les autorités africaines leur accordent. A ce dernier titre, il estime que les experts locaux sont marginalisés en faveur des Occidentaux qui travaillent sous la bannière des organisations internationales. Il déclare combien il est beaucoup plus facile pour un consultant de la Banque mondiale, que pour des Professeurs d'universités africaines, d'être reçu et d'être écouté par un ministre africain ou de paraître sur une chaîne nationale de télévision Cette attitude de sous-estimation de soi, conclut-il, pourrait être un obstacle important à l'innovation qui est plus que nécessaire dans les sociétés africaines. L'innovation ici se réfèrerait aux politiques d'authenticité réelle.

Je reviendrai sur les causes suggérées de la faible estime de soi au Chapitre 5. Je voudrais noter, en passant, que les responsables africains tendent à mieux traiter les étrangers en général, qu'ils soient Blancs, Jaunes ou Noirs d'un autre pays africain ou pas. Les Congolais de Kinshasa ne cessent de parler des Ouest-Africains, qui, selon eux, interviennent à divers titres dans les agences de l'ONU, et qui se comporteraient à leurs yeux comme des princes dans leur pays. Ces noirs d'autres pays africains me semblent être dans une position de supériorité, parce qu'ils représentent des organisations qui sont perçues comme des institutions des Blancs ou contrôlées par eux, et des institutions qui ont de l'argent dont les pays africains ont besoin.[132] Deux considérations interviennent ici : une institution perçue comme appartenant aux ou contrôlée par les Blancs et en même temps qu'une institution donatrice de fonds. Par voie de conséquence, on peut supposer qu'un Noir Africain qui a des moyens, comme c'est le cas avec les stars sportives ou de la musique, peut bénéficier d'un traitement préférentiel comparativement à son confrère qui serait dépourvu. Mais un Blanc au sens plus large (y compris des Indiens, des Libanais, des Chinois), du fait de la couleur de sa peau, bénéficie presque automatiquement d'un préjugé favorable de la part des responsables et des citoyens africains.

4. Manifestations de la sous-estimation de soi dans des politiques publiques

Le doute de soi ne se limite pas aux individus, il s'observe même dans les politiques publiques.

[132] Certains africains qui travaillent dans ces institutions parviennent à se comporter comme de petits Blancs, ainsi que le faisaient des élites coloniales.

a. Cas de la politique linguistique

En tant que véhicule privilégié du transfert des connaissances et des idées, la langue joue un rôle primordial dans le développement des savoirs et des technologies. C'est pourquoi, le développement de la langue ou des langues devrait accompagner tout processus sérieux des transformations socioéconomiques et culturelles. Cependant, il ne faut pas être un sociolinguiste pour se rendre compte que la situation linguistique africaine est hautement insatisfaisante.

Plus de 70% de la population africaine opère en matière économique et politique dans une langue autre que des langues officiellement adoptées. Selon certaines estimations, environ 80% des Sénégalais communiquent en wolof, qui est la langue des masses. C'est la langue effective de communication entre agents dans l'administration tant publique que privée ; c'est aussi la langue du commerce et de la politique. Pour avoir le plus d'impact, les campagnes électorales sont menées par les politiciens en wolof. Dans le même sens, les résultats d'une enquête montrent que 89% des conversations sur les marchés ivoiriens se tiennent en langues nationales et le 11% restant en langue française et ses variantes. [133] En RDC, qui compterait plus de 200 langues autochtones, les populations se réfèrent, selon l'emplacement géographique, aux grandes langues du pays : le lingala est prédominant dans la capitale et côtoie à l'intérieur le ciluba, le kiswahili et le kikongo. Bien que les langues nationales soient répandues, et aient acquis, pour certaines, le niveau des langues des masses (par exemple le sango en République Centrafricaine, le krio en Guinée-Bissau, le wolof au Sénégal, etc.), elles jouissent officiellement d'un statut subalterne par rapport à la langue officielle héritée de la colonisation. [134]Les Africains se parlent les uns les autres en français, en anglais, en portugais, ou en arabe. La langue est sans doute un facteur de division et d'aliénation continue du continent, les principales langues en usage liant les Africains aux Européens, Américains, Portugais, ou aux cultures orientales, et moins à leurs propres populations. [135]

Les langues maternelles restent confinées dans nombre de pays à la famille et aux interactions communautaires. Elles jouent un rôle marginal dans les correspondances officielles et leur rôle éducatif est limité autant que possible à l'enseignement primaire, ou secondaire. L'enseignement supérieur est assuré presque totalement dans une langue étrangère (sauf le rare cas de

---

[133] Jean Dérive et Marie José Dérive, Francophonie et pratique linguistique en Côte d'Ivoire, Politique africaine, No 23, Octobre 1986.

[134] Voir à ce sujet pour résumé, Melchior Ntahonkiriye, La promotion des langues nationales en Afrique noire francophone. Autopsie d'une politique linguistique cadavrée, Université du Burundi, www. clo. canadatoyou. com/27/ntahonkiriye (1999) CLO27_75-91. pdf

[135] C. V. Ferkiss, Africa's Search for Identity, New York: George Braziller, 1966.

la Tanzanie avec le Swahili), excluant ainsi la majeure partie de la population des savoirs. C'est plutôt les langues étrangères qui continuent à être des langues de pouvoir et d'influence, et ceux qui les maîtrisent ont plus des chances d'obtenir de meilleurs emplois au sein du gouvernement, dans le secteur privé, dans les agences locales des organisations internationales, ou en dehors du pays. Comme disait un linguiste africain " les Africains vivent des réalités linguistiques des immigrés bien qu'ils soient installés sur leur propre territoire."

Les efforts gouvernementaux pour soutenir la promotion des langues nationales sont généralement timides. Les opposants à une politique linguistique arguent que la promotion des langues autochtones pourrait menacer l'unité nationale et raviver les tensions ethniques et/ou religieuses. En d'autres mots, des langues d'emprunt contribuent à rapprocher les communautés linguistiquement disparates et à renforcer le sens de l'identité nationale. Cet argument cache des pressions exercées par les anciens maîtres coloniaux sur les gouvernements africains pour maintenir un statu quo linguistique qui serait favorable à leurs intérêts commerciaux, politiques et culturels. Comme Sembene Ousmane le déclare dans le cas du Sénégal : " la promotion des langues nationales va à l'encontre des intérêts de la langue française, qui tente de résister à tout changement avec les forces de la Francophonie. " [136]

Même si les langues nationales sont reconnues comme langues officielles, comme en RDC, la langue coloniale (ici le Français) revêt un statut supérieur et sert de trait d'union entre les diverses communautés linguistiques du pays. Certains soutiennent avec raison que les langues coloniales facilitent l'intégration dans l'économie mondiale. Les Indiens peuvent être fiers aujourd'hui que leur pays participe à l'économie mondiale de l'Internet, en partie à cause d'une main-d'œuvre instruite en anglais. Si cet argument a des mérites, il souffre également des limitations. Les pays européens comme l'Allemagne, la Suisse, les Pays-Bas, la Belgique et le Portugal, ont leur propre langue, ce n'est pas pour autant qu'ils ne participent pas à l'économie mondiale. La diversité linguistique est préconisée en Suisse, tout en privilégiant les langues du terroir. En fait, la Suisse gère tant bien que mal quatre langues nationales officielles. Le multilinguisme ne devrait donc pas constituer un obstacle ni à l'intégration économique mondiale, ni à l'émergence des langues africaines qui sont évidemment appelées à cohabiter avec les langues de diffusion mondiale, mais dans une relation de complémentarité et non de subordination, quand bien même ce rapport est défini en dernier ressort par le niveau de développement économique.

Les effets limités de changement en matière linguistique sont sans doute imputables au contexte historico-politique du continent. Les choix politiques

---

[136] Sembene Ousmane, Niiwam, Paris: Présence africaine, 1991.

et économiques faits par de nombreux pays après les indépendances ont favorisé une coopération étroite avec les anciens colonisateurs. Aussi, les élites occidentalisées qui ont accédé au pouvoir et pour qui la langue importée constituait et constitue encore une marque prépondérante de leur accès à la civilisation moderne et de leur distinction, n'ont-elles pas continué à utiliser la langue du colonisateur comme un instrument de sélection et de reproduction sociale dans les nouvelles sociétés soi-disant indépendantes ? En fait, parler les langues étrangères, notamment le français, l'anglais et le portugais, est considéré comme un signe de supériorité en Afrique contemporaine.

En Afrique francophone, la connaissance substantive est souvent confondue avec la maîtrise de la langue française. Mieux vous parlez le français, plus vous êtes perçu comme connaisseur dans votre domaine, plus de considération vous avez dans la société. " Le verbe doit déborder le contenu. " Je me souviens des écoles primaires et secondaires du Congo Démocratique, qui interdisaient aux élèves de parler en langue maternelle sur la cour de l'école, les obligeant à se cacher pour communiquer aisément dans leur langue. Dès leur bas âge, donc, les enfants sont aux prises avec les réalités d'une société néocoloniale, dans laquelle ce qu'ils ont de plus cher sur le plan culturel, leur est présenté comme revêtant un statut inférieur dans la hiérarchie des langues. Le développement ne peut-il pas être rendu encore plus difficile lorsque la classe dirigeante d'un pays fonctionne dans une langue étrangère non maîtrisée par une grande partie de sa population ?

En fait, la prédominance des langues coloniales dans la vie nationale tend à perpétuer l'élitisme, dans la mesure où ceux qui ne les maîtrisent pas sont souvent associés à des ignorants, des non-civilisés, et, donc, des personnes incapables de participer efficacement à la construction de leurs communautés. Les exemples sont légion. L'utilisation des langues étrangères s'est révélée d'un effet débilitant dans le processus de démocratisation et de responsabilisation citoyenne en Afrique. Une étude menée en 2006 par le Bureau du Fonds des Nations Unies pour l'équipement (FENU) au Bénin a révélé que l'utilisation de la langue française figurait parmi les contraintes principales à la responsabilisation de la population locale. [137] En outre, dans nombre de pays africains, des élections législatives multipartites ont porté au pouvoir des citoyens et des citoyennes qui ne se distinguent pas nécessairement par leurs plateformes politiques ou des capacités intellectuelles avérées, mais à cause de leur charisme, d'une meilleure connaissance des besoins de leur électorat, par leur richesse, et leur appartenance ethnique ou religieuse. Certaines de ces personnes, qui

---

[137] A Gnimadi, Christian Fournier et Blaise Tchabi, Capitalisation des expériences des projets d'appui au développement local et décentralisation en Afrique de l'Ouest. Le cas du Bénin, New York: Fonds d'équipement des Nations Unies (FENU), 2006.

maîtrisent leur langue maternelle, ont des difficultés à s'exprimer dans la langue officielle dans laquelle les débats parlementaires sont organisés. Par conséquent, elles finissent par agir comme des figurants, ne contribuant à rien en termes de la résolution des problèmes pour lesquels ils ont été élus. Elles choisissent, ainsi, de dormir sur leurs bancs, en pleins débats parlementaires, comme on l'observe souvent sur les caméras de la télévision nationale dans son bulletin d'information du soir. J'ai personnellement assisté à un débat sur la privatisation au parlement d'un pays de l'Afrique de l'Ouest où certains législateurs dont je savais qu'ils avaient d'excellentes idées sur la question, n'osèrent pas prendre la parole, en raison de leur mauvais français. Cette contrainte linguistique est pire dans des municipalités administratives où certaines élites occidentalisées exhibent une maitrise snobisante du français, ou de l'anglais, pour- selon leur vue- se faire respecter dans un environnement où une partie du personnel ne peut ni lire, ni écrire correctement dans la langue importée.

La langue constitue un instrument important de pouvoir et de puissance, et les élites dirigeantes africaines et leurs supporteurs étrangers sont conscients de cette réalité. C'est pourquoi, en dépit des réformes en faveur des langues nationales ou de la diversité linguistique, les langues coloniales demeurent dominantes dans toutes les sphères de la vie sur le continent. Pour l'élite africaine, avoir une bonne éducation reste virtuellement synonyme des écoles et des langues étrangères. Le diplôme d'une école étrangère et la maîtrise d'une langue importée sont des moyens d'ascension sociale, de prestige et d'emploi pour soi et pour ses enfants. Je ne pense pas qu'avec cet état d'esprit les élites, elles-mêmes produits de la modernisation, puissent lutter effectivement contre la prétendue dichotomie entre la tradition symbolisée par les langues autochtones et la modernité reflétée par les langues importées. Il suffit de remarquer que des centres ou instituts de linguistique appliquée ont été créés à travers le continent dans le but de promouvoir et d'assurer le développement des langues nationales. Mais dans la réalité, c'est plutôt le statu quo qui règne en faveur des langues des dirigeants. Ntita Nyembwe[138] note, en ce qui concerne la RDC, que " dans toutes les réformes entreprises jusqu'à présent, aucune autorité n'a jamais prêché la suppression du français au profit des langues nationales ; aucune autorité ne l'avait jamais laissé sous-entendre, ni supposé, reconnaissant par là le français comme un mal nécessaire. " Selon la même source, le nouveau programme des enseignements au niveau primaire recommandait en 2000 deux heures d'enseignement des langues congolaises, contre six heures de français. L'enseignement du français est généralisé, dès la première année du

[138] Ntita Nyembwe, Gestion du plurilinguisme et idéologie postcoloniale. Centre de linguistique théorique et appliquée, Université de Kinshasa, RDC. www. francophonie-durable. org/documents/colloque-ouaga-a2-contribution-nyembwe. pdf.

primaire. La diversité linguistique est, certes, entérinée, mais avec le français, ou la langue étrangère, comme le principal medium de communication officielle, d'enseignement, de travail et d'administration de l'État. [139]

La position périphérique des langues autochtones reflète les déséquilibres dans les rapports économiques sur le terrain, qui font que des langues étrangères, bien que moins répandues localement, restent dominantes. Il en découle des conséquences désastreuses pour la jeunesse africaine, comme précise Dérive, car, cette situation crée un certain traumatisme chez les enfants, faisant qu'ils ne sont complètement à l'aise ni dans leur langue maternelle, ni dans la langue importée, et qu'ils ne maîtrisent parfaitement ni l'une ni l'autre. [140] Ainsi par exemple, malgré l'imposition de la langue française au Sénégal, note Sembene Ousmane, les enfants en milieux urbains ne maîtrisent ni complètement le français, ni la langue maternelle wolof, utilisant " une langue bâtarde " que personne ne comprend. [141] Même les diplômés ne font pas preuve de maîtrise de la langue française officialisée. Sur la base d'une enquête auprès des élèves des classes de 6e et 5e de la Côte d'Ivoire, Atin Kouassi montre que plus du tiers d'entre eux avaient déclaré avoir des difficultés d'ordre linguistique avec la majorité de leurs professeurs, à cause du vocabulaire (40%), de l'accent (33%), du débit (31%) et de la complexité des phrases (30%). [142] En fait, il a distingué trois sortes de français en usage en Côte d'Ivoire : le français académique qui est la langue de l'administration, des médias officiels et de l'édition ; le français local qui se différencie par son phonétisme, son rythme et un certain nombre de particularités lexicales, qui est le parler ordinaire de presque toutes les personnes scolarisées aux niveaux primaire et secondaire ; et le français populaire, qui est la langue des personnes non scolarisées, se caractérisant par un mélange multiforme de structures linguistiques françaises et négro-africaines.

S'il est vrai que les langues héritées de la colonisation sont un mal nécessaire dans les sociétés africaines multilangues, il est aussi vrai que le développement économique accéléré, que recherchent par tous les moyens les Africains, ne peut pas être obtenu sans la mobilisation des savoirs et des savoir-faire nationaux. Ceci passe par la valorisation des langues dans

---

[139] Les Etats généraux de l'enseignement du français en Afrique subsaharienne francophone qui se sont tenus à Libreville du 16 au 20 mars 2003 ont entériné le partenariat linguistique, recommandant la coexistence du français avec les langues nationales dans les systèmes éducatifs. Pour les détails, voir Nyembwe, op. cit, pp, 52.

[140] Dérive, op. cit.

[141] Ousmane, op. cit.

[142] Ali Kouassi et al, Les langues africaines: instruments de développement, cité par J et MJ Dérive, op. cit. pp. 50.

lesquelles les gens peuvent mieux exprimer leurs pensées et leurs rêves. Une attention soutenue devrait, de ce fait, être accordée aux effets négatifs de la primauté des langues étrangères, tout en reconnaissant le rôle qu'elles peuvent jouer dans l'affirmation nationale. Il n'est pas un secret aujourd'hui que les langues étrangères renforcent le gouffre entre les élites et les masses, et le contraste entre les besoins réels et les politiques en place. Ces langues exacerbent l'extraversion, le retard de croissance cognitive, le manque de créativité et d'innovation chez les enfants ; elles contribuent à l'affaiblissement des cultures autochtones et à des retards parfois considérables dans le développement de la science et de la technologie afin que celles-ci répondent mieux aux besoins locaux. [143]

b. Cas des réformes scolaires

L'aliénation de la politique linguistique est symptomatique du caractère extraverti des politiques publiques, en particulier des politiques en matière d'enseignement et de la recherche scientifique. Les systèmes d'enseignement hérités de la colonisation étaient conçus pour répondre aux besoins économiques, politiques et culturels des puissances colonisatrices (voir Chapitre 5). Malgré les efforts d'africanisation de cet enseignement, peu de choses ont changé dans beaucoup de pays en dehors des noms des institutions, des intitulés des cours et du personnel. Plusieurs études confirment une désarticulation marquante entre, d'un côté, les programmes, les méthodes et les outils d'enseignement africain et de l'autre, les besoins de développement du continent, traduisant l'inadéquation de la formation dispensée aux priorités africaines. Le malaise qui affecte le système éducatif africain est bien capturé par Francis Nyamnjoh lorsqu'il affirme :

> " L'éducation en Afrique a toujours été, et demeure, un parcours fait d'inadéquations exogènes et intériorisées chez les Africains, et dont la mission est de dévaloriser ou d'annihiler la créativité, l'organisation et le système des valeurs africaines. Cette aliénation culturelle n'a contribué qu'à renforcer chez l'Africain le sentiment d'autodépréciation et de mal-être, ainsi qu'un profond sentiment d'infériorité, qui à son tour, l'oblige à sortir de la caverne physique et métaphorique pour satisfaire l'Occident. " [144]

En vérité, les institutions scolaires et académiques demeurent de véritables véhicules de la sous-estimation culturelle africaine. Comment peut-il en être autrement si on prétend africaniser l'éducation tout en gardant les langues ex-coloniales et les contenus de programmes sans emprise sur les

---

[143] Voir Bruno Mukendi, 2007, op. cit.
[144] Francis B. Nyamnjoh, op. cit.

réalités africaines ? Une langue n'est pas seulement un système de mots, mais toute une vision du monde, la manière dont un peuple analyse sa propre réalité. Dans une réflexion sur l'enseignement en philosophie africaine, Ernest Marie Mbonda de l'Université Catholique d'Afrique centrale à Yaoundé au Cameroun notait :

> " Des études menées dans les traditions africaines se servent des catégories conceptuelles des langues occidentales. On voit là une tentative de saisie de l'originalité de la pensée africaine à partir des concepts créés pour analyser les expériences d'ailleurs. L'apprentissage de la philosophie, y compris de la philosophie africaine doit passer paradoxalement par les langues de culture non africaine. Tandis que la philosophie grecque parle en grec, la philosophie anglaise en anglais, la philosophie africaine est condamnée à parler d'autres langues. " [145]

Je suis souvent ennuyé de constater que la plupart des cadres africains en formation exhibent peu de connaissances sur les pères fondateurs des indépendances et des révolutions africaines comme Kwame Nkrumah, Sékou Touré, Amilcar Cabral, Patrice Eméry Lumumba, Modibo Keita, Julius Nyerere, Kenneth Kaunda, Léopold Sédar Senghor, Houphouët Boigny, Thomas Sankara et beaucoup d'autres. La plus célèbre génération du leadership africain, qui a valu le respect du continent à travers le monde, me semble être tombée dans les oubliettes de l'Histoire politique africaine, parce que les écoles et les universités n'y consacrent pas le temps qu'il faut. Certains de ses membres sont venus à être présentés comme ayant été des leaders corrompus, tout simplement à cause de leurs visions transformatrices du continent, au-delà des schémas conventionnels. Même les nouveaux leaders- tout comme les impacts réels de leurs politiques-sont rarement connus en dehors des frontières nationales. [146] Etre bien formé, finalement, ne signifie pas être capable de réciter la liste des grands penseurs et contributeurs étrangers et leurs modèles d'analyse. Il convient d'abord de mieux maîtriser sa culture, les idées de ses propres savants, les solutions qu'ils proposent et leur pertinence pour le type de changement souhaité. Malheureusement, comme l'atteste le Dr. Umez Bedford Nwabuweze :

> " Les Africains sont éduqués à se sentir inférieurs. Depuis l'éducation de base, ils apprennent que les Blancs sont par nature doués de qualités

---

[145] Ernest Marie Mbonda, Les paradoxes de la philosophie africaine.

[146] Voir par exemple Museveni (Ouganda) Afwerki (Erithrée) et Zenawi (Ethiopie) qui sont présentés comme reflétant une nouvelle génération de leaders africains dans " Marina Ottaway, Africa's New Leaders. Democracy or State Reconstruction" , Carnegie Endowment for International Peace, 1999.

exceptionnelles ; ce sont des gens à craindre ; le pays des Blancs est naturellement la terre des rois, et les Blancs sont par nature civilisés. Par contre, toute chose qui est noire est fondamentalement diabolique et mauvaise. Une personne méchante dans la famille est considérée comme ayant un cœur noir et est mal cotée et le marché illégal est appelé le marché noir. " [147]

Le Dr. Nwabuweze conclut que les Africains peuvent se rattraper à la seule condition de révolutionner leurs systèmes scolaires et de libérer leurs esprits. Il rejoint ici de nombreux chercheurs africains qui invitent à la déconstruction des modèles eurocentriques si ancrés dans les systèmes d'enseignement africain et dans la recherche sur l'Afrique. [148] L'ouvrage " L'invention de l'Afrique " du Professeur Mudimbe, un éminent philosophe africain, constitue, à ce titre, un véritable plaidoyer pour s'affranchir de l'impérialisme épistémologique -ou la dépendance intellectuelle africaine- sur la pensée et des modes de raisonnement et d'analyse, qu'il trouve calqués sur l'Occident. [149] Selon Mudimbe, " même dans les descriptions les plus explicitement africanistiques, les modèles d'analyse explicite ou implicite, sciemment ou non, se réfèrent aux catégories et aux systèmes conceptuels qui dépendent d'un ordre épistémologique occidental, comme si la Weltanschauung africain et les systèmes traditionnels africains de pensée étaient inconcevables, et ne pouvaient être rendus explicites dans le cadre de leur propre rationalité ou de leur langage épistémologique. " Il prône, dès lors, la construction d'un discours véritablement africain à partir des "concepts normatifs implicites dans les institutions et pratiques culturelles des sociétés africaines. "

Il n'y a pas seulement que les méthodes d'analyse, mais aussi le contenu des enseignements, qui sont en déphasage avec les préoccupations du développement des pays africains. L'exemple de l'Ecole Nationale d'Administration (ENA)-Burundi en fournit une illustration éloquente. J'ai passé presque deux mois à appuyer l'ENA-Burundi, à réviser et développer de nouveaux programmes de formation adaptés aux nouvelles réalités du pays. Créée en 2007, l'ENA a pour mission globale d'accompagner la modernisation de l'État burundais. Pour ce faire, elle s'est dotée de tout un arsenal de cours qui ont été jugés malheureusement trop académiques et moins pertinents par rapport à sa mission première d'outiller les fonctionnaires publics en méthodes de management moderne, en vue de faciliter la réalisation des objectifs et priorités de développement. Par

[147] Umez Bedford Nwabueze, Educated to Fell Inferior: Will Africa ever Catch up. www. liberateafrica. org/miseducation. htm

[148] Voir par exemples Mudimbe, op. cit. Hountodji, op. cit. et Kebele, op. cit.

[149] V. Y. Mudimbe, The Invention of Africa, op. cit.

exemple, la problématique de la lutte contre la corruption est au cœur des politiques visant à améliorer la gouvernance dans la gestion publique burundaise. Mais le cours d'Ethique et Management insiste plus sur les principes universels de la déontologie administrative, au lieu d'approfondir les discussions sur les causes et les conséquences multiples de ce phénomène et des voies et moyens (stratégies) pour le combattre.

La décentralisation est aussi au cœur de la stratégie de la gouvernance étatique, mais les deux cours sur l'Administration territoriale (Déconcentration et Décentralisation ; Administration-Locale) ne traitent ni des questions de développement économique local, ni de la fiscalité locale ; ni des stratégies de financement et de développement économique local (qui ressortent dans le Cadre stratégique de lutte contre la pauvreté), se limitant aux concepts généraux de la décentralisation. Il en est de même du cours de Coopération et Développement qui se consacre aux notions générales et à l'histoire de la coopération dans un pays qui dépend de l'aide extérieure dont les mécanismes et instruments de coordination et de mobilisation méritent d'être maîtrisés, comme souligné dans le Cadre stratégique de lutte contre la pauvreté.

En somme, de la première à la dernière année d'études, l'impression qui se dégage est que les cours sont dominés par des généralités, avec une emprise marginale sur les préoccupations spécifiques de l'administration burundaise. La tendance à l'universalisme, elle-même favorisée par des enseignants universitaires qui ne font que reproduire ce qu'ils ont appris à l'université, n'a fait qu'accentuer le divorce entre, d'un côté, les aspirations de l'État burundais de disposer d'un outil pour asseoir une administration de développement et, de l'autre, la perception de l'ENA en tant qu'institution classique d'enseignement supérieur. Les autorités actuelles sont déterminées à changer cette situation.

Par ailleurs, l'enseignement de l'histoire, à la fois en Afrique et en dehors d'elle, se focalise encore plus sur l'histoire des Européens en Afrique que sur l'histoire des sociétés africaines. [150]Dans le même sens, la géographie du monde a prééminence sur la géographie africaine, à telle enseigne que les enfants en Guinée-Bissau peuvent plus facilement localiser sur une carte l'emplacement du Portugal et des États-Unis, mais sont incapables d'indiquer là où se trouve la République Centrafricaine ou Djibouti. On leur parle plus et avec grande admiration des sites touristiques étrangers que de ce que leurs propres pays offrent. Il n'est pas dès lors étonnant de constater que les enfants africains grandissent sans connaître véritablement leurs pays ; ce qui affecte éventuellement leur niveau du patriotisme, car on ne peut pas aimer

---

[150] Hull R. R. Munyakare, African Civilization before the Batuuree, New York: John Wiley & Sons, 1971, pp. 4. Mon expérience au sein de l'enseignement secondaire et supérieur congolais montre que la plupart des élèves et des étudiants ne maîtrisent pas l'histoire politique et économique du Congo, et moins encore de l'Afrique.

ce qu'on ne connaît pas bien. Ce que les écoles enseignent et comment elles le font déterminera en grande partie l'avenir de l'Afrique. Si les institutions d'enseignement continuent d'être des véhicules pour la transmission mécanique de la modernité, en dépit des déclarations en faveur de la valorisation de l'histoire et des traditions autochtones, il y a grand risque que les Africains de demain soient soumis à la même aliénation culturelle que la plupart d'entre eux aujourd'hui, avec des effets régressifs sur le développement.

Il est certain que la question des matériels pédagogiques entre ici dans l'équation du système scolaire. Des ouvrages qui font une véritable relecture de l'histoire africaine, pour corriger les distorsions et les stéréotypes idéologiques et racistes qui ont dominé les écrits sur le continent, sont soit indisponibles, soit inaccessibles aux institutions africaines d'enseignement et de recherche. Les étudiants, les enseignants et les chercheurs sont obligés d'utiliser les mêmes informations, maintes fois discréditées par des éminents chercheurs, ou de recourir à certaines ressources récentes qui ne font que reproduire les mêmes discours sous une forme parfois ambiguë. Francis Nyamnjoh a raison de noter ce qui suit :

> " ... La plupart des universitaires africains sont obligés de consommer non pas les livres et les résultats de leurs propres recherches, mais ce que leurs pairs riches et mieux équipés de l'Amérique du Nord et de l'Europe choisissent de partager avec eux en périphérie. La coopération prend la forme d'universités occidentales invitant les Africains à exécuter des pas de danse sur un rythme qu'elles ont elles-mêmes choisi. "[151]

L'État néocolonial africain vit donc dans des contradictions permanentes, il veut bien réformer et africaniser l'enseignement, mais il n'est, ni prêt à créer des conditions nécessaires pour assurer l'épanouissement de l'éducation, ni à prendre toutes les dispositions qui s'imposent pour valoriser la fonction enseignante. Les enseignants nationaux souffrent souvent des préjugés néocoloniaux par rapport à leurs collègues étrangers. Quand je donnais des cours dans une école secondaire à Kinshasa, j'ai été témoin des situations où les professeurs belges et haïtiens, avec des qualifications comparables aux nôtres, étaient payés en devises et vivaient mieux que nous. Nos collègues haïtiens étaient véhiculés et logés aux frais de l'État dans des quartiers luxueux de Kinshasa. La fonction enseignante ne peut pas être efficacement accomplie quand les enseignants manquent des moyens élémentaires pour assurer leur survie et réaliser les tâches publiques qui leur incombent. En face des politiques discriminatoires de motivation et de maigres salaires non payés régulièrement au personnel enseignant

[151] Francis B. Nyamnjoh, op. cit.

national, dans un contexte de détérioration constante de leur pouvoir d'achat, les professeurs nationaux trouvent la solution dans des activités extra-muros pour nouer les deux bouts, avec des conséquences désastreuses sur la préparation des cours, la ponctualité, bref sur la qualité d'un enseignement déjà affaibli par la conjonction d'une série de facteurs à la fois endogènes et exogènes.

c. *Cas de la politique de médecine traditionnelle*

La médecine africaine est un autre domaine controversé de politique publique. Connue sous le nom de la médecine traditionnelle, elle est utilisée depuis des millénaires par toutes les ethnies africaines pour répondre aux défis multiples de la santé physique, spirituelle et mentale. Selon certaines statistiques, plus de 80% de la population africaine se référerait à cette médecine ; et je parie qu'un grand nombre d'Africains s'en seraient servi d'une manière ou d'une autre dans leur vie. Je me rappelle l'avoir expérimentée au Liberia dans les années 90 du siècle dernier, à la suite de l'inefficacité de la médecine hippocratique de me guérir d'une forte malaria. Alors que je pensais déjà à la possibilité d'une évacuation médicale après plus d'une semaine de médicaments et d'injections sans résultats probants, un collègue libérien dont je me souviens encore le nom, le Dr. Temple, un spécialiste en économie agricole, que j'utilisais comme consultant dans mes formations sur l'analyse économique et financière, m'introduisit au secret médical de sa famille. Dès qu'il me vit, et après explications de ce que je ressentais, son diagnostic fut instantané : j'étais en train de piquer une forte crise de malaria. Il me conseillera d'arrêter de prendre tous les médicaments qui m'avaient été prescrits par mon médecin de l'ONU et un autre médecin, que mon épouse et moi, au comble du désespoir, étions partis consulter. Dr. Temple sortit de ma maison pour y retourner une heure plus tard, rapportant avec lui un panier de feuilles vertes d'un arbre (appelé localement Zorobo) qu'il demanda à ma femme de faire bouillir à une forte température. Je devais prendre un verre de Zorobo chaque demi-heure. Grâce à cette infusion, je me rétablis et me remis à manger en moins de vingt-quatre heures, alors que j'avais été terrassé pendant plus d'une semaine, au cours de laquelle j'ai fait de grosses dépenses pour une médecine conventionnelle sans aucun effet sur une malaria chronique. C'est de cette médecine traditionnelle dont une décoction m'a guéri presque instantanément d'une forte crise de la malaria- qui continue de produire d'autres miracles dans les milieux africains - que je parlerai ici.

Il s'agit d'une médecine qui s'enracine dans les traditions, les croyances et la culture africaine, qui est riche d'une masse de connaissances et des méthodes de rétablissement de la santé et de traitement des maladies, transmises par voie orale de génération en génération, et dont la pratique s'étend à toutes les ethnies africaines, chacune selon ses propres coutumes. Cette médecine traditionnelle est d'une grande complexité organisée avec sa propre logique, ses méthodes, ses modalités de fonctionnement et son protocole, toutes variant selon les coutumes et les croyances, comme suivant le milieu de son application. L'Organisation mondiale de la santé (OMS) la définit comme :

> " La somme totale des connaissances, compétences et pratiques, qui reposent sur les théories, croyances et expériences propres à une culture, et qui sont utilisées pour maintenir les êtres humains en bonne santé ainsi que pour prévenir, diagnostiquer, traiter et guérir les maladies physiques et mentales. " [152]

Dans presque toutes les familles africaines, on trouve des gens qui ont la connaissance de certaines plantes médicinales pour soigner les malades, des connaissances léguées par les ancêtres. Ainsi pour traiter les vers intestinaux, les mères de la région du Kasaï en RDC utilisent les feuilles de Konga Bululu (feuilles amères). A l'est du pays, les mères Bashi, donnent à leurs bébés, en cas de crampes abdominales, deux ou trois gouttes de feuilles pressées de Tetrademia riparia. Les plantes médicinales diverses occupent une place prépondérante dans la prise en charge des affections courantes, comme les maux de tête, de dents et d'estomac. Les membres de la famille bénéficient gratuitement de ces traitements dont l'efficacité est généralement bien établie. Outre la médecine populaire à la portée de chaque famille, il existe des spécialistes de la médecine africaine, appelés couramment " tradipraticiens, " ou guérisseurs, qui offrent une gamme de services relativement moins coûteux que la médecine occidentale, dans presque tous les domaines, y compris dans le traitement du VIH/SIDA. Ici encore, les connaissances et méthodes qu'ils maîtrisent sont issues des expériences personnelles ou de l'héritage ancestral. L'efficacité de ces traitements est difficile à déterminer en l'absence des données chiffrées, mais le fait que les guérisseurs soient beaucoup plus visibles aujourd'hui dans les milieux urbains pourrait être interprété comme un indicateur probable de l'efficacité, comme de l'accessibilité culturelle et financière de leurs pratiques.

Par ailleurs, les études montrent qu'en cas de maladie, la population oscille entre les deux types de médecine, consultant d'abord la médecine traditionnelle, pour ensuite contempler la possibilité de visiter la médecine conventionnelle en cas de persistance de la pathologie. Alternativement, elle se rabat sur la médecine traditionnelle si la première ne lui apporte pas la guérison souhaitée, comme ce fut mon cas au Liberia. Les deux types de

---

[152] Organisation mondiale de la santé, Principes méthodologiques généraux pour la recherche et l'évaluation relatives à la médecine traditionnelle, WHO/EDM/TRM/2000-1, Genève, 2000.

médecine sont donc utilisés alternativement, ou d'une façon complémentaire. [153]

Il faut, cependant, remarquer que la médecine traditionnelle ne se limite pas à l'usage des plantes médicinales ou à la pharmacopée africaine, mais s'intègre dans la vision africaine de la santé comme signifiant le bien-être intégral de l'individu. On ne soigne pas seulement pour restaurer les dysfonctionnements physiques ou biologiques, mais également pour rétablir l'intégrité de la personne humaine, en se préoccupant de tous les aspects qui affectent son bien-être global (aspects moraux, sociaux, environnementaux, etc.). En effet, malgré la diversité des pratiques médicales traditionnelles, celles-ci partagent une croyance fondamentale qui influence les comportements et les attitudes des gens à l'égard de la santé et des services médicaux. Les théories africaines sur la santé et les causes des maladies sont essentiellement fondées sur une vision cosmologique qui voit la nature comme comprenant essentiellement un monde physique et un environnement sociologique, vision qui traduit la continuité entre les vivants et les morts avec les forces métaphysiques de l'univers. [154] Comme Good et al ont avancé :

> " Le concept original de la cause de la maladie intègre chez l'Africain les croyances selon lesquelles les maladies proviennent de la nature ou de Dieu et des forces surnaturelles, y compris celles mobilisées par la sorcellerie, les fantômes, des ennuis provoqués par des esprits, et la violation des tabous et interdits ou des règles coutumières. Les conflits et les tensions dans les relations sociales sont des principes essentiels sous-tendant les interprétations des causes de la souffrance et des malheurs. " [155]

Autrement dit, l'étiologie et la symptomatologie de la maladie sont rarement considérées comme révélant d'un phénomène isolé ou simplement la conséquence d'un dysfonctionnement organique. Une maladie physique est plutôt vue comme une rupture de l'harmonie sociale. La mauvaise santé est causée par une situation sociale et, par conséquent, le patient doit être remis en harmonie avec l'ordre social et spirituel de la communauté. Par voie

[153] Voir les débats sur la promotion de la médecine alternative aux USA: Kevin Trudeau, Natural Cures: They don't Want You to Know About, Elk Grove Village, Illinois: Alliance Publishing Group, 2004.

[154] Bruno T. Mukendi, An Inquiry into the Effects of Policy on Health Underdevelopment in Zaire: Problems and Prospects for Change. Ph. D. Thesis, University of Pittsburgh, 1986, pp. 131.

[155] Cité par Bruno T. Mukendi, 1986, op. cit. pp. 130-131. Selon Good et al, ces conflits ont à la fois une expression horizontale (membres de la famille, voisins, collègues de travail) et verticale (intervention des générations disparues, qui peuvent affecter les relations avec un membre de parenté vivant).

de conséquence, la démarche thérapeutique implique non seulement le diagnostic de la maladie, mais la nécessité de corriger les facteurs (sociaux, moraux, religieux, etc.) qui sont à son origine. Le médecin traditionnel essayera ainsi de comprendre les causes sociales profondes de la maladie en se référant aux croyances et valeurs existantes dans la société ; il se réfèrera aux sorciers, ancêtres, esprits et à la mauvaise conduite à l'égard des ainés de la famille, qui sont tous des problèmes que les gens rencontrent et sont perçus comme des sources principales de perturbations physiques et mentales. En investiguant les causes de la maladie, le médecin traditionnel apparaît donc comme un bon psychologue, qui connaît son peuple et ses problèmes ; un bon sociologue qui connait sa société et un bon thérapeute qui dicte le type de traitement qui est approprié par rapport à la situation de son client/ou sa cliente. [156] C'est ainsi qu'interviennent, par exemple, des rites et cultes divers dans le traitement pour s'assurer que le patient est en harmonie avec toute la cosmologie.

Cette vision intégrative de la santé a reçu en 1978 sa consécration dans la Déclaration d'Alma Ata, qui a officialisé la stratégie des soins de santé primaire en Afrique et dans le monde. Cette Déclaration a fait également prévaloir la prise en compte des savoirs locaux en matière de santé, lesquels offrent la possibilité de traitements efficaces et accessibles (économiquement, culturellement et géographiquement) aux communautés. [157] Depuis cette date, et malgré des efforts initiés par l'OMS et ses pays africains membres pour valoriser la médecine africaine, celle-ci évolue, en dépit de sa popularité, dans l'antichambre de la médecine occidentale. Certes, des documents de politiques de la médecine traditionnelle ont été élaborés et des institutions créées pour harmoniser son fonctionnement et assurer dans une certaine mesure sa visibilité. Mais dans l'ensemble, la médecine traditionnelle et ses pratiquants jouissent d'un statut subalterne dans la pyramide sanitaire africaine. Pendant que les guérisseurs sont en train de disparaitre avec leur stock de connaissances, aucun pays africain n'a jusque-là investi pour développer des savoirs locaux en matière de traitement préventif et curatif, pour éventuellement servir de base documentaire dans l'enseignement ou la recherche. On fait plus ressortir les limitations de la médecine africaine et le secret qui entoure l'accès à sa connaissance, ou le manque de sens de mesure dans le traitement des malades ; mais on s'efforce rarement à pénétrer substantiellement ce réservoir de connaissances, de philosophie et de cosmogonie, aux fins de créer un système alternatif authentique et crédible de santé qui pourrait attirer d'autres peuples.

De Bobo-Dioulasso (Burkina Faso) à Kinshasa, les marchés et certaines artères principales sont pleines de médicaments traditionnels mis en bouteille, mais les fabricants de ces produits se plaignent du manque d'appui

[156] Bruno Mukendi, 1986, op. cit. pp. 131.
[157] Ibidem.

de la part de leurs gouvernements respectifs, pas seulement pour la commercialisation dont ils préfèrent parler en premier lieu, mais d'abord pour l'assurance qualité. [158] Le fait que les Africains vont actuellement en Chine avec des bourses chinoises pour apprendre la médecine traditionnelle chinoise afin d'éventuellement l'appliquer à leur retour, alors qu'ils ont des potentialités médicales traditionnelles comparables, si pas meilleures, est un bon indice de la négligence de cette source importante de santé pour les Africains. Une situation paradoxale quand on sait qu'en Occident, malgré l'emprise de la médecine conventionnelle, la population s'oriente de plus en plus vers une médecine de type traditionnel, nommée, médecine alternative ou non-conventionnelle.

Fondamentalement, les forces et structures en présence militent contre une valorisation effective des pratiques médicales autochtones. L'élite médicale qui préside aux destinées de la santé est essentiellement occidentalisée dans sa formation, sa vision de la santé et sur les méthodes à suivre pour la rétablir, en cas de dysfonctionnement. L'éducation du personnel, caricature du système occidental, prépare ce personnel à soigner la maladie de la manière occidentale. Le portrait de cette médecine dite " classique " a été éloquemment dessiné par le Professeur Bongeli il y a quelques années pour la RDC, alors Zaïre, dans la description d'une situation symptomatique de ce qui prévaut actuellement dans beaucoup de pays africains. Analysant les programmes de la Faculté de médecine, cet éminent professeur a observé que des cours scientifiques de base tels que l'anatomie, la biologie, la biochimie, la physiologie, étaient enseignés dans les moindres détails au regard des volumes des cours. [159] Examinant les cours qui portent sur l'étude des maladies (la médecine interne, la chirurgie, la gynécologie et la pédiatrie), il constata une pléthore de maladies certifiées par l'Occident, même celles-là pour lesquelles seulement quelques cas ont été identifiés dans le monde. Dans cette veine, le Professeur Bongeli souligne :

> " Les maladies tropicales sur lesquelles on insiste sont celles reconnues par la science officielle. Quelques maladies africaines pour lesquelles elle n'a pas encore pénétré les mystères sont encore reléguées dans le groupe des maladies psychiques ou superstitieuses. Le cours de pathologie générale est limité aux façons occidentales de diagnostiquer la lésion. Pour chaque cas, un remède est signalé. L'étude de l'environnement culturel africain, au moins sous l'angle des habitudes

[158] L'une des complaintes est qu'on dispose de peu de données scientifiques résultant de tests effectués pour évaluer l'innocuité et l'efficacité des produits de la médecine traditionnelle.

[159] Yeikelo Bongeli, Université et sous-développement au Zaïre, " Analyses sociales " , (Vol 1 No 3) Mai-juin 1984. Cité par Bruno Mukendi, Thèse de doctorat, op. cit. pp. 127.

sanitaires, est négligée alors cette étude aurait pu aider à comprendre l'univers pathologique africain. "[160]

Le Professeur Bongeli décrie la prise en compte insuffisante dans les programmes de formation du corps médical des aspects relatifs au sous-développement et à la politique, aspects qui sont importants pour aider à déterminer les facteurs sociaux qui génèrent des maladies ou influent sur leur processus. Ainsi formé, le corps médical en arrive à considérer que les problèmes de la santé sont strictement médicaux, sans empreinte sociale, comme si l'art de guérir ne devait pas prendre en considération l'élément culturel. [161]. Les analyses de contenu faites sur les programmes de la Faculté de pharmacie ne s'écartent pas, dans leurs conclusions, des déficiences constatées dans le mode opératoire de la pratique de la médecine. Les recherches du Professeur Bongeli montrent que les méthodes d'enseignement en pharmacie, comme en médecine, ne stimulent ni la pensée critique, ni la recherche des solutions aux problèmes locaux de santé. Comme il l'atteste :

> " La connaissance pharmacologique des étudiants en pharmacie est orientée vers des produits industriels européens, dont le processus de production est sophistiqué, et entraine des dépenses énormes pour l'achat des infrastructures d'appui. La formation en pharmacie produit simplement des spécialistes très coûteux en commercialisation des produits pharmaceutiques européens, ou des préparateurs passifs ou routiniers de quelques produits à base d'éléments importés et dont le mode d'emploi est prédéterminé. "[162]

Le Professeur Bongeli conclut que " les étudiants sont encore formés pour soigner à l'occidentale. Toute la pharmacologie qu'ils avalent et les instruments qu'ils utilisent viennent de l'Europe. Ils connaissent très peu du potentiel thérapeutique des plantes médicinales locales, tout simplement parce qu'ils ne sont pas encouragés à les étudier. On leur raconte que seuls les produits européens sont les plus efficaces et la dose à administrer est spécifiée à la source. "

En somme, le personnel médical dans les universités, les hôpitaux et les agences gouvernementales et privées utilise des produits de traditions médicales occidentales. La plupart des praticiens de la médecine n'ont pas un autre modèle de santé, en dehors de l'approche curative et clinique apprise à l'université. Dans ce sens, le médecin pense qu'il pourrait perdre

---

[160] Yeikelo Bongeli, Cité par Bruno Mukendi op. cit.
[161] Yeikelo Bongeli, Cité par Bruno Mukendi op. cit.
[162] Cité par Bruno Mukendi, op. cit. pp. 132.

son prestige personnel et professionnel en investissant dans une pratique médicale non conforme aux normes standardisées d'éducation et de formation du médecin occidental. [163] J'ai également démontré ailleurs le rôle et les impacts négatifs des compagnies pharmaceutiques multinationales dans la distorsion de la politique de santé et son orientation fortement clinique et curative occidentale, dans la manipulation des médecins et autre personnel de santé pour maintenir[164] sur le marché des médicaments coûteux et non essentiels, et d'autres pratiques anti-compétitives.

[163] Bruno Mukendi, 1986, op. cit.
[164] Ibidem.

Chapitre 3

Estime de soi dans une perspective historique

" Les flocons de neige sont les particules les plus fragiles de la nature, mais il suffit de voir ce qu'ils peuvent faire quand ils collent ensemble. "

Vesta M. Kelly

" En dépit des difficultés actuelles, notre peuple doit reprendre confiance dans son génie et sa capacité à surmonter les obstacles et doit être impliqué dans la construction d'une nouvelle Afrique. Notre lutte ne pourra réussir que si notre peuple devient maître de son destin. "

Appel des chefs d'État africains à leurs peuples, Nouveau partenariat pour le développement de l'Afrique (NEPAD), octobre 2001.

L'union fait la force, dit-on. Les réalisations de grande ampleur demandent une mobilisation à la fois individuelle et collective. Les Africains ont marqué une victoire éclatante dans leur lutte pour les indépendances politiques puisqu'ils étaient unis derrière une cause commune : s'extirper de l'expérience coloniale de l'oppression, de l'humiliation et de la subordination. L'Afrique et les Africains ont en eux les potentiels de réaliser les mêmes exploits aujourd'hui, et de faire encore plus et mieux, s'ils prennent pleinement conscience de leur valeur intrinsèque, et se mettent à travailler ensemble, de manière stratégique, organisée et persévérante, pour des gains mutuels et collectifs. Arrêter l'appauvrissement, la marginalisation, et créer des emplois pour une population africaine de plus en plus nombreuse, sont des objectifs qui peuvent difficilement provenir des investissements individuels, souvent spéculatifs, auxquels se livrent ceux qui prétendent avoir des moyens financiers importants. Une coopération intraafricaine fructueuse, fondée sur la connaissance et la compréhension mutuelle, une communication fiable et une confiance en soi renouvelée, est indispensable pour créer des conditions favorables pour surmonter ensemble ces défis.

Puisque le passé permet de mieux comprendre le présent, afin de projeter l'avenir et d'élaborer un projet de société pertinent, je rappellerai rapidement dans ce chapitre les fondements historiques de l'estime de soi, en insistant sur son importance historique et sur quelques mouvements majeurs visant à sa promotion et à sa défense. Je revisiterai au Chapitre 4 quelques expériences contemporaines de la solidarité et de la collaboration interafricaine en tant qu'expressions vitales de l'estime de soi.

1. Evolution et thématiques principales

La promotion de l'estime de soi constituait une priorité essentielle dans l'Afrique précoloniale et une préoccupation majeure dans le processus de développement individuel et communautaire. Les activités sociales et culturelles avaient un caractère primordial dans la manière dont les gens se définissaient et dans la confiance et l'optimisme qu'ils affichaient vis-à-vis de la nature. L'éducation jouait, en particulier, un rôle moteur pour inculquer l'estime et la confiance en soi, et imprimer dans l'esprit des enfants des valeurs fondamentales de la société telles que la solidarité, l'entraide, l'interdépendance et le souci du bien-être communautaire. [165]

De la jeunesse à l'âge adulte, les enfants apprenaient l'histoire de leur communauté, ses réalisations, ses lois et ses règlements. Grâce à des proverbes, chansons, contes, fables, poésie et pièces de théâtre, ils étaient exposés aux moments héroïques de leur société. Les parents et les grands-parents déclamaient des paroles de louanges à l'endroit de leurs enfants, lors des occasions spéciales, ou de réussite d'importants projets. Ces louanges visaient en particulier à faire connaitre aux enfants la généalogie de la famille et les vertus de leurs ancêtres, comme des guerriers, des grands danseurs, des chanteurs, des griots, des devins, et bien d'autres hommes, dont le génie avait été montré par leurs exploits couvrant bien des champs d'activités aussi divers qu'originaux :

> " Je suis un griot. C'est moi, Djeli Mamadou Kouyaté, fils de Bintou Kouyaté et de Djeli Kedian Kouyaté, maître dans l'art de l'éloquence. Depuis des temps immémoriaux, les Kouyaté ont été au service des princes Keita du Mali ; nous sommes les navires de la parole, nous sommes les dépositaires qui abritons les secrets de nombreux siècles. L'art de l'éloquence n'a pas de secret pour nous ; sans nous, les noms des rois disparaîtraient dans l'oubli ; nous sommes la mémoire de l'humanité… "[166]

Ma mère, jusqu'à ce jour, ne cesse de me faire un rituel de louanges, chaque soir au retour du travail, et, sans faute, après une absence de quelques jours de la maison. Les mots sont très bien choisis pour me faire sentir que je suis au-dessus de la mêlée, une personne extraordinaire sortie d'une famille

[165] Kwame, Gyekye, African Cultural Values, Philadelphia: Sankofa Publishing Company, 1996.
[166] W. R. Hull, Munyakare: African Civilization before the Batuuree, New York: Johb Wiley & Sons, 1971, 1971, pp. 191.

de nobles, des gens courageux, intelligents, soucieux du bien-être des autres, et toujours en quête de l'excellence.

Dans les communautés traditionnelles, des proverbes simples étaient partagés dans la soirée, avec l'idée d'introduire dans l'esprit des jeunes des attitudes et des vertus de la vie communautaire, en insistant particulièrement sur le courage, le service communautaire, l'honneur et l'intégrité. Ce faisant, les enfants découvraient et apprenaient, non seulement, les faits essentiels de la vie et le comportement humain, mais aussi les éléments essentiels pour défendre la position qu'ils seraient en droit de tenir, en tant que membres adultes du clan ou de la communauté plus large. Des louanges, proverbes, chants et contes, sur les figures héroïques de la communauté, étaient délibérément destinés à renforcer la confiance en soi, résultant de la découverte des racines de son groupe social, son histoire glorieuse et ses réalisations. De même, des activités rituelles telles que manger, chanter et danser ensemble, fournissaient des opportunités de réseautage pour les parties concernées. Ces occasions permettaient aux gens, non seulement de se socialiser, d'exhiber des scènes de comédie, et de se focaliser sur l'activité collective, mais aussi de se connecter avec des modèles positifs de la société, c'est-à-dire les sages. [167] Avec l'intervention coloniale, ce processus de socialisation par l'éducation a disparu, et quelques-unes de ses pratiques en vinrent à être considérées comme barbares et païennes, laissant de nombreuses familles sans moyen de transmission des incitations positives à leurs enfants.

En fait, la quête de l'estime de soi constitue la dynamique fondamentale de la politique africaine, et a été le principal moteur de la lutte pour les indépendances. La Négritude, le Panafricanisme, l'Authenticité et la Renaissance africaine, pour ne citer que quelques mouvements, représentent tous des concepts qui ressortissent de la même recherche d'estime de soi et de l'identité, des tentatives par les Africains de se redéfinir en dehors des représentations coloniales d'infériorité et de barbarie, de souligner quelque chose qui est unique à l'Afrique, quelque chose à donner en échange de ce qu'ils reçoivent des autres. [168] Dans les mots de Tom Mboya, la lutte pour les indépendances africaines 'était " la redécouverte de l'Afrique par les Africains," tandis qu'Amilcar Cabral la décrivait comme la " ré-africanisation de l'esprit," ou " redevenir Africains." [169] La réémergence des rites et des costumes traditionnels, le développement de l'art et de la musique autochtones, la proclamation de la " démocratie" à l'africaine et "le

---

[167] W. Okumu, The African Renaissance, Trenton, New York: Africa World Press, 2002, pp. 9.

[168] H. Adi and M. Sherwood, Pan –African History. Political Figures from Africa and the Diaspora since 1787, New York: Routledge, 2003. Voir aussi, C. V. Ferckiss, Africa's Search for Identity, New York: George Braziller, 1966, pp. 5.

[169] G. I. Shivji, op. cit. pp. 2

socialisme africain " sont tous les éléments de cette affirmation de l'humanisme africain.

Les Africains ont marqué une victoire éclatante dans leur lutte pour l'indépendance puisqu'ils étaient unis derrière une cause commune : s'extirper de l'expérience coloniale de l'oppression, de l'humiliation et de la subordination ; ils étaient intransigeants dans leur détermination de restaurer leur dignité bafouée par le colonialisme. Celui-ci a été démantelé dans un laps de temps très court, non pas en raison d'une quelconque puissance technologique ou militaire, mais du fait d'une prise de conscience collective de leur situation et de l'engagement conséquent à retrouver leur place légitime dans le concert des nations. [170] Les indépendances politiques n'auraient pas pu être possibles en ce moment précis de l'histoire, si les peuples opprimés n'avaient pas élevé leur niveau de conscience, et ne s'étaient pas organisés pour enterrer le colonialisme. Aujourd'hui encore, pour devenir une réalité, l'indépendance économique de l'Afrique devra passer par le même processus de conscientisation, de responsabilisation individuelle et collective et de l'affirmation de soi.

2. Les mouvements à la quête de l'estime de soi

La nature répressive et antidémocratique de l'État colonial a conduit à l'émergence des stratégies anticoloniales de la part des élites africaines, qui étaient déjà exposées aux idéaux de l'autodétermination et de l'auto-gouvernance au cours de leur formation en Occident. En particulier, la Négritude de Senghor et le Panafricanisme de Kwame Nkrumah, en dépit de leurs contradictions internes, [171] sont exemplaires de nouvelles perspectives qui ont fourni aux Africains d'après-guerre un sens aigu de ce qui ils étaient, ainsi que de ce qu'ils avaient à faire pour se découvrir en tant que peuple avec une vision pour l'avenir. La Négritude était une tentative délibérée pour défendre les valeurs africaines et noires qui ont été reniées et détruites par le colonialisme. A ce sujet, Fruitkin écrit :

> " ... Césaire et Senghor ont contribué à éveiller les Noirs du monde entier à la prise de conscience de leur héritage africain et de la valeur intrinsèque de leur civilisation... A travers les siècles, l'homme noir a été victime de l'esclavage qui l'a dispersé ; la colonisation qui l'a aliéné et l'assimilation qui l'a dépersonnalisé. Dans ce processus pitoyable, les racines de la civilisation noire ont été arrachées et superficiellement remplacées par la culture étrangère. " [172]

---

[170] A. D. Mungazi, The Mind of Black Africa, Westport: Praeger, 1996, pp. 131.
[171] M. Kebede, op. cit, pp, Mungazi, op. cit.
[172] Cité par Bruno Mukendi, Raising Self-Esteem to Accelerate Sustainable Development in Africa, op. cit.

Dans ce contexte, Fruitkin estime que " l'essentiel pour l'homme noir est de redécouvrir ce qu'il est en vérité et de restaurer sa dignité. La Négritude, par conséquent, ne fait pas appel à un retour au passé, mais plutôt au respect du passé et à une nouvelle dynamique spécifiquement noire, une nouvelle attitude envers l'avenir. " D'autre part, Kwame Nkrumah, le premier président du Ghana, a apporté une contribution décisive dans la politique de la libération de l'Afrique en tant qu'entité culturelle et économique homogène. Il considérait que l'indépendance de la Gold Coast en 1958 n'avait pas de sens si elle ne débouchait pas sur l'émancipation totale de tout le continent africain. [173] Nkrumah croyait fermement dans la promotion des valeurs africaines, en particulier, dans le concept de la solidarité collective et d'une histoire commune, qui, à son avis, devait être mise à profit et renforcée en tant que stratégie de développement. Sa vision panafricaniste se traduisit, de manière éclatante, dans son idée de conglomérer tous les pays africains en un seul pays sous le nom des États-Unis d'Afrique, voie obligée pour asseoir et accélérer l'identité culturelle et économique du continent. Malheureusement, ses idées, si puissantes et cathartiques qu'elles puissent sembler pour des nations jeunes et économiquement faibles, ne pouvaient pas être tolérées par certains dirigeants africains conservateurs qui se sont soumis à des manipulations et des tendances séparatistes inspirées par leurs anciens maîtres coloniaux. [174]

Néanmoins, l'Afrique est entrée dans les années soixante du siècle dernier, avec un sens élevé d'accomplissement et de fierté ; elle envisageait l'avenir avec un grand optimisme. Au fil du temps, cependant, il devenait évident, que les idéaux de respect et de dignité humaine, de la justice, de la démocratie et de l'autonomie qui avaient galvanisé le Panafricanisme, devenaient des mots vains dans l'esprit de certains leaders post-indépendantistes. L'affirmation de l'Africanité impliquait que le bien-être et la cause de l'Afrique avaient la préséance sur les intérêts individuels des dirigeants et de leurs supporteurs étrangers. Ce fut, en effet, la source de la force collective et la raison pour laquelle les masses avaient fait confiance en leurs dirigeants, et avaient soutenu leurs politiques. Mais, après les indépendances, un renversement des tendances a pris forme. L'intérêt personnel a transcendé le bien-être des Etats au point que l'idéologie elle-même d'estime de soi est venue, dans certains pays, à être exploitée non pour servir l'intérêt général, mais pour renforcer le pouvoir personnel. C'est ainsi par exemple qu'au début des années soixante-dix, Mobutu Sese Seko, l'ancien président du Zaïre, aujourd'hui République Démocratique du Congo, a lancé et orchestré une vaste campagne d'émancipation culturelle et économique connue sous le nom d'Authenticité. Celle-ci était destinée à "

[173] Mungazi, op. cit. pp. 131.

[174] Jacob Gordon, African Leadership in the Twentieth Century: An Enduring Experiment in the Democracy, 2002.

restaurer la dignité autrefois dérobée du Zaïrois." L'Authenticité a été définie comme " l'auto-affirmation du citoyen zaïrois ou de toute personne partout où elle est. " A la suite de cette idéologie, des noms chrétiens ont été bannis et remplacés par des noms indigènes, le nom du pays a été rebaptisé Zaïre, des dénominations coloniales des bâtiments publics, des écoles et des hôpitaux et avenues ont été changées, les trois universités érigées par les colonisateurs ont été fusionnées en une seule université nationale et les programmes d'enseignement ont été réformés afin de refléter les ambitions politiques du gouvernement. [175]

La même motivation de rétablir l'identité culturelle congolaise incita les autorités à transférer le contrôle des ressources nationales dans les mains des indigènes. A juste titre, il a été pensé que l'indépendance économique et politique pouvait être menacée ou réduite si des mesures n'étaient pas prises pour assurer le contrôle national des ressources économiques. Cette proposition conduisit à des mesures extrêmes de nationalisme économique, passant par la zaïrianisation en 1973, la radicalisation économique en 1974, la stabilisation en 1975, avant que ne fut reconnu en 1976, par des mesures de rétrocession économique, l'échec du mouvement des nationalisations. [176] De bonnes intentions, mais mal conçues et maladroitement appliquées, aggravèrent la situation économique et sociale du pays, et compromirent le processus même de renforcement de la dignité du zaïrois. Selon certaines critiques, le mouvement d'authenticité masquait la subordination du pays aux intérêts impérialistes et l'hégémonie de la classe politico-commerciale. Dans ce sens, la représentation des problèmes du Zaïre comme une question culturelle fut considérée comme un stratagème dont l'objectif était de détourner l'attention loin des questions plus fondamentales de la lutte de classe et de la dépendance. [177]

Au moment où Mobutu était chassé du pouvoir en 1997, l'estime de soi du Zaïrois était à son niveau le plus bas. Avec ses conseillers étrangers et nationaux, Mobutu avait surabusé de l'idéologie de l'authenticité, avec pour seul objectif de mettre en place l'un des systèmes politiques les plus monocratiques de la planète. Il avait réussi à confisquer tous les pouvoirs du peuple, le rendant ainsi spectateur passif de la vie publique. Les valeurs traditionnelles africaines, notamment celles liées au leadership (absence de

---

[175] Bruno Mukendi et Ntumba Luaba, La problématique du développement au Zaïre: une question de leadership. In Discussion Papers, CIEDOP, (1980), Campus de Kinshasa. Voir aussi C. Young and Turner, The Rise and Decline of the Zairian State: Madison, Wisconsin: The University of Winsconsin Press, 1985.

[176] Mbaya Kankwenda, L'économie politique de la prédation au Congo-Kinshasa: Des origines à nos jours 1885-2003, Kinshasa, Washington, DC: Editions ICREDES, 2005, Voir aussi C. Young and Turner, op. cit, Bruno Mukendi et Ntumba Luaba, op. cit.

[177] C. Young and Turner, op, cit. pp. 215.

la dissidence, le respect pour les anciens) étaient soigneusement accentuées ; mais, en même temps, leur interprétation était distordue de manière à fortifier la stance autoritaire du régime[178]. Il n'est pas rare d'entendre aujourd'hui, les Congolais, alors Zaïrois, se plaindre d'être étrangers sur leur propre sol, non seulement parce que les grandes décisions économiques sont hors de leur portée, mais aussi en raison du fait que l'économie, comme telle, est entre les mains des Européens, des Indo-pakistanais, des Libanais, des Chinois et des autres étrangers, les Congolais jouant le rôle des commissionnaires à leur côté. Pendant ce temps, les Congolais sont prêts à nier à leurs propres compatriotes les mêmes services et facilités qu'ils offrent aux étrangers !

Nonobstant l'échec de l'Authenticité en RDC, la quête de l'estime de soi se révèle encore prioritaire sur l'agenda politique et économique du continent. Les changements intervenus au cours des années quatre-vingt du siècle dernier dans la géopolitique nationale et internationale, ont créé des conditions qui inspirent de l'espoir pour l'Afrique. D'une part, la fin de la guerre froide libéra le continent des décennies pendant lesquelles il était enchevêtré, comme valet ou simple pion, dans les conflits des superpuissances. Il y avait espoir pour les pays africains que, non seulement, ils puissent se concentrer sur leur propre développement, mais également, que des ressources fussent désormais mises à leur disposition aux fins de développement. Avec la fin de la guerre froide, les vieilles idéologies ont été émiettées, emportant avec elles des politiques et des méthodes de gouvernance de l'État dirigiste, ouvrant ainsi la voie à des réformes dans la perspective de l'économie de marché. Les politiques libérales étaient ainsi offertes et vendues comme alternatives prometteuses pour la revitalisation des États africains en crise. [179] D'autre part, la libération de Nelson Mandela en Afrique du Sud et la disparition subséquente de l'Apartheid, constituaient une autre étape cruciale dans la lutte pour l'affirmation de soi. Un nouveau vent de réformes démocratiques balaya tout le continent, du Bénin à l'Afrique du Sud, sans oublier le Mali, la RDC, le Sénégal et le Ghana. Et une nouvelle génération de dirigeants, qui a grandi et appris à mépriser l'exploitation de certains dictateurs post-indépendantistes et les dirigeants corrompus, est en train de prendre le pouvoir dans certains de ces pays.

C'est dans ce contexte que naitra une nouvelle initiative de défense et de promotion de l'estime de soi africaine, sous le nom de la " Renaissance africaine. " D'un point de vue théorique, la Renaissance africaine est un défi que se lancent les Africains à eux-mêmes pour concevoir et mettre en place une vision de développement de leur continent, sur la base d'un diagnostic authentique permettant de réévaluer les facteurs inhibiteurs du progrès dans

[178] Kakwenda, op. cit, pp. 39-72. Young and Turner, op. cit. pp. 211.
[179] W, Zartman, editor, Collapsed States :The Disintegration and Restoration of the Legitimate Authority, Boulder, Colorado: Lynne Rienner Publishers, 1995.

une perspective réellement africaine, et de formuler des alternatives stratégiques pour positionner le continent sur la voie d'un développement durable et autonome. [180] La Renaissance est donc interprétée comme une tentative par les Africains de repenser et de reconstruire leurs sociétés d'une façon qui devra leur conférer plus de marge de manœuvre et de contrôle sur les ressources du continent et dans leurs relations avec le reste du monde. L'utilisation de ce concept dans son contexte actuel est attribuée à l'ancien président sud-africain Thabo Mbeki alors qu'il était encore vice-président. Il a employé ce terme dans un discours en 1996 à la suite de l'adoption de la nouvelle constitution sud-africaine. Le terme a ensuite été utilisé en juillet 1997 par le Président Nelson Mandela dans son discours à l'Université d'Oxford en expliquant que la Renaissance africaine concerne la création d'un nouvel ordre mondial qui implique la reconstruction des pays africains par le biais des organisations économiques régionales capables d'asseoir avec succès sa compétitivité dans l'économie mondiale. [181]Depuis lors, l'utilisation du terme a été amplifiée dans des journaux, des discours, des articles et des livres. Dans un discours prononcé à la session ministérielle extraordinaire de l'Organisation de l'Unité Africaine en septembre 1997, actuellement l'Union africaine, son président Robert Mugabe, du Zimbabwe, évoqua la Renaissance africaine comme " une renaissance et un renouveau qui façonne non seulement les sociétés africaines, mais aussi les relations avec le reste du monde. " [182]

Au-delà de cette diversité de définitions, c'est Thabo Mbeki qui avancera un ensemble d'idées politiques et économiques, issues de sa propre expérience ; ces idées offrent un contenu systématique à la notion de renaissance. Des discours et déclarations diverses de Mbeki , on peut déduire que la Reconnaissance africaine marque une période de transition d'un continent en proie à la stagnation économique, sociale et culturelle, et en position périphérique, vers un continent caractérisé par une plus grande prospérité économique, sociale, technologique et culturelle, se hissant à la place d'une puissance mondiale. La Renaissance africaine représente une façon originale de penser et d'agir par des Africains sur l'Afrique et sur ses problèmes, comme inspirée par l'histoire authentique du continent. Selon Mbeki, la nouvelle Afrique commence avec l'amour de l'Afrique par les Africains et leur plein engagement au profit du continent. Mbeki a donné le ton dans son discours de mai 1996 par l'emploi du terme d'auto-émancipation qui est un écho des mouvements panafricains préindépendantistes :

---

[180] Okumu, op. cit.

[181] Independent Project Trust (IPT), Perspectives Regarding the African Renaissance, www. ipt. co. za/durhampaper. asp.

[182] IPT, l'Afrique nouvelles en ligne 1997.

" Je suis un Africain, je suis né des héros et des héroïnes. Conscients que l'histoire se trouve de leur côté, ces peuples ne désespèrent pas du fait qu'aujourd'hui le temps est mauvais. Pas plus qu'ils ne déclareront victoire demain lorsqu'il fera beau. Quelles que soient les circonstances qu'ils ont vécu, et à cause de cette expérience, ils sont déterminés à définir eux-mêmes ce qui ils sont et ce qu'ils souhaitent devenir. " [183]

La Renaissance africaine commence avec la redécouverte et la responsabilisation du soi authentique. De toute évidence, Mbeki pose le problème de la primauté de la décolonisation mentale dans l'effort de trouver des solutions aux défis auxquels l'Afrique est confrontée. Voici une autre de ses thèses :

" En vue de perpétuer leur domination, les colonisateurs ont cherché à asservir l'esprit africain et à détruire l'âme africaine. Ils ont cherché à nous obliger à accepter qu'en tant qu'Africains, nous n'avons en rien contribué à la civilisation humaine, sauf comme des bêtes de charge. . . Ils nous ont méprisés, se disant que, si nous n'étions pas des sous-humains, nous n'étions pas, du moins, au même niveau que les maîtres et les maîtresses coloniaux, que nous étions incapables de toute pensée originale… " [184]

Dans ce contexte, conclut-il, " le début de notre renaissance, en tant que continent, doit être la redécouverte de notre propre âme. " Thabo Mbeki réfute catégoriquement la notion d'infériorité collée à l'Africain, en arguant qu'un peuple inférieur ne peut pas réaliser des œuvres grandioses, qui ont marqué l'histoire de l'humanité telles que les pyramides et le Sphinx d'Egypte, les bâtiments en pierre d'Axoum, les ruines de Carthage et de Zimbabwe, les peintures rupestres de la San, les bronzes du Bénin, les sculptures de la Makonfe, les pierres de Shona, etc. Il n'est pas possible qu'un peuple capable d'une telle créativité, et qui a bâti sa grandeur en puisant dans son génie propre, puisse être traité d'inférieur. [185] La

[183] T, Mbeki, Statement of the Deputy President on Behalf of the African National Congress, on the Occasion of the Adoption of the Constitutional Assembly of the Republic of South Africa Constitution Bill, 1996, Cape Town, 8 May 1996, pp. 4.
[184] T. Mbeki, Statements on the African Renaissance, SABC, Gallager Estate, 13 August 1998a, pp. 3. Voir aussi Statement at the United Nations University: the African Renaissance, South Africa and the World, 9 April 1998b.
[185] T. Mbeki, Statements on the African Renaissance, SABC, Gallager Estate, 13 August 1998a, pp. 3. Voir aussi Statement at the United Nations University: the African Renaissance, South Africa and the World, 9 April 1998b.

renaissance reflète ainsi le désir africain de retourner vers lui-même, de sortir du mimétisme, pour prendre en charge son propre destin, de refonder l'Afrique en s'inspirant de sa propre histoire et de ses valeurs positives. Thabo Mbeki appelle les Africains à aimer l'Afrique, à être fiers de leur héritage, encore mal connu, et à assurer pleinement la responsabilité de leur destin.

Mbeki soulève sans équivoque la question de la réhabilitation de l'estime de soi par la responsabilisation individuelle et collective, comme un accompagnement vital de la Renaissance africaine. Cette vision des choses est soutenue par de nombreuses études auxquelles cet ouvrage fait référence. Un faible concept de soi peut potentiellement conduire à des comportements, eux-mêmes générateurs de résultats catastrophiques pour toute une société. [186] Des recherches ont révélé que les gens qui ont perdu leur moi authentique sont plus susceptibles de souffrir d'une faible estime de soi parce qu'ils fonctionnent sur un mode d'autofiction. [187] Un individu fictif (ou une nation fictive) opère non pas en fonction de ses propres normes et priorités (ou ce qu'il/elle est ou veut être), mais en référence à ce que le monde extérieur attend de lui, ou veut qu'il fasse ou qu'il soit. Une personne créée par l'extérieur est une entité dévaluée, dans la mesure où elle est définie et opère d'une manière qui convient aux valeurs et intérêts d'autres personnes. En conséquence, cette personne vit dans la frustration et le manque de passion, de résilience et d'énergie, qui sont tous des ingrédients indispensables pour son auto-efficacité. [188] La déconnexion avec le soi authentique conduit les peuples africains à l'aliénation et à l'auto-négation permanente.

La composante stratégique de la Renaissance africaine, comme le soutient Mbeki, n'est pas seulement la réhabilitation culturelle, mais aussi la reconstruction et la croissance économique, ainsi que l'émergence de l'Afrique comme acteur significatif dans les affaires internationales. Cette dimension économique est extrêmement cruciale pour la formulation et la mise en œuvre de l'agenda de la Renaissance. Son succès repose sur un leadership responsable, engagé, honnête, compétent et informé. Car c'est la mauvaise qualité du leadership qui est la cause fondamentale de la plongée du continent dans la crise et le chaos, notamment du fait du comportement élitiste et corrompu du leadership au pouvoir. Comme le dit Mbeki :

> " L'Afrique ne peut se renouveler quand ses échelons supérieurs sont constitués de parasites vivant sur le dos du reste de la société, profitant

[186] A. Twerski, Life is Too Short, Pull the Plug on Self-Defeating Behavior and Turn on the Power of Self-Esteem, New York: St. Martin's Griffin, 1995, pp. 3.
[187] Voir par exemple: Phil McGraw, op. cit.
[188] Phil McGraw, op. cit.

du mandat qu'ils se sont arrogé pour utiliser le pouvoir politique et définir son usage de telle sorte que son exercice perpétue et renforce notre position périphérique dans l'économie mondiale, la pauvreté et l'incapacité à nous développer… La Renaissance exige que nous nous purgeons de ces parasites. " [189]

Mbeki conseille aux Africains de rester " vigilants contre le danger de l'enracinement dans la société africaine de cette classe rapace, dont la morale sociale repose sur le principe que la société doit être organisée de telle sorte que ses avantages matériels ne profitent qu'à quelques-uns. " Le leadership pour la Renaissance africaine requiert une nouvelle équipe de dirigeants qui soient engagés pour la cause et le bien-être de l'Afrique et de son peuple, un leadership capable de bâtir la démocratie, et suffisamment compétent pour veiller à ce que le continent obtienne un plus grand contrôle sur sa richesse humaine et matérielle. Comme l'a souligné un politicien sénégalais, " la Renaissance africaine n'a pas besoin des leaders qui nous copient des théories de développement d'ailleurs alors que le développement est en nous. Nous avons plutôt besoin de leaders crédibles qui, par la clairvoyance de leurs esprits, savent réveiller le génie créateur, le génie bâtisseur qui dort en chacun d'entre nous. "

Afin de donner des solutions adéquates aux problèmes qui retardent le développement africain, et par conséquent, atteindre les objectifs de la Renaissance, les partisans de ce mouvement ont préparé une stratégie de mise en œuvre connue sous le nom de " Nouveau partenariat pour le développement de l'Afrique (NEPAD). " Adopté en 2001 par les leaders africains à Lusaka en Zambie, le NEPAD est considéré comme la vision et le cadre stratégique ayant pour fin l'accélération du développement à travers le continent. [190] Le NEPAD est guidé par trois lignes de force fondamentales : (1), il est formulé, géré et contrôlé par les Africains ; (2) il introduit le concept d'un nouveau partenariat, et (3) l'Afrique prend à sa propre initiative, et sans conditionnalités dictées de l'extérieur, des engagements et des obligations en vue de revitaliser son système économique (renforcement de la démocratie et de l'État de droit, la lutte contre la corruption, l'amélioration de la stabilité macro-économique). La stratégie s'entend systématique et exhaustive, couvrant les aspects politiques, économiques, humains, culturels, sociaux et technologiques ainsi que les défis qui n'ont pas permis au continent de rattraper son retard sur le reste du monde. [191] La question essentielle est de savoir si la Renaissance africaine peut aider l'Afrique à tirer

---

[189] Mbeki, 1998a, op. cit. pp. 1.

[190] OSAA, New Partnership for Africa Development, www. un. org/africa/osaa/nepad. html. Voir aussi: Omar Kabbaj, The Challenge of African Developpement, Oxford: Oxford University Press, 2003, chapitre 6.

[191] New Partnership for African Development, 2001.

profit de sa force intérieure et de se développer, ou encore, si le NEPAD, tel qu'il est conçu, peut contribuer à atteindre les objectifs de la Renaissance.

Comme indiqué plus haut, l'objectif général de la Renaissance africaine est de faire des Africains des architectes de leur propre destin. Ceci est important parce que les échecs de nombreuses stratégies de développement, y compris l'ajustement structurel et les programmes de lutte contre la pauvreté sont attribués à un manque d'implication véritable des Africains qualifiés dans leur conception. [192] Il n'est pas, cependant, évident comment cet objectif pourrait être atteint à travers le NEPAD. Le document du NEPAD est censé refléter un diagnostic authentique de la situation africaine par les Africains eux-mêmes et des réponses originales. Il n'y a pas de consensus sur cet aspect dans la littérature. La perception est que les politiques préconisées pour faire avancer la Renaissance africaine ne sont pas neuves, et que le NEPAD lui-même n'est pas piloté par les Africains. L'argument principal est qu'il n'y a pas de différences dans le fond entre, d'un côté, le cadre macro-économique et les politiques pour la promotion et le développement du secteur privé préconisées par la Banque mondiale et le FMI et, de l'autre, les recommandations du NEPAD touchant aux domaines économique et social. L'orientation macroéconomique proposée par le NEPAD est, selon les critiques, " un appel à persister sur la même voie que l'Afrique a empruntée lors des deux dernières décennies. " [193]

En second lieu, bien que la logique de la Renaissance et de son instrument stratégique, le NEPAD, exige que les stratégies de développement soient formulées par les Africains eux-mêmes, les critiques soutiennent que le document n'a pas été indépendamment conçu par les Africains, mais qu'il est plutôt, et dans une large mesure, semblable à- et est basé sur -le rapport préparé par la Banque mondiale intitulé " L'Afrique peut-elle revendiquer le 21e siècle ? " cosigné par la Banque africaine de développement (BAD), la Commission économique des Nations Unies pour l'Afrique, la Coalition pour l'Afrique et le Consortium de recherche économique. Autrement dit, il ne suffit pas de réorganiser les données et informations déjà connues, sous la couverture du sigle " NEPAD, " et inviter les gens à accepter qu'elles représentent une nouvelle vision économique africaine. On ne peut alors pas parler d'un document authentiquement

---

[192]N. Van de Walle and T. Johnston, Improving Aid to Africa, Washington, DC: Overseas Development Council, 1996.

[193] J. O Adesina, Development and the Challenge of Poverty: NEPAD Post-Washington Consensus and Beyond. Paper Presented to the International Conference on Africa and the Development Challenges of the New. Millennium, CODESRIA, Accra, Ghana, April 23-26, 2002. Voir aussi: T. Koffi, An Alternative Strategy for Africa's Sustainable Economic Development: The Case for a Non-NEPAD Approach. A Paper Presented to the International Conference on Africa and the Development Challeges of the New Millennium" , Accra, Ghana, April 23-26, 2002.

africain, s'il ne fait que reproduire des prescriptions dont les institutions de Washington se font les chantres depuis plusieurs décennies. [194] En outre, certains chercheurs avancent que le NEPAD est fortement tributaire de l'aide étrangère pour l'exécution de son programme [195] et par conséquent, compte tenu des conditionnalités et de la nature souvent liées à l'aide étrangère, on pourrait se demander comment un programme, prétendument sous le pilotage africain, pourrait préserver son intégrité, en particulier, si les politiques recommandées ne font que conforter les intérêts de ceux qui veulent garder le continent dans une position de dépendance servile !

Toutes ces interrogations soulèvent plus de préoccupations qu'elles n'apportent de solutions. Dans quelle mesure une stratégie pilotée par les Africains serait-elle qualitativement différente de celle cousue par les non-Africains avec la participation africaine ? N'est-il pas seulement question de remplacer un mal par un autre ? Après tout, il y a autour de nous des non-Africains, des personnalités extérieures au continent, dont le dévouement à la cause africaine est indiscutable, comme Bono, - et ce n'est pas le seul, - alors que les Africains ou les Noirs qui possèdent une richesse (ou une influence) égale ou supérieure à ces personnalités, tournent généralement toute leur attention ailleurs. De nombreux amis africains que j'ai connus dans la carrière internationale attribuent leur succès à l'appui direct ou indirect qu'ils ont reçu de non-Africains (des Blancs surtout), tout en insistant sur les stratégies de sabotage et des crocs-en-jambe dont ils ont souffert de la part de leurs compatriotes et d'autres Africains. Il y en a même qui se découragent, et perdent automatiquement l'espoir de réussite quand ils ont affaire à un organisme ou un service dont le décideur principal est leur compatriote, ou un Africain.

Des études ont démontré que la classe intellectuelle africaine partage les mêmes cadres épistémologiques que ses collègues occidentaux. Tributaires du système éducatif occidental, ils sont si acculturés qu'ils ont acquis des vues similaires à celles des Occidentaux. Consciemment ou inconsciemment, ils jettent sur leurs sociétés un regard déformé par des " lunettes occidentales, " (ou des modèles conceptuels occidentaux). [196] Jewsiewicki[197] affirme, à juste titre qu" à certains égards, les universitaires africains sont plus proches de leurs collègues des universités occidentales que des paysans de leur propre pays. " Dans quelle mesure et à quelle condition, leur offre

[194] Adesina, op. cit. Koffi, op. cit.
[195] Adesina, op. cit. Koffi, op. cit.
[196] Valentin Mudimbe, The Invention of Africa, Bloomington Indiana: Indiana University Press, 1988.
[197] B. Jewsiewicki, One Historiography or Several? A Requiem for Africanism. In Bogumil Jesieswicki and D. Newbury, editors, African Historiographies: What History for Which Africa? Beverly Hills: Sage Publications, 1986, pp. 9.

technique pourrait-elle être sensiblement différente de celle qui serait proposée par leurs collègues occidentaux ?

Les intellectuels africains sont appelés à apporter-faut-il le souligner assez - une contribution significative à la solution des problèmes du continent, et à le faire de manière à ne pas reproduire les mêmes discours ou les mêmes stratégies qui n'ont pas fait avancer le continent dans le passé. Le NEPAD soutient, par exemple, que le libre-échange et l'accès libre aux marchés est la clé de voûte du développement économique. Il conviendrait néanmoins de procéder avec prudence, au regard des leçons de l'expérience, pour déterminer les instances spécifiques dans lesquelles cela pourrait être possible et comment. L'histoire africaine du libre-échange et d'accès ouvert aux marchés étrangers, a souvent signifié que les étrangers se saisissent de leurs matières premières et de leurs produits boursiers, et laissent très peu de valeur ajoutée au continent. L'ouverture des marchés fait que les marchés africains sont totalement, et sans restrictions aucunes, ouverts aux étrangers, tandis que ceux des pays étrangers sont parcimonieusement accessibles, si ce n'est totalement fermés tant aux Africains qu'à leurs produits manufacturés. [198]La question devient alors : " Quels sont les besoins principaux en matière de développement durable, et quels sont les mécanismes et les stratégies spécifiques qui pourraient être envisagés par les Africains, et négociés avec leurs partenaires économiques et commerciaux, afin que les politiques commerciales, fondées sur la libre circulation des biens comme des personnes, intègrent ces besoins et priorités ?"

Le NEPAD ainsi que les différents Etats africains doivent également trouver les meilleurs moyens de concilier l'appropriation du développement par les Africains dont ils sont les défenseurs, avec la propriété étrangère des terres et des moyens de production, à travers la globalisation et la privatisation. Si la présence d'entreprises étrangères en Afrique bénéficie, selon les cas et dans une certaine mesure aux populations autochtones, il y a plusieurs cas où la marge bénéficiaire profitable aux étrangers est de loin supérieure à- et incomparable avec- ce qui est investi dans le pays. " L'histoire de la participation des entreprises étrangères en Afrique, " déclare Monbiot [199] " est caractérisée par le travail forcé, des expulsions, des traitements inhumains, des assassinats, des guerres, de la fraude, de la collusion avec des dictateurs, de la suppression de l'entrepreneuriat local (emphase mienne), bref, de l'absence d'un véritable développement. " Selon une émission 60 Minutes de la Chaîne américaine CBS, la Guinée Equatoriale aurait réussi à conserver seulement 12 pour cent des revenus pétroliers dans la première année de son contrat juteux avec Exxon Mobil,

---

[198] P. Harris, Sustaining Africa's Future, Power and Interest News Report, July 7, 2003, pp. 2

[199] G. Monbiot, Africa's New Best Friends, Guardian, July 5, 2004.

une part tellement faible qu'elle aurait été un scandale, même du temps du pillage colonial. "[200]

De même, un audit réalisé par un cabinet d'avocats canadiens Fasken Martineau et Du Moulin, et qui a examiné deux accords entre le gouvernement de la République Démocratique du Congo et les sociétés minières internationales, a conclu que " les termes de ces accords étaient tellement défavorables que la part de l'État congolais dans les bénéfices serait minime, le cas échéant, contraire aux meilleures pratiques internationales. Aucun processus d'appel d'offres n'a été suivi, et le gouvernement congolais n'a fait aucune évaluation de la valeur de la propriété qu'il était en train de vendre, et ne disposait donc d'aucune base objective pour déterminer le prix. "[201] Ces expériences mettent en évidence un besoin impératif pour les gouvernements africains à devenir plus proactifs, et à montrer un réel engagement pour le développement humain, en évitant de continuer à être des courroies de transmission pour l'exploitation de leur propre peuple, et à se satisfaire de la préservation des privilèges que leur donne leur statut d'élites prédatrices. La crise actuelle de la coopération sino-africaine en est une autre illustration.

Dans le souci de diversifier leurs sources de financement international, presque tous les pays africains envisagent de nouvelles formes de coopération avec des pays autres que les anciennes puissances coloniales. Beaucoup d'entre eux se sont tournés vers l'Asie, en particulier vers la Chine. Entre 2002 et 2006, le commerce sino-africain aurait quadruplé pour atteindre plus de 55 milliards de dollars, et devait atteindre 100 milliards de dollars en 2010. [202] Selon certaines estimations, les échanges commerciaux entre l'Afrique et la Chine attendraient 400 milliards de dollars américains d'ici 2020. Le Nigeria, l'Angola et le Soudan, plutôt que l'Arabie Saoudite, sont aujourd'hui les principaux fournisseurs de la Chine en produits pétroliers. La Chine est activement impliquée dans presque tous les pays africains producteurs des minerais, tels que la Zambie (mines de cuivre de Chambishi) et la République Démocratique du Congo. Cependant, au lieu de se conformer à une vision gagne-gagne et plus humaine de la coopération, l'implication profonde de la Chine en Afrique s'est transformée en une autre relation de type colonial caractérisée par le pillage, l'exploitation et le traitement inhumain des Africains. Selon un rapport, [203]les Chinois maltraitent les Africains de la même manière qu'ils furent traités durant

[200] M. Lein, A Noose, Not a Bracelet, The Nation, June 10, 2005.

[201] J. Carre Le and J. Stearns, Getting Congo's Wealth to its People, December 22, 2006, The Boston Globe, http: //www. bost. com/news/globe/editorial_opinion /oped/articles/2006/12/22/getting_con

[202] Trofimov, 2007, Cité par Bruno Mukendi, Raising Self-Esteem to Accelerate Sustainable Development in Africa, op. cit.

[203] Ibidem.

l'esclavage et le colonialisme, les considérant comme des infrahumains et leur payant moins que le salaire minimum ou de survie. La Chine porte plus d'intérêt aux ressources naturelles de l'Afrique pour les besoins de son industrie, qu'au développement et à la transformation de ce continent.

Tout compte fait, le continent africain, a besoin de nouveaux partenaires et d'investissements alternatifs afin d'accélérer son développement et d'améliorer les conditions de vie de ses populations. Parallèlement, les institutions interafricaines, comme les Etats africains, doivent s'assurer que ces investissements génèrent une valeur ajoutée réelle qui contribue à améliorer le bien-être collectif. Autrement dit, les investissements étrangers sont, certes nécessaires pour stimuler le développement ; mais les Africains doivent tirer les leçons des expériences passées, approfondir leur compréhension du fonctionnement du système capitaliste mondial, et élaborer des politiques innovantes, afin d'éviter des investissements étrangers et des relations d'affaires avec des partenaires internationaux, qui continuent leurs pratiques prédatrices sous le couvert de contribution au développement. La stratégie qui consiste à donner des concessions aux étrangers, en contrepartie de l'extension des infrastructures nationales, doit être sérieusement repensée pour qu'elle soit réellement profitable au continent. La stratégie de paiement en nature, appliquée avec la Chine, paraît très dangereuse, surtout quand les Etats africains ne mettent pas du temps à évaluer correctement la valeur de leurs actifs. Des nombreuses solutions axées sur l'appel à l'expertise et aux financements venus de l'extérieur n'ont pas conduit assez loin dans la quête de la prospérité matérielle et du bonheur. C'est ce que les Africains seront capables de faire eux-mêmes, sans manipulations de l'extérieur, qui permettra de déterminer dans quelle mesure et à quelle vitesse ils avanceront.

La prémisse de base de la Renaissance européenne, qui inspire l'expérience africaine, demeure la croyance en la capacité des êtres humains à maîtriser leur propre destinée, loin de tout autre lieu de contrôle externe. La Renaissance européenne a marqué un changement fondamental dans la manière de pensée ; le dogmatisme religieux du Moyen Age fut remis en question, et sa domination dans tous les aspects de la vie des sociétés européennes fut sérieusement ébranlée, et laissa peu à peu la place à l'humanisme, tirant sa sève de diffusion de l'esprit scientifique qui jeta le doute sur les croyances religieuses et les cosmogonies qu'elles décrivaient. Si la Renaissance africaine doit être consistante avec la signification historique de ce terme, elle ne devrait pas se contenter de changements superficiels pour accommoder les pressions et les exigences circonstancielles et à court terme du marché ; elle devrait promouvoir de nouvelles façons de réfléchir, d'agir et de faire des choses chez les Africains ; elle devrait déboucher sur des approches novatrices de développement qui découlent substantivement de la puissance intellectuelle des Africains.

Chapitre 4

La problématique de la solidarité et de la collaboration interafricaine

" Coming together is a beginning, keeping together is progress and working together is success. " [204]

La réussite des Juifs dans le monde et celle des Libanais en Afrique sont généralement perçues comme de meilleures références de la solidarité en action. Une telle vision reconnait implicitement ou explicitement qu'à l'intérieur du capitalisme, des réseaux sociaux de confiance réciproque en fait existent et peuvent certainement être mobilisés au profit des peuples impliqués. Si les Juifs du monde ont aidé Israël à se constituer en superpuissance économique et militaire, qu'est-ce qui empêcherait les Africains partout où ils se trouvent, à collaborer étroitement pour hisser leur continent en puissance économique et politique mondiale ?

Il est allégué que le capitalisme, tout comme l'aspiration collective du peuple africain au matérialisme, ont fragilisé la solidarité traditionnelle. Je considère, cependant, que la pensée libérale qui se traduit par le règne de la devise du " chacun pour soi " ne s'oppose pas nécessairement à la logique de la solidarité, comme je viens de l'évoquer en citant les cas bien connus des Juifs et des Libanais. Toute personne qui vit ou travaille avec les Blancs sait bien que leur force collective provient en partie de ce que certains ont appelé " la dynamique de groupe, " ou le capital social, ou ce que je considère comme de la solidarité agissante. L'un des secrets du succès des Blancs, établit Mpoy est " qu'ils s'entraident et collaborent les uns avec les autres. " [205] Le fait d'être Blanc fait, par exemple, qu'ils bénéficient d'un préjugé favorable dans le secteur de l'emploi. L'un des effets réputés du capital social, c'est justement la coopération étroite à l'intérieur du groupe, conduisant à des facilités diverses d'intégration, et au traitement préférentiel des membres du groupe, qu'on aide, par exemple, subtilement à gagner des contrats juteux, ou qu'on place à des positions stratégiques dans des

[204] Littéralement l'expression signifie : se mettre ensemble constitue la première étape, rester ensemble est un progrès et travailler ensemble est un succès.

[205] Mpoy, op. cit. pp. 34. Le fait d'être Blanc fait que vous bénéficiez d'un préjugé favorable dans le secteur de l'emploi.

institutions. Ce sont certes ces effets pervers du capital social, qui sont critiqués par certains protagonistes de cette théorie, mais qui sont, en fait, à l'œuvre dans la vie quotidienne. [206] J'ai vu, personnellement, des Blancs se voir offrir des offres généreuses de service, non pas parce qu'ils avaient une expertise assise à faire prévaloir, très loin de là, mais tout simplement parce qu'ils avaient " des factures à payer. " [207] La collaboration blanche est réelle et leur est bénéfique, tant économiquement que politiquement. Une unité raciale, peu importe ! Qui interdit aux Noirs, ou aux autres, de faire de même ? Les formes occidentales supérieures d'organisation de l'entreprise, telles que la corporation et le partenariat, attestent aussi cette volonté élevée de coopérer pour donner une réponse aux besoins complexes des communautés humaines, et partant, satisfaire les intérêts bien compris des partenaires. Il reste vrai que la collaboration n'est pas suffisante pour enclencher la dynamique du progrès que nous voyons autour de nous, et dont l'Occident est l'un des maîtres privilégiés. Elle doit être assortie d'une volonté de réussir et de transformer la nature, sous-tendue par la promotion de la science et de la technologie, un travail assidu et organisé, de la ténacité et de la persistance dans l'action, qui sont tous des vertus associées avec l'estime de soi. La capacité à collaborer exige la capacité de reconnaitre et d'accepter ses propres limitations et de respecter les idées et les vues des autres. [208]

Les défis monumentaux de développement et l'ampleur des besoins justifient des efforts renouvelés en faveur de formes prometteuses de collaboration entre Africains. Si l'argent constitue une source bien connue du pouvoir, un peuple organisé (une population organisée) en est une autre, et pas de moindre valeur. Si vous n'avez pas la première ressource, comme c'est souvent le cas, vous pouvez mettre à profit la seconde, qui vous conférera progressivement le pouvoir économique et politique. Ne dit-on pas que la ressource humaine constitue la matière première de tout progrès, mais à condition qu'elle soit intelligente, stratégiquement mobilisée, bien organisée et dédiée à des causes nobles. Des communautés entières aux Etats-Unis, avec des problèmes similaires à ceux qu'on rencontre en Afrique tels qu'une portion majeure de la population vivant en dessous du seuil de la pauvreté, sans accès ni à l'eau potable, ni à l'électricité, et avec des routes

---

[206] Il n'est pas sans doute question de promouvoir la médiocrité, souvent soutenue par des systèmes clientélistes, mais de fédérer avec les compétents et d'appuyer ceux qui manifestent des potentiels de réussite dans leurs domaines d'activité.

[207] Loin de moi l'intention de suggérer qu'il n'y a pas de gens intelligents au sein de ce groupe. Bien au contraire. C'est l'intelligence et le travail qui sont à la base du développement économique et politique impressionnant de l'Occident. En plus, la méritocratie est mieux implantée et défendue en Occident qu'ailleurs. Cependant, les actes de favoritisme sur la base raciale sont fréquents en dépit des efforts consentis et des législations pour les contrecarrer.

[208] Mpoy, op. cit. pp. 18.

non macadamisées, ont été transformées, à la suite de la volonté de cette population elle-même de remettre en question le statu quo, de s'organiser et de travailler ensemble pour le bien-être de ces communautés respectives. C'est l'histoire passionnante que livrent aux lecteurs Putnam et Lewis Fellstein dans leur ouvrage sur la renaissance de communautés marginalisées aux États-Unis. [209] L'union fait réellement la force et l'histoire " immédiate " des Hispaniques en Amérique, est en voie de confirmer cet adage classique. Mais comment faire régner la solidarité dans des communautés africaines contemporaines caractérisées par des attitudes généralisées de méfiance réciproque et de rejet chronique des responsabilités sur les autres ?

Dans les lignes qui suivent, je reviens sur la thématique de solidarité et de la collaboration interafricaine, en vue d'identifier leurs contours, les défis contemporains auxquelles elles sont confrontées, et comment, en particulier, la solidarité africaine pourrait se nourrir d'autres expériences mondiales du capital social pour améliorer son impact sur le développement individuel et collectif.

1. Une solidarité africaine en panne de concrétisation

Il convient d'abord de préciser que le terme " solidarité " prête souvent à confusion. Il tire sa source du mot latin " solidus " qui signifie " lien. " Le Dictionnaire Toupie, l'explique comme suit :

> " la solidarité est le sentiment de responsabilité et de dépendance réciproque au sein d'un groupe de personnes qui sont moralement obligées les unes par rapport aux autres. Ainsi, les problèmes rencontrés par l'un ou plusieurs de ses membres concernent l'ensemble du groupe. La solidarité conduit l'homme à se comporter comme s'il était directement confronté au problème des autres, sans quoi, c'est l'avenir du groupe (y compris le sien) qui pourrait être compromis. " [210]

La solidarité est aussi perçue comme une prise en charge des personnes qui sont en situation de précarité (les personnes âgées, les pauvres, les handicapés), un sentiment d'obligation ressenti envers les membres de la famille ou de la communauté qui sont dans les besoins d'aide. Elle est ainsi une source de sécurité sociale pour beaucoup de personnes, et partant, un moyen pour maintenir un certain équilibre social (cohésion sociale) dans la société. Il s'agit, en quelque sorte, d'une solidarité familiale

[209] Robert Robert Putnam and Lewis Fellstein, Better Together: Restoring the American Community, New York: Simon & Schuster, 2003.

[210] www. toupie. org/Dictionnaire.

intergénérationnelle qui s'inscrit dans la logique de la théorie des flux intergénérationnels des richesses de Caldwell. [211]

Je n'aborde pas ici la solidarité dans le sens restrictif de prise en charge ou d'aides unidimensionnelles. J'adhère à la vision de la solidarité comme se concrétisant par des réseaux sociaux animés par des sentiments de responsabilité et de dépendance réciproques en vue de réaliser des objectifs d'intérêt commun. Cette responsabilité se manifeste, entre autres, par une volonté affichée par les membres de ces réseaux de travailler ensemble, ou de collaborer pour des gains mutuels ou collectifs. Pour qu'une telle solidarité soit agissante, elle doit s'appuyer au moins sur trois exigences fondamentales : la compréhension mutuelle, une communication fiable et la confiance réciproque. Je reviendrai sur ces considérations dans le dernier chapitre.

J'envisage donc la solidarité comme une forme de capital social à reconstituer pour accélérer le développement africain. Suivant l'acception proposée par James Coleman, " le capital social est toute chose qui facilite une action individuelle ou collective, générée par des réseaux de relations caractérisées par la réciprocité, la confiance et des normes sociales partagées. " Robert Putnam le conçoit comme le bénéfice collectif attendu provenant du traitement préférentiel et de la coopération entre individus et groupes. [212] En examinant les différentes expériences du capital social aux États-Unis, telles que décrites par Putnam, je me suis rendu compte que la qualité et la densité des relations de collaboration entre individus et entre groupes peuvent avoir un pouvoir décisif de transformation sur leurs conditions d'existence. La solidarité, ou le capital social, pourrait bien faciliter la coopération et des relations mutuellement positives dans des communautés et des nations et pourrait aider à résoudre des problèmes tels que l'appauvrissement, la mal gouvernance et le manque d'opportunités d'affaires parmi les Africains. Elle revêt, en fait, une puissance transformationnelle, dans la mesure où une ressource détenue par quelques individus, au sein d'un réseau, permet aux autres, qui en ont besoin, d'en disposer pour atteindre leurs objectifs. Les contacts des personnes œuvrant dans un réseau peuvent être mobilisés au profit d'une action collective

---

[211] Selon Caldwell, les parents investissent dans les enfants (avoir beaucoup d'enfants) pour que ceux-ci puissent les supporter à leur tour quand ils seront vieux et moins actifs. Les enfants sont considérés comme une assurance vieillesse ;ce qui motive les parents, selon Calwel, a faire davantage des enfants (problématique de la fécondité). Caldwell: " The Wealth Flows Theory of Fertility Decline " . In C. Hohn and T. Mackonsen. Eds. Determinants of Fertility Trends: Theories Re-Examined. Liège: Ordina, 1982.

[212] Robert Putnam, Bowling Alone:The Collapse and Revival of American Community, New York: Simon & Schuster, 2000. Voir aussi, Robert Putnman and Lewis Fellstein, Better Together:Restoring the American Community, New York: Simon & Schuster, 2003.

agréée par le réseau. Plus on a de contacts, plus on a la chance, par exemple, d'obtenir un prêt pour la construction d'un centre de santé communautaire pour son village, en mobilisant toutes les personnes-ressources du réseau. Les avantages dont les individus et les groupes bénéficient du fait de cette forme de solidarité sont réels : accès personnel aux informations et aux ressources critiques, et un pouvoir renforcé des membres qui en sont bénéficiaires.

Pour revenir à l'Afrique, la solidarité a été la valeur axiale des sociétés communautaires précapitalistes et la base de tous les édifices sociopolitiques africains. C'est à travers elle que le principe de la coresponsabilité et de la réciprocité lignagères prenait sa véritable signification. Plus qu'un principe de philosophie morale, elle était une exigence fondamentale pour réussir dans la vie sociale telle que véhiculée dans la sagesse populaire exprimée à travers ces proverbes africains :

> " Un seul doigt ne peut pas ramasser un caillou. "
> " C'est la main gauche qui lave la main droite, et réciproquement. "
> " Traversez la rivière en masse, et vous n'aurez rien à craindre des crocodiles. " [213]

Avec l'avènement du capitalisme, notamment à travers sa forme esclavagiste, puis à travers sa phase colonialiste et néo-colonialiste, la solidarité africaine s'est trouvée sérieusement ébranlée, au point que nombre de personnes n'hésitent pas aujourd'hui à qualifier la solidarité de mythe. Je me souviens encore de la constatation réaliste que me fit, en 2012, mon chauffeur burkinabé, parlant de ses rapports avec sa famille élargie : " De nos jours, c'est le principe du chacun pour soi et Dieu pour tous qui règne en force. " En effet, de nombreux travaux de recherches ont établi un constat pessimiste du déclin de la solidarité, plus particulièrement en milieu urbain. [214] Le capitalisme a bouleversé totalement les valeurs sous-tendant le mode de production et d'échange communautaire sur lequel était fondée la solidarité lignagère. Dizard et Gadlin qui se sont consacrés à l'étude de cette question attestent que "l'emprise du capitalisme sur les cultures des indigènes est néfaste et tend à faire éclater le système de cohésion socioculturel et moral, et que l'aspiration personnelle semble prendre le

[213] Tirés de Ki-Zerbo, op. cit.

[214] Georges Kossi Keinkou, Solidarité sociale traditionnelle et promotion des structures coopératives en milieu rural africain: Le cas des groupements villageois au Togo et au Burkina Faso, Cahiers des sciences humaines, 30 (4) 1994, 749-764. Rita Bossart, En ville, chacun est dans son chacun: une étude anthropologique sur l'importance des relations sociales en cas de maladies à Abidjan, Côte d'Ivoire, Berne, 2005. Betty Baba, Modernisme: le devenir de la solidarité africaine, Afrikibouge, 2009.

dessus au détriment de l'entraide. " [215] Le Professeur Ki-Zerbo souligne, à ce sujet, que :

> " A partir du XVIe siècle, l'introduction du système capitaliste a semé les germes de valeurs antagonistes soutenues par un appareil marchand et un pouvoir politique hautement puissants. L'homme noir devint lui-même une marchandise, alors que précédemment il ne pouvait être que parent, allié (même comme homme de caste ou captif), ou ennemi susceptible d'être tué ou vendu. " [216]

Il faudra, néanmoins, se garder des conceptions bornées du capitalisme qui l'enferment dans un matérialisme terre à terre dont font preuve certains hauts responsables africains. Ainsi, dès qu'on est nommé ministre, directeur général, directeur ou à tout autre poste de responsabilité dans l'administration nationale ou internationale, on coupe tous les liens avec des amis et anciens collègues parce qu'on veut manger seul, ou tout simplement parce qu'on évite la concurrence. Les Juifs et les Libanais sont, en effet, des capitalistes, mais ce n'est pas pour autant qu'ils ne coopèrent pas au-delà de leurs intérêts purement individuels. Les capitalistes, censés être individualistes, se manifestent par des gestes importants de solidarité, comme l'attestent leurs contributions à l'allègement des maux causés par les grands désastres naturels que le globe a connus au cours des dernières années, tels que le Tsunami en Asie et le dernier tremblement de terre en Haïti. Dans ces désastres, les capitalistes occidentaux et leurs pays sont intervenus massivement pour soulager les souffrances. Quant aux riches Africains, supposés être naturellement nantis de la qualité de solidarité, ils se limitent à accumuler les biens matériels, à acheter des immeubles et des véhicules de dernier cri pour eux-mêmes et leur multitude de femmes. L'exemple des milliardaires occidentaux prouve, cependant, qu'un capitalisme à visage humain n'est pas forcément une idée irréaliste ou irréalisable.

Une collaboration interafricaine sérieuse et intense demeure incontournable, en tant que stratégie d'affirmation de soi et de développement politique, économique et culturel durable. La complexité des besoins interpelle les Africains et justifie des efforts renouvelés pour une forte coopération interne. Le Professeur Ki-Zerbo réaffirme l'importance de la solidarité africaine dans l'Afrique contemporaine :

> " Aujourd'hui, devant les pressions et les périls, la solidarité s'impose plus que jamais... Etre Noir aujourd'hui, malgré de nombreuses et

[215] J. E. Dizard and H. Gadling, The Minimal Family. Amherst, Massachussetts: University of Amherst Press, 1990.

[216] J. Ki-Zerbo, op. cit.

brillantes exceptions, c'est être exclu, déclassé, relégué, voué aux tâches auxiliaires et ancillaires. Plus qu'une situation, c'est un statut et même une condition." [217]

Il est vrai que la solidarité institutionnelle entre Africains, dont le Panafricanisme, incarné dans l'Union africaine, le NEPAD et les organisations économiques et politiques régionales et sous- régionales, constitue une expression évidente, existe bel et bien malgré son efficacité relative au regard des enjeux et défis de la mondialisation, de l'intégration régionale et sous-régionale et de développement africain durable. La promotion de l'unité, la solidarité, la cohésion et la coopération entre les peuples d'Afrique et entre les Etats africains figure à juste titre dans le préambule de l'Acte constitutif de l'Union africaine. Même si des avancées significatives sont discernables dans ce cadre institutionnel, notamment dans le domaine économique, avec des progrès vers la création d'espaces économiques communs viables à travers des communautés économiques régionales, telles que la Communauté des Etats de l'Afrique de l'Ouest, l'Union économique et monétaire ouest-africaine, la Communauté est-africaine et la Communauté sud-africaine de développement, la forme institutionnelle de solidarité est encore loin de s'affirmer comme accélérateur du changement politique et socioéconomique, ainsi qu'en témoignent les derniers événements politiques au Mali, en Lybie et en Côte d'Ivoire. Dans tous ces pays, les points de vue des acteurs internationaux se sont imposés dans la résolution de ces conflits, face à des divisions persistantes et paralysantes entre les dirigeants africains.

En fait, il ne serait pas vain de se demander s'il s'agit réellement de la solidarité entre les peuples africains, ou plutôt entre les chefs d'État ! C'est qui est vrai est que la solidarité ne se décrète pas, elle se vit au jour le jour. Dans de nombreux pays africains, cependant, on trouve des ethnies opposées les unes aux autres, souvent sur la base des préjugés et de stéréotypes historiques, rendant toute coopération fructueuse et durable quasi impossible. Par exemple, il n'est pas aisé, ni au Burundi, ni au Rwanda, malgré les efforts officiels d'intégration nationale, de parler de manière ouverte et franche, des Hutus et des Tutsis, sans se créer des problèmes sérieux. Le conflit centrafricain actuel entre les musulmans et les catholiques est une autre illustration des questions identitaires qui obstruent la voie vers une collaboration solide et durable. Parfois, c'est la démagogie politicienne, utilisée comme stratégie de conquête et/ou de conservation du pouvoir, qui renforce la haine et la méfiance réciproques entre groupes ethniques ou religieux, réduisant ainsi les possibilités de collaboration sérieuse entre des peuples véritablement frères et sœurs. Les étrangers exploitent ces divisions

[217] J. Ki-Zerbo, op. cit. pp. 154-155.

pour tirer davantage profit des possibilités d'enrichissement que les pays africains offrent.

2. Une diaspora africaine pas toujours efficace

Parallèlement aux organismes interafricains de promotion de la solidarité politique, économique et socioculturelle, on assiste à l'émergence des organisations formelles et informelles de la diaspora africaine, organisations dont la mission est, en quelque sorte, d'aider à apporter des solutions aux défis du manque de talents et de ressources, généralement dans les pays d'origine de leurs animateurs. La diaspora est, certes, une force mondiale incontestable pour le développement accéléré. La diaspora indienne, composée de scientistes, ingénieurs, médecins, académiciens et autres professionnels, n'est-elle pas créditée pour la transformation de l'Inde en une puissance technologique et économique mondiale, [218] alors que ses pairs africains du mouvement historique des non-alignés sont relégués dans le cercle infernal de l'appauvrissement technologique ?

Organisées essentiellement sur des bases identitaires (ethnie, terre d'origine, province), les organisations de la diaspora africaine constituent des réseaux dynamiques de connaissances professionnelles et des ressources par les ressortissants d'une ethnie, d'une province ou d'un pays à l'étranger. Le degré de succès de ces espaces de collaboration varie toutefois en fonction du niveau d'engagement et d'organisation des parties prenantes. A titre d'illustrations, l'association Bwena Muntu (littéralement, de la même famille ou unité dans la diversité) regroupant essentiellement des ressortissants congolais de la province du Kasaï Occidental, aux USA, aux fins de faire appel à leur solidarité pour contribuer au développement de leur province en RDC, est demeurée longtemps cérémonielle, sans résultats apparents même dans la qualité des relations entre les membres. Entre-temps, une association analogue, Leja Bulela (littéralement montrer l'amour, la relation familiale) dont la plupart des membres sont originaires du Kasaï Oriental, a réussi, entre autres, à mobiliser des fonds parmi ses membres, et à développer des plantations de palmiers, dont l'huile de palme est actuellement extraite et sert les communautés ciblées dans la région du Kasaï Oriental. Cette association a construit un centre médical moderne dans un village et fournit des ouvrages scolaires aux enfants de la région. Dans le même temps, elle organise, au cours de ses sessions annuelles aux États-Unis, des formations en langue maternelle luba pour ceux qui ne parlent pas cette langue. On peut encore parler de l'association des ressortissants du Bas-Congo, ou celle de la Province du Katanga, pour ne citer que la RDC.

---

[218] Vinay Rai and William Simon, Think India. New York: Dutton, Penguin Group, 2007, pp. 11.

Des incohérences profondes existent dans ces organisations. Pour illustrer encore avec les deux exemples ci-dessus cités, pourquoi les Kasaïens restent-ils divisés entre deux associations séparées alors que les dénominations officielles de ces organisations se réfèrent à quelque chose de plus grand, une relation de famille plus vaste ? Pourquoi pas une seule association s'élargissant à tous les Kasaïens ? Encore mieux, pourquoi pas une association incluant tous les ressortissants congolais ? La diaspora serait-elle en train de perpétuer des schémas de divisions et autres valeurs négatives, réelles ou imaginées, qui fragilisent le pays d'origine ?

Quelles que soient les difficultés, la diaspora africaine est en train de se tailler une place de choix en tant que donateur principal en Afrique contemporaine. Le Président Museveni de l'Ouganda n'avait-il pas décrit à une conférence internationale la diaspora ougandaise comme la source la plus importante d'exportation de son pays, avec des transferts annuels d'environ US $400 millions en 2000, montant jugé supérieur aux recettes d'exportation du café, le principal produit d'exportation ? Les ressortissants ghanéens auraient envoyé entre US $350 et $450 millions chaque année dans leur pays, au cours de la même période. [219] Les transferts unilatéraux de la diaspora bissau-guinéenne en 2006 représentaient plus de la moitié de l'aide publique au développement reçue par le pays durant la même année. La diaspora libérienne, qui représente 12 pour cent de la population, a une influence importante dans la vie politique et socioéconomique dans le pays d'origine. Elle est une source importante de financement de l'investissement et de l'expertise. Ses transferts représentent 26% du PIB annuel du Liberia estimé à $574, 5 millions, avec un taux de croissance de 7, 9%, se traduisant par un flux interne de capitaux d'environ $149 millions par an. [220] Cette diaspora libérienne, en particulier aux États-Unis, a déployé son savoir-faire spécialisé et a mobilisé des fonds importants, en appui au processus de la consolidation de la paix et de la reconstruction du pays après la guerre civile qui a duré 14 ans, et a été pleinement impliquée dans les premières élections démocratiques libériennes de 2005, qui ont porté Madame Helen Johnson Sirleaf à la magistrature suprême.

De nombreux pays africains organisent la mobilisation de leur diaspora dans une perspective stratégique, visant à renforcer les capacités pour la reconstruction et le développement, voire même à jouer un rôle de lobbying

---

[219] Chukwa Emeka Chikezie, Document présenté au troisième Forum pour le développement de l'Afrique (ADF III), " Définir les priorités de l'intégration régionale, " Centre de conférence des Nations Unies, Addis-Abeba, Ethiopie, du 3 au 8 mars 2002.

[220] Asford, Valerie, The Power of the Diaspora: A Teaching Case on E. J. Sirleaf's 2005 Presidential Election. In Assessing the Conditions for Liberal Democracy in a Post Conflict State, edited by Andrew, Timothy and al. 2009. Builders, Vol. 2, Kingston, Ontario, Canada, 2009, pp. 71.

dans le pays d'accueil. [221] L'Association des Nigérians de l'étranger est soutenue en partie par le gouvernement du pays qui lui a fourni des bureaux dans l'Ambassade du Nigeria à Washington. Cependant, cette organisation gère ses propres affaires, y compris l'élection du comité exécutif et des membres de son Conseil d'administration. Cette organisation entend jouer le rôle de cadre de dialogue entre la diaspora nigériane aux USA et le gouvernement nigérian, afin de trouver des voies et moyens pour qu'elle puisse influer sur le développement économique de son pays. [222] Presque tous les pays ont mis en place une structure au sein du gouvernement (Affaires étrangères, Coopération internationale, Présidence de la République ou Primature) pour s'occuper des relations avec la diaspora. Il en est ainsi par exemple de la RDC, de la Guinée-Bissau, du Sénégal, du Liberia, du Ghana, etc. [223] Madame Sirleaf s'est appuyée sur la diaspora pour lancer sa stratégie de reconstruction du Liberia. Elle a réussi à faire rapatrier, à travers un programme d'urgence de renforcement des capacités (Liberia Emergency Capacity Building Program), initié par elle-même et le Projet Tokten, une partie de l'intelligentsia du pays à l'étranger, pour occuper des postes clés au gouvernement, dans des entreprises publiques, dans des institutions d'enseignement supérieure et dans des centres hospitaliers. [224] Le succès de plusieurs initiatives de redynamisation socioéconomique est attribué, en partie, à une intégration relativement satisfaisante des Libériens de l'étranger.

En dehors de cette expérience libérienne, la plupart des efforts de mobilisation de la diaspora en Afrique n'ont pas encore eu des effets concluant, comme le souligne une étude de la BAD sur la question. [225] Dans certains cas, les institutions de la diaspora manifestent la volonté de construire un partenariat de qualité pour renforcer les capacités institutionnelles, organisationnelles et humaines des organisations régionales et nationales. Mais, la vision de la diaspora, comme une force de

---

[221] L'importance, la visibilité et l'image de la diaspora varient selon le degré d'intérêt porté à la communauté de l'extérieur par certains acteurs nationaux clés tels que le gouvernement, les universités, les centres de recherche, les ONG, les hôpitaux, les partis politiques ainsi que les médias qui diffusent des informations sur la diaspora dans le pays d'origine. Sa contribution financière a considérablement accru son importance bien que dans certains pays comme la RDC, elle est généralement mal perçue par le gouvernement qui la considère comme composée des opposants au régime. Ce qui n'est pas nécessairement le cas.

[222] Banque africaine de développement (BAD), Le rôle de la diaspora dans la construction de la nation. Leçons à tirer par les Etats fragiles et les Etats sortant des conflits en Afrique, OSFU, 2011, pp. 18.

[223] BAD, op. cit.

[224] Bruno Mukendi, Leadership and Change in Post-Conflict States: Lessons from Liberia, New York: UNDP, 2010.

[225] BAD, op. cit. pp. 18.

changement, n'est encore ni enracinée, ni partagée par les acteurs politiques principaux dans certains pays. Mon expérience récente illustre mieux ce point.

Une délégation congolaise (RDC) participait à Washington à une formation de WIMI sur la décentralisation en 2012. Après discussions et visite d'étude, les participants n'ont pas caché leur enthousiasme ; ils me demandèrent d'organiser, sur place au pays, le même séminaire pour les autorités et cadres du Congo Démocratique, donc devant une plus grande audience. Cette demande coïncida avec un voyage urgent et inattendu que je devais effectuer à Kinshasa pour une question familiale. Les participants me recommandèrent de faire de mon mieux pour rencontrer le Premier Ministre. A cet effet, comme je n'avais qu'une semaine à passer au pays, ils me mentionnèrent un cadre politique influent, par ailleurs un ami, qui pouvait faciliter une rencontre rapide avec ce haut responsable. Par un heureux hasard, l'ami en question venait de me contacter quelques jours auparavant à partir de Bruxelles où il se trouvait en congé. Je l'ai rappelé pour lui annoncer la nouvelle qui m'obligeait à me rendre sans tarder à Kinshasa. Je lui fis part de la recommandation des séminaristes congolais. La recommandation consistait pour lui à me faciliter l'accès rapide au Premier Ministre congolais pour que je discute avec lui de la possibilité d'un programme de renforcement des capacités des cadres, élargi à toutes les provinces de la RDC. Mon ami, qui est professeur de l'université et cadre influent du parti au pouvoir, me répondit sans hésitation : " C'est la moindre de choses que je puisse faire pour un ami comme toi. " Il me donnera la date où il devait quitter Bruxelles, tout en me promettant qu'il serait à l'attente de mon appel dès que j'arriverais à Kinshasa. A Kinshasa cependant, après que j'ai réglé les questions familiales pour lesquelles je m'y étais rendu, je téléphonai à plusieurs reprises à mon ami professeur, mais en vain. Je dus passer par un autre ami, qui se déplaça chez lui pour informer directement son épouse que j'étais sur place et tenais à le voir. Mais, en dépit de mes multiples tentatives de le contacter, mon ami demeura injoignable et se cacha jusqu'à mon départ de Kinshasa alors que le seul service que j'attendais de lui était qu'il utilise ses beaux offices pour me permettre de rencontrer le Premier Ministre en vue d'explorer la possible contribution de mon institution au renforcement des capacités institutionnelles dans mon pays natal, à l'instar de ce que cette institution fait pour d'autres pays du continent. Mon ami, politicien et, de surcroît, professeur d'université, s'est dérobé et a barré la voie à cette rencontre, pour des raisons qu'on ne peut que deviner.

Au regard de son comportement irresponsable face à une affaire d'intérêt national, quel type d'assistance une telle personnalité peut-elle réellement offrir à un Chef d'État ou à un Premier Ministre, sinon de les couvrir de flatteries flagorneuses et de se maintenir dans le cercle proche du pouvoir, avec, pour seule motivation, la préservation d'intérêts purement égoïstes ?

Les conséquences de tels comportements égoïstes et irresponsables, hélas, trop fréquents, retombent malheureusement sur le pays ! On comprend pourquoi Julius Nyerere, défunt Président de la Tanzanie, conseilla à ses homologues africains, lors de la Conférence régionale sur la gouvernance, tenue en 1998 à Addis Abéba, de prendre bien garde à leur cercle restreint, s'ils étaient déterminés à agir dans l'intérêt de leurs nations. Son point de vue était que les conseillers très proches, et les membres de la famille présidentielle, ont tendance à se servir et non à servir, à considérer plus leurs intérêts que ceux de la collectivité publique. Il conclut cette remarque en soulignant que c'est au chef de faire la part des choses. [226]

S'il est évident que des capacités africaines à l'extérieur ont pris conscience de la nécessité, pour elles, de contribuer à la résolution des problèmes de développement dans leur pays d'origine, un rôle qui était autrefois abandonné aux non-Africains, il faut néanmoins déplorer que le niveau d'entraide et de collaboration entre Africains en Afrique, et en dehors d'elle, reste très faible, si ce n'est inexistant, hormis l'aide à des proches parents (solidarité intergénérationnelle). Comment d'abord collaborer efficacement dans un contexte africain, plein d'incompréhensions, de jalousie, d'envie et de méfiance, ensemble de sentiments malsains qui provoquent des suspicions de part et d'autre ? Comme on le verra plus loin (partie relative à l'autoresponsabilité), des attitudes de suffisante vanité sont manifestes en tout et partout. Les gens – même les jeunes qui viennent à peine de commencer une carrière - veulent montrer qu'ils connaissent tout, même en dehors de leur domaine de spécialisation ou de travail ; qu'ils sont au-dessus des autres, tout cela par simple envie de paraître grand. Ils s'abstiennent de demander (ou d'accepter) des conseils auprès d'un frère ou d'une sœur, de peur qu'ils ne soient perçus comme ignorants. Tout devient l'objet d'ostentation et d'expression de la puissance pécuniaire.

Le désir d'étaler, par tous les moyens, sa réussite sociale, et à prétendre avoir accès aux plus hauts sommets de la hiérarchie du pouvoir et de la richesse, cette tendance à ne reculer devant aucun acte de vantardise pour se faire accepter, ou ce qu'on appelle "l'effet de capillarité sociale, " mobilise toute l'énergie de nombre d'Africains, et explique en partie la consommation

---

[226] Avant de démissionner de son poste, Nyerere avait d'abord sollicité les points de vue de ses proches conseillers et membres de sa famille. Tous, ils étaient catégoriques qu'il ne devait pas le faire, car, ils étaient convaincus qu'il était encore indispensable et que le pays allait tomber dans l'anarchie. Nyerere leur avait fait comprendre que personne n'était indispensable. En tant que citoyen du pays, il avait fait sa part, de bonnes et de mauvaises choses, quitte à la nouvelle génération de prendre ses responsabilités et d'améliorer ce qu'il a commencé. Quelle sagesse pour un chef africain! Nyerere avait partagé ces paroles avec les hauts cadres africains à la séance de fermeture de la Conférence régionale sur la gouvernance organisée à Addis-Abeba en 1998 sous son haut patronage et à laquelle j'étais invité comme animateur/formateur.

exagérée de produits luxueux. La plupart de ces gens ne sont pas, en réalité, ce qu'ils prétendent être, ni sur le plan de la connaissance, ni au niveau de la richesse. Ils ont tout intérêt à prendre exemple sur le comportement des détenteurs de fortunes colossales, comme Warren Buffet, une des personnalités les plus riches du monde, mais qui vit dans la même maison depuis cinquante ans. Je pense encore à l'exemple de Sam Walton, le fondateur de la chaine des supermarchés la plus importante du monde (Wal-Mart), qui fut en quelque sorte le patron des patrons, mais conduisait lui-même sa camionnette, alors qu'il avait des dizaines de milliards de dollars en banque. Il était également connu pour son immersion parmi son personnel de tous niveaux, y compris les ouvriers et le personnel commercial de ses magasins. La collaboration intra- africaine exige de renoncer aux mentalités régressives et aliénantes, du " m'as-tu-vu, " qui poussent les Africains à paraître, et non à être, et à rivaliser sur des sujets et choses futiles, qui les divisent encore davantage.

Pour ce qui est de l'entraide proprement dite, certains Africains qui occupent des postes d'influence dans les gouvernements de leurs pays, dans les organismes internationaux, ou dans le secteur privé, positons dont ils pensent qu'elles incitent leurs concitoyens ou parents à les solliciter pour une aide quelconque, tendent à adopter des stratégies d'évitement jusqu'à ce qu'ils se retrouvent eux-mêmes dans le besoin. Ils passent leur numéro de téléphone aux chercheurs d'emploi, ou à ceux présumés à la recherche d'un emploi, alors que, dans leur for intérieur, ils ont déjà décidé de ne pas décrocher leur appareil au vu de certains noms. Ils accordent des rendez-vous fantaisistes qu'ils sont les premiers à ne pas respecter. Si vous les rencontrez par hasard, ils vous font des promesses qu'ils ne pourront jamais tenir. Curieusement, ils sont les premiers, et cela toute honte bue, à s'approcher de " leurs ennemis d'antan, " quand leur situation personnelle se détériore, ou quand ils sont à la retraite.

Il est fréquent d'entendre les jeunes Africains se plaindre qu'ils sont abandonnés à eux-mêmes lorsqu'ils cherchent un emploi. Voici comment un jeune diplômé africain (avec une licence et une maîtrise en administration des affaires) raconte son expérience dans la recherche d'un emploi dans la région métropolitaine de Washington :

> " On m'a conseillé de prendre contact avec un certain nombre de compatriotes à la Banque mondiale. J'ai effectivement pris contact avec eux et aussi avec d'autres africains. La plupart d'entre eux m'ont bien accueilli et m'ont promis de faire quelque chose. Quelque temps après, je me suis mis à leur téléphoner un à un pour le suivi. Curieusement, c'est comme s'ils s'étaient donné un mot de passe ; ils ne prenaient plus de téléphone. Le numéro de leur mobile ne répondait pas non plus. J'ai fini par comprendre la stratégie après que je m'étais plaint auprès des amis. Ces gens-là vous soumettent à des va-et-vient, jusqu'à ce que vous

compreniez vous-même qu'ils ne sont pas disposés à vous prêter la moindre assistance. "

La plupart des cadres africains en activité dans les organismes internationaux, aussi bien que des personnes ordinaires que j'ai interrogés à ce sujet, ont confirmé ces comportements. Les justifications avancées pour expliquer ce genre de comportements de rejet sont en foule et décisives ; elles peuvent se résumer ainsi :

" Les gens que vous aidez aujourd'hui deviendront demain vos concurrents ou vos ennemis. La reconnaissance et la gratitude ne sont pas des vertus africaines. Vous vous débattez pour que les membres de votre famille vous rejoignent en Amérique. Dès qu'ils arrivent, vous leur offrez le logis et le couvert : vous dépensez de l'argent pour régulariser leur situation avec les services de l'immigration et vous les aidez même à trouver un travail. Ce sont ces mêmes personnes qui se tourneront contre vous, une fois qu'elles sont installées et commencent à se faire de l'argent. Certains poussent la mauvaise foi jusqu'à vous demander de les rapatrier si vous n'êtes plus content d'eux ; ou vous déclareront tout simplement que c'est Dieu seul, et nul autre que lui, qui a arrangé leur situation. Certains vont même jusqu'à intenter, sans justifications aucunes, des actions en justice contre des amis ou des parents qui se sont dévoués corps et âme pour faciliter leur venue aux USA..."

Une autre perspective est offerte ci-après sur ce type de comportement :

" Mes confrères noirs me déçoivent parfois, ils veulent de l'argent sans travailler. Ils ne font pas convenablement le travail qu'on leur demande. Ils prennent des rendez-vous qu'ils ne respectent pas, s'absentent du travail comme ils veulent. A la fin, même si la qualité du travail est médiocre, ils insistent pour être payés. Tout cela porte atteinte aux relations personnelles. Autant travailler avec quelqu'un d'autre qui a le sens du sérieux dans le travail. "

Dans toutes ces expériences, la solidarité est mise à rude épreuve ; elle vient à être ouvertement remise en cause, et conduit ceux qui la pratiquent activement, à la considérer comme une source potentielle d'ennuis. " Si vous voulez être en paix avec les Africains, " me disait quelqu'un, " il faut éviter non seulement de les approcher, mais surtout de les aider, ou de travailler avec eux. Ce sont de grands fauteurs de trouble." La solidarité lignagère fonctionnait sur la base du principe de la réciprocité, qui impliquait, à son tour, deux obligations fondamentales : " aider ceux qui vont vous aider, et ne pas nuire à ceux qui vous ont aidé. " Malheureusement, des calculs d'intérêts égoïstes, souvent conséquences d'une vision étroite et à court terme adoptée par nombre d'Africains, ont rendu ce principe de la réciprocité presque totalement obsolète. Parlant de la réciprocité dans le contexte du capital social, un chercheur concluait que " la réciprocité n'est pas seulement motivée par le plaisir qu'un Ego a donné à Alter, mais également par le fait qu'Alter a intégré une norme de réciprocité spécifique qui moralement l'oblige à satisfaire ceux qui l'ont satisfait. "

Il convient, en même temps, de rejeter un autre type de solidarité, cette fois-ci méprisable, la solidarité régressive, qui s'est malheureusement amplifiée, et est exhibée avec ostentation dans des situations de malheur ou de détresse. Par exemple, un parent ou un ami, souffrant ou malade, est abandonné à lui-même. Comme il manque de moyens, si dérisoires fussent-ils, pour se faire soigner, l'issue de sa maladie est fatale. Mais, dès qu'il meurt, voici que tous ses proches, membres de la famille, amis, connaissances, se mobilisent pour le deuil et les préparatifs de son enterrement. La compétition est engagée entre les membres pour savoir qui va donner l'importante somme nécessaire pour couvrir les dépenses des funérailles ; on achète des uniformes pour l'enterrement et un cercueil de dernier cri, on loue des orchestres pour la veillée mortuaire et on engage toutes sortes des dépenses somptuaires par le simple désir de se faire voir. Même si la sagesse africaine postule que " les meilleurs amis se découvrent dans les malheurs, " il n'est pas du tout sensé qu'une communauté reste indifférente au sort d'un de ses membres ou de ses proches pendant toute la durée de son agonie, puis, se mobilise soudainement, lorsque, finalement, il décède. Je ne vois pas dans ce comportement, par ailleurs aberrant, une goutte d'affection. Les attitudes de ce type donnent raison à ceux qui disent que les Africains ne veulent pas le bonheur de leurs frères et sœurs, ou que les " nègres " n'éprouvent aucune sympathie les uns pour les autres, comme l'aurait remarqué Sir Harry Johnson Hamilton en 1899. [227]

---

[227] Voir sa citation dans la partie coloniale ci-dessous.

Chapitre 5

Sources et conséquences de la sous-estimation de soi

" La misère est l'œuvre des hommes, seuls les hommes peuvent la détruire. "
Joseph Wresinski

Qu'est-ce qui conduit les Africains à se sentir inadéquats et à se faire d'eux-mêmes une image négative ? Quel est l'impact de ces comportements d'autodégradation sur le processus de développement du continent africain ? Les phénomènes sociaux trouvent leur signification dans le contexte historique, économique, politique et socioculturel qui les a générés. Les développements qui suivent avancent quelques propositions sur les causes et les conséquences de la sous-estimation de soi qui accable l'Africain.

Proposition 1 : La colonisation a inculqué une attitude d'infériorité dans l'esprit des Africains.

Joseph Stiglitz,[228] lauréat du Prix Nobel d'Économie, ancien vice-président et économiste en chef de la Banque mondiale, fit remarquer, dans une de ses conférences, que : " le monde ne peut pas réussir à relever les défis de ce XXIe siècle, sans une meilleure compréhension de la façon dont nous sommes arrivés au point où nous en sommes aujourd'hui. " Cette remarque du Professeur Stiglitz n'est pas neuve ; mais il était crucial de la rappeler, surtout dans le contexte d'une institution comme la Banque mondiale, et dans un monde où l'histoire économique est souvent omise dans la conduite des affaires et dans la prise de décisions stratégiques pour l'avenir du continent africain. En invitant, à travers cette remarque, son auditoire à jeter un coup d'œil rapide sur la colonisation et la manière dont elle a façonné les esprits et les comportements des gens, Stiglitz voulait en fait leur montrer pourquoi les changements peuvent être difficiles à réaliser dans les ex-territoires coloniaux, à moins que le " moi " qui façonne leurs

[228] J. Stiglitz, Scan Globally, Reinvent Locally:Knowledge Infrastructure and the Localization of Knowledge, Keynote Address to the First Global Development Network Conference, Bonn, December 1999a, pp. 194-219. In Joseph Stiglitz and the World Bank: The Rebel from Within, H. J. Chang, editor, London: Anthem Press, 2001, pp. 195.

destinées retrouve son authenticité. Comme Stiglitz l'affirme lui-même, " beaucoup de pays ont été dépouillés de la dignité et de la confiance en soi, qualités nécessaires pour relever les défis auxquels ils sont confrontés. " [229] Cette observation est en cohérence avec les conclusions de la littérature sur l'estime de soi, conclusions qui postulent que les personnes qui ont connu des expériences de désapprobation, de rejet ou de stigmatisation, comme les Africains, ont tendance à se dévaluer elles-mêmes devant ceux qui les humilient. [230] Mon intention ici n'est pas de rejeter le blâme sur le passé, et alors que plus de quatre décennies se sont écoulées depuis les indépendances des pays africains, mais de montrer que la persistance des pratiques et des mentalités esclavagistes et colonialistes est un facteur non négligeable derrière les comportements actuels d'inadéquation et de subordination.

Les bénéfices et les coûts du colonialisme en Afrique, et dans d'autres continents, ont fait l'objet d'intenses débats entre ses partisans et ses opposants, à l'intérieur comme à l'extérieur du continent. Rudyard Kipling, le célèbre écrivain britannique, glorifie la contribution de la colonisation et proclame dans son poème : " Le fardeau de l'homme blanc, " qu'elle a apporté la civilisation à des peuples barbares. [231] Selon les tenants de cette théorie de l'œuvre civilisatrice du colonialisme, dont Kipling est l'un des thuriféraires, la colonisation aurait été prétendument bénéfique pour l'Afrique, car elle a arraché ce continent à une culture primitive et arriérée. Les critiques de cette vision " idéaliste et idyllique" du colonialisme, qui le présente comme une entreprise profondément altruiste, déconstruisent le phénomène, et démontrent comment il a, psychologiquement, économiquement, politiquement et socio-culturellement, détruit le colonisé. [232]

Contrairement à l'Asie du Sud et à l'Amérique Latine, le colonialisme en Afrique a été précédé par un système de traite massive des êtres humains, traite qui draina le continent de sa vitalité, et laissa, finalement, les sociétés africaines fragilisées et portant en elles le poids d'un héritage psychologique dévastateur. Parce qu'ils ont été utilisés comme des marchandises échangeables, les Noirs étaient dépeints, et le sont encore, comme des êtres inférieurs, et doués d'une intelligence plus faible que le reste de l'humanité. Tout en maintenant un sentiment d''insuffisance et d'insécurité chez les opprimés, le trafic humain a fait croire au maître oppresseur qu'il était

---

[229] Stiglitz, op. cit. pp. 195.

[230] Nicholas Elmer, Self-Esteem: The Costs and Causes of Low Self-Esteem, op. cit. pp. 35.

[231] Voir Wikipedia, http: //en. wikipedia. org (wiki), The White Man Burden

[232] Voir par exemple: V. Y. Mudimbe, The Invention of Africa, op. cit. Gordon, op. cit. Walter Rodney, How Europe Underdeveloped Africa, Bogle and Tanzanian Publishing House: London and Dar-es-Salam, 1972. Frantz Fanon, op. cit.

supérieur[233]. Ce sentiment de prétendue supériorité raciale s'est profondément enraciné dans la conscience des exploiteurs de la main-d'œuvre noire, et s'est, ensuite, avec l'avènement du colonialisme, renforcé par des mécanismes divers.

Afin de soutenir la thèse de la mission, dite civilisatrice, du colonialisme, un certain nombre d'études, pour la plupart euro-centriques, sont allées même jusqu'à fabriquer des preuves pour démontrer que les Noirs sont en réalité nés esclaves, car ils possèdent des caractéristiques spécifiques qui font qu'ils constituent une race inférieure. Sir Harry Johnson Hamilton écrivait en 1899 ce qui suit :

> " Le nègre, plus que tout autre être humain, se singularise par ses caractéristiques mentales et physiques comme le serviteur des autres races. Dans un état primitif, il est né esclave. Il est doué d'une grande force physique, de docilité, de gaieté de disposition, d'une mémoire courte pour les douleurs et les cruautés. Il ne souffre pas de la nostalgie qui afflige d'autres peuples, à condition qu'il soit bien nourri. Il n'a aucune sympathie pour les autres Noirs. Il reconnaît, suit et imite bien son maître. . . " [234]

Aucun autre continent n'a subi, du fait de la domination impériale, une destruction aussi massive du tissu social et économique, que l'Afrique. La ruée vers l'Afrique a laissé ce continent divisé en mini-pays aux frontières artificielles répartissant le même peuple entre différentes puissances extérieures, rendant, ainsi, encore plus ardus les efforts actuels vers la construction des Etats-Nations tout comme le développement économique. Pour maintenir leur hégémonie politique et économique, les puissances coloniales ont privilégié la politique de : " diviser pour régner, " plutôt que celle de l'unification. Cette politique a conduit, non seulement, au développement inégal entre régions et entre zones urbaines et rurales ; mais elle a aussi créé les conditions pour d'intenses conflits interethniques, qui doivent beaucoup à l'incitation coloniale aux guerres interethniques et à la politique de cooptation et de parrainage de certains groupes ethniques au détriment des autres. Le système colonial a joué, avec habilité et cynisme, sur les intérêts divergents d'un groupe par rapport à ceux des autres, et a élevé certains groupes ethniques au détriment des autres, en faisant croire que les premiers étaient plus doués intellectuellement que le reste de la population. [235] Les trois premières décennies de l'occupation coloniale en

---

[233] W. R. Hull Munyakare, African Civilization before the Batuuree, New York: John Wiley &Sons, 1972.

[234] Cité par Gordon, op. cit. pp. 30.

[235] Par exemple, les colonialistes allemands ont fabriqué les mythes des tutsis rwandais comme étant plus doués et plus intelligents que leurs frères et sœurs hutus.

Afrique ont été marquées par plus de violences, d'instabilité, de conflits et de perte de vies humaines que toute autre période de l'histoire africaine, et, probablement, humaine, même si on évoque les invasions mongoles. Par exemple, la population du Congo-Belge a diminué de cinquante pour cent à la suite de l'oppression coloniale et de ses traitements inhumains, oppression menée sous le couvert de l'infâme et cruel " État Libre du Congo. "[236]

La politique économique coloniale a été conçue et menée, essentiellement au profit de l'exploitation, effrénée, des ressources humaines et naturelles locales par le capital colonial lié au commerce métropolitain.[237] Considérés comme barbares, les systèmes traditionnels de gouvernance furent effacés et remplacés par les lois coloniales. Cette déconsidération des mécanismes autochtones de gouvernance renforça la dépendance des Africains à l'égard de leurs colonisateurs, et eut des effets délétères sur l'estime de soi. Mettre un terme à cette dialectique de la domination et du mépris de soi, fut, donc, au cœur des mouvements nationalistes qui prônèrent la lutte pour l'indépendance.

Dans son ensemble, le colonialisme apparaît comme une entreprise brutale exclusivement marchande, mais organisée, visant, aux fins d'une exploitation économique efficace et efficiente, à transformer l'esprit et l'identité des indigènes ainsi que leurs structures et espaces vitaux. Mudimbe a, dans le même sens, dégagé trois aspects fondamentaux dans la structure colonisante (ce qu'il appelle " colonizing structure ") : la domination de l'espace physique, la réformation de l'esprit des indigènes et l'intégration des histoires économiques locales dans la perspective occidentale.[238]

Quelle qu'ait été sa forme ou ses méthodes, que ce fût l'administration directe dans les territoires sous la domination française, belge ou portugaise, ou la gouvernance indirecte dans les colonies britanniques, le colonialisme partageait un objectif commun, celui de la domination et de l'exploitation des richesses dans les territoires conquis. Ce n'était pas en soi la domination économique et politique qui était l'essence du pouvoir colonial, plutôt la subordination raciale, qui facilita la mise en œuvre des politiques socioéconomiques fondées sur la race.[239] Prit progressivement forme un nouveau système social au sein duquel certaines personnes se considèrent comme supérieures aux autres, qu'elles qualifièrent d'infrahumains. Ce système ne reposait pas sur des critères objectifs, mais sur des arguments subjectifs tirant leur inspiration de préjugés racistes, et adossés à des normes sociales justifiant les privilèges réservés aux " races supérieures. " Partout en Afrique, le représentant du pouvoir colonial insistait sur sa supériorité. Dans presque toutes les colonies, les Européens avaient des niveaux de vie plus

---

[236] Gordon, op. cit. pp. 11.
[237] Shivji, op. cit.
[238] V. Y. Mudimbe, The Reinvention of Africa, op. cit.
[239] Ferkiss, op. cit.

élevés que les Africains ; le Blanc était le modèle à suivre dans toutes les sphères de la vie, que ce fut sa manière de vivre, son logement, son commerce, son éducation, sa religion ou sa culture. Les Noirs occupaient des fonctions ancillaires et subalternes, qui les plaçaient, au sein de la société coloniale, dans une position inférieure Les termes mêmes qui définissaient et organisaient les relations raciales donnaient un statut de supériorité aux Européens sur les Africains. En fait, toute l'entreprise coloniale a consacré une énergie inépuisable et des ressources immenses pour solidifier cette perception idéologique et euro-centrique de l'humanité. Cette vision distordue du monde et de ses habitants, comme de la position privilégiée que s'était octroyé l'Occident n'était-elle pas, là aussi, la conséquence logique de l'entreprise coloniale, d'où découle inéluctablement l'écrasement socioculturel et psychologique du colonisé, auquel est dénié même le droit naturel de se considérer comme un être humain de plein statut ? Selon Bigo,

> " Le colonialisme provoque toujours dans les pays qui l'expérimentent une contrainte culturelle, une contamination profonde qui est cachée. Les styles de vie et les modes de pensée des nations dominantes tendent à s'imposer d'elles-mêmes sur les nations dominées. Ils sont acceptés, voire même recherchés. Ce sont des facteurs aliénants pour les peuples qui les adoptent. " [240]

Des études nombreuses ont étayé la nature coercitive du colonialisme. Bien que la force militaire, tout comme les autres formes de coercition physique moins brutales, mais tout aussi fatales, fussent nécessaires pour annihiler toute velléité de révolte et de contestation de la part des Africains, elles n'étaient pas suffisantes pour assurer un contrôle total, non seulement physique, mais incluant également le mental, des populations autochtones, et essentiellement perpétuer la domination impériale, et mener à bien la prétendue "mission civilisatrice. " Comme le proclame l'adage : " Vous ne pouvez pas changer fondamentalement une société sans toucher à la façon de penser de ses habitants, leurs attitudes et leurs perceptions. " Après tout, l'exploitation économique et l'administration des territoires occupés (maintien de l'ordre et de la tranquillité publics indispensables pour l'exploitation économique) nécessitaient des ressources humaines relativement compétentes, dévouées, fidèles et peu coûteuses. Il fallait aussi permettre à la population autochtone d'apprendre un métier pour assurer sa survie dans la nouvelle société et bénéficier d'un certain bien-être social défini par les normes du colonisateur, idéal souvent affiché par les organisations religieuses et confessionnelles, en dépit du fait qu'elles faisaient partie intégrante du triumvirat colonial (administration publique,

---

[240] Bingo cité par V. Y. Mudimbe, The Invention of Africa, op. cit. p. 5 du condensé paru en ligne: socrates. berkely. edu/-tochtli/VYMudimbe. pdf.

entreprises et églises). C'est ici que le système éducatif colonial jouera un rôle décisif dans la création d'une masse critique de main-d'œuvre indigène, et de cadres moyens et semi-professionnels formés et recrutés localement, et qui aideront à assurer la pérennité du système, ses valeurs et ses intérêts.

L'éducation ne consiste pas seulement à équiper l'individu de connaissances et de compétences ; elle façonne l'individu, le transforme, façonnant son esprit, son caractère et ses attitudes. C'est probablement la raison pour laquelle, en dépit de ses avantages réels, l'éducation coloniale a également fait plus de torts à l'Afrique que n'importe quel autre héritage colonial. Inculquée par l'école, la persistance de la mentalité coloniale en Afrique postindépendance, mentalité caractérisée par l'attitude de subordination, et le complexe d'infériorité, a une grande incidence sur l'exploitation et la domination étrangères continues, bien que par des moyens plus subtils. En effet, le système éducatif a servi de moule, par excellence, pour l'implantation coloniale en Afrique. La stratégie qui donnait sa direction et sa logique à la politique éducative visait à créer des Africains qui penseraient, agiraient et consommeraient comme des Européens. Ce fut la " politique d'assimilation, " de triste nom, mise en œuvre dans les colonies françaises, belges et portugaises. En alignement total avec cette stratégie d'assimilation, l'éducation fut conçue comme un processus d'annihilation culturelle, visant à enraciner, dans la conscience individuelle et collective des peuples colonisés, la suprématie du colonisateur, sa civilisation, et sa domination sur ces peuples. L'extrait de la Circulaire du Gouverneur Général français en charge de Madagascar en octobre 5, 1896 révèle, de manière on ne peut plus claire, les visées de l'instruction coloniale en Afrique :

> " Nous avons à exercer notre action sur les maîtres qui dirigent les diverses écoles, et qui sont en majeure partie des indigènes. Il faut que les maîtres d'école de tous les degrés se conforment à un programme d'études émanant de nous et qui soit compris de manière à développer dans l'esprit des professeurs, et par la suite des élèves, le culte de la France. "[241]

L'objectif du système éducatif était donc de concrétiser les intérêts de la métropole au triple plan politique, économique et socioculturel. L'acquisition des valeurs du colonisateur devenait désormais le seul moyen pour réussir dans la nouvelle société. La politique d'assimilation postulait la transformation des territoires coloniaux en une extension de la métropole (par exemple, la France d'outre-mer) ; ainsi, la puissance colonisatrice se réservait-elle le monopole exclusif des privilèges et des profits sur tous ses

---

[241] PNUD-Madagascar, Le Rapport national sur le développement humain, 1996, pp. 26.

territoires. Il fallait former des indigènes pour faire avancer, protéger, servir et étendre les intérêts coloniaux dans les colonies. A cet effet, l'acquisition de la langue du colonisateur devenait un impératif vital. Bien que les langues locales aient été largement parlées, elles étaient marginales pour la détention d'un quelconque pouvoir politique, économique, et social. Parler exclusivement les langues locales, c'était foncièrement être " nègre " et " indigène. " Pour être considéré comme " quelqu'un " dans la société coloniale, et y avoir droit à un certain respect, il fallait, d'abord et avant tout, bien maîtriser la langue coloniale, expression privilégiée de la culture de l'autorité coloniale et de l'accès à sa civilisation. [242] Le Français pour les territoires sous la domination de la France et de la Belgique, l'Anglais dans les colonies britanniques, et le Portugais dans les territoires sous domination portugaise. Il n'est pas surprenant de remarquer que, jusqu'à ce jour, la maîtrise des ex-langues coloniales est, aux yeux de beaucoup d'Africains, perçue, non seulement comme une source essentielle de pouvoirs, mais, également, comme un signe de compétence et de civilisation.

Dans son ouvrage, " Peau noire, masques blancs, " Frantz Fanon décrit avec éloquence son expérience personnelle sur ce sujet. Aujourd'hui, nous savons par exemple que lorsqu'ils arrivent aux États-Unis, les immigrants doivent apprendre la culture et les habitudes américaines pour réussir dans cette nouvelle société. Ils apprennent à parler l'Anglais avec un accent américain ; certains en arrivent à changer complètement leurs noms ; tout cela, dans l'espoir d'être acceptés dans la nouvelle société. Il en est de même dans la période coloniale. Les Africains devaient se comporter comme des étrangers sur leur propre terre ; ils devaient s'identifier avec la langue, la culture et l'histoire du colonisateur pour être acceptés par lui, c'est-à-dire réussir leur intégration dans la nouvelle société coloniale.

Le produit par excellence de l'éducation coloniale demeure, sans doute, la classe des intellectuels, la soi-disant " élite. " Le statut d'élite était accordé à ceux-là qui, à travers leur façon de parler, de vivre et de se comporter, faisaient montre de l'acquisition de la culture européenne. L'élite devait briser ses liens avec la société traditionnelle et ses valeurs dominantes, considérées comme barbares et rétrogrades. En d'autres termes, l'élite devenait, paradoxalement, un groupe social qui avait cessé de servir la cause de sa société ; elle regroupait des personnes converties, qui avaient fait acte d'allégeance à la nouvelle culture d'emprunt, qui avaient abandonné leurs traditions, et qui s'étaient éloignées de leur propre peuple pour s'identifier avec le pouvoir impérial. L'accès au statut de membre de l'élite était, donc, subordonné à un rejet de l'identité africaine, en faveur de l'acceptation de la subordination et de la servitude dans les relations avec les Blancs.

[242] J. Arnold, Modernism and Negritude: The Poetry and Poetics of Aime Cesaire, Cambridge: Harvard University Press, 1981.

De nombreuses incitations étaient mises en œuvre pour accélérer le processus d'intégration et d'assimilation. Le tissu urbain comprenait, non seulement, des " plateaux" réservés aux Européens, mais aussi des " médinas" indigènes, ou les soi-disant " centres extra-coutumiers " au Congo-Belge. Ceux-ci étaient destinés à accueillir les Africains qui avaient presque achevé leur processus d'acculturation. De tout point de vue, une personne assimilée dans les villes coloniales ressemblait à un Africain européanisé, mais qui, dans ses rencontres avec les Blancs, vivait des sentiments ambivalents d'imperfection et d'infériorité. Dans ce contexte, les Africains ont développé un concept de soi qui reposait presque entièrement sur le regard de l'Autre, sur la façon dont le colonisateur les percevait. Il n'est donc pas surprenant que la plupart des cadres intellectuels africains qui ont assumé des positions de leadership dans divers domaines politique, économique et culturel après les indépendances se soient comportés comme " des individus fictifs " ou ceux que Frantz Fanon a qualifié de " peau noire, masques blancs " ou que Léopold Sédar Senghor a surnommé les " mulâtres culturels. " Seydou Badian a très bien saisi la position ambiguë des élites africaines :

> " La culture et la praxis coloniales ont complètement mutilé l'homme africain, il a été vidé de toutes ses valeurs, il ne se penche sur aucune échelle nouvelle. Il oscille entre deux mondes, et vit sous l'influence des lacunes de ces deux mondes. C'est ce type d'hommes, qui, à l'indépendance, a constitué l'élite du pays. De cette élite sont sortis les cadres qui décident du sort d'un pays ou de sa révolution. " [243]

C'est justement cette élite qui a incrusté le destin de l'Afrique et des Africains sur l'adoption servile des théories du développement d'autres sociétés, oubliant que celui-ci ne peut surgir et être durable que quand il puise ses ressources de son propre sol et à travers ses propres racines. C'est pourquoi, la recolonisation mentale a été, dès la première heure des indépendances politiques, montrée du doigt, comme un danger, par des leaders visionnaires, et par des universitaires authentiques. Ses effets continuent, jusqu'à présent, à être à l'ordre du jour. La prise de conscience de cette recolonisation sournoise doit être affirmée, afin que puissent être jetées les bases de stratégies de développement autocentré.

En effet, les défis du développement durable et autonome exigent l'émergence d'une nouvelle élite, en rupture totale avec l'ancienne élite, capable de penser et d'agir différemment et de manière plus créative, pour réinventer les économies et donner à l'Afrique la place qu'elle mérite sur l'échiquier international. L'Afrique doit retrouver en son sein la force et les

---

[243] S. Badian, Les dirigeants africains face à leur peuple, Paris: Maspero, 1964. pp. 113.

ressources nécessaires pour organiser son développement et impulser le changement, comme l'a conseillé l'historien burkinabé Joseph Ki-Zerbo - dans une de ses réflexions citées dans ce livre. Pour ce faire, les Africains devraient se débarrasser des complexes du colonisé, des attitudes et des mentalités, qui étaient, autrefois, destinées à assurer leur exploitation, à maintenir et à perpétuer la domination et le contrôle de leurs richesses par le colonisateur.

Il reste, cependant, à reconnaitre que les mentalités héritées de la colonisation ne sont pas les seuls facteurs inhibiteurs du progrès. Le Liberia et l'Ethiopie n'ont pas connu la colonisation comme telle ; mais ils souffrent autant de la sous-estimation que d'autres pays africains anciennement colonisés. D'autres facteurs seraient donc en action pour saper l'estime de soi africain et la capacité des Africains à conduire des transformations auto-entretenues en vue du développement durable.

Proposition 2 : Le contrôle des stratégies de développement par des organismes de financement a sapé l'engouement des Africains à développer leurs propres capacités et a contribué à affaiblir leur estime de soi.

La domination quasi totale des institutions internationales dans l'élaboration des stratégies de développement, ainsi que leurs méthodes de travail ont systématiquement renforcé la passivité des pays soi-disant " partenaires " et ont réduit leur auto-efficacité. Il est admis, aujourd'hui, que les pays développés, et les organisations qu'ils contrôlent, comme la Banque mondiale, le FMI, l'OMC (Organisation mondiale du commerce) et l'OCDE, pour ne citer que quelques-unes, définissent l'agenda des stratégies pour les pays en développement. [244] Curieusement, ces pays dominants et les organisations internationales qu'ils animent, se disculpent entièrement de la responsabilité de l'échec de ces stratégies, conçues et appliquées par eux, échec dont ils rejettent le poids sur les Africains, alors que ceux-ci, qui ne sont pas souvent propriétaires des politiques et priorités qu'ils mettent en œuvre, sont astreints à des pressions et à des conditionnalités qui limitent leur liberté et leur capacité d'action. La manière dont ces stratégies, et les politiques qui en découlent, sont cousues et contrôlées conduit les Africains à mettre en doute leurs capacités à concevoir et gérer leurs propres plans. Le danger ici est que si les Africains n'arrivent pas à concevoir des réponses originales destinées à capitaliser sur les opportunités de développement économique offertes par la mondialisation, ces possibilités risquent sinon de

[244] U. Engel and Gorm Rye Olsen, editors, The African Exception, Burlington, VT: Ashgate, 2005. J. Degnbol-Martinussen and Paul Engberg-Pedersen, Understanding International Development Cooperation, London: New York York: Zed Books Ltd, 2003.

disparaitre, du moins de se transformer en des forces promotrices d'exclusion.

Une des plus grandes contributions faites au débat sur le processus de développement par Joseph Stiglitz [245] a été d'avoir mis en évidence de la manière la plus convaincante possible dans ses écrits la façon dont les institutions de Bretton Woods, les agences leaders en matière de développement international, contribuent à la déresponsabilisation des pays que ces institutions sont censées aider à " décoller. " Sur la base de ses expériences personnelles, ce titulaire du Prix Nobel d'Économie, a montré comment l'approche conventionnelle du développement, avec ses conditionnalités implicites et explicites, ainsi que la perception, de même que la manipulation du processus de développement lui-même, présenté comme un cadeau offert gratuitement par les pays les plus riches, ou comme une marchandise échangeable, ont affecté négativement la capacité de développement des pays récipiendaires, entrainant sur son chemin, une érosion de la confiance en eux-mêmes des pays " aidés, " de leur estime et de leur auto-efficacité. Il sied de reprendre encore une fois la pensée de Stiglitz :

> " L'idée centrale derrière tous les grands messages est que les clients (de la Banque mondiale) sont incapables de conduire leur propre processus d'apprentissage, et de découvrir avec leurs propres méthodes. Ils ont besoin d'être aidés et guidés. De nouvelles formes de colonialisme intellectuel sont masquées sous le couvert d'un contrôle de qualité. Mais ces moyens par lesquels l'approche conventionnelle montre le chemin à suivre ne font que renforcer la passivité du client et son manque apparent d'efficacité. " [246]

L'approche de la Banque mondiale n'est pas exclusivement réservée à l'Afrique : elle est suivie dans tous les pays prêteurs du monde. Il y a, cependant, des preuves empiriques convaincantes qui attestent que les pays qui réussissent, et parmi eux sont inclus les pays africains, sont ceux qui refusent d'adopter une attitude infantile dans leurs relations avec les bailleurs de fonds, et décident par eux-mêmes, en fonction de leurs priorités et intérêts nationaux. Le succès de la réforme scolaire de l'Ouganda a été dû à son refus de la prescription du FMI d'exiger un enseignement primaire payant. Grâce à

---

[245] Voir Stiglitz, op, cit. Voir aussi : Stiglitz, Globalization and its Discontents, New York: W. W. Norton & Company, 2003. Stiglitz, Participation and Development: Perspectives From the Comprehensive Development Paradigm. Remarks at the International Conference on Democracy, Market Economy and Development, Seoul, February, 1999b, pp. 220-249. In Chang, op. cit.

[246] Stiglitz, Scan Globally and Invent Locally, op. cit. pp. 210.

la gratuité de cet enseignement, les inscriptions y ont sensiblement grimpé par la suite. Malgré les pressions de Washington, la Corée du Sud a prudemment choisi son propre rythme des réformes et de libéralisation économique, avançant lentement et méthodiquement, en s'appuyant sur les expériences d'autres pays et sur ses propres réalités économiques. Ce n'est que récemment que la Chine a commencé à envisager la suppression de ses barrières commerciales, après plus de vingt ans dans les politiques de libéralisation de son économie. [247] Pour établir une base solide afin d'une croissance durable et un développement humain harmonieux du continent africain, pourquoi ne pas prendre leçon de ces expériences positives à grande échelle ? Au lieu de se plaindre, comme les médecins guinéens que j'ai rencontrés, que les priorités des dépenses sanitaires reflètent les prioritaires de bailleurs de fonds, et non les facteurs réels de morbidité et de mortalité dans le pays (priorités des bailleurs sur le SIDA, mais mortalité excessive liée à la malaria), il faut que les élites africaines assument le leadership, et rectifient le chemin dans les domaines où les politiques suivies ne servent que les priorités des pays riches.

L'Afrique dispose de plus d'atouts aujourd'hui qu'elle en avait dans les années soixante ou soixante-dix. La Déclaration de Paris sur l'efficacité de l'aide, même si ses dispositions ne sont pas contraignantes, constitue déjà une plateforme que tout pays africain peut stratégiquement utiliser pour modifier les comportements des pays bailleurs de fonds, comme des instances de la coopération internationale. Aux termes de cette Déclaration, à laquelle la majorité des organismes principaux de financement et les pays africains ont adhéré, l'initiative des stratégies de développement revient au pays bénéficiaire de l'aide (principe de l'appropriation nationale). Les partenaires extérieurs sont appelés à s'aligner sur les stratégies et politiques élaborées par le pays, et sur son système de gestion (principe d'alignement), avec des approches harmonisées (principe d'harmonisation) en vue d'atteindre les résultats de développement (principe de gestion axé sur les résultats), dans un cadre d'obligations mutuelles pour la réalisation des résultats (principe de responsabilité mutuelle). [248]

La Charte de Paris de 2005 sur l'efficacité de l'aide, est extrêmement importante non seulement parce qu'elle a donné un cachet officiel international à ces cinq principes fondamentaux, mais surtout parce qu'elle a redéfini la relation entre les donataires et les récipiendaires de l'aide, ces derniers étant appelés à jouer un rôle de leadership dans l'élaboration, la

[247] Stiglitz, 2003, op. cit.

[248] Bruno Mukendi, Les principes et méthodes de coordination de l'aide au développement, Washington DC: WIMI, 2007. Bruno Mukendi, Les principes et instruments de base de gestion de l'aide, Ecole nationale d'administration et PNUD-Bissau, 2011. Bruno Mukendi, Les mécanismes de coordination de l'aide, ENA-PNUD-Bissau, 2011.

mise en œuvre et la coordination de leurs stratégies de développement, dans le cadre d'un vaste processus de consultations nationales. Cette Déclaration est également importante parce qu'elle prône des réformes affectant tant la quantité que la qualité de l'aide, réformes qui sont à initier, par les pays africains, bénéficiaires des programmes d'aide, dans une dynamique de durabilité. Les donataires et les récipiendaires de l'aide, associés à cette Déclaration, plaident en faveur d'une intégration des initiatives et programmes des donataires dans les objectifs et priorités de développement définis par les pays bénéficiaires de l'aide. L'aide, elle-même devrait désormais se mouler dans des modalités appropriées et complémentaires, qui facilitent sa prévisibilité, sa ponctualité, son utilisation flexible et son efficacité globale sur l'économie du pays ou de l'institution bénéficiaire. [249]

La réalité quotidienne contredit, faut-il le souligner, la philosophie et les principes directeurs de cette Déclaration, si prometteurs qu'ils soient pour l'efficacité de l'aide et du développement, en général. [250] De prime abord, il est inconcevable d'envisager une appropriation effective du développement, telle qu'entérinée par la Charte de Paris de 2005, ou par l'Agenda d'action d'Accra de 2008 sur l'efficacité de l'aide, voire même par la Déclaration de Busan de 2011 sur l'efficacité du développement. En effet, dans les pays bénéficiaires de cette aide, les dirigeants et leurs populations ont intériorisé le complexe d'infériorité vis-à-vis des partenaires techniques et financiers étrangers (voir la section sur les manifestations de la sous-estimation africaine dans la coopération au développement). Ces dirigeants, tout comme leurs peuples, se voient petits face à leurs partenaires internationaux, parce qu'ils ne disposent pas d'autant de moyens que ces derniers, ne se sentent pas capables de transformer leurs richesses naturelles en sources de pouvoir, méprisent leur propre intelligence, dévalorisent leur capital humain et entretiennent les uns avec les autres des divisions psychologiques qui rendent tout travail entre eux problématique !

Proposition 3 : Certaines attitudes, croyances et normes sociales poussent les Africains à se faire des représentations négatives et à douter d'eux-mêmes.

Les pays africains ne sont pas les seuls à être victimes des forces extérieures, qui éventuellement contrecarrent leurs efforts vers des transformations autonomes. Certains pays de l'Asie et de l'Amérique Latine étaient soumis au colonialisme rapace et subissent encore les diktats des organismes internationaux de toutes sortes. Ces pays ont, cependant, réussi, pour certains en moins d'une génération après leurs indépendances, à mettre

[249] Bruno Mukendi, Ibidem.

[250] La Déclaration de Busan en 2011 insiste plus sur l'efficacité du développement que sur l'efficacité de l'aide.

en place des États viables et des économies prospères. Singapour et la Malaisie viennent à l'esprit comme particulièrement exemplaires de ces progrès. Même quand ces pays échouent, ils ne blâment pas nécessairement leurs ex-maîtres coloniaux ou les organismes financiers internationaux. En dehors des obstacles externes, il y a aussi d'autres déterminants endogènes, comme les attitudes, les comportements, les valeurs et les normes sociales, qui, dans une mesure importante, affectent négativement le processus de développement africain.

Les attitudes sont cruciales, parce qu'elles façonnent notre façon de voir, de penser, d'interpréter et de réagir face aux événements extérieurs. Elles sont comme des filtres psychologiques qui ajoutent du sens à des événements quotidiens. La manière dont quelqu'un pense, sent et agit est essentielle à son succès. Dans son ouvrage, " Les commandements du leadership, " John Maxwell [251] observe que " les attitudes colorent tout ce que nous faisons. Elles déterminent la façon dont un individu perçoit le monde et interagit avec d'autres personnes. " L'attitude d'une personne, positive si elle est bonne, et négative si elle ne l'est pas, a toujours un impact sur sa performance, indépendamment du talent, de l'expérience ou des circonstances. Un étudiant qui croit qu'il ne peut pas passer un test de mathématiques, a introduit l'échec dans son esprit. Il créera les conditions pour concrétiser ce qu'il a toujours pensé. Au contraire, si une personne pense et croit en termes de succès, elle se conditionnera en accord avec sa croyance, et augmentera son potentiel de réussite. Les attitudes influent donc sur la façon dont nous agissons et interprétons le monde autour de nous. Elles forment les paradigmes de nous-mêmes. Les attitudes négatives, si elles ne sont pas remises en cause, peuvent constituer des freins au développement et réduire une personne intelligente en un garçon médiocre ayant reçu son éducation de la rue.

Il a été dit et répété aux Africains, depuis leur rencontre avec l'Occident, qu'ils sont inférieurs aux Blancs, sont paresseux, font partie de la " deuxième classe, " ne peuvent pas gérer avec succès une compagnie, et ne sont bons que pour le travail physique et de la musique. Ces propos, de teinture idéologique et raciste, et qui n'ont rien d'objectif, ont été répétés à maintes reprises, et sont restées gravés dans la mémoire de nombreux Africains. Il est reconnu qu'un mensonge répété moult fois, et qui n'a jamais été contesté, peut passer pour une vérité, et par conséquent s'enraciner dans le système des croyances sociales, et constituer, de ce fait, un blocage au changement. Il n'est pas surprenant que les gens en sont venus à se contenter du moindre effort quand ils ont le potentiel naturel de faire plus et mieux.

En outre, on assiste à diverses formes d'exclusion sociale fondées sur des mythes, des normes coutumières et des stéréotypes culturels, dont le poids

---

[251] J. C. Maxwell, The 17 Indisputable Laws of Teamwork, Nashville, Tennesse: Nelson Books, 2001, pp. 112-113.

est encore prépondérant dans les mentalités africaines. Dans plusieurs sociétés africaines, les femmes étaient- et sont encore- stéréotypées comme inférieures aux hommes, elles sont perçues comme inaptes à certains métiers et certaines disciplines scientifiques, et ne conviennent que pour les travaux de ménage et la procréation. Dans certaines sociétés, la femme n'a pas droit à la propriété, et rien ne lui appartient, parce qu'elle est censée avoir été achetée avec une dot. Ces croyances ont contribué à décourager nombre de parents à laisser leurs filles fréquenter l'école ; ou si elles le font, les filles sont contraintes à l'abandonner pour s'engager dans des mariages précoces, notamment dans les centres ruraux. Pour 100 garçons qui sont inscrits à l'école primaire, seulement 79 filles y sont inscrites en Afrique subsaharienne. Le taux d'alphabétisation des femmes était en moyenne de 53 pour cent pour l'année 2003. Ce chiffre global dissimule des différences individuelles plus importantes ; ainsi, le taux d'alphabétisation des femmes était de 9, 4 pour cent pour la même année au Niger. [252] Nombre de filles et de femmes africaines manquent de connaissances et de compétences de base ; ce qui ajoute au phénomène tant décrié de la féminisation de la pauvreté, avec ses effets concomitants en termes d'impuissance de la femme africaine, de sa forte dépendance et de sa marginalisation. [253]

Même si la tendance est actuellement vers une plus grande équité entre les sexes, il est également vrai que lorsque le principe d'organisation sociale est fondé sur une hypothèse patriarcale du rôle de la femme dans la société, il s'ensuit habituellement que celle-ci se voit refuser l'accès à des ressources économiques essentielles comme la terre, et est dépossédée de tous les actifs importants, y compris des maisons et des enfants en cas de divorce ou de décès du conjoint. Il est intéressant de noter que, tandis que la participation de la femme dans la population active a considérablement grimpé au cours des deux dernières décennies, en particulier dans la politique, les femmes au travail sont largement concentrées dans des emplois peu rémunérés dans les centres urbains. L'impuissance des femmes, et le manque des possibilités d'emplois décents, ont poussé plusieurs d'entre elles dans le dénuement, et conduit d'autres à des comportements socialement répréhensibles.[254] Les croyances et préjugés négatifs autour des femmes, et les inégalités socio-économiques qui en résultent, contribuent à les condamner à occuper des fonctions subalternes, restreignant ainsi leur champ d'action pour une vie pleine dans la société.

---

[252] PNUD, Rapport mondial sur le développement humain 2005.

[253] African Union, The Road to Gender Equality in Africa: An Overview, The African Union Commission, Addis Ababa, Ethiopia, 2004. World Bank and UNDP, Gender and Agriculture in Africa: Effective Strategies for Moving Forward, Workshop, May 3-4, 2000.

[254] African Union, op. cit.

La discrimination ne se limite pas aux femmes. Des populations en provenance de certaines ethnies et tribus peuvent être discriminées sur des bases purement subjectives, à cause des préjugés culturels ou historiques. Les Hutus du Rwanda et du Burundi sont perçus par leurs frères et sœurs Tutsi de ces deux pays comme étant moins intelligents. On rencontre les mêmes stéréotypes un peu partout en Afrique, préjugés qui sont soit l'œuvre de la colonisation, soit celle des Africains eux-mêmes. Ainsi au Kasaï Occidental en RDC, les tribus telles que les Bayaka, les Babindi et les Bayeke sont traitées comme des êtres non-civilisés, des barbares et des moins intelligents, donc des êtres inférieurs. Ils sont généralement utilisés comme domestiques. Jusqu'à une période récente, il était difficile aux populations de grandes villes d'accepter d'être dirigées au niveau provincial par un ressortissant de ces tribus. Bien que ces stéréotypes se soient atténués, leur existence ne cesse d'exacerber des conflits identitaires, de diviser davantage les mêmes peuples et de rendre problématique toute collaboration interpersonnelle fructueuse et durable.

Par ailleurs, le fatalisme et le conformisme, bien qu'ayant été des vertus vénérées dans la société traditionnelle africaine, sont devenus obsolètes dans un monde de plus en plus capitaliste et compétitif. Les attitudes fatalistes poussent les Africains à ne pas compter sur leurs efforts, et à dépendre de la volonté des forces occultes et extra-terrestres, sur lesquelles ils n'ont aucun contrôle. Des situations parfois extrêmes de mal gouvernance politique, faisant glisser dans la destitution une grande partie des habitants d'un pays, sont acceptées, tout simplement parce qu'elles sont perçues comme imposées par le destin. Les citoyens n'y peuvent rien, car, suivant leur croyance, " c'est Dieu qui choisit les responsables et permet leur maintien au pouvoir ! "

Ainsi, selon certains Africains, comme souligné au Chapitre 1, le succès ne repose ni sur les performances personnelles, ni sur la capacité à mettre à contribution ses potentiels humains, mais, plutôt, sur le recours aux sorciers, féticheurs, marabouts, et autres intermédiaires de puissances spirituelles diverses. L'ancien PDG ivoirien Kessy donne quelques exemples intéressants, qu'il sied de citer ici. Un agent administratif de la société de distribution d'eau (SODECI) de la Côte d'Ivoire n'avait pas eu, à cause de sa paresse, de promotion depuis plusieurs années. Il sollicita une permutation dans un autre centre d'exploitation. Il justifia, cependant, sa demande de délocalisation, en faisant valoir que son voisin de bureau lui aurait jeté un mauvais sort. " Malgré une longue explication avec son supérieur hiérarchique, il repartit, sans avoir admis que sa mutation ne changerait rien à sa situation, et que son problème venait de son manque d'assiduité et de rendement. " [255]

---

[255] Exemple cité par Kessy, op. cit.

Dans une autre illustration marquante, cette fois-ci tirée d'une société d'électricité, Kessy parle d'un agent technique qui avait refusé d'exécuter l'ordre donné par son chef d'interrompre la fourniture d'électricité à un client, pour une facture impayée. L'agent justifia son refus en prétendant que la résidence en question appartenait à un marabout, et qu'une coupure effective aurait pour conséquence inévitable un mauvais sort lancé sur lui. Kessy conclut que" les décisions de l'entreprise peuvent être redoutées par crainte de représailles ou de vengeances occultes supposées irréparables. " " Dans ce contexte culturel, au lieu de s'acharner au travail pour améliorer leur rendement, " enchaîne-t-il, "les gens investissent leurs maigres revenus dans des sacrifices souvent coûteux, et à se procurer des amulettes et autres gris-gris à la quête de la protection et des promotions. "[256]

Pourquoi m'acharner au travail quand je sais que pour être nommé directeur ou ministre, ou conserver mon poste, il me faudra visiter un marabout ou faire partie d'un mouvement occulte ? Telle est la croyance généralement partagée ! On comprendra, dès lors, l'émergence fulgurante des sectes religieuses, sur lesquelles les gens se rabattent, pour trouver des réponses idoines à leurs conditions socioéconomiques ou politiques. Même dans des formations religieuses classiques, et dans des églises émergentes dites de réveil, certains adeptes en viennent à voir dans la prière et dans des carêmes prolongés une solution toute faite à leurs problèmes de vie, et se refusent, par conséquent, à accompagner ces œuvres de pénitence par des actions indispensables pour l'obtention de la grâce divine recherchée Dans un contexte politico-économique marqué par l'insécurité et le sous-emploi, des citoyens désespérés, ont trouvé, suivant l'observation de David Van Reybrouck, un asile dans des églises de réveil. Mais celles-ci, poursuit-il, au lieu de les inciter à se responsabiliser, promettent un bonheur facile, et proclament que la manne viendra d'en haut, Dieu va opérer des miracles, ou " Nzambi Akosala " (Dieu va agir), disent les croyants en RDC. [257] Rien n'est plus naïf que de croire que Dieu descendra du ciel sur la terre pour donner du travail ou chasser du pouvoir un dictateur récalcitrant ! Il est même insultant pour la puissance divine de ne pas utiliser l'intelligence supérieure dont elle a merveilleusement doté tout être humain, pour transformer la nature et mener une vie heureuse. " Aide-toi et le ciel t'aidera, " telle est la devise populaire, et non l'inverse. La croissance économique de l'Occident est attribuée à l'éthique protestante qui préconise, entre autres, un travail organisé et assidu. Quant au développement des pays de l'Asie du Sud-Est, il ressortit des valeurs confucianistes, qui, en plus de la frugalité, valorisent l'effort persistant, la sobriété et la prévoyance, toutes qualités qui

---

[256] Kessy, op. cit.

[257] David Van Reybrouck, Congo: une histoire, ACTES SUD, 2012 (Traduit du Néerlandais), pp. 529.

permettent de maximiser les gains pécuniaires. Sur ce point, je suis d'accord avec Mpoy lorsqu'il déclare :

> " Le pouvoir n'est pas conféré par Dieu à un groupe de gens. On obtient le pouvoir sur les autres, à travers la force mentale, la capacité à manipuler la nature à son avantage, à travers le sens de direction que l'on se donne, en restant discipliné, déterminé, tenace et persévérant. La force mentale engendre le pouvoir économique, qui à son tour renforce le pouvoir politique et social. " [258]

D'autre part, le conformisme culturel africain produit un impact aussi paralysant que les croyances fatalistes sur ces attitudes positives fortes, comme la valorisation de soi, la confiance en soi, l'affirmation de soi et le dépassement de soi. L'avancement individuel et collectif reste indissociable de la pensée critique et de la remise en question permanente de l'existant. Toutes les inventions modernes n'auraient pas existé, sans ce souci constant d'amélioration. La voiture d'aujourd'hui est plus perfectionnée que celle d'hier, avec une capacité accrue de préservation de l'énergie, un système de navigation et toutes sortes de gadgets adaptés aux besoins changeants des consommateurs. Cependant, dans les sociétés africaines l'immobilisme est visible partout. La houe est toujours la même que celle utilisée il y a cent ans dans les travaux des champs. Une nouvelle façon de faire les choses est contestée tout simplement parce qu'elle dérange les habitudes déjà acquises. Des évaluations et critiques constructives des politiques sont à peine encouragées. La soumission au chef reste une valeur prisée dans beaucoup de sociétés et n'encourage ni la créativité, ni la vérité. [259] Les administrations publiques voient sous leurs yeux que les sources classiques de financement de développement, auxquelles elles sont habituées, traversent des crises financières profondes, mais éprouvent des difficultés sérieuses à- ou sont hésitantes- ajuster leurs stratégies de coopération, afin de les orienter vers des partenaires émergents qui ont plus des moyens. L'incertitude que provoque le changement est crainte de toute force.

Il est pénible d'observer que les pays africains consomment massivement les gadgets électroniques étrangers, et en sont arrivés à accepter et à se prélasser dans ce rôle de consommateurs. Rares sont ceux qui se détachent de la mêlée, pour, enfin, mener une réflexion systématique, et se mettre à fabriquer des objets électroniques qui absorbent leurs avoirs en devises. Les Africains ne semblent pas convaincus qu'ils peuvent être promoteurs de nouvelles inventions plus adaptées à leurs besoins, voire de

[258] Bruno Mpoy, op. cit. pp. 33.

[259] Chez les Moussis de Burkina Faso, la soumission au chef est vénérée. On ne peut pas contredire le chef même quand on sait qu'il est en train de dérailler ;ce qui alimenterait la culture du mensonge.

nouveaux modèles de référence dans leur domaine de travail ou de spécialisation. Ces comportements de mimétisme et de suivisme accentuent le phénomène, tant décrié, de la reproduction des schémas théoriques et épistémologiques étrangers, ou le soi-disant mimétisme intellectuel. Le changement impliquant une remise en question et des efforts tenaces, auxquels nombreux sont ceux qui ne voudraient pas se soumettre, il est aisé pour les Africains de se complaire dans l'existant, dans la consommation et le copiage.

Il faut, également, remarquer que des attitudes paternalistes ne cessent d'exacerber des sentiments d'insuffisance. Par exemple, certains gouvernements et leurs peuples attendent que les donateurs étrangers interviennent, même dans des projets mineurs qu'ils peuvent faire eux-mêmes. Un petit pont s'écroule à la suite d'une forte pluie ; le gouvernement, à travers son Ministre en charge de la coopération internationale, convoque d'urgence une réunion des bailleurs de fonds pour mobiliser $50.000 en vue de régler ce problème. Un gouvernement propose d'envoyer deux représentants à une réunion de l'Assemblée annuelle des Nations Unies à New York, une requête est transmise rapidement aux bailleurs de fonds, pour supporter la totalité ou une partie de la facture, parfois inférieure à $15.000. Dans certains cas, le gouvernement peut mobiliser les ressources nécessaires sur son budget propre ; mais la mentalité en vogue est telle que les bailleurs de fonds sont là pour prendre soin de nous, pareil à un bon papa qui doit prendre soin de ses enfants. [260] Cette mentalité paternaliste, très ancrée dans les administrations publiques africaines, fait que les autorités et fonctionnaires se rabaissent, à longueur de journée, devant des bailleurs de fonds, qui ont fini par ne plus avoir de considération à leur égard. Il en résulte des relations de forte dépendance qui rendent difficile un partenariat d'égal à égal, tel qu'énoncé dans les accords formels de coopération. [261] Comment devrait-il en être autrement, quand on sait que la manière dont quelqu'un réagit au monde extérieur influe sur la façon dont le monde va lui répondre. Si vous dites au monde que vous ne pouvez pas, comme un enfant, survivre sans son aide, le monde vous traitera comme un enfant. Votre style d'engagement avec le monde définit le type de réponse que vous obtiendrez ; un style assertif stimule une qualité du donner et du recevoir avec le monde, tout à fait différent d'un style submissif.

Je serais incomplet si je ne mentionnais pas, dans la même lignée, des croyances archaïques vis-à-vis du temps et de sa gestion, croyances qui ne cessent de dégrader la réputation des Africains, partout où ils se trouvent, avec des conséquences dommageables à leur estime. Le temps demeure la contrainte majeure dans la gestion moderne, puisqu'il ne peut ni se louer, ni

---

[260] Bruno Mukendi, Raising Self-Esteem to Accelerate Sustainable Development in Africa, op. cit.

[261] Bruno Mukendi, 2009, op. cit.

s'acheter, ni s'acquérir de quelque façon que ce soit. Selon un dicton américain, " le temps, c'est de l'argent. " Chaque minute compte, et doit être rentabilisée. Nul ne peut gérer et diriger efficacement s'il ne peut régir son temps. Mais, cette valeur stratégique, qu'a le temps chez les Blancs, ne s'accommode point avec les croyances et la pratique africaine du temps. Dans l'esprit africain, le temps est toujours présent, il est élastique. La plupart des agents et des cadres ont, ainsi, des difficultés à comprendre ou accepter le caractère critique et économique du temps. Ils arrivent au bureau en retard ; mais ils se hâtent de le quitter avant l'heure. Un travail, qui peut prendre une heure, s'étale sur des semaines ou des mois, parce que " le travail des Blancs ne finit jamais." Il est coutume d'entendre les fonctionnaires burkinabés demander à leurs collègues pourquoi ils arrivent à l'heure au travail, car disent-ils : " ce n'est pas le champ de votre père. "

D'autre part, le respect des heures de rendez-vous est presque inexistant pour un Africain au point qu'on parle partout de l'heure africaine. Une cérémonie prévue à 14 h commence au mieux à 16 h, et au pire à 18 h. Les invitations sont préparées en tenant compte de cette flexibilité culturelle. La réaction d'un diplomate occidental au Cameroun est révélatrice de l'officialisation de ce comportement. Son Excellence Monsieur Syd Maddicott, Haut-Commissaire de la Grande-Bretagne au Cameroun en 2006, est interrogé par un journaliste, après moins de six mois de prise de fonction. Pour conclure l'interview, le journaliste lui pose la question de savoir s'il a déjà connu une déception, ou une frustration particulière depuis son arrivée au Cameroun. Le diplomate britannique, qui est dans le pays seulement depuis cinq mois, donne la réponse suivante :

> " Peut-être une seule. J'ai remarqué que les cérémonies, même officielles, ne commencent pas très souvent à l'heure fixée, et, par conséquent, ne se terminent pas toujours à l'heure fixée. " [262]

La flexibilité africaine, quant à la gestion rationnelle du temps, ne s'accommode point avec l'exactitude et la ponctualité des procédures de gestion performante. Ce qui se traduit aussi par des difficultés qu'éprouvent les Africains et leurs organisations à appliquer rigoureusement les règles et les procédures de planification et de programmation du travail, privilégiant plutôt l'improvisation.

[262] Journal Le Message du Cameroun, No 2172 du 19 juillet 2006, pp. 11. Cité par Léon Bertrand Ngouo, La réforme administrative dans les services publics en Afrique, Paris ;L'Harmattan, pp. 196.

Proposition 4 : La pauvreté incite les Africains à perdre l'estime de soi.

Il est généralement admis que l'Afrique, est le berceau de l'humanité. Il est, également, prouvé scientifiquement que l'Afrique précoloniale a su créer des structures politiques stables, des économies diversifiées, de la variété artistique et des institutions sociales cohérentes, qui lui ont permis d'assurer au cours des siècles un développement économique social équilibré. [263] L'Afrique contient, de même, la plus grande partie des réserves forestières, minérales et pétrolières mondiales connues. Elle est le plus grand producteur mondial de diamant industriel, d'or, de cobalt, d'uranium, de cacao, de café, et de nombreux autres produits. La population africaine représente le tiers de la population mondiale. Mais, ce continent immensément riche, n'a pas encore, malheureusement, réussi à transformer ses ressources naturelles et humaines, en sources de puissance et des pouvoirs ; et il demeure l'une des régions les plus appauvries de la planète.

Bien que des particularités existent, les performances africaines en matière de développement sont, en général, les plus faibles, se traduisant par un indice de développement humain (IDH) de 0, 475 (2012), qui est le plus bas au monde (moyenne mondiale : 0. 693). Comme indiqué au Tableau 3, en 2012 l'espérance de vie à la naissance en Afrique subsaharienne était de 54. 9 ans, comparativement aux 66, 2 ans et 74, 7 ans, respectivement en Asie du Sud et en Amérique Latine et aux Caraïbes ; le taux d'alphabétisation des adultes était de 63% légèrement supérieur à celui de l'Asie du Sud (62,8%), mais bien plus faible par rapport aux 91, 3% pour l'Amérique Latine et les Caraïbes et aux 93, 8% de l'Asie de l'Est et du Pacifique ; le PIB africain par habitant était de 2, 035 dollars américains, nettement inférieur à la moyenne mondiale de $8, 229.

L'Afrique Subsaharienne, qui compte 46 pays, n'enregistre qu'un seul pays (Ile Maurice) parmi les pays à développement humain élevé (et pas un seul classé dans la catégorie du développement humain très élevé), 8 pays seulement dans la catégorie des pays à développement humain moyen (Afrique du Sud, Botswana, Cap-Vert, Gabon, Ghana, Guinée Equatoriale, Namibie et Swaziland) ; 37 pays, soit 80% des pays subsahariens, sont concentrés dans la catégorie des pays à faible développement humain ; même ce pays riche qu'est la République Démocratique du Congo partage, en 2012, la dernière place, avec le Niger, sur l'échelle mondiale de l'IDH !

---

[263] Ferkiss, op. cit. H. Bourgoin, L'Afrique malade du management, Paris: Editions Jean Picollec, 1984. Basil Davidson, Black Star, New York: Praeger, 1973.

Tableau 3

Niveaux de développement humain de l'Afrique Subsaharienne comparés aux autres

	Etats arabes		Asie de l'Est et du Pacifique		Asie du Sud		Amérique Latine et Caraïbes		Afrique Subsaharienne	
nnée	2005	2012	2005	2012	2005	2012	2005	2012	2005	2012
spérance de vie à naissance (en nées)	67, 5	71. 0	71, 7	72. 7	63, 8	66. 2	72, 8	74, 8	49, 6	54, 9
aux alphabétisation s adultes (en %)	70, 3	74, 5	90, 7	93, 8	59, 5	62, 8	90, 7	91, 3	60, 3	63, 0
aux de olarisation (en)	65, 5	97, 7	69, 4	111. 0	60, 3	113. 6	81, 2	115. 9	50, 6	100, 3
B par habitant n PPA US$)	6716	8373	6604	6894	3416	3419	8417	10311	1998	2035
dice de veloppement main (IDH)	0, 699	0. 652	0, 771	0, 682	0, 611	0, 558	0, 803	0, 740	0, 493	0, 475

Source : PNUD, Rapport mondial sur le développement humain, 2010 et 2012.

L'argument central est que la pauvreté pousse les Africains à douter d'eux-mêmes et de leur potentiel. [264] " Quand vous êtes matériellement pauvres, " déclarait l'ancien président tanzanien Benjamin Mkapa, " les gens pensent que vous êtes également pauvres en esprit. Ils veulent donc penser et décider à votre place. " [265] Lors d'un débat, Betty Baba souleva une question intéressante, en s'interrogeant sur la difficulté pour les Africains de résister à l'acculturation, du fait que celle-ci est intimement liée à la pauvreté, et à l'aspiration collective du peuple africain au matérialisme. [266]

Face au manque criant de nourriture, de logement décent et d'accès à d'autres biens matériels élémentaires, nombre d'Africains manifestent des signes persistants d'impuissance et de désespoir. La pauvreté monétaire entraîne l'insécurité, la dépendance et la domination du continent par les

[264] Todaro, op. cit, Goulet, op. cit. On comprend très bien ici que les aspects structurels qui conditionnent l'appauvrissement ne sont pas en cause ;c'est plutôt les caractéristiques individuelles. Les gens sont pauvres parce qu'ils souffrent de la sous-estimation personnelle.

[265] Africans Should Strive for Full, Xinhua(Tanzanie), August 26 (2003),

[266] Betty Baba, Modernisme: le devenir de la solidarité africaine, Afrikibouge, 2009.

pays industrialisés les plus avancés. Comme dit un adage populaire, " il n'y a pas de dignité dans la pauvreté. " Au regard de la puissance technologique des autres peuples, allant des choses simples à des produits sophistiqués, tels que la radio, la télévision, le tracteur, la voiture, le train, les équipements médicaux, l'avion, la fusée, l'ordinateur, et toutes les nouvelles technologies de communication et de l'information, l'Africain tombe, consciemment ou inconsciemment, dans l'admiration, et n'hésite pas à confirmer la supériorité des inventeurs et des fabricants de ces moyens technologiques, qu'ils assimilent, sans distinction, avec les Blancs. Le développement économique et industriel, est recherché comme un moyen pour maintenir ou accroître l'estime de soi. Le Professeur Goulet atteste :

> " Une fois que l'image prédominante d'une vie meilleure inclut le bien-être matériel comme l'un de ses ingrédients essentiels, il devient difficile pour les matériellement sous-développés de se sentir respectés et estimés. Aujourd'hui, le tiers-monde cherche à se développer, afin de gagner l'estime de soi, qui est refusée à des sociétés vivant dans un état de sous-développement scandaleux. Le développement est légitimé comme un objectif, car il est un élément important, peut-être même le moyen indispensable pour gagner l'estime de soi. " [267]

L'hégémonie économique de l'Inde, et son ascension comme puissance technologique et économique mondiale, intègrent des changements de comportements et de mentalités des gens qui confirment l'analyse de Goulet. Parlant des transformations intervenues dans l'économie indienne à la suite de sa révolution technologique, Rai et Simon déclarent :

> " Comme l'Inde tend à être acceptée comme un des grands acteurs dans le concert des nations, la population est en train de changer sa façon de voir les choses et de penser… La confiance dans le peuple indien et dans son dynamisme est incontestable. Les gens disaient qu'ils étaient condamnés, que c'était le destin de l'Inde d'être pauvre, affamée et dévastée par la sécheresse et les inondations…. La nouvelle génération vit dans la ferme conviction que le meilleur est encore à venir… " [268]

L'argent est un élément essentiel qui influe sur l'estime de soi, dans la mesure où il permet à l'individu d'accéder aux biens et services susceptibles de donner satisfaction à ses besoins et à ses ambitions dans la vie. Par l'argent, quelqu'un peut obtenir l'éducation qu'il faut pour lui-même, comme pour sa famille, et s'ouvrir vers des nouveaux horizons ; il peut accéder aux services de santé et, par là, renforcer son image et sa prestance physique. Mais, l'argent n'est pas la condition sine qua non du bonheur dans

---

[267] Goulet, op. cit. pp. 89-90.
[268] Rai and Simon, op. cit. pp. 12-13.

la vie, et il n'est pas suffisant pour immuniser les gens contre la sous-estimation de soi. Les pays hautement industrialisés, comme les États-Unis et la France, ne sont pas épargnés par la sous-estimation de soi, bien qu'à des degrés et sous des formes variées. Les politiques d'exclusion et la marginalisation, la pauvreté, le racisme et l'aliénation culturelle font que certaines catégories sociales viennent à se voir refuser quant aux possibilités de vivre une vie plus humaine, et à perdre leur estime de soi. Comme l'indique à juste titre un précepte chinois, l'argent bien qu'important, ne donne pas de solutions à tous les défis de la vie :

> "L'argent peut acheter un livre, mais pas la connaissance.
> L'argent peut acheter une position, mais pas le respect.
> L'argent peut payer le médecin, mais pas la santé.
> L'argent peut acheter une maison, mais pas un foyer.
> L'argent peut acheter une horloge, mais pas le temps.
> L'argent peut acheter le sexe, mais pas l'amour. "

J'ai connu des gens qui ont réussi à décrocher des emplois relativement rémunérateurs, dans la fonction publique nationale et internationale, ou dans la politique. Ils ont des maisons dans leur pays d'origine et à l'étranger. Ils se payent des vacances annuelles, et mènent une vie apparemment aisée. J'ai aussi constaté, parmi le même groupe des gens, qu'il y en a qui souffrent sérieusement du fait qu'ils n'ont pas atteint le niveau d'études qu'ils ambitionnaient dans la vie. Malgré l'aisance financière, ils sentent qu'il y a quelque chose qui leur manque en comparaison avec leurs amis et collègues ; ce qui les plonge dans une sorte d'insécurité mentale devant leurs amis et collègues, qui ont des formations ou des diplômes qu'eux-mêmes ne possèdent pas. L'insécurité et le manque de confiance en eux qu'ils éprouvent au regard de leurs amis ou collègues se traduisent entre autres par des sentiments de jalousie, de haine, la difficulté de coopérer avec eux ou de se rapprocher d'eux, pour travailler ensemble. Cette frustration envers eux-mêmes se manifeste par des paroles telles que " si je suis arrivé là où je suis, ce n'est pas à cause d'un diplôme" ; "tous les hauts responsables n'ont pas de diplômes. " Les Zaïrois, à l'époque, ne disaient-ils pas de leur Chef de l'Etat Mobutu qu'il souffrait d'un complexe d'infériorité devant les intellectuels, se référant entre autres à un discours dans lequel il traitait les intellectuels " d'économistes de chambre ? " L'argent est, certes, important, mais il n'est pas le seul déterminant de l'estime de soi, sinon on aurait des difficultés à expliquer certains états pathologiques, tels que la dépression dans des familles riches. Se référant à l'insuffisance des facteurs économiques et financiers pour expliquer les transformations nécessaires pour développer un pays, Robert F. Kennedy soulignait dans un discours à l'Université du Kansas, en mars 1968 :

" Le produit national brut ne dit rien sur la santé de nos enfants, la qualité de leur éducation, ou la joie qu'ils éprouvent en jouant. Il ne traduit pas la beauté de notre poésie, ou la solidité de nos mariages. . . Il mesure tout, sauf ce qui fait que la vie vaut la peine d'être vécue. Il nous raconte tout sur l'Amérique, sauf pourquoi nous sommes fiers d'être Américains. " [269]

Il n'y a rien de mal à être pauvre ; ce qui donne lieu à l'inquiétude, cependant, est qu'une pauvreté monétaire chronique peut engendrer sa propre culture, une culture de la pauvreté qui, à travers ses propres mécanismes de fonctionnement, risque de rendre les pauvres plus pauvres, et de perpétuer leur incapacité à sortir de cette situation ou condition. [270] Cela pour trois raisons : d' abord, les gens dans la culture de la pauvreté ont tendance à développer *des sentiments élevés de marginalité, d'impuissance, de dépendance, de manque d'appartenance, de résignation à leur sort et de fatalisme.* Ils sont comme des étrangers dans leur propre pays. Du fait qu'ils ne participent pas effectivement au et ne sont pas intégrés dans le processus de prise des décisions majeures affectant leur vie, ils en arrivent à être convaincus que les institutions existantes et l'ordre en vigueur ne servent pas leurs intérêts. Ils ne pensent pas qu'en mieux s'organisant et en mieux utilisant leurs talents et ressources, y compris leur temps, ils peuvent réussir à améliorer leurs conditions. Dans une étude de la Banque mondiale en 2000, plusieurs milliers de pauvres qui ont été interrogés ont confirmé ces sentiments, en se déclarant avoir été sans-voix et n'avoir aucun contrôle sur leur propre destin, se considérant comme étant ballottés par des forces qui échappent à leur contrôle. [271]

En Afrique, de nombreuses personnes, y compris des Chefs d'État et des Ministres se plaignent de la façon dont les politiques de développement sont imposées contre leur volonté par les bailleurs de fonds, en particulier la Banque mondiale et le FMI, les réduisant à " des exécutants passifs des politiques qui tiennent rarement compte de leurs réalités. " C'est là un autre aspect important de la culture de la pauvreté : la *mentalité de victime.* Comme a dit une fois un journaliste : " les victimes ne sont pas nécessairement des gens qui se sont retrouvés à la merci des circonstances douloureuses et tragiques. Pour être une victime, il vous suffit de penser comme une victime. " Une personne qui se voit victime pense à peine à ce qu'elle doit faire pour changer la situation en présence. Au lieu de s'engager dans une action libératrice, la victime multiplie les plaintes, ou se cache

[269] Tiré d'Okumu, op. cit. pp. 13

[270] Oscar Lewis a trouvé dans un autre contexte que la pauvreté pouvait engendrer sa propre culture. Voir Oscar Lewis, Five Families: Mexican Case Studies in the Culture of Poverty, New York: Wiley Science Editions, 1992.

[271] Stiglitz, 2003, op. cit, pp. 83. ctive

derrière des faux fuyants, dont la seule finalité est de prouver son innocence. Ainsi, dans l'esprit d'une victime africaine, sa pauvreté provient des actions de quelqu'un d'autre : les Américains, les Français, les Belges, les Britanniques, les Portugais, les Libanais, les Indiens ou tout simplement le système capitaliste mondial. Ou encore, cette pauvreté serait occasionnée par des forces magiques qui échappent à son contrôle. Les étrangers sont donc en train de l'exploiter ou de profiter de la richesse de son pays, sans qu'elle ait aucune responsabilité dans cette situation de soumission à l'autre. Les sorciers l'ont envoûtée et bloquée sa promotion, et il n'y a rien qu'elle puisse faire, en dehors des sacrifices aux esprits en colère, des carêmes et des prières prolongées.

Les victimes sont peu portées à saisir l'étendue de leur propre responsabilité dans le maintien ou l'aggravation de leur situation. Des ressources naturelles de l'Afrique sont pillées par des étrangers ; néanmoins, ceux-ci ne vont creuser ni le diamant, ni l'or ; ils travaillent à travers des intermédiaires nationaux, ceux qui sont au pouvoir et des citoyens. Il convient de reconnaître et de déterminer l'étendue de leur responsabilité dans cette exploitation. L'esclavage, la colonisation et aujourd'hui la néo-colonisation, ne sont pas les conséquences du seul vouloir des capitalistes étrangers, à la quête de l'argent et de l'influence. Comme le précise Achille Mbembé, " le destin des esclaves noirs dans la modernité n'est pas le résultat du seul vouloir tyrannique de l'autre et de sa cruauté... L'autre signifiant primitif, c'est le meurtre du frère par le frère, bref la cité divisée. "[272] Il avance que les " Africains devraient repenser la Traite négrière et les autres conséquences de l'esclavage, non pas seulement comme une catastrophe qui s'est abattue sur eux (le sentiment d'en être la victime), mais également comme le produit d'une histoire qu'ils ont activement contribué à façonner à travers la manière dont ils se sont traités les uns les autres. "

En effet, l'Africain tient les Blancs responsables de son exploitation et de sa misère conséquente, mais il omet de voir que, dans beaucoup de cas, il se laisse exploiter en se montrant complaisant avec le statu quo, en acceptant parfois de jouer des rôles compromettants, au détriment des intérêts nationaux, en étant réticent à appuyer son frère ou sa sœur, en refusant d'écouter ses propres experts, ou en accordant souvent un traitement préférentiel aux étrangers, quel qu'en soit le niveau d'éducation et d'expérience effective. Personne n'ignore, par exemple, que des Chefs d'État et des gouvernements africains qui font preuve d'indépendance d'esprit et de courage dans leur façon de gouverner, cherchant à mettre en place des politiques économiques susceptibles de transformer radicalement leurs économies afin de les mettre au service de leurs citoyens, sont éliminés par des Africains eux-mêmes, sous l'instigation des services de sécurité

---

[272] Achille Mbembé, Philosophie et politique en Afrique. In Politique africaine, 2000/1 (No 77), pp. 32 (version publiée sur l'internet).

étrangers. Il n'est pas un secret aujourd'hui que le Premier Ministre du Congo-Kinshasa, le père fondateur et le champion de l'indépendance immédiate de ce pays, Patrice Emery Lumumba, a été malmené, et tué cruellement, par des Congolais eux-mêmes sous le commandement et la surveillance étrangère. Est-ce que les Européens, les Américains ou les Chinois peuvent accepter qu'un étranger, de près ou de loin, complote pour exécuter leur Chef de l'État ou leur Premier Ministre ? Un tel complot serait dévoilé sans délai.

Pourquoi les Africains en arrivent-ils jusque-là ? Bossuyt, Laporte et Van Hoek [273] ont noté, dans leur étude, que l'une des contraintes à l'utilisation efficace des consultants et des cabinets africains, réside dans la réticence des responsables et gestionnaires africains de projet d'attribuer des contrats à leurs propres ressortissants, même lorsqu'ils sont autorisés par les bailleurs de fonds. Cela arrive principalement " parce qu'ils aiment préserver leurs relations privilégiées avec des sociétés de conseil étrangères, et craignent d'être exposés à la critique par des experts nationaux, ou d'affronter la concurrence de leur part. " Un constat qui passe de tout commentaire.

Si la pauvreté des Noirs se résume par le manque d'argent par rapport à d'autres groupes sociaux, et paradoxalement, si les Noirs ne sont pas disposés à offrir des possibilités de faire de l'argent à des gens de leur propre race, il est bien évident qu'il leur faudra plusieurs décennies, voire des siècles pour former un groupe social économiquement et financièrement émergent, et mériter par conséquent le respect dans un monde où l'estime de soi n'est conférée de plus en plus qu'à ceux qui possèdent la puissance financière. Les Juifs, les Libanais en Afrique, et récemment, les " Hispaniques " aux États-Unis, sont tous connus pour être prospères dans leurs initiatives d'affaires, en raison de leur capacité à puiser dans le capital social, dans des relations d'entraide réciproque et de travail d'équipe presque institutionnalisées. Suffit de dire que la force des Blancs réside dans leur capacité élevée de s'entraider et de collaborer, [274] une unité de race qui est fonctionnellement active.

Le cas des Libanais en Afrique sert également d'illustration. La plupart des Libanais arrivent en Afrique avec des moyens dérisoires, et après une période de temps, ils sont capables de prétendre à une fortune immense. Cela n'est pas forcément imputable à un savoir-faire spécial, mais au contraire, à leur attitude dans les pays étrangers. Lorsque les Libanais s'installent n'importe où en Afrique, l'une de leur réalisation principale est d'établir une association locale. L'objectif principal de cette association (formelle ou

---

[273] J. Bossurt, G. Laporte et F. van Hoek, New Venues for Technical Cooperation in Africa. Improving the Record in Terms of Capacity Building European Centre for Development Policy Management, ECDPM Occasional Paper, and (no publication year).

[274] Voir pour détails, Mpoyi, op. cit sur la collaboration entre les Blancs.

informelle) est de favoriser l'autoassistance, l'autonomie collective, développer des relations de soutien et chercher à éliminer par tous les moyens des critiques destructives entre les membres, surtout avec les étrangers. Les Libanais ont donc fait leur la devise selon laquelle les pays qui se sont érigés en puissance mondiale ont fondé leur pouvoir, laquelle devise est largement ignorée par la plupart des Noirs. Il s'agit de " l'Union fait la force " ou comme il est dit en Amérique " United We Stand. " En conséquence, un nouveau venu est massivement aidé par la communauté libanaise résidente, pour s'installer, étudier le marché et construire des réseaux puissants dans la société d'accueil. S'il le souhaite, il peut soit travailler avec un ou deux compatriotes jusqu'à ce qu'il soit suffisamment capable d'ouvrir son propre magasin, soit obtenir un prêt à des modalités flexibles de remboursement, pour investir dans un domaine de son choix. Déterminé à faire de l'argent, il travaillera de longues heures. Après quelques mois, des signes de succès commencent à apparaître : il diversifie ses affaires et invite d'autres Libanais à le rejoindre. Le travail est fondamentalement en équipe et au fil du temps, chaque membre de l'équipe devient propriétaire de sa propre entreprise. Ainsi, l'autonomie collective et le travail laborieux en équipe sont parmi de grands secrets derrière la performance impressionnante des résidents libanais en Afrique.

Entre-temps, pendant que les Libanais se construisent des appareils de production sur leur sol, le rôle des Africains est généralement de facilitation : l'accès aux informations, aux personnes et aux documents clefs, et aux matières premières, tout en assurant leur protection complète contre des concitoyens ou des personnes qui pourraient être tentés de leur causer des troubles. Les Africains, y compris de hautes personnalités politiques ou militaires, se positionnent en commissionnaires auprès des Libanais qu'ils soutiennent, en contrepartie d'avantages matériels ou/et pécuniaires. Dans de rares cas où certains africains essayent de les imiter, ils se découragent vite, en partie parce qu'ils ne peuvent malheureusement pas obtenir les mêmes appuis auprès de leurs propres frères et sœurs dans les bureaucraties gouvernementales et militaires, et dans la société, en général.

Cette attitude de rejet conduit à une autre caractéristique importante de la culture de la pauvreté, en plus de la marginalité, de la dépendance et de la mentalité de victime. Il s'agit du " crabisme. " Les crabes préfèrent marcher au même rythme. Si l'un d'eux prend de l'avance, il est tiré en arrière par d'autres. L'harmonie est maintenue aussi longtemps que chaque crabe n'émerge pas, et reste dans le groupe. Pareils aux crabes, les gens dans la pauvreté ont tendance à développer une mentalité qui est défavorable à la promotion collective de leur groupe. " Soit que je progresse seul, soit que nous stagnions ensemble, " telle est la règle. Le problème avec les Africains est que le " crabisme " touche toutes les couches sociales : les pauvres, la classe moyenne et les riches, à l'intérieur du continent comme dans la diaspora. Parlant des pratiques sociales dans son pays natal, le Kenya, une participante dans l'un des cours du Washington International Management Institute en été 2006 résuma, devant sa classe, des attitudes de " crabisme " qui sont par ailleurs répandues en Afrique, dans les termes suivants.

> " Il y a beaucoup de magasins appartenant aux Indiens au Kenya. De nombreux Kenyans préfèrent acheter chez eux, plutôt qu'auprès de leurs compatriotes africains, toutes choses étant égales. Certains pensent qu'acheter chez les Africains va rendre les propriétaires plus riches qu'eux-mêmes…" [275]

Au lieu de voir la forêt, les Africains voient les arbres ; en d'autres termes, ils ne voient pas plus loin que leur nez, ou sont aveugles aux intérêts stratégiques. Ils s'enferment dans des calculs à court terme, pour des gains personnels, au point de faire de leurs compatriotes des ennemis à abattre, et non des partenaires avec lesquels ils peuvent collaborer pour des bénéfices mutuels. Des sentiments d'envie, de jalousie et de suspicion mutuels conduisent à la méfiance, à la rétention des informations importantes susceptibles de bénéficier l'autre partie et au rejet pur et simple d'une relation utile de coopération. Alors que les mêmes personnes entrent facilement en partenariat avec des non-africains, elles affichent toutes les raisons possibles pour rendre virtuellement impossible une coopération gagne-gagne avec leurs frères et sœurs. A mon avis, la mentalité du crabe paraît à l'origine des comportements généralisés dont on se plaint à longueur de journée dans des communautés africaines en Afrique et en dehors d'elle, tels la réticence par les Africains de soutenir les affaires des Africains, le sabotage direct ou indirect par les Africains des autres Africains qui ont réussi dans leur carrière ou sont en passe de l'être, la propension par les Africains pour des critiques négatives ou destructives à l'endroit d'autres Africains, l'invocation des mauvais esprits ou le recours à la magie noire pour anéantir un frère ou une sœur dont le succès ou le potentiel de succès rend jaloux ou envieux ceux ou celles qui sont, consciemment ou inconsciemment, en compétition avec lui ou elle.

Je ne vois pas comment les gens qui s'estiment et ont confiance en eux-mêmes peuvent passer leur temps à se jalouser mutuellement, à faire en sorte que les autres ne progressent pas, ou à afficher une haine meurtrière vis-à-vis de ceux-là mêmes dont ils prétendent être leurs frères ou sœurs. Ce sont plutôt des personnes qui souffrent de complexe d'infériorité, ou qui se sentent dans une insécurité psychologique permanente, qui projettent de telles attitudes d'inadéquation. En fait, la question est de savoir pourquoi les Africains pensent à la destruction dans des situations où les Blancs penseraient à l'émulation. Si un Blanc typique voit une maison très jolie qui

---

[275] Tiré de Bruno Mukendi. Raising Self-Esteem to Accelerate Sustainable Development in Africa, op. cit.

lui plait, le premier réflexe sera éventuellement d'admirer la beauté de la maison au point de chercher à rencontrer le propriétaire pour en savoir davantage. Il commencera à concevoir des idées pour se construire une maison semblable, sinon meilleure. Ce fut l'attitude de feu Sam Walton, le patron des patrons américains et le fondateur des grandes chaines de vente et grands magasins d'escompte Wal-Mart et Sam's Club. C'est en fait le succès dans les affaires de son beau-père L. S. Robson qui l'avait inspiré. Voici comment il le présente lui-même :

> "J'ai vu le succès de mon beau-père et je l'ai admiré. Je ne l'ai pas envié ; je l'ai plutôt admiré. Je me suis dit que je connaîtrai probablement du succès comme lui. " [276]

Par contre, devant la même réalité, le reflexe typique d'un Noir africain sera différente. Dans le cas de la maison, il cherchera à savoir à qui elle appartient et comment il l'a eue. Ces questions ne visent pas à émuler, mais sont inspirées par des sentiments forts de jalousie, d'envie et de destruction. Au village, on ira jusqu'à invoquer des mauvais esprits sur la belle maison ou à susciter la foudre pour la détruire complètement. En ville, on tentera de créer des problèmes au propriétaire par des personnes interposées, si on n'arrive pas à le faire arrêter pour de bon, ou à l'empoisonner sous un prétexte quelconque.

Il convient de remarquer ici que la pauvreté ne doit pas être comprise seulement en termes de carence de richesses matérielles ou monétaires. Toute personne qui n'a pas la foi en sa capacité de maîtriser sa destinée est pauvre. Un mot de caution s'impose également ici. Alors que le continent africain est généralement appauvri, bon nombre d'Africains ne peuvent pas être considérés nécessairement comme individuellement pauvres sur le plan matériel.

Il y aurait plus d'Africains propriétaires de voitures coûteuses que d'Américains. [277] Des fonctionnaires de l'État, en dépit de leurs maigres salaires officiels, peuvent détenir plusieurs propriétés dans des quartiers luxueux de la capitale. La plupart des Africains créent des occasions de toutes sortes pour organiser des fêtes au cours desquelles du vin importé est servi. Les dépenses ostentatoires auxquelles se livrent ces Africains, par souci de paraître grands, défient toute imagination, au regard de tout ce qui

---

[276] Sam Walton et John Huey, Sam Walton, Made in America: My Story, New York: Doubleday, 1992, pp. 6.

[277] Même dans la diaspora, il y a beaucoup de gens qui se plaignent constamment de manquer de l'argent, mais qui se permettent d'acheter des voitures de luxe. Les apparats extérieurs sont valorisés parce qu'ils donnent de la classe. Le souci de paraître grand prédomine chez l'Africain.

se dit sur l'Afrique et ses habitants. [278] En d'autres mots, les élites qui sont les plus touchées par la diminution d'estime de soi ne souffrent pas nécessairement de la pauvreté monétaire. D'autres facteurs seraient à l'origine de leur faible estime de soi.

Proposition 5 : La communication interne et externe sur l'Afrique tend à la rabaisser et à la discréditer, poussant les Africains à développer une image négative d'eux-mêmes.

Des agences africaines de presse, de radiodiffusion et de la télévision ont largement échoué à faire campagne pour une image de l'Afrique qui soit différente de celle projetée par l'Occident. Elles demeurent essentiellement des propagatrices des valeurs et des idées étrangères et d'un matérialisme terre à terre. [279] On peut refuser des visas aux Africains pour visiter l'Occident, mais ils y sont chaque jour, notamment par le biais des médias. Ces derniers ont réussi à vendre les idées et le mode de vie occidental, d'une manière inédite dans l'histoire.

Sauf quelques rares exceptions, de Kinshasa à Bissau en passant par Abidjan, Accra, Lagos et Dakar, l'actualité est pratiquement dominée par ce qui se passe à Bruxelles, Lisbonne, Paris, Londres, ou Washington. Tout se passe comme s'il n'y avait pas d'activités dignes qu'il en soit rendu compte à l'intérieur des quartiers et des provinces, ou comme si les journalistes n'ont pas assez d'imagination pour préparer leurs propres récits. De vieux films étrangers occupent l'essentiel du temps sur les chaînes nationales de télévision, en dehors du sport, de la musique et des activités protocolaires des membres du gouvernement. Les individus, en particulier, les enfants qui grandissent dans un environnement si biaisé en faveur de tout ce qui est étranger commencent, dès leurs très bas âges, à regarder leurs visages et leur terre natale en termes négatifs ; ils ne voient pas leur peau et leur pays comme ouvrant des opportunités, mais plutôt en termes d'handicaps et d'obstacles, qu'ils doivent chercher à tout prix à contourner.

Avoir des parents à l'étranger n'est pas seulement perçu en Afrique comme un succès économique, mais une source de prestige social pour la famille concernée. A Kinshasa, en RDC, ceux qui fréquentent les bureaux de Western Union sont pris en haute estime dans leur quartier. Le prestige augmente en fonction du nombre de membres qu'une famille peut avoir à l'étranger. Demandez à un Congolais de la RDC où il préférerait vivre par-dessus tout ! " Il y a des grandes chances, " écrit David Van Reybrouck, qu'il vous réponde : " Na Poto " c'est-à-dire en Europe. [280]

---

[278] Mukendi et Ntumba, 1980, op. cit.

[279] Betty Baba, op. cit. pour exemples.

[280] David Van Reybrouck, Congo, une histoire, ACTES SUD, 2012, pp. 497.

Du fait de la manière dont l'Occident est présenté dans les médias, les jeunes gens qui avaient émigré de leurs villages vers les zones urbaines, dans l'espoir d'une vie meilleure, maintenant déçus dans leurs rêves, découvrent qu'ils ont encore une chance d'atteindre leurs ambitions s'ils continuaient leur voyage vers l'Occident. Ainsi, au moment où les dirigeants africains parlent de la renaissance et insistent pour que la diaspora africaine puisse se joindre à ses frères et sœurs dans leur terre natale pour la reconstruction du continent, ceux qui vivent en Afrique, en particulier la population la plus productive et les adolescents, cherchent par tous les moyens à immigrer en Occident. S'ils réussissent dans leur aventure, cependant, ils sont de nouveau déçus, car ils se rendent compte rapidement que la soi-disant " vie matérielle facile, " qui leur était chantée, n'est qu'une autre publicité attrayante. Ils ont maintenant à faire face aux nouvelles réalités de la diminution incessante de l'estime de soi, souvent exacerbée quand ils se contentent de " petits boulots. "

Pour l'Occident, d'autre part, le continent africain est souvent dépeint comme un coin du monde où habitent des êtres infrahumains. Jusqu'à une époque très récente, tous les efforts étaient consciemment déployés pour chercher ce qui ne marche pas convenablement sur le continent, en faire publicité de manière persistante, avec une prédilection à transformer le positif en négatif. [281] La propagande des médias occidentaux répand l'image de l'Afrique noire comme le sous-continent de l'incompétence, du despotisme, de la violence, des conflits tribaux (même si certains de ces conflits sont déclenchés, en catimini, par ceux-là mêmes qui critiquent l'Afrique), des maladies, de la faim, et des comportements semblables à ceux des animaux. Okumu souligne à juste titre :

> " Si quelqu'un écoute les agences de radiodiffusion du monde, toutes les nouvelles, ou les articles, sur l'Afrique sont toujours en relation avec la pauvreté, la malnutrition, les mauvaises conditions d'hygiène, la peste et les maladies de toutes sortes… L'Afrique est le lieu des maladies comme le paludisme, la fièvre jaune, l'onchocercose, la maladie du sommeil, le virus Ebola et le VIH/SIDA, reléguant ainsi le continent à une région des désavantages graves dont il faut avoir peur. " [282]

Richard Allen abonde dans le même sens :

> " Les médias imprimés et électroniques, et spécialement le cinéma et la télévision, ont souvent montré les Africains et autres peuples de couleur d'une manière comique et dégradante… L'image des Noirs Américains sert un but spécifique pour ceux qui contrôlent les images, notamment

[281] N. N. Mills, Africa, US Foreign Policy and the American Media, Démocraties africaines, No 12 , Octobre-November and December (1997), Dakar, pp. 49-50.
[282] Okumu, op. cit. pp. 24.

renforcer et rationaliser la position subalterne du Noir dans la société..." [283]

Non seulement ces messages amalgament et dénigrent les Noirs, mais produisent également des effets négatifs sur leur image et estime personnelle. Il est vrai que l'incapacité de l'Afrique à répondre adéquatement à ses propres besoins, et sa dépendance presque totale à l'égard de l'Occident, ont donné des justifications à ces déclarations. D'autre part, étant le principal partenaire de l'Afrique, l'Occident assume une responsabilité partagée pour l'échec des promesses du développement, et doit reconnaître sa responsabilité et encourager, dans son comportement, des pratiques qui renforcent la responsabilisation des Africains pour la prise en charge de leur destinée. [284]

En outre, l'émergence des technologies de l'information a donné lieu à une culture universelle, dont le dénominateur commun reste la consommation en masse des biens et des produits étrangers, y compris le cinéma, la télévision et les journaux. Grâce à l'internet, le courriel, la TV et les médias, une nouvelle publiée à New York ou à Washington est instantanément partagée et accessible aux personnes situées dans des zones reculées du Nigeria ou de tout autre pays africain. Des films, des émissions télévisées et des annonces publicitaires diffusent, à longueur de journée, les valeurs du capitalisme, et propagent l'idée que l'accumulation des gadgets matériels est la norme de succès dans la société moderne. Le téléviseur a remplacé, le soir, le temps qui était dévolu aux contes de grands-parents et aux jeux éducatifs. Une foi nouvelle, de portée mondiale, met l'accent sur la

---

[283] Richard L. Allen, The Media, Group Identity and Self-Esteem among African Americans. A Program of Research. www. rcgd. isr. umich. edu/prba/perspectives/spring1998/rallen. pdf. Voir aussi Hamidou Oudrago, Naissance et évolution du FESPACO de 1969 à 1973, Imprimerie Nationale du Burkina, 1995. Il montre que même les documentaires cinéastes s'efforçaient et s'efforcent de présenter le Noir Africain comme un primitif ou un cannibale.

[284] En effet, les stratégies et politiques économiques appliquées depuis les indépendances africaines et dont on déplore aujourd'hui l'inadéquation et les résultats ont été confectionnées et exécutées avec des appuis conceptuels, techniques et matériels importants des organismes extérieurs de coopération. Les politiques d'assistance technique, militaire et économique ont contribué à asseoir le pouvoir des oligarchies politiques dont certains pays africains ont du mal à se débarrasser. Dans ces pays, les sources réelles de conservation du pouvoir sont plus extérieures que relevant d'une quelconque légitimité interne. Les inefficacités endogènes ne sont pas les seuls obstacles à l'avancement africain, encore qu'elles abondent. Les causes externes ont un rôle décisif à jouer bien que les faiblesses internes justifient la pénétration et la domination extérieures.

primauté du progrès matériel. [285] Dans ce contexte, l'estime de soi est maintenue ou élevée, non pas grâce à des notions abstraites transmises par la poésie africaine, mais par la tentation d'acquérir et d'accumuler, par tous les moyens, y compris le vol et la corruption, les richesses qui leurs permettront d'acquérir les gadgets, preuves matérielles d'accès à la civilisation mondiale. Sur cette tendance, le Professeur Todaro souligne :

> " Avec la prolifération des valeurs modernes des pays développés, de nombreuses sociétés dans les pays du tiers-monde, et qui peuvent avoir possédé un sens profond de leur propre valeur, souffrent de confusion culturelle sérieuse, quand elles entrent en contact avec les sociétés économiquement et technologiquement avancées. Du fait de l'importance attachée aux valeurs matérielles dans les pays développés, la haute estime de soi n'est aujourd'hui de plus en plus conférée qu'à ceux qui possèdent de la richesse économique. " [286] .

Paradoxalement, la consommation à outrance des gadgets étrangers accentue l'aliénation et la subordination, et milite contre un développement endogène véritable. Peut-on être satisfait de la montée d'une classe moyenne africaine, signe, dit-on de progrès, quand celle-ci se complait dans le consumérisme de ce qu'elle ne produit pas, ou s'engage dans un mode de consommation qui l'incite plus à l'admiration aveugle des fabricants des produits et technologies à sa portée, qu'à leur maitrise ? Le Professeur Ki-Zerbo conseille aux Africains de ne pas se contenter des éléments culturels qui leur viennent de l'extérieur, du fait qu'ils les moulent et les dissolvent dans la culture de leurs producteurs :

> "Par les objets manufacturés qui nous viennent des pays industrialisés du Nord, parce qu'ils portent une charge culturelle, nous sommes forgés, moulés et transformés… Quand vous utilisez ces biens, vous entrez dans la culture de celui qui les a produits. Nous sommes transformés par les habits européens que nous portons, par le ciment avec lequel nous construisons nos maisons, par les ordinateurs que nous recevons… " [287]

---

[285] T. P. Zeleza, Rethinking Africa's Globalization, Vol. 1, The Intellectual Challenges, Trentin, NJ: Africa World Press, 2003.
[286] Todaro, op. cit. pp. 97.
[287] Joseph Ki-Zerbo, Vers un développement endogène, Interview à l'Afrique nouvelle génération, samedi 24 novembre 2007. Parue dans www. newafrika. org/spip. php? article166.

Autrement dit, d'après Ki-Zerbo, "l'Afrique est confinée dans des zones où elle produit et gagne le moins possible, ne permettant pas ainsi à sa culture de se diffuser et de participer à la culture mondiale. "

Proposition 6 : Des échecs répétés en matière de développement conduisent les Africains à se sous-estimer.

Comme conçue par le pionnier du mouvement d'auto-estime, l'américain William James, l'estime de soi se nourrit des succès que les individus et les sociétés connaissent au cours de leurs plans, programmes et projets. Une personne qui n'atteint pas les objectifs qui sont importants à ses yeux peut facilement cultiver des sentiments d'impuissance, d'inadéquation et d'insécurité, susceptibles d'affecter soit son estime globale, soit l'appréciation qu'il a de lui-même dans un domaine spécifique d'intérêt. Un étudiant qui ne fait qu'échouer d'année en année se percevra comme un déchet scolaire et sans valeur intellectuelle. Si la réussite renforce la confiance en soi et l'affirmation de soi, et mène à une plus grande estime personnelle, des échecs répétés conduisent à une remise en question de soi et à des sentiments de honte, d'infériorité, d'incapacité et de réduction de valeur personnelle, qui minent l'estime qu'on a de soi-même.

Il n'y a pas de doute que l'Afrique a enregistré des progrès sur l'échelle du développement. Les Britanniques ont régné en Tanzanie pendant 43 ans. A l'indépendance en 1961, 85% des adultes ne savaient ni lire, ni écrire. Il y avait 2 ingénieurs et 12 médecins. Lorsque Nyerere quittait le pouvoir en novembre 1985, le taux d'alphabétisation était de 91% et chaque enfant allait à l'école. De milliers d'ingénieurs, de médecins et d'enseignants ont été formés. [288]La plupart des pays africains ont inversé la tendance négative, héritée de la colonisation, en matière de développement des ressources humaines ; c'est leur utilisation et leur pertinence qui sont, de nos jours, au centre de la crise que connaissent les pays africains.

Depuis les années quatre-vingt dix du siècle passé, et jusqu'à présent, la démocratie est placée à la tête de l'agenda régional et national. Malgré des imperfections et des résultats mitigés, des élections ont lieu régulièrement, avec un niveau de crédibilité relativement acceptable dans quelques pays. Plus de 85% des élections présidentielles, législatives et locales organisées entre 2008 et 2012 ont été jugées équitables, pacifiques et transparentes ; seules ont donné lieu à contestation les élections présidentielles en Côte d'Ivoire, au Zimbabwe et en République Démocratique du Congo. En Zambie et au Sénégal, les candidats vaincus ont reconnu leur défaite, facilitant ainsi de manière remarquable un transfert pacifique du pouvoir. L'assertivité et l'indépendance effective des Commissions électorales au

[288] Faustin Kamuzora, La vision du développement économique de Nyerere, Pambaruka News, No 1222, 2009.

Sénégal et en Zambie ont révélé une tendance positive. En outre, grâce à l'expérience de l'éducation croissante des électeurs, on assiste, de la part des citoyens, à une prise de conscience de plus en plus aigüe de l'importance des élections et du poids de leur voix, comme en témoignent des contestations des résultats électoraux sur le continent. En Guinée-Bissau, par exemple, 60. 000 jeunes ont protesté ouvertement dans les rues, parce qu'ils n'étaient pas enregistrés pour voter lors des élections présidentielles de 2012. Bref, contrairement à la situation d'il y a vingt ans, les citoyens sont de plus en plus conscients de la valeur de leur vote, des problèmes de corruption, de la qualité des services publics et de la reddition de comptes. La tendance à la dictature brute a sensiblement régressé dans certains pays. Une presse plurielle a vu le jour, et n'hésite pas à exposer les contre-performances des gouvernements au pouvoir, sans pour autant subir des représailles de la part des autorités publiques (Ghana, Liberia, Cap-Vert, Sénégal, Bénin, Nigeria, etc.). [289]

Les succès remportés sur le plan de la gouvernance politique semblent avoir eu des effets économiques positifs dans certains pays. Steven Radelet n'a pas hésité d'intituler son ouvrage, consacré aux progrès économiques des pays africains : " L'Afrique émergente, " en s'appuyant sur les performances macroéconomiques spectaculaires de 17 pays africains qui affichent une croissance annuelle moyenne par habitant de 3,2% et une augmentation cumulative du revenu réel moyen de 50% entre 1996-2008 ! [290] En outre, une étude réalisée en 2010 par Boston Consulting Group, montre que l'Afrique est en passe de produire ses propres lions économiques[291]. Selon cette étude

[289] Les informations dans ce paragraphe puisent en partie de mon expérience dans le cadre de l'évaluation du programme régional de gouvernance du PNUD-Afrique pour la période 2008-2012.

[290] Steven Radelet, Emerging Africa, How 17 Countries are Leading the Way. Washington DC: The Center for Global Developpement, 2010. Les dix sept pays émergents sont: Botswana, Burkina Faso, Cap-Vert, Ethiopie, Ghana, Lesotho, Mali, Maurice, Mozambique, Rwanda, Sao Tomé et Principe, Seychelles, Afrique du Sud, Tanzanie, Ouganda et Zambie. Six autres pays étaient en passe d'entrer dans cette catégorie (Threshold Countries: Bénin, Liberia, Kenya, Malawi, Sénégal et Sierra Léone. De hautes performances économiques sont attribuées à cinq facteurs principaux dont: (1) la démocratie avec des gouvernements responsables, (2) des réformes macroéconomiques libérales, (3) la réduction de la charge de la dette assortie d'un changement des relations entre les Etats africains et la communauté internationale, (4)de nouvelles technologies de l'information créant de nouvelles opportunités, et (5) l'émergence d'une nouvelle génération des politiciens, des hommes et femmes d'affaires et activistes.

[291] Les lions sont: Algérie, Botswana, Egypte, Lybie, Maurice, Maroc, Afrique du Sud et Tunisie. Leur PIB per capita dépasse celui des pays faisant partie du BRIC (Brésil, Russie, Inde et Chine), s'élevant à $10, 000 contre $8, 800 en 2008. Les facteurs ayant favorisé leur croissance selon l'étude sont: la stabilité politique, l'Etat

entre 2000 et 2008, le Produit intérieur brut (PIB) de l'Afrique a accru de 5, 3% (ajusté du pouvoir d'achat) comparé à 4% pour le reste du monde. En 2009, le PIB du continent augmenta de 2% tandis que celui des États-Unis chutait de 4% et celui des pays de l'Union européenne et de l'Amérique Latine, de 2, 8% et 1, 5%, respectivement. Quelque 40 compagnies africaines ont émergé comme des partenaires de poids sur le plan de l'économie mondiale. [292] En outre, le Rapport 2012 sur le suivi des Objectifs du millénaire pour le développement (OMD) indique des progrès importants, surtout en matière de scolarisation (taux de scolarisation au primaire dépassant 80% ; mais des questions de qualité persistent, selon le Rapport) entre autres dans les domaines de l'égalité entre les genres, de la lutte contre le VHI/SIDA et de l'accès à l'eau potable. [293] Selon le même Rapport, la proportion de la population ayant un revenu inférieur à US $1, 25 par jour en Afrique subsaharienne, ou le taux de pauvreté, aurait baissé de 56, 7% à 47% entre 1990 et 2009. [294]

On se doit de mettre en relief ces performances positives, même si elles demeurent incertaines dans leur soutenabilité. Ainsi, le Mali, hier modèle de la démocratie et d'une croissance économique dynamique, a sombré sur les fronts de la croissance économique comme de la gouvernance. Sur un plan plus positif, les débats sur la bonne gouvernance et la lutte contre la corruption ne se limitent pas seulement aux pays classés hors catégorie des pays émergents, comme le Zimbabwe et la RDC, mais sont également à l'ordre du jour au Burkina Faso, au Liberia, en Ethiopie, et au Rwanda, pour ne citer que quelques-uns des pays engagés dans la lutte contre ce fléau social. On ne doit pas, toutefois, omettre de signaler que la croissance économique actuelle, tant vantée, n'est pas différente de celle que le continent a enregistrée dans son histoire postindépendance, suivant les variations du prix de ses produits de base sur les marchés mondiaux, ou suivant l'augmentation des superficies mises en valeur, sans pour autant marquer des avancées significatives au niveau de la productivité

de droit, les droits de propriété, l'accès au capital, des investissements publics dans l'éducation, santé et services sociaux.

[292] Boston Consulting Group, The African Challengers. Global Competitors Emerge from the Overlooked Continent, 2010.

[293] Union africaine, Commission économique pour l'Afrique, BAD et PNUD, Rapport OMD 2012. Evaluation des progrès accomplis en Afrique dans la réalisation des objectifs du Millénaire pour le développement.

[294] Mais, selon Koffi Annan, l'ancien Secrétaire Général de l'ONU, en dépit des signes de progrès, il y a plus d'Africains vivant dans la pauvreté aujourd'hui- 415 millions – qu'il y en avait à la fin des années 90. Voir The Wall Street Journal, du vendredi, 9 mai 2014, pp. 13.

macroéconomique et de l'appropriation technologique. [295] En somme, malgré des efforts positifs persistants dans certains pays de la région (Botswana, Maurice, Cap-Vert), l'Afrique noire postindépendance offre généralement un bilan impressionnant d'échecs qui semblent lourdement dégrader sa conception de soi. Pour emprunter les termes chers à Laurence Peter dans son " Principe d'incompétence, " presque tout va mal suite à une incompétence généralisée. [296]

Au cours des années 1960, un bon nombre de pays africains, tels que la Côte d'Ivoire et le Ghana, avaient un produit intérieur brut par habitant égal ou supérieur à certains pays asiatiques comme Singapour et la Malaisie. Le tableau est totalement différent aujourd'hui : les Asiatiques ont produit des dragons économiques, qui ont contribué à améliorer sensiblement le bien-être de leurs populations, tandis que leurs homologues africains, même les pays potentiellement riches, comme la RDC, [297] le Gabon, le Cameroun, le Nigeria, la Guinée, la Côte d'Ivoire et le Ghana, n'ont pas été en mesure de réaliser un état proche d'une croissance économique durable. Pendant que nombre de pays ont progressé pour constituer une nouvelle classe de nouveaux pays industrialisés (appellation de l'OCDE) ou des pays émergents comme Corée du Sud, Singapour, Taiwan, Hong-Kong, Brésil, Mexique, Inde, Malaisie, Thaïlande et Chine, la plupart des pays de l'Afrique subsaharienne se placent dans une nouvelle catégorie appelée, par l'ONU depuis 1971, groupe des pays les moins avancés (PMA). Sur les 48 pays définis comme PMA en 2011, 34 sont localisés en Afrique subsaharienne. [298]

---

[295] L'étude du Boston Consulting Group reconnait aussi que la source de la croissance est principalement la hausse des prix des matières premières que le continent exporte à l'étranger.

[296] Laurence J. Peter et Raymond Hull, Le principe de Peter ou Pourquoi tout va toujours mal. New York, Editions Stock, 1970.

[297] Parlant du Zaire, actuellement la RDC, Professeur Benoît Verhaegen montre que " l'économie congolaise était en 1960 l'une des plus prospères de l'Afrique au regard de son produit intérieur brut (7, 5% en moyenne par an entre 1949 et 1958), le revenu moyen par habitant de $680, le taux d'industrialisation (41% de la population active salariée) et la qualité des équipements sociaux et médicaux. De cette richesse, déclarait-il déjà en 1991, il n'existe plus rien. Le revenu par habitant est tombé à 140 dollars, un des plus bas de l'Afrique, l'industrie a régressé ;la maladie, la malnutrition et la famine menacent l'ensemble de la population à l'exception de quelques régions privilégiées et d'une fraction de plus en plus restreinte de la bourgeoise " . Benoît Verhaegen, L'enseignement supérieur: vers l'explosion, Politique africaine, No 41, mars 1991.

[298] Dans sa définition de 2003, le Conseil économique et social des Nations Unies a retenu trois critères pour déterminer la liste des PMA: (1) revenu par habitant basé sur une estimation moyenne du produit intérieur brut par habitant pendant trois années ;s'il est inférieur à US $900, le pays est retenu pour la qualification de PMA, (2) retard dans le développement humain basé sur un indice composite incluant des indicateurs de santé, nutrition et scolarisation, et (3) vulnérabilité économique basée

Il s'agit des pays très pauvres, ou, plus précisément, appauvris, qui sont structurellement handicapés dans leur développement, et qui doivent bénéficier d'un traitement de faveur de la part des institutions internationales. [299]

Certes, des facteurs exogènes, comme l'appui aux dictateurs par les grandes puissances, la détérioration des prix des matières premières, et la charge de la dette ont sans doute affecté les économies africaines, mais ils ne peuvent pas par eux-mêmes causer de telles disparités dans le développement. Il me semble que la personnalisation et la privatisation du pouvoir, dominé par des intérêts personnels et des groupes, combinées avec une forte dépendance politique, économique et intellectuelle et la subordination mentale qui en découle, ont considérablement limité la capacité des États africains à répondre aux besoins de leurs habitants, mettant en évidence la nécessité de recentrer les débats sur les questions de la bonne gouvernance, tant sur le plan politique, économique que culturel. Mon souci ici n'est ni d'identifier les échecs du développement, ni d'analyser leurs causes, mais plutôt de faire valoir que leur récurrence à grande échelle, a alimenté les sentiments d'incompétence, qui ont eu des impacts délétères sur la confiance en soi.

Les indépendances politiques ont été conquises au nom des idéaux de l'égalité, de justice, de liberté et de dignité humaine. Les violations quotidiennes de ces droits humains fondamentaux par les colonisateurs ont engagé l'Afrique dans une longue lutte, souvent violente, pour l'émancipation politique et humaine. Ainsi, aucun homme noir ne sera plus jamais l'objet d'humiliations et de traitements inhumains. Très vite, cependant, les leaders africains postindépendance tombèrent dans le même travers que leurs ex-maîtres coloniaux, foulant du pied ces valeurs cardinales.

En effet, l'état des lieux de la gouvernance dans la plupart des pays africains révèle des résultats inquiétants et, cela, en dépit de l'adoption officielle de la démocratie et des élections pluralistes. [300] Si les Constitutions

---

sur un indice composite incluant des indicateurs d', instabilité, la production et les exportations agricoles, le manque de diversification de la production, et le handicap d'être un petit pays. Voir fr. wikipedia. org/pays moins avancés.

[299] Philippe Deubel, Analyse économique et historique des sociétés contemporaines. Pearson Education, Paris, 2008, pp. 465.

[300] Le traitement sur l'état des lieux de la gouvernance en Afrique se fonde sur mon analyse sur la gouvernance en République Démocratique du Congo: " La bonne gouvernance: pilier stratégique pour la renaissance et la reconstruction de la République Démocratique du Congo, " Washington DC: WIMI, 2009. L'analyse a été adaptée ci et là pour tenir compte de la divergence dans les profils de gouvernance sur le continent. Mon expérience sur le terrain m'a également permis d'observer la situation et d'en discuter avec les parties prenantes. J'ai entre autres visiter, bien qu'à des périodes différentes: Burkina Faso, Guinée, Guinée-Bissau,

réaffirment l'adhésion aux droits humains et aux libertés fondamentales, tels que proclamés par les instruments juridiques régionaux et internationaux, auxquels les pays ont adhéré ; dans la pratique, cependant, nombre de pays africains souffrent d'une maladie chronique, à savoir le non-respect des libertés et des droits fondamentaux des citoyens qui constituent la pierre angulaire de tout État de droit. Divers témoignages des institutions nationales et internationales chargées de droits de l'homme exposent les exactions des forces gouvernementales de sécurité, telles que la répression brutale de toute voix dissidente à la volonté du pouvoir en place, le harcèlement judiciaire, l'intimidation, les détentions arbitraires au secret dans des cachots, en dehors de tout contrôle judiciaire, et autres peines ou traitements cruels inhumains ou dégradants auxquels sont soumis les opposants aux régimes, et dans des conditions de détention qui constituent, en elles-mêmes, des traitements inhumains. Dans beaucoup de cas, le non-respect des droits humains apparaît comme une conséquence logique de la crise dans le fonctionnement de la justice et de l'appareil judiciaire de l'État qui est souvent subordonnée à la volonté de l'Exécutif.

Le principe d'auto-gouvernance avait galvanisé les leaders panafricanistes durant la colonisation ; mais comme documenté dans cet ouvrage, les stratégies actuelles de développement sont généralement importées de l'étranger, et validées par les dirigeants qui les transforment en programmes nationaux. Ceci pose ouvertement le problème d'appropriation ou d'internalisation de ces stratégies. Nombre de pays ont décrété des politiques de décentralisation, afin de favoriser l'auto-gouvernance locale, mais celle-ci est presque inexistante, non seulement à cause du manque de capacités administratives dans la plupart des régions et des communes, mais également en raison des interférences permanentes des autorités centrales dans la gestion locale. Les moyens promis sont rarement rétrocédés à la base. La décentralisation elle-même, financée par les bailleurs de fonds étrangers, tend à être perçue plus comme une technique de gestion qu'un état d'esprit consistant à valoriser l'intelligence de l'individu et à libérer son potentiel pour qu'il participe pleinement à la construction de sa société. Si tout part de - et converge vers- le centre, disons, la Présidence de la République, et cette dernière renforce cette attitude d'extrême centralisation dans la gestion des affaires de la Nation, on ne peut pas s'attendre à une décentralisation effective. En plus, dans un contexte où le mythe du chef omnipotent et omniscient est dominant, [301] la culture administrative a tendance à privilégier la centralité à la place du dialogue et de la coopération

---

Sénégal, Ghana, Afrique du Sud, Ethiopie, Nigeria, Niger, Mali, Bénin, Cameroun, République Centrafricaine, Tchad, Madagascar, Burundi, Kenya, République Démocratique du Congo, Congo-Brazzaville, etc. S'il y a des fortes exceptions, elles seront soulignées.

[301] Voir Kessy, op. cit. sur le mythe du chef en Afrique.

étroite entre les acteurs sociaux sur lesquels est fondée la notion de la gouvernance décentralisée.

L'inefficience dans la gestion des ressources constitue un autre symptôme de la mal gouvernance économique. Les décisions majeures sont rarement guidées par des études et des discussions nationales sérieuses et inclusives. L'exemple des mesures de nationalisation en RDC citées au Chapitre 3 est édifiant. En 1973, le Congo, alors Zaïre, décide de remplacer les étrangers par des nationaux, et initie une vague successive de mesures de nationalisation de l'économie. Moins de dix ans après, la détérioration de la situation économique, résultant d'une politique mal conçue et mal appliquée, amènera les autorités à inverser ces nationalisations, pour revenir au régime ancien du contrôle économique par les étrangers. Les populations ont vite conclu à l'incapacité du pouvoir noir. Il en est de même des accords signés entre un groupe d'entreprises chinoises et les dirigeants actuels, pour la réalisation d'investissements dans le secteur des infrastructures, en contrepartie du droit d'accès aux gisements miniers. Ces accords, estimés à plus de $6 milliards, ont été passés, sans évaluations préalables par des firmes indépendantes, pour déterminer la valeur nette des actifs, et les coûts et bénéfices pour le pays, entraînant ce qu'on a qualifié de bradage du patrimoine national. On déplore le manque de transparence concernant les négociations, l'approbation et le contenu de ces contrats. [302] Par conséquent, l'engagement réel des dirigeants à promouvoir l'intérêt national et le développement durable est remis en cause, l'impression générale étant qu'ils sont motivés seulement par l'enrichissement personnel, à travers un jeu de combines et d'alliances avec les étrangers.

Par ailleurs, le principe élémentaire d'une bonne gestion économique exige que les personnes soient placées à des postes qu'elles méritent. C'est la valorisation de la compétence qui est à la base de la productivité dans les pays qui ont connu des niveaux de croissance économique soutenue, comme le démontrent le Botswana et les pays émergents de l'Asie ou ceux de l'hémisphère Nord. Ces pays se sont appuyés massivement sur -et ont réussi à mobiliser- leur expertise tant de l'intérieur du pays que de la diaspora, pour se mettre au service de leurs nations respectives. Trois caractéristiques majeures distinguent le Botswana de la plupart des pays africains : d'abord les postes du secteur public sont alloués sur la base de la compétence, et ceux qui excellent sont récompensés par des promotions et des gros salaires ; ensuite l'État a réussi à développer une culture du professionnalisme, ancrée sur la méritocratie, qui est constamment renforcée par les leaders politiques en insistant sur l'imputabilité ; enfin un niveau élevé d'autonomie accordée aux fonctionnaires publics qui tend à fortifier la cohérence interne au sein de

[302] Banque mondiale, RDC: Bonne gouvernance dans le secteur minier comme facteur de croissance, Washington, DC 2008. RAID: The Chinese Mining Operations in Katanga, 2009.

l'administration publique, la discipline et l'intégrité. [303]En revanche, dans beaucoup de pays africains, la méritocratie reste une denrée rare, depuis les nominations et les affectations jusqu'à la délivrance des services ; le clientélisme ethnique et politique, le copinage, la corruption et la recommandation sont pratiqués de façon routinière et généralisée.

Ainsi, certaines personnes sont-elles nommées, non pas en raison d'une compétence ou d'une expérience éprouvée, mais selon des critères d'appartenance familiale ou d'affiliation politique. Il n'est pas rare de trouver des postes ministériels attribués à des individus, en raison de leurs connexions politiques ou ethniques, des personnes qui lisent avec beaucoup de difficultés, et ne savent pas grand-chose dans le domaine de leurs fonctions. Ce sont ces mêmes personnes qui sont envoyées à l'étranger pour négocier au nom du pays. Donc, aucune discussion de fond n'a lieu en dehors de petites questions consistant à éclaircir le budget alloué aux véhicules et aux équipements ; ce qui renvoie un mauvais message aux partenaires quant au motif réel du gouvernement dans le projet en discussion. Il est plausible de parler, dans ce contexte, non des administrations du développement, mais d'administration de type patrimonial, dans lesquelles les agents constituent les sujets du chef, parce qu'ils dépendent de lui pour leur survie dans la carrière et lui sont politiquement soumis. L'improductivité devient la règle dans de telles structures, puisque les agents ne voient pas pourquoi ils doivent exceller dans leur travail, quand les moins méritants d'entre eux sont promus ou récompensés sous leurs yeux, simplement à cause de leur affiliation ethnique, sociale ou politique. La médiocrité se généralise, non seulement dans la fonction publique, mais aussi dans la majorité des entreprises publiques.

Peu de temps après les indépendances, les entreprises publiques ont été créées dans le souci d'augmenter la capacité productive de l'économie, et de générer des emplois pour les jeunes nations. Le succès socioéconomique du Botswana repose en partie sur la capacité de l'État à mieux piloter les entreprises publiques, qui ont reçu chacune un mandat clair, avec des responsables nommés sur la base de leur formation et de leurs compétences. La stratégie même de l'État reste sélective, se concentrant sur les secteurs stratégiques (bétail) et les secteurs clefs dans lesquels il a des compétences, tout en favorisant l'autonomie de gestion, selon des procédés commerciaux. [304] Par contre, le système d'organisation et de gestion des entreprises, mis en place dans la plupart des pays africains, ne permet pas la réalisation satisfaisante de leurs missions, encore que celles-ci soient clairement

---

[303] Abdi Ismail Samatar, An African Miracle, State and Class Leadership and Colonial Legacy in Botswana Development, Portsmouth, New Hampshire: Heinemann, 1999, pp. 8-9.

[304] Samatar, op. cit. pp. 10-11.

définies et réparties. Les dirigeants d'entreprises ne sont pas souvent choisis en raison de leur mérite technique et d'une expérience éprouvée dans le domaine de leur travail. Leur performance est évaluée en termes de leur docilité et fidélité aux responsables politiques ou de la conformité à leurs directives. La capacité à gérer, à prendre des risques calculés, ou à atteindre des résultats escomptés, est rarement prise en compte dans le processus décisionnel. La finalité n'est pas d'exceller ou de dépasser les objectifs, s'ils ont la chance de le faire, mais de plaire par tous les moyens aux supérieurs hiérarchiques en vue de se maintenir au pouvoir.

Le système de gouvernance en place laisse parfois peu de liberté de manœuvre et d'autonomie aux entreprises publiques pour l'initiation et la préparation de plans stratégiques conséquents, en fonction des besoins du marché. Si l'ingérence politique dans le fonctionnement des entreprises publiques demeure la norme, sa fréquence et son degré d'intensité varient selon l'origine et la nationalité du dirigeant ou des cadres de l'entreprise. Les patrons africains ont tendance à jouir de moins d'autonomie que leurs homologues étrangers, ce qui conduit probablement les premiers à se sentir frustrés et à exhiber peu de résultats. De même, des conseils fournis par des assistants techniques étrangers sont disproportionnellement valorisés, les faisant ainsi paraître plus intelligents et plus expérimentés que les nationaux. La mort de la compagnie aérienne multinationale Air Afrique, qui a servi de symbole vivant de la solidarité africaine et de son intégration économique, est attribuée en partie au comportement discriminatoire des chefs d'État des pays africains copropriétaires de cette compagnie, qui accordaient plus d'autonomie et plus de flexibilité dans sa gestion aux cadres non africains, tout en refusant les mêmes avantages aux Africains. Entre-temps, les responsables africains de la compagnie étaient constamment bombardés avec des demandes d'embauche ou de réservation de vols pour des amis et des parents des politiciens, et tout refus était interprété comme un signe d'insubordination et de manque de respect à l'endroit d'un Chef d'État !

De manière générale, les tracasseries administratives et les pratiques peu favorables à l'épanouissement des affaires poussent les citoyens au découragement. Ils en arrivent à conclure que l'État n'est pas intéressé à la promotion des entreprises et, par ricochet, au développement économique. Un entrepreneur privé doit passer en moyenne 150 jours en RDC pour enregistrer son commerce, et environ 625 jours pour faire exécuter un contrat avec un coût moyen de $152 contre une moyenne de $ 49 en Afrique subsaharienne. En outre, l'opérateur économique est soumis à une multitude de taxes, souvent obscures et onéreuses, en moyenne 32 taxes chaque année. [305] Soucieux de survivre, les entrepreneurs finissent par développer des stratégies pour éviter de payer des taxes ou pour en payer le minimum

[305] Informations tirées du 2010 Doing Business de la Banque mondiale qui plaçait la RDC à la 182ème position sur 183 économies.

possible, alimentant ainsi la corruption aux dépens de la collectivité publique.

En fait, dans la plupart des pays africains, la corruption est devenue la règle générale de vie et d'action politique. Elle a transformé profondément les Etats dans le sens d'une privatisation graduelle des services publics. Les pratiques corruptrices sont vécues au quotidien et de diverses manières : offres ou demande des pots-de-vin, évasions fiscales, signatures de contrats léonins, détournements, paiements illicites reçus ou payés par des responsables de l'État, fausses déclarations d'impôts, conflits d'intérêts parmi les autorités publiques qui détiennent des parts- ou ont des intérêts- dans des sociétés qui font des affaires avec le gouvernement, abus de pouvoir pour influencer les décisions de l'État, et pots-de-vin offerts par certaines entreprises ou institutions étrangères aux autorités ou agents publics pour influencer en leur faveur certaines décisions. La justice, les douanes, les services des contributions et la passation des contrats, sont les secteurs les plus gangrénés. Le témoignage d'un juriste congolais est éloquent à ce sujet :

> " Pour gagner un procès, il faut sortir l'argent. Il est presque devenu normal pour bien des clients de poser la question à leurs avocats : Combien allons- nous donner au juge ? Certains avocats travaillent en réseaux avec les magistrats. Lorsque le justiciable choisit un avocat qui ne sait pas partager ses honoraires avec des magistrats, on lui souffle gentiment que, s'il veut gagner son procès, il a tout intérêt à se trouver un avocat qui fait partie du réseau… " [306]

L'aide extérieure n'est pas restée en marge des pratiques corruptives. Le développement est vécu au quotidien à travers des projets, notamment des équipements, véhicules, services et autres facilités qui permettent à un pays l'accession… Les appels d'offres sont parfois truquées ; le bénéficiaire d'un contrat public étant censé verser au fonctionnaire en charge une commission correspondant à un pourcentage déjà négocié ou standardisé. Une coordonnatrice d'un grand projet dans un pays de l'Afrique de l'Ouest, a dû même avancer en début de ce siècle que son superviseur à Washington, l'avait placée dans une situation où elle n'avait d'autre choix que de recruter le compatriote et l'ami de celui-ci. Je me souviens aussi d'un Directeur, d'un petit pays de l'Afrique centrale, qui a tout bonnement décidé d'arrêter la participation des cadres de sa direction aux séminaires de formation d'une institution à Washington, tout simplement parce que celle-ci lui avait fait catégoriquement savoir qu'elle n'acceptait pas sa demande de faire une " opération retour " de ses frais pédagogiques.

---

[306] "Oui a l'indépendance du pouvoir judiciaire en RDC. Mais avec quels opérateurs judiciaires. " http: //knd. google. com/k/joseph-yav-katshung/oui-%C3%AO-1-ind.

Dans l'ensemble, les pratiques corruptives ont constitué des coûts importants, non seulement pour les Etats, en termes d'effritement de leur légitimité, mais aussi pour leurs économies, de même que pour la société tout entière. Des contrats ont été octroyés à des compagnies et à des individus qui n'étaient pas les plus compétents, ni les plus compétitifs. Cela a eu des conséquences multiples : des routes et des bâtiments mal construits, des études de consultations répétitives et de pauvre qualité, des formations sans valeur ajoutée significative, etc. Il n'est pas surprenant que les observateurs aient perçu, à travers la malfaisance et ses conséquences destructives sur le développement, l'incapacité noire africaine à se gouverner.

Si cette corruption massive est aussi induite par des facteurs structurels et externes qui sont souvent sous-estimés[307], elle tend à fleurir lorsque les autorités et les cadres supérieurs qui sont censés suivre et faire respecter les codes déontologiques gouvernant la gestion publique, deviennent les premiers prédateurs. Lorsque des médicaments destinés aux hôpitaux publics sont détournés vers des cliniques privées, les frais de scolarité payés par les parents pour leurs enfants sont utilisés par les directeurs et préfets des écoles pour leurs propres besoins, ou lorsque l'argent des impôts est détourné par les responsables en charge de sa perception ou par les autorités nationales pour s'acheter des maisons et des voitures de luxe, il n'y a évidemment aucune motivation pour quiconque de se serrer la ceinture, ou de se conformer à la notion abstraite de l'intérêt public. Les colons blancs volaient, mais intelligemment. Ils pillaient des ressources locales qu'ils transféraient à la métropole. Mais, ils étaient aussi conscients que le cycle productif exigeait que la main-d'œuvre locale soit mise dans des conditions qui assuraient l'exploitation continue et fructueuse des colonies. Il fallait, en quelque sorte, veiller à ce que les forces productives internes demeurent en bon état physique, social et psychologique. C'est pour cette raison qu'ils avaient, non seulement, élaboré des politiques sociales accommodantes (logement social, cantines, etc.), mais avaient lourdement investi dans l'entretien des infrastructures sociales et économiques de base (écoles, hôpitaux, routes, etc.). Les Noirs, qui les ont remplacés, ne savent pas comment les maîtres faisaient fonctionner l'économie. Ils volent au point d'épuiser les réserves nécessaires pour la reproduction des forces productives, et ils négligent le développement et l'amélioration des infrastructures requises pour assurer la reproduction des richesses. [308]

---

[307] Bruno T. Mukendi and David Gould, Bureaucratic Corruption in Africa: Causes, Consequences and Remedies, International Journal of Public Administration, 12(3), 1989, pp. 427-457.

[308] L'intention de ce paragraphe n'est pas d'inciter au vol des biens publics, quelle que soit la situation, les conditions ou le moment. Je m'insurge contre toute forme de corruption, à n'importe quel moment et par n'importe qui.

A la fin de l'occupation coloniale, presque tous les pouvoirs administrants avaient laissé en Afrique des infrastructures opérationnelles : de meilleures routes, des écoles, des universités et un réseau d'hôpitaux et des centres médicaux très bien équipés. Les services qu'elles proposaient étaient d'excellente qualité et comparables à ceux de la métropole. [309] Dans chaque pays, il existait au moins une ou plusieurs universités et institutions d'enseignement supérieur, calquées sur celles de la métropole. C'est le cas par exemple de l'Université Lovanium au Congo-Kinshasa, sœur de l'Université de Louvain en Belgique. Cette université était l'un des meilleurs centres d'excellence en Afrique centrale et attirait des étudiants de tous les coins de la sous-région. Il en était de même de l'Université de Makerere en Ouganda. Aujourd'hui nombre d'universités héritées des colons sont comparables à des musées abandonnés, sans bibliothèques, sans bancs ni chaises, et sans toilettes ni laboratoires fonctionnels, avec un corps enseignant payé à un salaire insignifiant, et des conditions de vie des étudiants à la limite de la misère. [310] On peut facilement s'imager l'attitude qu'afficherait un étudiant ou un fonctionnaire africain sortant d'une telle institution, après une visite d'études dans une université européenne ou américaine ? Les sentiments de subordination couleraient de source.

Un élément plus visible de l'organisation coloniale était un réseau d'écoles primaires et secondaires, éparpillées sur tout le territoire, dont certaines étaient utilisées pour accueillir les enfants des Blancs. Ces écoles étaient remarquables par leur architecture moderne, avec des verres teintés, et l'intérieur bien garni en équipements didactiques et matériels de laboratoire. Les bâtiments étaient construits et ornés de la même façon qu'en Occident. Quelques temps après le remplacement des Blancs par les Noirs, presque toutes ces infrastructures scolaires héritées de la colonisation se sont effondrées et, dans certains pays, ont été totalement détruites. Je me souviens de l'école secondaire protestante de Lubondayi au Kasaï Occidental en RDC, un véritable bijou scolaire avec un internat bien équipé, construit pour accueillir les enfants des missionnaires américains au Congo. Cette école a duré moins de deux décennies après l'indépendance le 30 juin 1960 ; elle n'existe plus aujourd'hui et tous les bâtiments, y compris le fameux internat, ont été saccagés, puis détruits, et les équipements et fournitures volés.

---

[309] L'économie congolaise (RDC) figurait parmi les économies africaines prospères à l'indépendance en 1960, avec une croissance moyenne du produit intérieur brut de 7, 5% entre 1949 et 1958, et un revenu moyen par habitant de $680. Aujourd'hui, la RDC occupe la dernière position sur l'échelle du développement humain dans le monde, soit la 186 ème place selon le Rapport mondial sur le développement humain 2013 du PNUD. Une telle situation ne peut qu'aggraver le doute de soi congolais. Sur les données de la situation avant l'indépendance, voir, Benoit Verhaegen, L'enseignement supérieur: vers l'explosion, Politique africaine, No 41 (Mars 1991), pp. 49-55.

[310] Voir à ce sujet: Benoit Verhaegen, op. cit. pp. 49-55.

Les hôpitaux, eux non plus, ne sont pas épargnés par cette détérioration, au vu du nombre croissant d'Africains qui vont se faire soigner à l'étranger. Je me rappelle encore avoir versé des larmes, en 2007, en visitant l'Hôpital préfectoral de Bouar, en République Centrafricaine, un centre de référence, qui aux dires du médecin directeur, faisait la fierté de ce pays et de la préfecture pendant la colonisation française. Cette institution est devenue aujourd'hui un véritable mouroir avec des lits sans matelas, des fenêtres sans vitre, qui laissent pénétrer les moustiques dans les chambres de malades, des laboratoires sans matériel et sans équipements, sans parler des odeurs nauséabondes de toutes sortes dans les couloirs. [311]

En dehors des écoles et des hôpitaux, les villes érigées par l'autorité coloniale se distinguaient par leur propreté qui les mettait dans un splendide état esthétique et fonctionnel quasi permanent. Toutes les artères étaient régulièrement bien nettoyées. On pouvait voir des fleurs plantées tout au long des boulevards, sur des intercessions, et autour des bâtiments publics. Ces fleurs gardaient leur vitalité tout au long de l'année, du fait de leur arrosage régulier. Les routes étaient périodiquement entretenues et le service des cantonniers assurait l'entretien périodique des pistes rurales. Pas un seul bout de papier ne pouvait tomber sur la place publique sans être immédiatement ramassé et jeté dans les poubelles disponibles à travers la ville. J'ai encore une bonne mémoire de ces ex-villes coquettes de la RDC : Likasi et Kolwezi dans le Katanga, Luluabourg au Kasaï Occidental et, certainement, Kinshasa la Belle, qui faisaient la fierté de leurs habitants, et qui sont aujourd'hui des dépotoirs de déchets. Aussi, les Kinois (habitants de Kinshasa) n'en sont-ils pas arrivés à surnommer leur propre capitale " Kinshasa la poubelle. " Comment ne pas se rabaisser et se sous-estimationr devant une telle détérioration ?

Probablement le plus grand échec qui aurait contribué à saper l'image de l'Afrique postcoloniale et de l'Africain réside dans le domaine de l'organisation. L'improvisation, le désordre, l'indiscipline, le non-respect du temps, le manque de contrôle et de sanctions ont pris droit de cité dans les institutions africaines. La navigation à vue et la gestion par crise sont prisées dans presque tous les milieux administratifs africains. On rencontre des ministères entiers sans programmes de travail crédibles, l'essentiel du temps des titulaires et des hauts cadres étant absorbé par des activités protocolaires et des missions répétitives à l'étranger, pour se faire de l'argent. Bien que les Etats aient manifesté le désir d'utiliser la planification comme un instrument pour rationaliser les choix possibles, et fournir un cadre de coordination des politiques publiques, la coordination globale de l'économie est compromise

[311] Entretemps, l'Hôpital régional de Berbérati semblait fonctionner relativement mieux grâce aux expatriés français, encore en charge. Il en était de même de certains départements (SIDA) de l'Hôpital communautaire de Bangui qui semblaient être organisés et pour lesquels les populations étaient contentes.

par la faiblesse chronique des institutions en charge de la planification et par des changements périodiques des structures et du personnel, rarement dictés par des impératifs d'efficacité. Les structures nationales en charge de la planification ont peine à servir d'organe central de pilotage et de coordination des politiques et des réflexions macroéconomiques, qui ont plus un caractère formel, bureaucratique, voire même académique, qu'opérationnel. En fait, le développement implique la permanence des décisions et des institutions, un temps relativement long pour permettre aux agences d'exécution de mieux s'organiser pour la mise en œuvre efficiente des décisions prises. Cependant, on assiste périodiquement, et à des intervalles rapprochés, à des changements parmi le personnel dirigeant des institutions. L'instabilité des postes ne permet à leurs occupants ni de mûrir les dossiers, ni d'assurer un suivi efficace des décisions. Les remaniements ministériels s'opèrent, au mieux, tous les deux deux ans et, au pire, tous les six à douze mois. Le plus souvent, ils sont plus motivés par l'opportunisme et le clientélisme politique que par la volonté d'amélioration de l'efficacité gouvernementale ; il s'agit, plutôt, d'effectuer le remplacement d'un client devenu douteux par un client présumé encore loyal, ou simplement d'offrir l'occasion de donner du travail aux tantes et aux " deuxièmes bureaux. "

En somme, pour convaincre les populations de l'incompétence notoire du dirigeant noir africain, l'organisation de la désorganisation s'ajoute à la mal gouvernance, la gestion patrimoniale de l'État, la corruption systémique et la destruction ou le manque d'entretien presque généralisé des infrastructures héritées de la colonisation. Le fait même que dans de nombreux pays africains, les peuples regrettent de plus en plus la colonisation et souhaitent le retour en masse des Blancs, traduit mieux l'ampleur de la crise de confiance vis-à-vis de la gouvernance noire. [312]

Proposition 7 : Autres facteurs liés à l'environnement conditionnent les gens à perdre leur estime personnelle.

L'estime de soi se forge à travers des expériences de l'environnement et est, ipso facto, influencée par lui. A ce titre, toutes les propositions précédentes se rapportent à un type d'environnement donné, [2] qu'il s'agisse de l'environnement historique, socioéconomique, international, culturel ou politique. Pour éviter des redites, je vais ici mettre particulièrement l'accent

[312] J'ai suivi un débat à Johannesburg (en 2012) entre les Sud-Africains noirs qui arguaient qu'ils étaient mieux dans l'Apartheid. Certains Congolais de la RDC ne cachent plus leur admiration pour le pouvoir colonial et déclarent avoir bénéficié de meilleures conditions socio-économiques durant la colonisation belge. En fait, le mouvement en faveur d'une seconde indépendance est inspiré par cette vision des choses. Le Président Biya du Cameroun fait recourt actuellement aux Européens blancs qu'il place à certains postes clés.

sur certains aspects pertinents sur le sujet, et qui n'ont pas été soulevés dans les développements précédents.

Nombre d'études en psychologie sociale se sont focalisées sur l'influence de l'environnement, notamment sur l'impact des personnes-modèles sur " la self-esteem" des enfants. Par exemple, il a été démontré que les enfants victimes d'agressions physiques grandissent avec le sentiment de ne pas être aimés. La violence physique cultive les sentiments d'instabilité, d'insécurité, de manque de confiance, de rejet et de désapprobation. [313] Par contre, quand les enfants sont aimés et respectés, ils développent des sentiments de valeur personnelle, apprennent à s'accepter et à faire confiance en eux-mêmes et aux autres. Il ne peut pas en être autrement. Les comportements et attitudes des parents ont un impact sur l'estime personnelle des enfants. Je me souviens encore d'une famille congolaise où le père avait souvent l'habitude d'injurier son premier fils en des termes durs, tels que : " Voilà cet idiot, un fainéant qui ne sait rien d'autre que manger ; tu n'es bon à rien ; je dois t'envoyer chez tes oncles maternels auxquels tu ressembles. " A ce que je sache, cet enfant n'est allé nulle part. Il n'a pas été certainement renvoyé en province auprès de ses oncles maternels. Il est resté en ville avec ses parents, mais n'a pas réussi les examens d'État, et a abandonné complètement le chemin de l'école. Il se serait livré à l'alcoolisme et à la criminalité, déviations sociales susceptibles d'être affichées par des individus qui se valorisent peu. En fait, l'enfant est devenu ce que le père voulait qu'il devienne dès le départ : un fainéant, un vaurien. Il n'y avait pas de messages positifs de la part du père pour motiver son fils à faire mieux et à persévérer. Beaucoup de jeunes gens africains finissent par devenir moins ambitieux, négativistes et très limitatifs dans leur état d'esprit, à cause des attitudes négatives de leurs parents ou de leur entourage immédiat, au cours des différentes étapes de leur développement. Il n'est, dès lors, pas surprenant que l'étroitesse d'esprit et le pessimisme ravagent certaines communautés.

Toujours au sujet des jeunes, l'année 2012 a été décrétée par l'Union africaine comme l'année de la jeunesse, afin de mettre en évidence le problème du chômage qui frappe lourdement cette catégorie de la population africaine. Ce problème n'est pas lié à la crise économique récente quoiqu'elle l'ait accentuée. C'est, en fait, l'un des indices d'échecs graves des stratégies de développement dans la période postindépendance, évoquée plus haut. Diplômés ou pas, 80% environ (voire plus dans certains pays) des jeunes Africains qui terminent l'enseignement secondaire et supérieur ne trouvent pas du travail sur le marché. Après trois ou quatre ans de recherche d'emplois sans succès, nombre d'entre eux se fatiguent, ils perdent tout

---

[313] Silvia Lipari, L'impact de la négligence sur l'estime de soi et la perception de leurs comportements chez les enfants de 4 à 7 ans. Mémoire de maîtrise en Psychologie, Université du Québec à Trois Rivières, 1997.

espoir, et en arrivent à remettre en cause les années qu'ils ont passées à l'école pour, enfin, se retrouver sans emploi. La joie et l'optimisme qui avaient accompagné la remise des diplômes se transforment en frustration et pessimisme. L'opinion générale tend à décrédibiliser les chômeurs, en arguant de la devise : " Qui cherche trouve. " Sous cette pression, directe ou indirecte, certains commencent à perdre confiance en eux-mêmes, à s'interroger sur leur compétence et leur valeur personnelle, surtout quand la dépendance vis-à-vis des parents est encore grande. Néanmoins, quelques chercheurs d'emploi avec qui j'ai échangé quelques mots, à Conakry en 2011, et à Kinshasa en 2012, devenus presque des chômeurs permanents, ne percevaient pas leur chômage comme étant l'expression d'une défaillance personnelle, mais l'attribuaient à la crise de l'État. Une telle jeunesse désœuvrée, emprisonnée dans le désespoir, la frustration, la perte de l'estime de soi, et confrontée aux incertitudes de l'avenir, si elle n'adopte pas des attitudes radicales envers la société, finit par céder facilement aux appels à la violence, comme on l'a vu en Côte d'Ivoire. [314]

Aussi le rôle des écoles et institutions d'enseignement dans la transmission des valeurs aliénantes (l'aggravation de la sous-estimation de soi), soit par le biais de ce qu'elles enseignent, soit par la manière dont elles l'enseignent, ne devrait-il pas être négligé. Une perception créée peut avoir des effets dommageables sur les élèves et étudiants et leurs comportements dans la société. Si l'enseignement de l'histoire insiste sur l'histoire des Européens en Afrique, et non sur l'histoire africaine, il va de soi que les bénéficiaires d'une telle éducation seront plus Européens qu'Africains. Le problème d'adéquation des méthodes pédagogiques aux objectifs d'apprentissage, dans la perspective d'internalisation du développement, reste encore ouvert. L'Occident a fait preuve d'une ingéniosité sans précédent qui a bouleversé les traditions et la nature humaine par le biais des avancées scientifiques et technologiques sans cesse renouvelées. Il importe de savoir comment communiquer les développements technologiques occidentaux et autres, au-delà du dictaphone qui ne favorise qu'une simple admiration. Si ces avancées sont présentées aux étudiants dans une vision critique qui leur permet de situer et d'analyser les fondements de ces progrès, ils pourraient éventuellement développer l'esprit analytique nécessaire pour s'en approprier. Si, par contre, les présentations insistent sur des dichotomies inutiles entre la modernité et la tradition en vue de susciter l'admiration chez les apprenants, ou bien utilisent une approche défaitiste qui finit par conclure que les conditions de la créativité scientifique ne sont pas encore réunies en Afrique, le cercle vicieux risque de se perpétuer.

[314] Macaire Dugry, Les jeunes ivoiriens, prisonniers du désespoir et de la violence, Slate Afrique, 3 décembre 2012.

Graphique 3

Résumé des facteurs contributifs et conséquences de la sous-estimation de soi

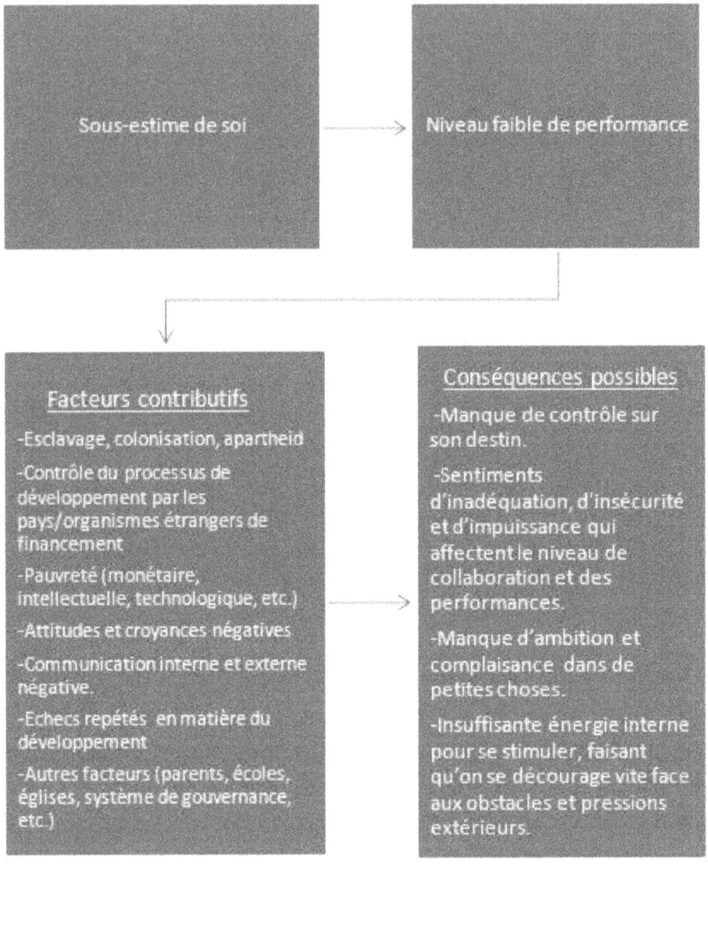

Chapitre 6

Les secrets des champions

" Chacun pense changer le monde,
mais personne ne pense à se changer lui-même. "
Philosophe russe Leo Tolstoï

" Rien au monde ne peut remplacer la persévérance.
Le talent ne le peut pas ; rien n'est plus répandu que des personnes
talentueuses sans succès. L'ingéniosité ne le peut pas ;
les génies sans résultats probants sont communs. L'éducation ne le peut
pas ; le monde est plein de déchets intellectuels. La persistance
et la détermination sont omnipotentes. Le slogan " Persévérez " a résolu
et continuera à résoudre les problèmes de la race humaine. "
Calvin Coolidge

Je ne connais pas quelqu'un dans la vie qui ne veuille pas exceller, ou être meilleur, ou le meilleur dans son domaine de travail. Comme il n'y a pas de pays qui veulent demeurer au bas des marches, dans le classement sur l'échelle du développement humain dans le monde. Nous voulons tous être meilleurs, ou parmi les meilleurs. Mais, dans la réalité, nombreux d'entre nous n'arrivent pas à réaliser leurs ambitions et leurs potentiels dans la vie, même à en approcher le minimum. Quel est le secret de ceux-là qui réussissent de manière hautement satisfaisante ? En d'autres termes, qu'est-ce qui distingue un gagnant d'un perdant, un leader d'un non-leader, un champion d'un garçon de la rue ? Qu'est-ce qui a fait que Toyota, une jeune compagnie japonaise devienne en peu de temps la plus grande compagnie d'automobiles au monde, dépassant largement les compagnies classiques comme Ford et GM ? Comment Obama, un jeune noir, est-il arrivé à se hisser à la magistrature suprême américaine, après seulement un mandat au Sénat et à emporter un deuxième mandat présidentiel dans un climat économique qui n'était pas des meilleurs ? Qu'est-ce qui a fait que Michael Jordan ait dominé le terrain de basket américain pendant environ deux décennies ?

Un champion est un gagnant, quelqu'un qui connaît un succès exceptionnel dans son domaine d'intérêt. Dans leur ouvrage " Think Like a Winner (Réfléchissez comme un gagnant), Jeff Brown et Mark Fense voient dans les champions " des gens qui réalisent un succès extraordinaire dans les domaines de vie qu'ils aiment le plus. Les champions atteignent ce qu'ils ont décidé d'accomplir, qu'il s'agisse d'éduquer avec assurance un enfant, ou de monter dans la hiérarchie d'une entreprise. Ils se révèlent gagnants aussi bien en achevant leurs objectifs qu'à travers le processus qui conduit à leur destination finale ; ils luttent pour un type de succès qui rend le monde une place agréable à vivre. " [315] Je propose de découvrir dans ce chapitre l'état d'esprit du champion.

1. La prééminence de l'état d'esprit positif dans le profil du champion

Le succès ne relève pas du hasard, même si ce dernier peut y jouer un rôle. Il peut certes arriver qu'une compagnie, par pure chance, lance un nouveau produit au bon moment sur un marché qui lui rapporte des bénéfices colossaux. Une personne peut également se retrouver du coup millionnaire avec un ticket de loterie. Si ces deux situations sont vraisemblables, elles sont plus une exception qu'une règle générale. Une personne sérieuse (physique ou morale) ne comptera pas sur le hasard pour obtenir de meilleurs rendements. Elle doit plutôt penser et exécuter de bons plans ; elle se dotera d'une stratégie de réussite, de gagnant, ou mieux de champion. [316]

Depuis plusieurs années, de nombreux experts se sont penchés sur la question de savoir ce qui fait un champion, à la fois sur le plan individuel, organisationnel ou sociétaire. Dans " Winner's Edge, " Denis Waitley [317] déclare : " les vrais leaders dans les affaires, le milieu professionnel, l'enseignement, le gouvernement et dans les familles s'appuient sur quelque chose de spécial qui les sépare du reste de la société. Le secret du gagnant est dans l'attitude et non l'aptitude. " Dans une interview de 2, 500 dirigeants et managers des entreprises américaines, étude faite, en 2006, par l'hebdomadaire américain Business Week[318], sur la question " Qu'est-ce qui fait un gagnant," les trois qualités majeures qui distinguent les gagnants des perdants dans le monde des affaires selon leur ordre d'importance sont : *la confiance en soi, l'intégrité et l'autodiscipline*. Le talent, c'est-à-dire le savoir-faire technique venait en quatrième position. Parlant du succès de

[315] Jeff Brown and Mark Fense, Think Like a Winner: 8 Strategies Great Minds Use to Achieve Success. New York: MJF Books, 2010, pp. 6.
[316] Même pour la loterie, la chance peut favoriser la personne qui joue, c'est-à-dire qui prend une action. Mais quelqu'un qui rêve de gagner sans jouer se trompe. Il faut investir son temps et son argent dans la loterie pour espérer gagner.
[317] Voir J. C. Maxwell, op. cit. pp. 107.
[318] Business Week, Interview on What makes a Winner, August 21-28, 2006.

Toyota (voir ci-dessous), David Magee [319] souligne parmi les facteurs qui ont propulsé la compagnie : écouter les clients et répondre à leurs besoins, s'adapter aux besoins des nombreuses communautés dans lesquelles la société exerce ses activités, responsabiliser le personnel et le traiter avec respect. [320]

Dans un ouvrage intitulé " État d'esprit: la nouvelle psychologie du succès, " le Professeur Carol Dweck [321]soutient que la différence entre le gagnant et le perdant se situe dans l'état d'esprit que l'un et l'autre entretiennent. Selon Dweck, les individus peuvent être placés sur un continuum en fonction de leurs points de vue implicites sur la source de leurs capacités. Il y en a qui croient que le succès repose sur des capacités innées, qui sont donc difficilement modifiables ; ils appartiennent à la catégorie qu'elle nomme " la théorie fixe d'intelligence, " ou " l'état d'esprit fixe. " Les gens à état d'esprit fixe pensent que leurs habilités intellectuelles sont des acquis dont ils disposent en quantité limitée. Leur objectif reste de faire prévaloir ces acquis ou leur intelligence naturelle en toute circonstance. Par contre, il y a des gens qui croient que la réussite dans la vie est fondée sur des capacités qui sont constamment développées, renouvelées et améliorées ; ce qui implique un travail dur, de l'apprentissage, de la formation et de la persistance. [322] Cette catégorie d'individus dispose d'un état d'esprit dit " progressif ou de croissance " (théorie progressive d'intelligence). Dweck conclut que les capacités et les talents ne sont pas suffisants pour enclencher le succès, il faut plutôt disposer d'un état d'esprit progressif.

Cependant, Dweck fait remarquer que les individus ne sont pas nécessairement conscients de leur propre état d'esprit. Ce dernier est discerné à travers leur comportement. L'état d'esprit est particulièrement évident dans la réaction à l'échec. Des gens à état d'esprit fixe redoutent l'échec, parce qu'ils le perçoivent comme une négation ou une remise en cause de leurs compétences techniques ou talents. Face au défi, ils pensent que leur intelligence est en cause, deviennent stressés et se découragent. A l'opposé, les individus à état d'esprit de croissance affichent une attitude positive vis-à-vis de l'échec, qu'ils considèrent comme une occasion d'apprentissage aux fins d'améliorer leur performance. Ils persévèrent dans leurs objectifs, malgré des revers. Il apparaît donc que le succès est dans le

---

[319] David Magee, How Toyota Became No 1. Leadership Lessons from the World's Greatest Car Company. New York: Penguin Group, 2007,

[320] David Magee, op. cit. 120-157.

[321] Carol Dweck, Mindset: The New Psychology of Success. How We Can Learn to Fulfill our Potential, New York: Ballantine Books, 2003.

[322] Les qualités fondamentales sont développées par l'effort. Bien que les gens puissent différer dans leurs aptitudes et talents initiaux, ou dans leurs tempéraments, chacun peut changer et se développer à travers la pratique et l'expérience. Vous pouvez devenir tout ce que vous voulez être, à condition d'avoir un état d'esprit progressif.

mental, non figé, mais progressiste, qui influe sur l'interprétation des obstacles du parcours, et conditionne le degré d'effort à déployer pour arriver à sa destination.

Dans sa Pyramide de succès, John Wooden, [323]le plus grand entraîneur de basketball universitaire américain de tout les temps, à l'instar du milliardaire américain feu Sam Walton, fondateur des grandes chaines de vente Wal Mart et Sam's Club, ne s'accommode pas avec la conception populaire du succès, en termes d'accumulation des richesses, de la notoriété, du pouvoir ou de statut social. [324]Il définit le succès comme étant " la paix d'esprit qui est le résultat direct de l'autosatisfaction de savoir que vous avez fait de votre mieux pour devenir le meilleur que vous êtes capable de devenir. " [325] Le succès ne vient pas du jour au lendemain. C'est ainsi que la Pyramide de succès de Wooden élabore des étapes par lesquelles la réussite se construit. Quatorze attributs doivent être développés, selon lui, pour arriver au sommet, ou à ce qu'il appelle la grandeur compétitive (" Competitive Greatness "), ou l'excellence.

A la base de sa Pyramide se trouvent : *l'assiduité* (le succès provient fondamentalement d'un effort soutenu et de travail) ; *l'enthousiasme* (il faut aimer ce qu'on fait, il faut travailler avec énergie et dévouement), *l'amitié* (il faut travailler avec les autres, chercher à interagir avec les autres, bâtir des ponts humains qui vont vous aider à traverser de l'autre côté) ; la loyauté (être sincère avec soi-même et avec les autres, respecter ses valeurs) et *la coopération* (favoriser la collaboration et l'esprit d'équipe, il faut dix mains pour faire un panier, dit Wooden). [326] Au deuxième étage de la Pyramide du

---

[323] John Wooden est le légendaire entraîneur de basketball d'UCLA (University of California at Los Angeles) qui a remporté dix championnats NCAA (championnats interuniversitaires), dont sept consécutivement. Ces anciens jouers, qui sont pour la plupart des étoiles dans leurs domaines de travail, parlent de lui en invoquant plus les valeurs qu'il a inculquées en eux. Plutôt que d'enseigner à ses étudiants à devenir de grands joueurs de basketball, il les inspira à devenir de grands hommes. Sa pyramide de succès est aujourd'hui utilisée dans les domaines tels que la gouvernance, la gestion des entreprises et le développement des compétences de leadership. Voir John Wooden and Jay Carty, Coach Wooden's Pyramid of Success: Building Blocks for a Better Life. Ventura California : Regal Books, 2005.

[324] Walton entend par une personne riche celle qui est capable de répondre à ses besoins essentiels d'existence. Comme il le dit lui-même, " l'argent ne m'a jamais dit grand-chose. Si nous avons suffisamment à manger, une jolie maison, suffisamment de place pour garder et nourrir nos chiens, un lieu pour faire la chasse, un jardin de tennis et des moyens pour assurer l'éducation des enfants, c'est tout cela qui signifie être riche. " Sam Walton, op. cit. pp. 7.

[325] Dans ce sens, le succès est relatif ;il dépend de ce que chaque personne considère être important dans sa vie.

[326] Selon Wooden, l'assiduité et l'enthousiasme demeurent les deux pierres angulaires du succès. Il n'y a pas de substitut au travail, mais celui-ci doit être bien planifié pour avoir un impact positif (la planification est nécessaire pour réduire le

succès se trouvent : *la maîtrise de soi* (sans contrôle de soi émotionnel, on devient vulnérable ; assurer l'équilibre entre les émotions et le jugement, faire prévaloir le bon sens ; l'émotion est votre ennemi, dit Wooden) ; *la vigilance* (toujours être prêt à évaluer et analyser ses forces et ses faiblesses, chercher à apprendre de ses erreurs et à s'améliorer sans cesse) *; l'initiative* (avoir le courage de prendre des décisions sans avoir peur d'échouer) et *la persévérance* (rester focalisé sur ses objectifs en dépit des obstacles ou des échecs ; persister même après les échecs.).

Au troisième étage de la Pyramide de succès de Wooden, on trouve : *la préparation* (créer des conditions mentales, morales et physiques pour réussir ; repos, exercices et alimentation sont tous nécessaires) ; *les habilités* (développer constamment des connaissances et des compétences) et *l'esprit d'équipe* (sacrifier ses intérêts personnels pour que vive le bien-être collectif). Avant le dernier stage de la Pyramide, c'est-à-dire l'excellence, on trouve : *l'équilibre* (rester soi-même quels que soient les événements, bons ou mauvais ; garder son calme dans toute situation) et *la confiance* (avoir l'assurance de soi par la préparation et la planification, être prêt à confronter les défis).

Les différents blocs de la pyramide de Wooden sont tenus en place par des mortiers (des valeurs) dont les plus fondamentaux au sommet sont " la foi " et " la patience " .[327] D'après Wooden, il faut croire dans le succès pour l'avoir ; il faut visualiser le futur avec optimisme ; il faut croire fermement que les choses s'accompliront telles qu'elles le devraient. Il va sans dire que le négatif n'attire que du négatif, et le positif que du positif. En outre, Wooden conseille de la patience, car de bonnes choses prennent du temps pour se concrétiser. La précipitation ne paie pas souvent dans la vie, comme l'affirme un adage français " Pierre qui roule n'amasse pas mousse " ou la sagesse bantoue telle que traduite dans un proverbe Luba de la RDC " Kabwa ka lubilu, kakashiya nyama panshi. "[328]

Ce modèle de Wooden qui place les attitudes, les valeurs et les comportements au cœur du succès humain est corroboré par plusieurs enquêtes empiriques. Expliquant comment Toyota est devenue numéro 1 dans l'industrie automobile mondiale, David Magee souligne, entre autres, la croyance, au sein de la compagnie, dans l'apprentissage et l'amélioration à tous les niveaux, tant dans les véhicules que dans les processus de fabrication ; la croyance que les êtres humains ont la capacité d'apprendre et d'améliorer quand ils s'engagent dans des activités qui les intéressent.

---

gaspillage et se focaliser sur l'essentiel). La planification permet de mieux utiliser le temps dont la bonne gestion facilite l'atteinte de ses objectifs dans les délais voulus avec les moyens prévus.

[327] Les autres valeurs sont de la base au sommet: l'ambition, la sincérité, l'adaptabilité, l'honnêteté, la fiabilité, le combat et l'intégrité.

[328] Littéralement un chien pressé abandonna son gibier.

D'après lui, Toyota aurait toujours connu du succès dans n'importe quelle industrie, " puisque son secret n'est pas dans la façon dont elle construit des choses, mais la manière dont elle aborde le processus et l'état d'esprit en construisant ces choses. " [329] C'est en fait du fondateur de Toyota, Sackicki Toyoda, que provient cette philosophie des affaires, car, pour lui, la capacité des êtres humains à résoudre des problèmes est illimitée aussi longtemps qu'ils sont prêts à apprendre et à explorer. Pour exceller dans le milieu de travail moderne, pensait-il, les gens doivent être des penseurs efficaces qui comprennent bien leur capacité à contribuer à leur propre bien-être et à celui de leur communauté, à travers le travail quotidien. [330]

Nulle part, la primauté des attitudes et des comportements dans la performance personnelle et collective n'est affirmée plus que dans les théories de leadership. Ce qui fait l'efficacité d'un leader a toujours été au centre des débats depuis qu'existe ce terme, et la profusion des modèles théoriques sur la question le prouve suffisamment. Les théories de leadership ont, certes, évolué d'une conception minimaliste du chef centrée sur certains traits psychologiques, physiques ou intellectuels (ambition et énergie, désir de diriger, honnêteté et intégrité, confiance en soi, connaissance et intelligence, etc.) à des visions plus larges englobant les comportements (conduite du chef, style de commandement), la prise en compte de l'environnement interne et externe (la situation en présence- leadership situationnel, contingence technologique, culturelle et autres), des attributs spécifiques (charisme, transformation, résultats, etc.), les interactions entre la tâche, le leader et les relations avec les subordonnés.

En dépit de la diversité théorique, l'ascendance des attitudes et des comportements dans l'efficacité du leader, sous réserve du contexte ambiant, ressort incontestablement dans toutes les études contemporaines crédibles sur le leadership. James Kouzes et Barry Posner, Stephen Covey et Daniel Goleman sont parmi les figures de proue dont les modèles de leadership sont les plus influents de nos jours. Le modèle de Kouzes et Posner, tel que décrit dans leur ouvrage " Le défi du leadership " est basé sur des données collectées auprès de personnes en activité dans plusieurs organisations considérées comme les plus performantes. [331] Ces chercheurs ont identifié cinq comportements fondamentaux qui caractérisent les leaders les plus efficaces. Ces comportements et leur description sommaire figurent dans le tableau ci-dessous.

---

[329] David Magee, How Toyota Became No 1. Leadership Lessons from the World's Greatest Car Company. New York: Penguin Group, 2007, pp. 23-24.

[330] Op. cit. pp. 13-14.

[331] Source: Kouzes and Posner, The Leadership Challenge, 4th Edition, San Francisco: Jossey Bas, 2007.

Tableau 4
Les dix commandements du leadership efficace selon Kouzes et Posner

Comportements/pratiques	Description/Engagement
Tracer la voie.	1. Clarifier les valeurs en trouvant votre voie et en affirmant les idéaux communs. 2. Montrer l'exemple en alignant vos actions sur les valeurs partagées.
Inspirer une vision commune.	3. Visionner le futur en imaginant des possibilités intéressantes et enrichissantes. 4. Intégrer les autres dans la vision commune en faisant recours aux aspirations partagées.
Défier le processus.	5. Chercher des opportunités en tirant profit des initiatives et en cherchant en dehors de soi des voies nouvelles pour améliorer la manière de faire des choses. 6. Expérimenter et prendre des risques en gagnant de petites victoires pour apprendre de l'expérience.
Rendre les autres capables d'agir.	7. Stimuler la collaboration en forgeant la confiance et en facilitant les relations. 8. Renforcer les capacités des autres en augmentant l'autodétermination et en développant des compétences.
Encourager le cœur.	9. Reconnaître les contributions des autres en montrant de l'appréciation pour l'excellence individuelle. 10. Célébrer les valeurs et victoires en créant un esprit de communauté.

Source : Kouzes and Posner, The Leadership Challenge, 4th Edition, San Francisco: Jossey Bas, 2007, pp. 26.

Kouzes et Posner postulent que le défi majeur du leadership est de mobiliser les autres pour qu'ils accomplissent des choses extraordinaires : transformer les valeurs en action, la vision en réalité, les obstacles en innovations, les divisions en solidarité, les risques en récompenses ; de créer un climat dans lequel les gens peuvent tourner des opportunités défiantes en succès remarquables. Les auteurs reconnaissent, cependant, que le problème central n'est pas ce défi, mais plutôt comment le leader y répond, car par sa réponse, pensent-ils, il peut soit aggraver sérieusement, soit profondément améliorer une situation. C'est là où les comportements ci-dessus créent la différence entre les chefs performants et ceux qui ne le sont pas. L'une des thématiques majeures dans leur ouvrage est l'importance qu'ils accordent au maintien d'une attitude positive et optimiste dans le pilotage d'un projet de changement en dépit des crocs-en-jambes et des obstacles.

Quant à Stephen Covey, un éducateur et conférencier de renommée mondiale, son enseignement majeur, fondé sur des expériences concrètes, est que tout être humain possède un potentiel important pour réaliser de grandes choses dans la vie. Son ouvrage " Les sept comportements des personnes les plus efficaces " a déjà vendu plus de 25 millions de copies à travers le monde depuis sa publication en 1989. Il y détaille les caractéristiques essentielles des individus les plus performants, lesquelles relèvent de leurs comportements. Ces habitudes sont présentées ci-dessous.

Tableau 5

Comportements	**Description sommaire**
Etre proactif.	Prendre la responsabilité pour sa vie. Eviter de blâmer les autres pour ses échecs. Le succès ou l'échec est décidé par vous.
Avoir à l'esprit l'objectif poursuivi.	Déterminer d'abord ce que vous souhaitez devenir, faire ou avoir, c'est-à-dire vos objectifs. Se doter d'un plan clair.
Mettre les choses importantes en première ligne.	Etablir des priorités en fonction de ses objectifs. Eviter de tout faire à la fois.
Penser gagne-gagne.	Eviter la compétition avec les autres. Penser en termes de coopération pour des gains mutuels bien compris.
Chercher d'abord à comprendre qu'à être compris.	La communication est importante pour tisser de bonnes relations avec les autres. Avoir une écoute attentive quand on vous parle. Ecouter du point de vue de l'autre. Chercher à mieux appréhender la situation de l'autre.
Synergie	Il vaut mieux deux têtes qu'une. Chercher des synergies, coopérer avec les autres. Un travail d'équipe est essentiel pour le succès.
Aiguiser la scie	Développer en permanence des atouts par le développement continu sur le plan physique (bien manger, faire des exercices, se reposer), social/émotionnel (développer des connections utiles avec les autres), mental (apprendre, lire, écrire, enseigner) et spirituel (méditer, prier, etc.).

Les comportements des personnes les plus performantes selon Covey
Source : Stephen R. Covey, the 7 Habits of Highly Effective Families, New York: St. Martin's Griffin, 1997.

Enfin, Daniel Goleman est connu pour son modèle du leadership basé sur l'intelligence émotionnelle. Les premières recherches sur l'intelligence émotionnelle apparurent au début des années 1990 avec les travaux de John D. Mayer et Peter Salovey. Mais c'est Daniel Goleman qui est largement reconnu pour avoir contribué à la publicité de ce concept et à son importance et son utilité pour la réussite dans la vie. Selon Goleman, la partie émotionnelle de notre cerveau est à la base du développement de notre pensée et, ultimement, de toute notre vie. C'est elle qui explique notre succès et nos prouesses ou nos déboires et nos échecs. Voici comment il articule sa thèse : "

> " Dans la mesure où nos émotions bloquent ou amplifient notre capacité de penser, de planifier, d'apprendre en vue d'atteindre un but lointain, de résoudre des problèmes, elles définissent les limites de notre aptitude à utiliser nos capacités mentales innées, et décident donc de notre avenir. Et dans la mesure où nous sommes motivés par l'enthousiasme et le plaisir que nous procure ce que nous faisons…, les émotions nous mènent à la réussite. . . " [332]

A la suite de ses études, on note que les habilités qui nous permettent de faire face efficacement à la vie ne sont pas nécessairement cognitives (intelligence cognitive exprimée par le coefficient intellectuel), mais surtout des capacités émotionnelles. Nos états émotionnels sont à la base de notre succès. Si ces états sont positifs (maîtrise de soi, optimisme, rire, etc.), la performance sera meilleure et le succès sera assuré. Si, au contraire, ces états sont négatifs (anxiété, soucis, pessimisme, etc.), la performance sera inférieure, et l'échec survient. [333] Le rendement d'une personne, selon Goleman, est donc directement proportionnel à sa capacité de maîtriser son anxiété et ses émotions, de se comprendre et de comprendre les autres, leurs motivations, leurs désirs, leurs tempéraments et leurs humeurs et d'y réagir de manière appropriée ; au degré d'optimisme, [334] d'espérance et de confiance que l'on a en soi, à la capacité d'entretenir des relations sociales, de coopérer avec les autres et de s'adapter au changement d'une situation, etc. En fait pour Coleman, l'intelligence émotionnelle (IE) est plus déterminante que le coefficient intellectuel (IQ) dans l'atteinte de ses objectifs ou la réalisation du succès dans la vie. Elle est le meilleur prédicateur du succès. Par exemple, un étudiant peut exceller académiquement (IQ), mais s'il ne sait pas comment réagir face à un déboire, à une colère, à la jalousie, à la peur, aux problèmes de communication, et à tous les hauts et les bas des relations humaines (IE), il

---

[332] D. Coleman (1997), op. cit. p. 109.

[333] Joseph Chabat, L'intelligence émotionnelle selon Daniel Goleman, Pédagogie Collégiale, Vol 15, N' 3, mars 2002.

[334] L'optimisme n'est pas seulement dans la parole, mais est associé avec des expériences positives mettant l'accent sur le sentiment que la solution d'un problème existe pourvu qu'on prenne une action constructive pour y arriver.

aura des difficultés à connaître le succès, la paix ou le bonheur. Un étudiant qui sort de l'université avec une mention excellente ne sera pas nécessairement aussi brillant dans la vie professionnelle. On rencontre des gens qui ont terminé l'université à peine avec la mention passable, mais qui connaissent une vie professionnelle pleine de succès. Comme dit Coolidge dans la citation qui introduit ce chapitre, le monde est plein de déchets intellectuels malgré des diplômes. Le diplôme est certes une présomption du savoir, mais ce n'est pas le savoir. La réussite dans la vie ne dépend, donc, pas seulement des connaissances techniques, mais aussi et surtout d'autres facteurs que Goleman lie à l'intelligence ou la maturité émotionnelle (à des compétences émotionnelles). [335] Les travaux de Coleman ont établi que les gens qui ont des hauts coefficients d'intelligence émotionnelle ont davantage confiance en eux-mêmes ainsi que plus de compréhension des autres, et ainsi donc, plus d'empathie pour eux. En conséquence, elles établiront de meilleures relations et atteindrons plus de succès, auront plus d'expérience d'amour et de joie dans leur vie.

Pour Goleman, le succès, en général, et au niveau du leadership en particulier, est associé avec quatre compétences émotionnelles clés : (i) la conscience de soi, (ii) la gestion de soi, (iii) la conscience sociale et (iv) la gestion des relations sociales. Il existe deux dimensions importantes à distinguer dans son modèle, à savoir : la dimension de la connaissance par rapport à soi-même et par rapport aux autres (premier quadrant du tableau ci-dessous : se connaître et connaître les autres) et la dimension de la gestion et de la motivation d'abord de soi, et ensuite des autres (deuxième quadrant du tableau, se gérer soi-même et gérer les autres).

[335] Daniel Goleman, Working with Emotional Intelligence, New York: Bantan Books, 1998.

Tableau 6

Les compétences émotionnelles selon Goleman

	SOI- MEME Compétences personnelles	**LES AUTRES** Compétences sociales
Reconnaissance	**Conscience de soi** o Conscience de soi o Evaluation de soi o Confiance en soi	**Conscience sociale** o Empathie o Service aux autres o Conscience organisationnelle
Régulation et motivation[336]	**Gestion de Soi** o Maîtrise de soi o Responsabilité personnelle o Flexibilité o Clairvoyance o Innovation o Optimisme o Initiative	**Gestion des Relations** o Développement des autres. o Influence o Communication o Gestion des conflits o Leadership o Réseautage o Collaboration o Travail en équipe.

Source : Daniel Goleman, Working with Emotional Intelligence, York: Bantan Books, 1998.

Tenant compte de ces deux dimensions, l'analyse de différentes composantes de l'intelligence émotionnelle fait ressortir au moins huit éléments majeurs, caractérisant des gens performants :

1. **La connaissance de soi - l'évaluation de soi** : des individus ou des leaders efficaces connaissent leurs propres forces et limites. C'est cette connaissance qui leur permet de mettre à contribution leurs points forts (potentiels) sans passer le temps à parler de leurs faiblesses. Ils cherchent plutôt à les pallier en s'entourant de personnes compétentes. Ils ont envie que leur prestation suscite une rétroaction, raison de l'auto-évaluation

[336] Goleman classe la motivation individuelle dans une case séparée. Elle comprend: le désir de réalisation, l'engagement, l'initiative et l'optimisme. Il considère ces facteurs comme des tendances émotionnelles qui guident ou facilitent l'atteinte des objectifs. Je considère les éléments qui interviennent dans les compétences sociales de gestion de relations comme étant aussi des motivateurs, mais des autres. Daniel Goleman, Working with Emotional Intelligence, New York : Bantan Books, 1998, pp. 26-27.

périodique. Ils se remettent en question continuellement dans le seul but d'améliorer leurs performances. Ils n'ont pas peur de la critique constructive de la part de leur environnement (interne et externe). Cette vision est à contraster avec l'idée répandue dans les milieux africains selon laquelle un dirigeant africain serait, en général, allergique à toute critique même constructive !

2. **La conscience émotionnelle de soi** : les champions ont la capacité de reconnaître leurs humeurs et émotions et les effets de ces derniers sur eux-mêmes et sur autrui.

3. **La confiance en soi :** les performants croient en eux-mêmes et en leurs talents, et les exploitent sans réserve. Ceci tout simplement parce qu'ils ont l'assurance dans leurs capacités, sans pour autant fermer la porte à d'autres idées qui pourraient les enrichir.

4. **La maîtrise de soi :** les ″ numéros 1 ″ contrôlent mieux leurs sentiments impulsifs et leurs émotions. Ils savent comment contenir des actions potentiellement négatives en face d'une provocation, d'une opposition hostile de la part des autres, ou au cours d'un travail sous pression. Ce qui leur permet de mieux gérer les stress et de rester calme, équilibré et positif même pendant les moments de dures épreuves.

5. **La responsabilité personnelle :** pour atteindre leurs objectifs, les leaders efficaces se motivent à travailler avec diligence, énergie et persévérance. Ils manifestent une grande passion de travailler pour d'autres motifs que l'argent. Ils prennent la responsabilité pour leur niveau de performance sans blâmer les autres. Ils travaillent d'une manière consciencieuse et organisée, en faisant attention aux détails, en faisant le suivi des engagements et promesses, en faisant une bonne utilisation du temps et en bâtissant la confiance par la fiabilité.

6. **L'optimisme :** les performants voient le monde comme un verre à moitié plein plutôt qu'à moitié vide. Ils ont tendance à voir le bon dans les autres et dans la situation en présence. Les menaces et problèmes sont perçus simplement comme des opportunités, sur lesquelles ils peuvent agir et dont ils peuvent tirer profit pour atteindre des résultats optimaux. Ils restent dans leur peau malgré les obstacles et les difficultés de parcours, convaincus qu'ils gagneront en fin de compte.

7. **L'empathie :** les performants connectent bien avec les gens, quelle que soit leur origine culturelle, sociale, ethnique, raciale, politique, sexuelle ou religieuse. Ils ont tendance à apprécier les autres et ce qu'ils disent, sans idées préconçues. Ce comportement est facilité par le fait qu'ils cherchent à comprendre exactement les pensées d'autrui, leurs sentiments et leurs préoccupations, latentes ou exprimées, par le biais d'une écoute attentive. Leur approche à la prise de décision est de déterminer les impacts potentiels de leurs choix, en se mettant à la place des groupes et des personnes qui seront affectés par la décision en question.

8. **Les relations sociales :** les performants maintiennent d'excellentes relations avec les autres, ils valorisent le travail en équipe, investissent à construire des ponts humains qui vont les aider à atteindre leurs objectifs, développent un fort sentiment d'appartenance à l'organisation et s'appuient lourdement sur la motivation organisationnelle (écoute, reconnaissance et considération des autres et de leur travail, encouragement, participation, ouverture au changement, valorisation ou développement des autres), pour impliquer les autres dans la dynamique des changements qu'ils proposent.

Les champions sont donc des champions, plus par leurs attitudes et la manière dont ils se comportent et se connectent avec leur environnement interne et externe, recentrant ainsi les débats sur les qualités et les attitudes qu'il conviendrait de développer pour s'assurer un avantage concurrentiel dans le monde. L'estime de soi est fondamentale pour la construction d'un mental de gagnant. Comme je l'ai souligné au Chapitre 1, elle implique de la confiance dans l'efficacité de son esprit, dans sa capacité à penser, à prendre des décisions appropriées, et à réussir. Elle se fonde sur la connaissance de soi, l'acceptation de soi, l'autoresponsabilité, l'affirmation de soi et l'autonomie. Les différentes études et expériences, que je viens d'exposer, suggèrent qu'une personne qui ne fait pas montre d'une attitude positive d'elle-même, qui n'a pas une appréciation objective de ses potentiels et de ses limites, qui n'est pas animée d'une volonté de dépassement personnel, qui pense qu'elle n'est pas capable d'une quelconque performance, prétendument à cause de son origine ethnique, raciale, sociale, religieuse, sexuelle, ou qu'elle est inférieure aux autres, aura des difficultés sérieuses à projeter une vision réaliste du succès, à oser s'engager résolument et avec ténacité dans des projets d'ampleur pour changer sa situation et se hisser au rang de champion. Son négativisme d'esprit ne produira que des sentiments de peur et de jalousie face au succès des autres. " *Qui renonce à être meilleur cesse d'être bon,* " dit une maxime. Le dépassement de soi à travers la conscience de soi, une remise en question permanente de soi, la responsabilisation personnelle, l'autodiscipline et une obsession pour s'améliorer continuellement, constituent un gage contre la médiocrité et restent le fer de lance de l'excellence. Le cas de l'américain Michael Jordan, offre un autre exemple pertinent des qualités des champions.

2. Les champions en pratique

a. Michael Jordan

Michael Jordan, ancien joueur américain de basketball professionnel, est une légende vivante du basketball international, un athlète phénoménal, avec un talent artistique, une mobilité, une grâce, une vitesse et une coordination de jeu incomparables. Il est l'un des athlètes les plus commercialisés de sa génération ; il a contribué à redorer les blasons de la NBA (National Basketball Association) au cours des décennies quatre-vingt-dix du siècle dernier. Je l'ai vu moi-même évoluer dès son entrée à la NBA en 1984, et je manquais rarement ses matchs. Même d'autres superstars de basketball ne cachent pas leur admiration pour sa position unique. Magic Johnson, ancien superstar de Lakers de Los Angeles a déclaré : " Il y a Michael Jordan, puis il y a nous autres. " A la suite d'un match éliminatoire où Jordan avait marqué 63 paniers contre le Celtics de Boston, alors qu'il n'en était qu'à sa deuxième saison, Larry Bird dira du jeune joueur qu'il était " Dieu déguisé en Michael Jordan. " Jordan a reçu plus de titres honorifiques que n'importe quel autre joueur de sa génération : cinq fois le joueur le plus valable de la NBA, six fois champion NBA, deux fois champion olympique avec médaille d'or, l'un des cinquante plus grands joueurs dans l'histoire de la NBA, etc. [337]

Qu'est-ce qui a fait de Michael un champion de facture internationale ? Pour répondre à cette question, j'ai préféré examiner plus d'une vingtaine de citations de Jordan lui-même dans de diverses circonstances au cours de sa carrière. Pour des raisons d'espace, j'en ai retenu douze qui sont reprises avec mes remarques au Tableau 7. Pour mieux les comprendre, il importe d'abord de situer le contexte de développement de Jordan.

La passion de Michael Jordan pour le basketball a commencé alors qu'il était encore très jeune. En cette période-là, son penchant était plus du côté du baseball, qu'il jouait régulièrement, passant seulement quelque temps au basketball et au football. Mais les défaites presque continues que lui infligeait son frère aîné Larry, dans des compétitions à deux, le motivèrent à s'adonner davantage au basketball pour perfectionner son jeu. C'est ainsi qu'il jouera pour son école secondaire, en Caroline du Nord. Ironie du sort, Jordan ne sera pas sélectionné dans l'équipe de son établissement, alors qu'il était en deuxième année d'études. Au lieu de se décourager, comme

[337]Les données biographiques sur Michael sont essentiellement tirées d'en. wikipedia. org/wiki/Michael_jordan. Ses citations sont tirées de www. brainyquote. com/quotes/authors/m/michael_jordan. html.

l'auraient fait la plupart des gens, il décida d'investir de nombreuses heures à s'entrainer.

" Chaque fois que je me sentais fatigué au cours des entrainements et pensais à m'arrêter, je voyais cette liste dans le vestiaire sans mon nom dessus, et cela me motivait pour continuer. "

Jordan sera finalement intégré dans l'équipe de son école et l'amènera au championnat de l'État de Caroline du Nord. Il reçut une bourse de basketball de l'Université de Caroline du Nord. Sa popularité, sans cesse montante, se consolidera lorsqu'il marquera le panier gagnant dans un championnat interuniversitaire en 1982. Michael rejoindra la NBA en 1984.

Quand on examine les citations de Michael au regard de son parcours, on se rend vite compte que les " numéros 1 " partagent les mêmes caractéristiques, qui résident essentiellement dans leur état d'esprit progressif et dans leurs comportements : la persévérance, l'autodiscipline, l'obsession d'amélioration continue, la confiance en soi, la passion, la vision et l'esprit d'équipe.

" Mon attitude est que, si je m'engage dans quelque chose dans lequel je pense être faible, je vais le transformer en force. "

" Je n'ai jamais pensé en termes de conséquences quand je rate un grand panier. Quand vous pensez aux conséquences, vous êtes en train de penser à un résultat négatif. "

Il importe d'avoir une perception positive de choses, de visualiser des opportunités dans des problèmes ou des situations difficiles. Transformez toujours une situation négative en positive. Le champion ne s'acharne pas sur les conséquences négatives en cours d'action. Seul l'objectif final visé importe en dépit du résultat intermédiaire. Michael n'était pas doué dans le basketball ; il s'est mis au travail pour développer des qualités qui lui manquaient.

" Certaines personnes veulent que quelque chose leur arrive, d'autres aimeraient que quelque chose leur arrive et d'autres font que ça arrive. "

Seul le travail peut changer une situation personnelle. Ceux qui attendent que les choses tombent du ciel n'obtiennent rien en dernier ressort. On ne peut jamais gagner sans effort, sans action organisée et persistante. La cigale ayant chanté tout l'été se trouva fort dépourvue, sans à manger, devant quémander auprès de sa voisine la fourmi (Jean de la Fontaine). Après quelques essais infructueux, Michael n'a pas abandonné, comme l'aurait fait la plupart des gens. Il s'est maintenu débout, et, en persévérant il a développé la passion du jeu. En s'entrainant au jour le jour, c'est-à-dire par un travail dur, organisé et persistant, il a converti ses faiblesses en forces. Dans son esprit, l'échec n'était pas perçu comme un obstacle, mais plutôt comme une opportunité d'apprendre à devenir meilleur. En d'autres termes, l'échec accroissait sa foi en lui-même et devenait sa justification pour mieux-faire. Comme il le précise lui-même dans plusieurs citations :

" J'ai raté plus de 9000 paniers dans ma carrière. J'ai perdu à peu près 300 matchs. On m'a confié 26 fois des paniers de qualification, et je les ai ratés. J'ai échoué plusieurs fois dans ma vie. C'est pour cela que j'ai réussi."

" Si vous essayez de réaliser quelque chose, il y aura toujours des obstacles. Je les ai rencontrés. Tout le monde les a rencontrés. Mais, les obstacles ne doivent pas vous arrêter. Si vous rencontrez un mur, ne faites pas demi-tour et n'abandonnez pas. Trouvez comment l'escalader, le traverser ou le contourner. "

" Je n'ai jamais eu peur d'échouer. "

" Je peux accepter un échec. Tout le monde échoue dans quelque chose. Mais je ne peux pas accepter de ne pas essayer. "

La victoire provient de la persévérance face aux échecs. Le succès, dit-on, se trouve dans les épines. Pour y arriver, il faut buter sur ces épines et persévérer quel que soit le degré de blessures subies. Il faut combattre la peur qui fait que vous n'osez pas essayer ou expérimenter de nouvelles idées. C'est l'action qui libère, en permettant d'apprendre de ses erreurs, pour mieux faire. Cependant, les attentes de Michael étaient claires, dès l'entrée de jeu : il jouait pour gagner, et se motivait donc en conséquence.

" Je joue pour gagner, que ce soit dans un entraînement, ou dans un match quelconque. Et je ne laisserai rien interférer sur ma voie et mon enthousiasme compétitif de gagner. "

" Vous devez connaître vos attentes avant de les concrétiser. "

Pour réussir, il faut toujours voir la réussite. Il ne faut pas laisser des idées négatives, ou l'environnement qui les propage, interférer avec son ambition et sa détermination à réussir ou à gagner. Les entrainements (travail dur, organisé et persistant) faisaient partie de la préparation pour la réussite. La confiance qu'il avait en lui-même, la croyance qu'en essayant il allait devenir meilleur joueur, sinon le meilleur, ont contribué à son succès.

" J'ai toujours cru que, si quelqu'un se met au travail, les résultats viendront. "

Mais être meilleur n'implique nullement la mort des autres, ou la destruction des coéquipiers, qui sont alors perçus comme des concurrents. [338] Michael n'était pas un joueur égoïste, qui pensait uniquement à garder la balle pour lui, à la recherche de la gloriole personnelle. Le fait que les tirs de qualification lui étaient stratégiquement -et souvent- attribués par l'entraineur ne signifie aucunement une attitude égocentrique de sa part. Conscient que seul un jeu d'équipe amène à la victoire, et par contre un jeu personnel conduit à la défaite, Michael était maître des passes à ses coéquipiers, parfois même dans des circonstances critiques où le public s'attendait à son propre tir. Il déclare, à juste titre, que le talent personnel n'est pas suffisant pour gagner un championnat. Il faut que les particularités, ou les expressions personnelles, se mettent au service du collectif, dans une stratégie bien comprise par tous les joueurs, pour arracher la victoire.

" Le talent permet de gagner des matchs, mais le travail d'équipe et l'intelligence permettent de gagner des championnats. "

En fait, quels que soient l'équipe et le sport, les résultats ne dépendent pas principalement des talents individuels, mais de l'état d'esprit des joueurs et de leur détermination à atteindre les objectifs qui leur sont assignés dans le sens de la victoire. Une équipe sans un bon état d'esprit peut difficilement gagner un championnat, en dépit de la diversité de ses talents. Je me rappelle encore que, quand la Zambie avait rencontré la Côte d'Ivoire en match final de la Coupe d'Afrique des Nations en 2012, tous les pronostics étaient favorables à la Côte d'Ivoire, avec ses nombreux talents de facture internationale et sa grande expérience. Mais, la Zambie était sortie vainqueur de cette Coupe, malgré les qualités ivoiriennes. A mon avis, les Zambiens avaient un avantage comparatif par rapport aux Ivoiriens. Ils étaient venus avec la détermination de venger leurs amis de l'équipe nationale, qui avaient trouvé la mort dans un accident d'avion au Gabon. Pour eux, c'était la victoire ou la mort. Pour encore mieux se motiver, ils choisiront avant le démarrage du championnat, d'aller se recueillir à l'endroit de l'accident, en observant une minute de silence en mémoire des héros nationaux tombés sur le " champ de bataille. " Cela étant, l'objectif était de décrocher la coupe, de

---

[338] La vision de la plupart des champions n'est pas de s'engager dans une concurrence délétère. Ils ne voient pas les autres comme des ennemis à leurs propres progrès, mais comme référence plus globale de leur niveau. La comparaison qui est faite par rapport aux autres est bénéfique dans la mesure où elle leur permet de développer des qualités qui leur manquent. Un champion pense à apporter un plus dans un domaine qui le passionne.

gagner par tous les moyens. Jouant pour gagner la coupe, ils sont restés conditionnés, malgré des pertes de matches, jusqu'à la dernière compétition de qualification. Chaque joueur s'était senti responsabilisé pour arracher la victoire de l'équipe, favorisant ainsi un jeu collectif, du début à la fin du championnat. Comme disait un entraîneur sur le secret de la réussite de son équipe : " Pour gagner, il faut favoriser l'expression personnelle des joueurs, tout en la canalisant efficacement au profit de l'équipe. Faire en sorte que chacun, sans se renier, sans rien perdre de ses spécificités, se mette au service du collectif. " Cette approche a été érigée en priorité absolue par les Zambiens.

Tableau 7
Citations de Michael Jordan

Citations de Michael Jordan	Description
" J'ai raté plus de 9000 paniers dans ma carrière. J'ai perdu à peu près 300 matchs. On m'a confié 26 fois des paniers de qualification, et je les ai ratés. J'ai échoué plusieurs fois dans ma vie. C'est pour cela que j'ai réussi " .	La victoire provient de la persévérance dans l'échec.
" Si vous essayez de réaliser quelque chose, il y aura toujours des obstacles. Je les ai eus. Tout le monde les a eus. Mais, les obstacles ne doivent pas vous arrêter. Si vous rencontrez un mur, ne faites pas demi-tour et n'abandonnez pas. Trouvez comment l'escalader, le traverser ou le contourner. "	Le succès est dans les épines. Pour y arriver, il faut buter contre ces épines et persévérer quel que soit le degré de blessures subies.
" Mon attitude est que si vous m'entrainez dans quelque chose que vous pensez être ma faiblesse, je vais la transformer en force. "	Il faut avoir une perception positive des choses, voir dans des problèmes ou des situations difficiles des opportunités. Transformer toujours une situation négative en positive.
" Je peux accepter un échec. Tout le monde échoue dans quelque chose. Mais je ne peux pas accepter de ne pas essayer. "	L'échec me motive à continuer davantage, à apprendre pour mieux faire.
" Certaines personnes veulent que quelque chose leur arrive, d'autres aimeraient que quelque chose leur arrive et d'autres font que ça arrive. "	Seul le travail peut changer sa situation. Ceux qui attendent que les choses tombent du ciel n'obtiennent rien en dernier ressort. On ne peut jamais gagner sans effort, sans action.

" Le talent permet de gagner des matchs, mais le travail d'équipe et l'intelligence permettent de gagner des championnats. "	Le talent personnel n'est pas suffisant pour réussir dans la vie. Il faut que les singularités ou les expressions personnelles se mettent au profit du collectif dans une stratégie bien comprise par tous les acteurs pour un succès durable.
" Je joue pour gagner, que ce soit dans un entraînement, ou dans un match proprement dit. Et je ne laisserai rien interférer sur ma voie et mon enthousiasme compétitif de gagner. "	Pour réussir, il faut toujours voir la réussite. Il ne faut pas laisser des idées négatives interférer avec son ambition et sa détermination à réussir ou à gagner.
" Je me rends compte que je suis noir, mais je tiens à être considéré comme une personne, et cela est le souhait de tout le monde. "	Etre noir n'est pas un handicap au succès.
" Je n'ai jamais pensé en termes de conséquences quand je rate un grand panier. Quand vous pensez aux conséquences, vous êtes en train de penser à un résultat négatif. "	Il ne faut pas regarder derrière quand vous êtes en train de réaliser quelque chose d'important. Continuez à viser l'objectif final en dépit du résultat immédiat.
" Vous devez connaître vos attentes avant de les concrétiser. "	Il faut tracer son chemin avant de l'emprunter. Sans objectifs et résultats clairs à atteindre, il n'y a pas de sens de direction. Sans une idée précise sur votre destination, vous risquez de vous perdre ou d'aller n'importe où.
" Je n'ai jamais eu peur d'échouer. "	Il faut combattre la peur qui fait que vous ne puissiez pas expérimenter de nouvelles idées, ou apprendre de vos erreurs pour mieux faire.
" J'ai toujours cru que si quelqu'un se met au travail, les résultats viendront. "	Rien ne vient dans l'oisiveté ou seulement par des discours. Il faut prendre action, mettre en pratique ses idées pour que des résultats concrets se manifestent.

Source des citations : www. brainyquote. com/quotes/authors/m/michael_jordan. html.

b. Les Hispaniques ou les Latinos dans la région métropolitaine de Washington

L'impact politique et socioéconomique des Hispaniques en Amérique tient " la une " dans des conversations, des études scientifiques et des débats dans la presse. [339] Selon le dernier recensement de 2010, ils constituent 17% de la population américaine, soit à peu près 52 millions d'habitants et forment le deuxième groupe ethnique le plus nombreux, après les Blancs non- hispaniques. Il est prévu que cette population excède 120 millions d'ici 2050. Des informations qui ne cessent d'inquiéter les politiciens, notamment les Républicains, dès lors qu'ils ont découvert que les votes des Latinos ont été décisifs au cours de deux dernières élections présidentielles de 2008 et 2012 où ils ont endossé massivement le candidat démocrate gagnant Barack Obama.

Si la démographie contribue à élever l'importance politique des Latinos, l'économie, non plus, n'est pas en marge. Selon certaines sources, la propriété des entreprises par les Hispaniques croît trois fois plus vite que la moyenne nationale et leur pouvoir d'achat devait atteindre plus de 1 milliard de dollars en 2011. Le Bureau de recensement identifia entre 1997 et 2002 qu'environ 1. 6 millions d'Hispaniques étaient propriétaires de maisons commerciales, produisant à peu près $222 milliards de chiffre d'affaires en 2002. D'après des enquêtes faites par Pew Hispanic Center, les Hispaniques, fortement touchés par la récession économique actuelle, ont sensiblement amélioré leurs finances en 2012 par rapport à 2011, nombreux d'entre eux se déclarant plus optimistes pour 2013. [340]

Il est vrai que les Latinos sont loin de former un groupe monolithique ; ils varient selon l'origine nationale, la race, la religion, le statut juridique aux Etats- Unis (légaux et illégaux), le statut socioéconomique (niveau d'éducation, niveau de revenu) et l'affiliation politique (démocrates, républicains, indépendants ou autres). Mais, la langue espagnole (hispanophone) semble les souder, indépendamment de ces autres facteurs, ce qui me paraît différent comparativement aux Africains, qu'il s'agisse des francophones, des anglophones ou des lusophones. L'aspect qui m'intéresse le plus, c'est celui du capital social, relativement important, que les Latinos manifestent en dehors de leurs pays d'origine, contrairement aux Noirs africains. Les Hispaniques s'imposent progressivement sur le plan socioéconomique dans la région métropolitaine de Washington, grâce à une

---

[339] Cette section s'inspire principalement de mes propres observations et de mon expérience de travail avec les Latinos dans la région métropolitaine de Washington. Le terme hispanique est utilisé ici d'une manière interchangeable avec celui de latino. Selon le Bureau de recensement, le terme hispanique se réfère à une catégorie éthique plus large. Il désigne les personnes qui choisissent de s'identifier comme d'origine hispanique ou latino en raison de leur héritage culturel, leur appartenance nationale, leur lieu de naissance, ou celui de leurs parents ou de leurs ancêtres. En termes de population, le groupe le plus important est originaire du Mexique (63%), suivi de Porto Rico (9, 2%) et de Cuba (3, 5%).

[340] Les données quantitatives sont issues de Pew Hispanic Center. Les enquêtes ont été réalisées en novembre 2012. Voir aussi www. pewtrustsorg/our_work_ report_detail. aspx? b=858994227727. Voir aussi Pew Hispanic Center web site.

stratégie communautariste, par le biais des réseaux communautaires informels et formels.

Quelqu'un qui a vécu dans la région de Washington en mi-1990 et qui y revient en 2014, sera frappé par certains faits. Au cours de deux dernières décennies, les Hispaniques ont fait des percées importantes dans tous les secteurs de la vie. Ils représentent une proportion fortement visible de la force de travail dans les secteurs de la construction, la restauration, l'entretien et le nettoyage des bâtiments publics et résidences, la menuiserie, la plomberie, le paysagisme, l'entretien ménager, la peinture, le carrelage, et de plus en plus dans le commerce des meubles et grands supermarchés. S'ils ont été les plus affectés par la crise économique récente, c'est justement parce que leur secteur principal, l'immobilier avec toutes ses activités connexes, figurait au centre de cette crise. Je me réfère constamment à eux pour des travaux occasionnels de menuiserie, plomberie, peinture, carrelage et autres petits boulots. Une caractéristique commune qui les distingue est que la majorité est sans papiers et sans connaissance de la langue anglaise. Nombreux d'entre eux sont apparemment des infortunés à la recherche d'une belle vie ou du rêve américain.

Généralement, quand un immigré se pointe dans la région, il est accueilli par d'autres Hispaniques qui l'aident à trouver d'abord un logement dans un quartier latino. Se procurer un emploi pour pouvoir assurer la survie est prioritaire. A ce titre, il peut se faire que le nouveau venu tombe dans de bonnes mains, c'est-à-dire dans les mains d'un Hispanique qui a un contrat de jardinage ou autre, qui le récupère directement comme ouvrier sans aucune formalité d'usage. Dans beaucoup de cas, cependant, le nouveau venu est introduit à la " Casa de Maryland », un outil essentiel qui a favorisé et accéléré l'émergence des Latinos dans la région. Fondée en 1985 par les réfugiés et résidents venus de l'Amérique centrale, la " Casa de Maryland » est une organisation communautaire dont la mission est principalement de faciliter l'intégration socioéconomique et politique des Hispaniques qui arrivent dans la région. [341] Pour cela, la " Casa », grâce aux contributions de ses membres et à l'aide budgétaire de l'État de Maryland, a mis en place des centres de bienvenue (" Welcome Centers ") dont cinq actuellement, situés dans des grandes agglomérations urbaines (Silver Spring, Wheaton, Shady Grove, Prince George et Baltimore).

Le Centre offre une variété de services pour les nouveaux venus et les résidents : placement des ouvriers, formation professionnelle, appui juridique, notamment pour aider avec les dossiers d'immigration, enseignement de l'anglais comme deuxième langue, santé préventive, sécurité au travail et formation sanitaire. Font également partie de son

[341] Les activités de la Casa of Maryland profitent actuellement aux autres minorités dont les Noirs Américains et les Africains dans le cadre du développement du partenariat ou des coalitions avec elles.

mandat le lobbying et le plaidoyer auprès des institutions de l'État du Maryland, et au niveau national, sur des questions relatives à l'immigration (régularisation des statuts des immigrés hispaniques, halte à leur déportation, plaidoyer pour une législation pro-immigrants) et l'organisation des activités de soutien en faveur des candidats politiques, notamment du Parti démocrate. La " Casa » a réussi à faire passer en 2012, dans l'État de Maryland, une loi (" DREAM ACT ") permettant désormais aux enfants des sans-papiers de bénéficier des taux de frais de scolarité et de l'assistance financière accordés jusque-là seulement aux résidents légaux de l'État.

Dès qu'un nouveau venu s'inscrit auprès de l'organisation, il a automatiquement droit aux services précités. J'ai constaté à plusieurs reprises que, quand je plaçais une demande de main-d'œuvre à la " Casa », ou que j'y trouvais quelqu'un, la personne qui recevait le contrat, compte tenu de la nature du travail, cherchait à tout prix à se faire épauler par une ou deux personnes, voire plus. Et quand je vérifiais, je me rendais compte que c'était souvent des ressortissants de son pays d'origine ; des Hispaniques qui n'avaient pas visiblement d'expertise, ni en menuiserie, ni en plomberie ou peinture pour lesquelles je les sollicitais souvent, mais qu'on associait délibérément au contrat pour leur permettre d'apprendre un métier. C'est en fait la politique de la " Casa » de placer ces gens nécessiteux, sans connaissance de la langue anglaise et sans expertise affirmée dans le domaine de travail sollicité, dans l'espoir qu'ils apprendront, petit à petit, sur le tas. A mon avis, cette politique a réussi, parce les Hispaniques que j'ai utilisés il y a quelques années comme ouvriers, sont aujourd'hui des experts. Nombre d'entre eux ont créé leurs propres compagnies. Je me souviens encore de Fernando, qui a travaillé pour moi en 2002 dans une équipe comme aide-menuisier, et que je contracterai plus de cinq ans plus tard comme patron avec son propre personnel ouvrier hispanique. La qualité des travaux soulève certainement la question de crédibilité de certains entrepreneurs hispaniques, mais le fait que leurs compatriotes et organisations leur donnent la chance d'apprendre à devenir meilleurs en leur conférant des occasions d'emplois, est un plus incomparable. Ne dit-on pas " qu'on devient forgeron, en forgeant " ou comme l'hypothèse de Michael Jordan, " la réussite se trouve dans l'échec, j'ai réussi parce que j'ai échoué plusieurs fois dans ma vie. "

J'ai également découvert que nombre d'Hispaniques acceptent de faire un travail ou de signer un contrat, même dans le domaine où ils n'ont pas d'expertise, espérant pouvoir utiliser l'expertise de leurs collègues hispaniques. J'ai eu ainsi à recruter des Hispaniques qui m'avaient convaincu qu'ils pouvaient assurer des connections électriques dans la maison, ou de la plomberie, mais le moment venu, ils s'amèneront avec leurs compatriotes mexicains ou guatémaliens qui se sont chargés du travail. Ils me confieront plus tard qu'ils travaillent ensemble depuis plusieurs années, et que l'un pouvait chercher des contrats pour l'autre afin de se partager les bénéfices à la fin des travaux. [342]

Il est encore utile de souligner la pratique, devenue courante dans les milieux hispaniques, de louer une maison ou un appartement en groupe allant même jusqu'à huit personnes. Le contrat de location est stipulé au nom d'une personne, et les autres, qui sont comme les membres de sa famille, contribuent à part égale au loyer. Ce système semble avoir facilité l'accumulation des épargnes pour faire venir- ou aider- des familles encore au pays natal, ou parer à d'autres besoins plus pressants. De la pratique du loyer collectif s'est développée une autre stratégie qui consiste à acheter ensemble une maison à crédit, contribuer à épurer la dette collective ainsi créée, et reprendre le même exercice pour un autre membre, ainsi de suite. Il n'est pas, dès lors, surprenant d'apprendre que les Hispaniques sont devenus les plus grands acheteurs de maisons aux USA (première maison), juste après les Blancs. Ils représentaient 51% du nombre total net de nouveaux propriétaires en 2012, soit 355,000 propriétaires latinos sur un total de 693,000. [343]

En somme, sans juger de la manière dont les Latinos sont entrés en Amérique, on assiste à des instances de capital social remarquable, alors que certains prétendent que les peuples venant des pays où les gens n'ont pas confiance les uns vis-à-vis les autres, éprouvent beaucoup de difficultés à coopérer. Certes, des statistiques générales indiquent que les Hispaniques ont encore un très long chemin à faire. Le recensement de 2010 montre que 35% d'enfants hispaniques vivent sous le seuil de pauvreté (contre 39% pour les Noirs et 12, 4% pour les Blancs), et ils ont un taux d'éducation le plus bas. La fragmentation des groupes, sur la base de la nationalité, constitue encore un défi de taille sur la voie d'une solidarité plus large. Il y a, cependant, lieu d'imaginer que des initiatives socioéconomiques communautaires, informelles et formelles, jettent des bases du pouvoir économique et d'influence politique susceptibles d'élever les communautés hispaniques au rang de champions dans ce vingt-et- unième siècle.

[342] Dans certains cas, certains d'entre eux amènent leurs concitoyens qui ont des permis sur demande du propriétaire.

[343] NAHREP, State of Hispanic Homeownership Report, 2012.

Chapitre 7

Stratégies de développement de l'estime de soi

*" Il n'y a pas d'autres révolutions possibles
que d'essayer de s'améliorer soi-même.
Si chacun tente quelque chose, le monde ira mieux. "*
Georges Brassem

*" L'homme supérieur ne demande rien qu'à lui-même, l'homme vulgaire
et sans mérite demande tout aux autres. "*
Confucius[2]

Dans les chapitres précédents, j'ai insisté sur l'importance de l'estime de soi pour l'avancement africain, les symptômes de la sous-estimation individuelle et collective, leurs sources et conséquences ; les grands mouvements visant la promotion de soi, la problématique de la solidarité et de la collaboration interafricaines, ainsi que les caractéristiques principales des personnes les plus performantes. J'ai mis en exergue les inhibiteurs de l'estime de soi, à savoir : la persistance des mentalités coloniales de subordination et de soumission, qui conduit les Africains à se dévaloriser, et à discriminer en faveur des étrangers ; le contrôle du processus de développement par les agences étrangères de financement qui ne cesse d'exacerber les sentiments d'inadéquation et d'impuissance ; des mentalités et attitudes négatives qui empêchent les Africains de puiser dans leur potentiel, de travailler dur et de collaborer étroitement dans l'intérêt mutuel et collectif ; la pauvreté qui, non seulement incite les gens à se diminuer aux yeux de ceux qui leur fournissent des moyens et des idées, mais aussi attise des attitudes de dépendance, de victimisation et de " crabisme ; " la communication interne et externe au sujet de l'Afrique qui n'arrive pas à donner et à promouvoir une image équilibrée et positive du continent, et pousse les Africains à se faire des représentations négatives d'eux-mêmes ; des échecs répétés en matière de gouvernance et de gestion qui conduisent les Africains à douter d'eux-mêmes, et à conclure qu'ils sont foncièrement incapables, ainsi que d'autres facteurs liés à l'environnement humain et social, tels que la famille, l'école, l'église et la société globale qui conditionnent les gens à perdre l'estime d'eux-mêmes. Tous ces éléments se conjuguent pour former une culture de la dévalorisation de soi, qui entraine des conséquences néfastes sur l'avancement individuel et collectif.

Je voudrais rappeler que l'estime de soi est un phénomène complexe et multiforme. Loin de moi la prétention d'avoir couvert tous les aspects de cette problématique. Des études de cas par pays sont indispensables, pour élargir la compréhension de la façon dont elle affecte spécifiquement la performance individuelle et le développement. Des recommandations sur mesure seront éclairées par ces enquêtes. Construire l'estime de soi elle-même peut s'avérer problématique, dans la mesure où ceux qui en souffrent ne sont souvent pas conscients de la maladie, et peuvent, tout simplement, résister à toute tentative de changement. Il est vrai, aussi, que les efforts des solutions pourraient être anéantis, du fait que les personnes les plus visées par cette maladie sont, pour la plupart, celles qui occupent des positions d'influence et de pouvoir.

Quel que soit le degré d'adhésion à une problématique, devenue centrale pour accélérer le rythme des changements, il ne plane plus de doute aujourd'hui qu'une personne, physique ou morale qui se renie ne connaîtra jamais de progrès durables. L'estime de soi renvoie ainsi à la question du comment faire face aux défis de la vie d'une manière qui maximise les chances de succès sur le plan personnel et collectif. Comment tirer profit de la modernisation et de la mondialisation sans avoir nécessairement à renforcer l'assimilation, la domination, la subordination et des vulnérabilités croissantes ? Je propose dans les lignes qui suivent des axes stratégiques, pour engager et soutenir une dynamique de changement articulée autour de la valorisation de soi. Ces axes stratégiques se réfèrent aux composantes essentielles de l'estime de soi qui fournissent la cohérence interne de sa démarche. Il s'agit des axes stratégiques suivants :

- La connaissance de soi (de ses capacités, ses émotions, ses qualités, ses limites et ses défauts).
- L'acceptation de soi (développement des attitudes et images positives de soi).
- La responsabilisation personnelle et collective (refus de blâmer les autres pour ses lacunes, engagement au travail de manière organisée et assidue, collaboration franche et sérieuse pour des gains mutuels, promotion de la participation citoyenne).
- L'affirmation de soi (création des points de supériorité ou des atouts sur la base de la connaissance de ses limitations et de ses avantages comparatifs, valorisation de ses potentiels, ses talents et ses ressources, utilisation de l'éducation et de la science pour se propulser en champion, renforcement de la bonne gouvernance, capitalisation de la diaspora dans une perspective stratégique pour développer ses compétences et ses ressources).

o Parvenir à l'autonomie (compter d'abord sur ses propres forces et ressources, apprendre stratégiquement des autres dans l'intention de répliquer et de dépasser leurs points de supériorité).

Axe stratégique I : Développer la conscience et la connaissance de soi

a. Développer la connaissance de soi au niveau individuel

Le diagnostic a révélé que certaines personnes pensent qu'en tant que Noirs Africains, elles ne peuvent pas prétendre à une performance extraordinaire. Tout ce qui est Noir, croient-elles, est par définition inférieur, mauvais et de basse qualité. Les Guinéens, les Gabonais ou les Congolais pensent qu'ils ne sont pas capables de transformer leurs beaux et riches pays en puissance économique régionale ou mondiale. Monsieur Liongo, du Cameroun, croit qu'il ne peut pas réussir dans les affaires parce qu'il n'est pas de l'ethnie Bamiléké. Tel étudiant redoute de toute sa force les mathématiques ou les sciences exactes. Le malade que nous avions rencontré à l'hôpital de Bulape, et qui refusait d'être soigné par son compatriote congolais, ne croyait pas visiblement qu'un médecin africain pouvait prester autant ou mieux que son homologue Blanc. Il en est de même de ces cadres ougandais et togolais qui privilégiaient des institutions de formation non-africaines, croyant qu'elles étaient mieux que celles de leurs pays, ou plutôt qui pensaient qu'il vaudrait mieux donner de l'argent à un étranger qu'à un compatriote. Tel employé ou tel fidèle-là ne se sent pas en mesure de faire un bon usage de son temps pour améliorer ses performances, se croyant victime des pesanteurs des traditions communautaires africaines sur le temps.

Pourquoi les diamantaires font-ils confiance aux Libanais, mais pas en leurs propres fils du Congo pour les aider à écouler leurs produits à l'étranger ? Pourquoi nombreux africains qui n'arrivent-ils pas à coopérer efficacement et durablement pour des causes nobles ? Pourquoi, enfin, certaines personnes ne réussissent-elles pas dans tout ce qu'elles entreprennent de faire ? Tous ces problèmes, et bien d'autres identifiés dans ce livre, peuvent certainement avoir des sources diverses, mais ils renvoient à un phénomène malheureusement généralisé : la méconnaissance de soi. Après tout, on ne peut pas développer ou promouvoir ce qu'on ne connait pas, ce qu'on connait à peine, ou ce qu'on se refuse tout bonnement de connaître, se fondant sur des préjugés et des suppositions, voire même des rêves. Autrement dit, si l'estime de soi repose sur l'amour de soi, la vision de soi et la confiance en soi, comment serait-il possible de s'aimer, de se visionner et de se faire confiance si au départ on s'ignore partiellement ou totalement ?

L'ignorance de soi conduit les gens à ne pas tirer plein profit de toutes leurs potentialités humaines et de finir par mener une vie en deçà de la moyenne. Il y a plus de 2500 ans, Socrate disait : " Connais-toi toi-même, " et plus proche de nous, Warren Bennis dans son célèbre ouvrage " Becoming a Leader" écrit : " Les dirigeants n'ont à travailler qu'avec eux-mêmes. " " Les dirigeants, " dit Robert Quinn, " sont au sommet de leur jeu quand ils agissent à partir de leurs valeurs et de leurs instincts les plus profonds. " [344] Dirigeants ou non, nous sommes tous notre propre matière première de travail, et il serait compliqué de réussir dans la vie, si la personne n'est pas consciente de ce qu'elle est, en termes de ses points forts et des atouts sur lesquels elle peut compter, ainsi que de ses propres limites, conscientes ou inconscientes, auto-imposées ou non. En fait, la connaissance de soi constitue la première étape sur la voie de la performance et de l'efficacité individuelle et collective. Ce que les gens pensent être, aimeraient devenir, ou ont peur de devenir représente une source importante de motivation ou de démotivation dans la vie. Comme disait quelqu'un " à compétence égale, pour améliorer ses performances, ce que l'on croit être capable de faire, semble être aussi important que ce qu'on est capable de faire. " Il vaut mieux se connaître pour mieux saisir les opportunités qui se présentent dans la vie afin de mieux se projeter dans l'avenir, avec un plan d'action réaliste qui prend en considération ses atouts réels, mais aussi ses contraintes et la manière dont elles peuvent être contrecarrées.

Il serait, d'emblée, utile de préciser ce que j'entends par la connaissance de soi en tant qu'élément motivateur et déclencheur de la réussite. Il s'agit, pour un individu, de se découvrir, pas d'une façon philosophique, mais d'une manière opérationnelle en vue d'identifier ses forces et ses faiblesses, conscientes et inconscientes, réelles et imaginaires, auto-imposées et imposées par d'autres. La connaissance de soi implique la prise de conscience de ses sentiments, de ses comportements et de ses choix ; la connaissance de ses émotions, positives ou négatives et de leurs impacts sur soi et sur les autres. Un diagnostic personnel peut prendre la forme d'un tableau à deux colonnes, comprenant dans une colonne ses qualités ou forces et dans l'autre ses faiblesses ou défauts (Tableau 8).

[344] Bruno Mukendi, 2007, op. cit. pp. 275.

Tableau 8

Qui suis-je d'après moi ?

Mes points forts ou mes qualités	Mes points faibles ou mes défauts
✓ Je suis une personne courageuse qui persévère dans des situations difficiles. ✓ J'exprime mes sentiments de façon directe. ✓ Je suis en bonne santé. ✓ Je sais travailler sous pression. ✓ Je n'ai pas peur de parler en public. ✓ J'ai des qualifications en économie agricole. ✓ Je sais mener jusqu'au bout ce que j'ai commencé. ✓ Je me concentre sur la tâche en présence et évite des distractions. ✓ Je prends la décision sans hésiter. ✓ J'ai beaucoup de contacts utiles. ✓ J'ai beaucoup voyagé et je sais bien mettre les personnes d'autres cultures et races en perspective.	✓ Je ne pense qu'à moi-même et suis donc égoïste. ✓ Je ne suis pas discipliné. ✓ Je reconnais difficilement mes erreurs. ✓ J'ai l'habitude de rejeter les responsabilités sur les autres. ✓ Je me perds dans des excuses interminables pour justifier mon inaction ou mon manque de résultats. ✓ Je ne tolère pas qu'on me dise la vérité en face. ✓ Je perds mon sang froid quand les gens me disent quelque chose qui me blesse. ✓ J'ai des difficultés à maintenir des relations durables avec les autres. ✓ Je parle beaucoup, mais agis moins. ✓ J'ai peur de prendre des risques. ✓ Je respecte difficilement les délais et le temps. ✓ Je n'ai pas le sens des priorités.
Conclusion Comment capitaliser sur mes points forts tout en travaillant à réduire mes faiblesses ? J'accepte mes faiblesses, je ne les brandis pas ; au contraire, je brandis mes forces et élabore un plan d'action pour combler mes faiblesses. Je dois ainsi définir les compétences dont j'ai besoin de développer pour pouvoir m'affirmer dans mon domaine d'intérêt.	

Mon diagnostic pourrait prendre une autre forme, en tenant compte de la situation que je confronte. A supposer que mon problème est que je n'arrive pas à réussir dans toute décision majeure que j'initie. Dans ce cas, je dois chercher à savoir comment je procède pour prendre une décision importante (connaître mon processus décisionnel) :

- En prenant une décision, je suis une démarche logique de la prise de décision qui commence par analyser les problèmes qui se posent, identifier les alternatives de solutions par rapport à chaque problème pris individuellement, évaluer chaque alternative en termes d'avantages et d'inconvénients et choisir l'option (options) qui présente (nt) le plus de bénéfices.

- o Je ne réfléchis pas aux risques de la décision.
- o Je choisis par impulsion.
- o Je laisse faire les événements.

Je pourrais aussi aborder le problème sous un autre angle en cherchant à déterminer comment je réagis devant une décision à prendre :

- o J'agis directement sans lésiner.
- o Je commence sans terminer.
- o Je cherche les conseils des autres sur la question.
- o J'essaie de plaire aux autres sans tenir compte de mes intérêts.
- o Je pense que la décision doit se traduire par un gain en ma faveur (gagne-perd).
- o Je me sens bloqué devant quelque chose d'inhabituel.

Cette énumération de différentes alternatives possibles de mon processus décisionnel aidera à localiser ma position, pour enfin penser aux compétences spécifiques à développer pour changer ma situation.

La connaissance de soi n'est pas seulement un diagnostic pour repérer ses qualités, ses rêves, ses besoins ou ses faiblesses, mais c'est surtout une réflexion critique sur soi, son image (ou son évolution), façonnée par diverses expériences positives et négatives et dont le but est d'apprendre à mieux se connaître. Si je me découvre paresseux, je dois savoir pourquoi, en connaître les causes, voire les circonstances au travers desquelles cette paresse est manifestée. Il en est de même si je trouve que je ne réussis pas à mieux travailler avec les autres, je me dois de savoir pourquoi. Cet apprentissage de soi a une utilité pratique pour l'apprenant. Il lui permet de prendre conscience de ses potentialités et de ses particularités et de s'ouvrir à ses ressources individuelles, comme valeurs ajoutées dans la vie, mais aussi de ses défauts pour les accepter et chercher à les corriger sans pour autant renier son identité. Connaissant ses capacités, il peut s'engager à développer des compétences nécessaires pour faire efficacement face aux situations ou aux défis auxquels il est confronté. Il lui sera, par exemple, utile de choisir une profession qui mette en valeur ses potentialités, tout comme il pourrait renoncer à un métier qui l'intéresse parce qu'il ne possède pas les qualifications requises. D'autre part, le soi étant social, la connaissance de soi améliore la compréhension de soi et de l'autre, et par ricochet, facilite la collaboration et le travail d'équipe. La connaissance de soi implique donc (1) une prise de conscience de ses points forts ou ressources internes (qualités, capacités, potentialités, rêves) et de ses limites ou faiblesses (défauts, limitations) et (2) l'ouverture au changement pour transformer les faiblesses en points forts sans pour autant renier son identité.

b. Développer la conscience émotionnelle de soi

Qu'est-ce qui m'arrive quand je perds contrôle, quand je suis fâché, quand j'insulte les autres ou quand j'ai fortement peur de prendre une décision ? Pourquoi cela m'arrive-t-il et quelles en sont les conséquences sur ma performance individuelle et sociale ? Des recherches contemporaines ont mis en évidence l'importance du capital émotionnel comme facteur primordial de la productivité humaine. Le terme " émotion" signifie mise en motion, création de l'énergie. C'est ce que font nos émotions, elles font bouger l'énergie et mettent les choses en marche. L'énergie émotionnelle est le carburant qui permet que quelque chose soit créé. C'est justement ce que nous ressentons (la force derrière) qui permet de créer. " J'ai ressenti ceci si vivement que je devais sortir précipitamment et le faire. " Les émotions résultent de nos pensées, qui déclenchent en retour une réaction émotionnelle. La plupart de ces pensées demeurent dans notre subconscient, et sont associées avec des expériences passées et récentes. Penser continuellement à ses échecs produit des sentiments d'impuissance, d'inadéquation et de honte qui vous démobilisent davantage. Pour créer d'une façon positive, vous devez générer des émotions positives à partir de pensées positives et claires. Autrement dit, la pensée déclenche l'émotion. [345]

Faites donc attention aux types de pensées que vous générez, et les types d'émotions que vous créez. Si vous n'aimez pas l'émotion que vous ressentez, changez les pensées que vous êtes en train de produire. La solution est de changer la perspective, la manière de penser et de voir les choses, c'est-à-dire, votre paradigme ; modifiez votre communication ou dialogue intérieur. Des pensées négatives ne peuvent produire que des comportements négatifs. Quelqu'un qui, étant Africain, pense qu'un Africain ne peut rien faire de bon, va automatiquement se conditionner pour prouver ce qu'il a toujours pensé, c'est-à-dire qu'un Africain ne peut rien faire de bon. Le syllogisme est clair dans son mental : les Africains ne peuvent rien faire de bon, or, moi, je suis un Africain, donc je ne peux rien faire de bon. De telles pensées produisent des sentiments d'infériorité et de peur devant les personnes qu'on porte en estime. La responsabilisation de soi implique une remise en question de soi, qui passe par un changement de la façon de penser et d'agir, pour céder la place à des pensées et des émotions positives. Il convient de reconnaître la situation ou les circonstances qui déclenchent

[345] Les pensées qui passent à travers notre esprit - pensées du passé ou du présent - déclenchent une réaction émotionnelle (plaisante, non plaisante, défaitiste) et aboutissent à un comportement quelconque. En d'autres termes, ce sont nos croyances et notre perspective sur les choses (paradigme) qui déterminent nos émotions, qui ensuite motivent notre comportement ultérieur.

les sentiments indésirables et le comportement qui en découle, et voir quelles pensées suscitent cette réaction.

Comment réagissez-vous aux signaux de l'environnement extérieur tels que la pression de la part de votre chef de vous exiger un rapport dans un délai court, ou un collègue ou ami qui vous considère comme étant responsable de l'échec du groupe ? Travailler sous pression provoque éventuellement des stress susceptibles de conséquences négatives sur la qualité et la quantité du travail attendu. D'autre part, il est facile d'entrer en colère quand on se sent visé pour les mauvais résultats d'une équipe, probablement perdre son sang-froid avec des conséquences néfastes (échanges d'injures, des bagarres, etc.) qui vont certainement affecter l'ambiance de collaboration et le travail futur de l'équipe. J'ai connu pas mal de responsables qui perdent leur sang-froid à la moindre attaque extérieure, ou suite à une désapprobation de leur style de commandement par leurs collaborateurs, avec des effets négatifs sur la performance individuelle et organisationnelle. Ces genres de réactions traduisent de l'immaturité émotionnelle, ou l'incapacité de reconnaître et de rediriger ses émotions et ses impulsions de manière à aider à atteindre des objectifs positifs. Pour mieux gérer ses émotions, il convient de (1) connaître leurs sources potentielles et réelles, (2) connaître les pensées qui les suscitent, et (3) changer le dialogue intérieur, en communiquant positivement et de manière constructive avec vous-même. Savoir gérer les émotions peut avoir des effets positifs sur la résolution des conflits, et permet ainsi d'obtenir de meilleures performances individuelles et collectives. Communiquer avec autrui n'est plus une difficulté ; les personnes s'acceptent telles qu'elles sont, et la coopération devient fluide.

c. Développer la connaissance de soi au niveau organisationnel et sociétaire

Il y a quelques années, Nataniya Branden déclarait que l'estime de soi est un urgent besoin économique, un attribut impératif, pour l'adaptabilité et la performance dans le monde moderne. [346]La réussite individuelle et organisationnelle est corrélée avec le niveau d'estime de soi dont jouit le personnel à tous les niveaux organisationnels. [347]Dans sa pyramide des besoins, Maslow catalogue aussi le besoin d'estime de soi (la sécurité affective) parmi les besoins fondamentaux humains, et dont la solution satisfaisante place le personnel dans un état optimal de fonctionnement. La connaissance de soi étant la première étape sur la voie de développement ou de la construction de l'estime organisationnelle, la question est de savoir

[346] Branden, op. cit.

[347] Deplphine Matinot, Connaissance de soi et estime de soi: ingrédients pour la réussite scolaire, Revue des sciences de l'éducation, Vol. XXVII, No 3, 2001, pp. 483-502.

pourquoi et comment développer la connaissance de soi dans une organisation, qu'il s'agisse d'une entreprise publique ou privée, une organisation non gouvernementale, une église ou une association communautaire.

La logique demeure la même que pour les personnes physiques. Une institution dans laquelle le personnel ignore non seulement sa raison d'être, mais n'a pas également conscience de ses capacités et de ses défis pour avancer sa mission, risque de rencontrer des difficultés sérieuses pour percer dans son domaine d'activité. La connaissance de soi organisationnelle consiste d'abord à faire prendre conscience au personnel, à tous les niveaux, de la mission de l'organisation, ses objectifs et les résultats escomptés, ses stratégies, les tâches et les relations de collaboration et de coopération interne et externe ainsi que les ressources dont elle dispose pour accomplir ses tâches en vue d'atteindre ses objectifs et résultats. Les audits organisationnels, ou les diagnostics stratégiques, initiés par certains pays avec l'appui de la Banque mondiale, de la BAD ou du PNUD, dans le cadre des réformes institutionnelles et administratives en Afrique, visent ce but. L' organisation étant ce qu'est son personnel, la connaissance de soi organisationnelle fait ensuite prendre conscience au personnel de sa valeur individuelle en termes de forces, qualités, capacités et atouts, afin de les conduire à se sentir capables, responsables et acteurs dynamiques dans le processus de leur travail. Il s'agit aussi de les amener à percevoir qu'ils ne disposent pas seulement de points forts, mais également de limites et de difficultés, qu'ils doivent comprendre comme des défis à relever dans leur travail. Dans ce sens, la connaissance de soi organisationnelle constitue la base du sentiment de confiance en soi (croire en ses qualités, capacités et talents) et du sentiment d'appartenance dans la vie de l'institution, malgré des doutes et des erreurs. Reconnaissant ses ressources (potentialités, attitudes et comportements), l'agent peut agir en fonction de ce qu'il connaît et s'impliquer plus activement dans l'organisation.

Au niveau plus global d'une Nation ou d'un continent, la stratégie de promotion de la connaissance de soi peut être envisagée un peu différemment. La connaissance des pays africains et de l'Afrique en général est encore fragmentaire, parce que leurs potentialités ne sont pas encore entièrement connues, et leurs capacités productives ne sont pas bien définies et utilisées. Dans ce contexte, la conscience de soi implique, entre autres, la production des connaissances sur -et au sujet de- l'Afrique, une relecture de son expérience historique, politique, économique et socioculturelle, en vue de désagréger les facteurs qui expliquent la crise actuelle, et qui pourrait éventuellement conduire à un ensemble différent de problèmes, ainsi qu'à des politiques pour y faire face. Il s'agit d'intégrer les éléments disparates de son passé dans ses efforts de développement actuels, de manière à tirer des leçons, ou à s'appuyer sur les forces positives de ce passé afin d'inspirer le présent et de confronter la modernité et la globalisation actuelle sans, pour autant, les copier aveuglément.

Le patrimoine de l'Afrique est particulièrement impressionnant dans les domaines, tels que la médecine traditionnelle, l'éducation des enfants, la résolution des conflits, l'économie coopérative, la musique, la danse et l'art. Une partie importante de cet héritage est soit sous-évaluée (i. e. médecine traditionnelle), soit réduite à l'état ornemental dans la vie nationale (i. e. art). Un modèle de développement authentique devrait chercher à concilier les éléments positifs de la civilisation africaine avec les exigences de la modernité.

Plusieurs recherches ont souligné l'importance des facteurs culturels dans le développement, [348] et des valeurs culturelles bien canalisées peuvent contribuer à transformer une société et à la propulser dans le cercle des puissances. L'influence des traditions confucianistes est reconnue dans la croissance du Japon, de la Chine et d'autres pays asiatiques. Les facteurs culturels peuvent agir comme stimulants du développement, pas seulement comme son inhibiteur. Marcel Kessy[349] se livre par exemple dans son étude sur " Culture africaine et gestion de l'entreprise moderne " à un exercice de réflexion sur la manière dont certains aspects culturels peuvent être mis à profit par l'entreprise africaine. Il argue que la mentalité communautaire africaine, tout en constituant un obstacle[350] pour une entreprise africaine capitaliste fondée sur l'individualisme, peut aussi être exploitée pour devenir un atout majeur dans la gestion de la même entreprise. Aucune organisation ou

---

[348] Voir par exemple: Hofstede Geer. (1987), Relativité culturelle des pratiques et théorie de l'organisation, " Revue française de l'organisation " , septembre-octobre 1987. M. Z. Kessy, Culture africaine et gestion de l'entreprise, op. cit. Mamadou Dia, (1992), Développement et valeurs culturelles en Afrique subsaharienne, Finance et Développement, décembre 1992. Xavier Galiègue et Nanadjim Madjimbaye, (2006). Le management africain entre contraintes économiques et contingences culturelles: résultats d'une enquête à N'Djaména, Tchad. Document de Recherche, No 2006-26, Laboratoire d'Economie d'Orléans, Université d'Orléans, France.

[349] Voir Seligson et al, op. cit. Chapitre 4 sur Culture et développement.

[350] Kessy déclare que "la mentalité communautaire entraîne des obligations mutuelles d'allégeance, de protection et de redistribution qui ne s'accommodent pas avec la vision d'une entreprise capitaliste fondée sur le profit. La mentalité communautaire obéit à une logique de redistribution alors que l'entreprise moderne est bâtie sur la logique d'accumulation du surplus. En Afrique, le surplus n'est pas épargné quand il est réalisé, mais redistribué. " Kessy, op. cit. pp. 130. Selon une étude empirique effectuée au Tchad par X. Galiène et N. Madjimbaye (op. cit), les facteurs de blocage des entreprises ont été principalement économiques pour la majorité des répondants (difficultés d'accès au crédit, insuffisance des fonds propres, suivi par les coûts des formalités administratives et le profil de l'entrepreneur lui-même. Les pesanteurs de la solidarité communautaire n'étaient pas aussi significatifs comme facteurs de blocage.

aucun pays ne peut accéder à la puissance dans la division. " United we stand, divided we fail, " disent les Américains pour traduire l'adage populaire " l'Union fait la force. " La primauté de la collectivité sur l'individu, et sur laquelle repose l'esprit communautaire africain, possède, selon Kessy, une puissante vertu : " elle développe le sens de la solidarité et de la collaboration intra africaine et crée la cohésion sociale. Une organisation qui sait entretenir cette dynamique communautaire peut ainsi créer un climat de confiance, de coopération mutuelle et d'entraide entre les individus et prévenir par la même occasion des conflits sociaux. "

Il en est de même de l'existence du mythe du chef, qui est certes reconnue par Kessy [351]comme une contrainte majeure dans la gestion de l'entreprise africaine, mais qu'il présente aussi comme représentant des atouts formidables en termes du maintien de l'ordre et de la discipline. Kessy allègue que le respect de la hiérarchie par le personnel demeure indispensable à l'efficacité institutionnelle. La question essentielle est de savoir comment un chef africain peut, subtilement, utiliser l'influence et le prestige dont il jouit dans la société, non pour s'imposer par la force, mais pour assurer un climat de travail qui favorise la mobilisation des énergies, le dialogue, la cohésion sociale, et partant une grande productivité. Après tout, la recherche du consensus demeure le mode privilégié de résolution des problèmes en Afrique. [352]

Je peux en dire autant du principe traditionnel de la sagesse dans la gestion publique qui exige qu'un chef soit une personne de connaissance, capable de mieux appréhender et sauvegarder l'intérêt collectif de la société ; qu'il ne soit pas du tout une personne parachutée de n'importe où, sans familiarité avec sa communauté ou son secteur de travail. La sagesse implique aussi un style humain de gestion de l'organisation et de son personnel, mais mieux réconcilié avec les exigences d'efficacité économique.

Cette orientation du développement, qui intègre les valeurs culturelles positives de la société africaine, doit être poursuivie sans relâche, tout en reconnaissant que les personnes, les organisations ou les nations qui ne disposent pas d'une identité propre, et qui réagissent en fonction de ce qu'elles pensent que d'autres veulent qu'elles soient, juste pour accéder à certaines faveurs, risquent d'opérer des mauvais choix qui retarderont leur avancement et leur prospérité durables.

Axe stratégique II : Développer l'acceptation de soi

Une fois qu'un individu, une organisation ou une nation, est aux prises avec sa nouvelle identité, il -ou elle- doit maintenant l'accepter, c'est-à-dire l'aimer et la valoriser. Il s'agit de faire en sorte que les nouvelles pensées, images, comportements et émotions de soi, deviennent la nouvelle réalité de

---

[351] Kessyop. cit.
[352] Kessy, op. cit.

soi. Si vous continuez à penser et à vous comporter comme dans le passé, le vieux " moi " sera toujours omniprésent. Au lieu de vous dire " je ne réussirai jamais dans les affaires parce que je ne suis pas de l'ethnie Bamiléké, vous devez changer en positif votre monologue pour dire : " je sais que j'ai ce qu'il faut pour réussir dans les affaires et je vais y arriver bientôt. " Continuez jusqu'à ce que vous commenciez à y croire. Au lieu de refuser le marché à vos frères et sœurs africains, parce que vous croyez qu'il faut que vous restiez au même niveau sur le plan économique, " vous devez changer votre pensée en vous disant qu'il n'y a aucune société humaine où les citoyens sont économiquement égaux, et que mes frères et sœurs africains ont aussi droit à émerger pour l'avancement et la réputation de l'Afrique et des Africains. "

Branden définit la pratique de l'acceptation de soi comme étant :

> " La volonté de s'approprier, d'expérimenter, et de prendre la responsabilité de ses pensées, ses sentiments et ses actions sans évasion, refus et rejet de soi ; c'est la volonté de se donner la permission de penser ses idées, d'expérimenter ses émotions et de contempler ses actions sans nécessairement les aimer, les supporter ou les condamner. Si je m'accepte, je ne peux pas me sentir, ou vivre, comme si j'étais en jugement. " [353]

En vous vous acceptant, vous éliminez en vous les conflits qui alimentent les sentiments d'inadéquation, d'infériorité et d'insécurité, et vous causent inutilement des stress. Vous développez une vision réaliste et équilibrée de vous-même, en tant qu'être humain, avec, non seulement des qualités, mais aussi des défauts, capable de réussir comme tout le monde, mais capable aussi d'échouer, comme tout le monde. S'accepter, c'est se libérer d'un passé négatif, refuser de se laisser entraîner par des pensées limitatives de son environnement devenues siennes, faire confiance au fait qu'on a ce qu'il faut pour être meilleur et pour confronter tout défi qui se pose dans sa vie. Collectivement, l'acceptation de soi signifie que l'Afrique doit accepter ses pensées, et valoriser ses propres ressources humaines et ses produits ou services. Peu de gens choisiraient de manger le riz africain si les Africains eux-mêmes préfèrent le riz importé. Toutes choses restant égales, certains Africains dans la région métropolitaine de Washington préfèrent s'approvisionner en nourriture africaine dans les magasins d'alimentation asiatiques plutôt qu'auprès de leurs frères et sœurs africains, qui, pourtant, vendent exactement les mêmes produits. Un, ou une, Asiatique ne se comporterait jamais de cette façon, il (elle) ira chez les Asiatiques d'abord.

---

[353] Branden, op. cit.

Si vous voulez être aimé, vous devez vous aimer en premier lieu. Cela n'implique pas, ou ne suggère pas, que les Africains ne devraient pas aimer les non-Africains. Mais, comme dit un dicton : "La charité bien ordonnée commence par soi-même. "

L'acceptation de soi crée une base pour organiser et travailler ensemble, comme une unité historique, économique et culturelle. On accepte de collaborer sur la base d'une meilleure compréhension de ses atouts, mais aussi de ses limitations et de ses contraintes. Pour reprendre le dicton avec lequel j'ai introduit le Chapitre 4 : " Coming together is a beginning, keeping together is progress and working together is success. " Les peuples africains, qu'ils soient ou non du même clan, de la même ethnie, de la même province, ou de la même nationalité, doivent travailler ensemble étroitement, pour, entre autres, créer et accumuler le capital économique, dont le manque constitue l'ingrédient essentiel de leur vulnérabilité dans le monde contemporain. Lorsqu'une nouvelle vision de soi est acceptée, avec la compréhension que ; " l'Union fait la force, " un nouveau sens de l'intérêt personnel éclairé émerge. Une fois que les gens partagent un but commun, et sont prêts à s'engager collectivement vers la réalisation de cet objectif, ils peuvent trouver des façons créatives de résoudre les conflits potentiels qui pourraient surgir dans le processus.

Comment développer concrètement l'acceptation de soi au niveau individuel ? Plusieurs stratégies existent, dont la méditation positive, la technique de la " poubelle, " et bien d'autres. Cependant, l'autopersuasion positive est généralement conseillée pour traiter les personnes qui ont des difficultés à s'accepter, ou qui souffrent de la faible estime de soi. L'autopersuasion positive vise à changer la façon dont ces gens se perçoivent et pensent d'eux-mêmes. Puisque la tendance générale des personnes atteintes de la sous-acceptation, ou de la faible estime, d'elles-mêmes est d'entretenir un dialogue interne négatif, comme il en ressort dans les diagnostics ; l'autopersuasion positive consiste à aider ces personnes à s'auto-évaluer, et à se percevoir positivement, à travers, notamment, des déclarations positives sur elles-mêmes, lesquelles déclarations sont répétées plusieurs fois par jour, jusqu'à ce qu'elles deviennent une nouvelle réalité de soi.

Il vous faut donc changer en positif votre communication interne sur vous-même, pour transformer la manière dont vous vous percevez. Au lieu de dire que " je suis un échec, " vous allez dire que " je sais que je suis capable de réussir et je vais le prouver. " " J'aime la personne que je suis, " ou mieux pour reprendre le psaume 139, verset 14 de la Bible " je suis une créature si merveilleuse. " Il faut prendre contrôle sur ses pensées, en les transformant en une communication interne positive de soi. Cela conduit à une attitude optimiste, qui permet de voir la vie de manière différente, une vie pleine d'opportunités, où les problèmes et les échecs sont perçus comme des difficultés temporaires, ou des défis à surmonter par un effort assidu et organisé. Ce dernier point est crucial parce que votre image est celle que vous créez, et vous en êtes l'artisan. Etre bienveillant avec soi-même, ou accepter ses pensées et son image, ne veut nullement dire qu'il ne faut pas s'améliorer. L'estime de soi est une question d'apprentissage, et le but de cet apprentissage est de devenir meilleur aussi longtemps qu'on vit. Vous devez créer en permanence des atouts ou des points de supériorité, c'est-à-dire, perfectionner davantage ce que vous avez déjà (par exemple soigner votre apparence en utilisant le maquillage à votre avantage), développer de nouvelles compétences ou de nouveaux talents. Il n'y a pas de fin au développement personnel.

Suivant une technique encore beaucoup plus simple pour avoir une image équilibrée de vous-même, faites une liste de choses positives et négatives que vous accomplissez au cours de la journée. Listez les réalisations et les échecs. Soulignez vos réalisations, et répétez-les plusieurs fois dans la journée, et jetez à la poubelle les points faibles ou les échecs (technique de la poubelle). Ce symbolisme jouera petit à petit dans votre subconscient, où vous n'allez retenir ou renforcer que ce qui est positif. Libérez-vous du passé négatif, en reconnaissant d'abord votre discours interne négatif et les expériences et jugements négatifs qui les sous-tendent, pour identifier les choses qui minent votre confiance personnelle. Croyez que vous avez tout ce qu'il faut pour faire mieux et réussir dans tout ce que vous entreprenez, pour aborder les défis de la vie et confronter ces défis, avec force et détermination de réussir. Surmonter les défis est une réussite qui réconforte votre confiance en soi et fortifie votre sentiment de sécurité et d'acceptation de vous-même.

Sur le plan organisationnel, l'acceptation de soi personnelle est renforcée à travers des stratégies d'appropriation et d'implication de la personne tant dans les politiques organisationnelles qu'aux tâches, activités et résultats qui les concernent. Branden[354] identifie, en plus, une série de stratégies opérationnelles pour encourager l'acceptation de sa personne dans un service ou une organisation :

- Faites montre d'une écoute attentive quand vous parlez. Quelle que soit la personne à qui vous parlez, évitez toute attitude qui friserait un manque d'égards ou de respect vis-à-vis de votre interlocuteur.
- Evitez de blâmer les autres. Il vaut mieux conduire la personne à découvrir si son comportement est répréhensible ou non. Indiquez les conséquences du problème sur le champ, et communiquez le type de comportement souhaité, sans ressortir au blâme.

[354] Branden, op. cit.

- Parlez honnêtement des sentiments que vous éprouvez vis-à-vis des autres. Si vous êtes blessé, fâché ou offensé, dites-le sans détour et avec dignité, tout en faisant attention pour ne pas créer les mêmes sentiments chez votre interlocuteur.

Axe stratégique III : Développer l'autoresponsabilité

Pour que la vision de soi nouvellement acceptée grandisse et se développe, elle devra être alimentée par des pratiques et des comportements qui fortifient l'autoresponsabilité. Etymologiquement, le terme " responsabilité " vient du verbe latin " respondēre " qui veut dire répondre. Littéralement, le mot responsabilité renferme deux termes : réponse et capacité. Etre responsable signifie être capable d'une réponse, c'est-à-dire d'une action, d'une décision. L'action, selon Lalande, est " l'opération d'un être considérée comme produite par cet être et non par une cause extérieure. "[355] Blondel voit l'action comme " le moyen par lequel un agent modifie un sujet ou un objet ; " elle est une science de la pratique, la source de progrès et la fonction sociale de la collaboration entre individus.

C'est à travers des actions constructives que l'être humain dompte la nature et la transforme pour assurer son mieux-être. Cette action nait d'une idée avant de prendre corps dans les faits, ou dans la pratique. Ce qui fait dire à Blondel que, pour avoir la conscience d'agir, il faut d'abord qu'on ait l'idée de ce qu'on veut faire.[356] Ainsi, tout changement significatif implique-t-il une action, et pour être efficace et génératrice de la transformation souhaitée (pour que l'action ait une valeur ajoutée significative), l'action doit être bien pensée, réfléchie et organisée. A ce titre, Ki-Zerbo rappelle que la pensée ne doit jamais être séparée de l'action et réciproquement.[357]

L'estime de soi, à l'instar du respect et de la dignité, s'acquiert, non par des discours répétés, mais plutôt en posant des actes concrets dans la pratique. Axelle Kabou attribue l'échec du développement africain à des discours creux non suivis d'actions concrètes sur le terrain, la paresse, le rejet des responsabilités sur les autres, l'appétit pour la consommation au lieu de la production, le désir de s'enrichir, non par le travail productif, mais grâce à des forces spirituelles et miraculeuses des marabouts, des sorciers et des gris-gris, etc.[358] Dans de nombreuses sociétés traditionnelles africaines, les aînés sont respectés, mais ceux qui sont détenteurs des titres en raison de

---

[355] André Lalande, Vocabulaire technique et critique de la philosophie. Paris: PUF, 2006. pp. 19.

[356] Maurice Blondel, L'action-Essai d'une critique de la vie et d'une science de la pratique. Paris: PUF, 1950.

[357] Joseph Ki-Zerbo, A quand l'Afrique ? Entretien avec René Hoenstein. Burkina Faso. Editions Sankofa, 2003, pp. 180.

[358] Kabou, op. cit.

leurs réalisations sont non seulement respectés, mais également vénérés, quel que soit leur âge. [359]

a. Construire l'autoresponsabilité dans une perspective individuelle

L'estime personnelle est conquise par l'effort individuel, qui vous distingue de la mêlée. Plusieurs travaux évoqués dans cette étude montrent que des réalisations positives renforcent la confiance en soi, et, partant, les sentiments de sécurité, d'acceptation et d'affirmation de soi-même, qui sont au cœur de l'estime personnelle. L'autoresponsabilité renvoie donc à la prise de décisions constructives et proactives, et à l'engagement personnel dans des activités et des actions qui concourent à la réalisation de ses objectifs pour la transformation de ses conditions. Prendre la responsabilité, c'est donc se mettre au travail, refuser de continuer à se plaindre, arrêter de blâmer les autres pour ses manques ou ses insuffisances et ses échecs, compter d'abord sur soi-même pour changer ses conditions d'existence. Selon le dicton populaire ; " aide toi d'abord et le ciel t'aidera ensuite. " Confucius n'a-t-il pas dit que " L'homme supérieur ne demande rien qu'à lui-même ; l'homme vulgaire et sans mérite demande tout aux autres " ? A ce titre, Douglas Kennedy a raison de déclarer :

> " A partir du moment où l'on remet son bonheur entre les mains de qui que ce soit, on met en péril les chances mêmes d'être heureux parce que sa responsabilité personnelle n'entre plus dans l'équation. On dit à un autre : " Fais-moi sentir que je suis quelqu'un de complet, de comblé et de nécessaire. " Mais pour que cela arrive, on ne peut compter que sur soi-même, en réalité. " [360]

Les attitudes d'irresponsabilité sont endémiques, et se traduisent de diverses manières : des plaintes continuelles, des excuses, ou des faux-fuyants, chroniques pour justifier l'inaction et le manque de résultats ou leur insuffisance, le rejet de responsabilité sur les autres, la procrastination, l'incapacité de décider de ce qu'on veut, le refus d'entreprendre quelque chose d'inhabituel ou de collaborer, etc. Je suis souvent étonné de voir les gens se plaindre qu'ils n'ont pas de l'argent, mais ne font presque rien pour remédier à cette situation. Tout au plus, se mettent-ils à prier pour se donner une conscience tranquille, espérant que Dieu trouvera à terme une solution à leur problème. Obnubilés par une lecture sélective de la Bible, ou parfois sa mauvaise compréhension, ils oublient malheureusement que le Saint-Esprit agit à travers des actions organisées et persistantes. " Tu gagneras ton pain à la sueur de ton front, " dit Genèse 31, au verset 19. Il faut commencer à

---

[359] Chinua Achebe, Things Fall Apart, New York: Anchor Books, 1994 (first published in 1959), pp. 8.

[360] Douglas Kennedy, La poursuite du bonheur, Editions Belford, 2001, pp. 168.

chercher du travail (ou à le créer) et avec diligence pour le trouver. Le job ne tombera pas de lui-même du ciel. La fameuse fable de la Fontaine en fournit une sagesse inépuisable. La cigale, ayant chanté tout l'été, se trouva fort dépourvue, sans rien à manger, devant quémander la nourriture auprès de sa voisine, la fourmi, qui lui en refusera, saisissant l'occasion pour se moquer d'elle.

Certains Africains attendent que les États-Unis, la France ou la Grande-Bretagne viennent enlever les dictateurs qui les malmènent depuis des années, oubliant qu'ils sont eux-mêmes les premiers acteurs du type de changement qu'ils aimeraient voir. Pire encore, comment certains Africains peuvent-ils avancer intellectuellement s'ils refusent même de se pencher à toute activité mentale ? Je constate avec amertume, dans mes activités d'assistance technique, que nombre de dirigeants et cadres sont allergiques à la lecture. Ils exigent des documents et des PowerPoint qu'ils lisent à peine, et qu'ils finissent par jeter dans des poubelles. Cependant, ils ont le temps d'entretenir le bavardage sur ce qui se passe en France ou aux USA, parler de la politique et du sport, mais le temps leur manque pour enrichir sérieusement leur esprit ! Une action bien planifiée, organisée et exécutée demeure le meilleur tremplin pour s'affirmer en tant qu'être responsable. Elle constitue la seule voie d'avancement et du progrès. La Chine, un pays considéré sous-développé, est en passe de changer son destin et de devenir une puissance économique mondiale, grâce à l'acharnement au travail de ses habitants, en comptant d'abord sur leurs propres efforts. C'est dans ce sens que l'écrivain congolais Auguste Mabika Kalanda exhortait de son vivant ses compatriotes à croire en l'avenir de leur grand pays, malgré des réalités décourageantes, mais à condition que chacun d'entre eux se mette au travail :

> " Nous avons toutes les raisons d'avoir foi dans notre avenir et de l'espérer grand. Mais, c'est le moment de le dire avec force : cet espoir doit être réalisé sur terre, par le travail de tout un chacun, et non dans l'autre monde. Que la jeunesse congolaise sache que les grands ennemis du peuple congolais sont : l'inconscience, l'inconséquence, le complexe de dépendance et l'insouciance. " [361]

En fait, pour Kalanda, la réorganisation des systèmes éducatifs africains demeure impérative afin " d'apprendre à chacun qu'il est son propre dieu, responsable personnel du bonheur et du malheur pour lui-même et, en conséquence pour la société. " [362] Il s'insurge ainsi contre certains aspects de

---

[361] Kalanda Mabika, La remise en question: base de la décolonisation mentale. Bruxelles: Editions Remarques africaines, 1967, pp. 15-16.

[362] Dieu lui-même reconnaît que les êtres humains sont des dieux, parce qu'ils sont fils du Très-Haut (Psaumes 83, 6), donc dotés des capacités de création et de transformations inégalées.

la philosophie communautaire traditionnelle, qui prônent la dépendance du sujet vis-à-vis du groupe et des forces occultes.

A Ki-Zerbo d'ajouter :

" La néo-culture africaine ne jaillira pas comme Minerve du cerveau de je ne sais quel Jupiter, ni des résolutions de je ne sais quel brain-trust interafricain. Cette néo-culture, c'est à chacun de nous qu'il appartient jour après jour de la forger... Il ne s'agit plus tellement de chanter, mais d'agir la négritude. Il ne s'agit pas de roucouler, ni de célébrer nos valeurs passées, mais de transformer notre propre moi collectif afin d'y trouver des raisons d'espérer..." [363]

Ki-Zerbo soulève ici une préoccupation additionnelle sur la portée même de l'action, que j'aborderai dans la section suivante, sur l'affirmation de soi en tant que stratégie de promotion de l'estime de soi. L'action résultant d'une planification soigneuse, cherche principalement à convertir les faiblesses en points de supériorité. Quelles sont vos faiblesses et vos forces au regard de vos ambitions dans la vie ? Si vous voulez devenir médecin, mais vous manquez de formation médicale (faiblesse), chercher à obtenir une formation médicale et vous enregistrer en faculté de médecine seraient un moyen pour transformer cette faiblesse en atout. Si les gens disent que vous êtes laide (faiblesse) en tant que fille, chercher à vous défendre risque de ne pas vous amener loin ; il vous faut changer la manière dont vous vous présentez, en soignant davantage votre apparence, sans pour autant aller jusqu'à utiliser des produits racistes qui vous font renier votre identité (perruque blonde, utiliser des produits spéciaux dans le but de changer la couleur de la peau). Un travail ingénieux, organisé, consistant et persistant est le seul moyen efficace de combattre ses faiblesses et de créer des points de supériorité. C'est à ce prix de persévérance que les Japonais dominent aujourd'hui le marché mondial des voitures performantes, alors que leurs concurrents occidentaux ont cherché par tous les moyens à les saboter et à les décourager, dès la sortie de la première voiture Toyota. C'est aussi à ce prix que les Chinois, malgré la qualité encore douteuse de leurs produits, ont acquis le statut de nouveaux impérialistes, à la recherche de l'argent, même dans les villages les plus reculés de l'Afrique. Parce qu'ils ont choisi d'apprendre à forger en forgeant, pourront-ils concurrencer demain leurs challengers d'aujourd'hui sur le plan de la qualité de leurs produits et services ? [364]

---

[363] Ki-Zerbo, Regards sur la société africaine, op. cit. pp. 50-51.

[364] Le Plan quinquennal actuel de la Chine met un accent particulier sur l'amélioration de la qualité dans les processus de production et des produits qui en sortent.

Comment développer l'autoresponsabilité au niveau individuel ? Les étapes suivantes décrivent le processus et ses actions :

Avoir un sens de direction

Il faut d'abord savoir ce qu'on veut dans la vie avant de commencer quoi que ce soit. C'est pour cette raison que nous avons tous besoin de nous fixer des objectifs, qui soient pertinents et réalistes. Une personne sans objectif est pareille à un passager d'un taxi qui ne connaît pas sa destination. Le conducteur l'amènera n'importe où. Mais pour qu'ils servent de guide d'action, les objectifs doivent être spécifiques et assortis de références de quantité et de qualité, voire même de lieu. Par exemple un objectif individuel serait d'avoir une ferme de X hectares dans la Région X en 2015 afin d'exploiter du bétail de porc.

Définir les paramètres de l'action à engager pour atteindre ses objectifs

Une fois l'objectif défini, il convient de décliner ce qu'il faut faire pour y arriver en termes de séries d'action à engager ainsi que des moyens et de l'organisation que leur mise en œuvre implique. Pour développer une ferme, j'ai certainement besoin d'une portion de terre dans un endroit agréé, construire un hangar pour le bétail et un bâtiment administratif, une petite résidence pour le gardien, des travailleurs (combien ?), des équipements (lesquels et combien), une autorisation de la ville, un véhicule, un capital de départ (combien ?), un prêt bancaire (combien ?), une structure administrative (si nécessaire) et une stratégie d'implantation et de marketing. Bien que les aspects énumérés ici soient à titre purement illustratif et ne soient pas exhaustifs, l'idée essentielle, ici, est de définir et d'organiser l'action à mener pour accomplir ses objectifs individuels. Rien n'arrive au hasard même si cela peut être rarement rendu possible par la loterie. Même ici encore, il faut mobiliser les ressources et se déplacer au bureau de la loterie pour jouer afin d'espérer gagner. Pour réussir dans la vie, il faut compter sur ses efforts d'abord, il faut s'organiser ; et la première étape de cette organisation est de se donner un sens de direction (planification) et, ensuite, mettre en place des actions/tâches et des structures nécessaires pour atteindre ses objectifs.

Engager et participer dans l'action avec courage, ténacité et persévérance

Je suis ici dans la mise en œuvre des actions envisagées dans les étapes précédentes. L'implémentation a des hauts et des bas, ce qui implique du courage, de la ténacité et de la persévérance, c'est-à-dire des qualités de leadership que j'ai discutées dans ce livre. La plupart des gens échouent parce qu'ils se découragent facilement quand ils ne voient pas des résultats rapidement, ou quand les difficultés et des crocs-en-jambe du milieu jaillissent. Le vrai caractère des champions se découvre quand ils se mesurent à l'obstacle. Comme révélé dans le comportement de Michael Jordan, le champion se sent plus motivé quand il échoue dans ses projets, l'échec constitue pour lui une incitation pour persévérer jusqu'à ce qu'il atteigne son objectif. Il est possible qu'il se sente momentanément mal à l'aise, après un faux pas qui lui a coûté une opportunité délirante, ou une interview qui n'a pas bien tourné à la suite d'une impréparation ou des distractions de sa part. Il se ressaisit rapidement puisque qu'il croit, et sait au fond de lui-même, qu'il a ce qu'il faut pour réussir à tout test auquel il s'expose, c'est-à-dire, il a les connaissances et les compétences en question. Il a également tendance à apprendre vite de ses erreurs, ou après avoir accumulé un certain nombre de fautes sur un projet ou un sujet donné. Ces erreurs l'interpellent, surtout quand il devient complaisant, elles l'obligent à prendre en main ses responsabilités, à mieux se préparer pour mieux sauter dans l'avenir. Ainsi, plus un champion échoue et apprend de ses échecs, plus il a de chance de percer et de réussir dans ses projets. Il accepte l'échec comme un fait normal et comme la voie obligée vers la réussite et le succès durable. [365]

Une action responsable est donc conduite avec courage, persistance et détermination de réussir, malgré des échecs de parcours qui sont compris comme des occasions d'apprentissage pour s'améliorer et mieux faire. Dans l'exemple ci-haut cité, c'est l'objectif final d'avoir une ferme opérationnelle qui importe et qui doit galvaniser tous les efforts de gestion et de monitoring des activités de la ferme. Rester fixé sur son objectif final constitue la seule motivation pour se prémunir contre des distractions éventuelles et des difficultés temporaires inhérentes à toute activité humaine. Le rêve du jeune Président John F. Kennedy de voir l'Amérique marcher sur la lune a mobilisé toute une nation à s'investir dans des explorations spatiales. Ce rêve est devenu aujourd'hui une réalité, parce que la volonté américaine de découvrir la lune et de conquérir l'espace est demeurée intacte en dépit de la première mission lunaire avortée d'Apollo 1 en 1966 et d'autres catastrophes spatiales qui ont suivi. En visitant le Kennedy Space Center à Titusville en Floride, j'ai compris que la politique de la NASA (″ National Aeronautic and Space Administration″) a toujours été d'apprendre de ses erreurs pour améliorer ses opérations et ses engins spatiaux. La NASA croit fermement au et fonctionne selon le principe ″ l'impossible n'est pas Américain ″ et les champs du possible se situent dans l'erreur et l'apprentissage. Je n'étais pas ainsi surpris d'entendre Eugene Cernan, le Commandant de la Mission Apollo 17 de la NASA déclarer dans une cassette vidéo que le mot ″ impossible ″ ne devrait pas exister.

---

[365] En latin, on dit " Errare humanum est " qui veut dire: il est humain de commettre une erreur, ou de se tromper. Ce qu'il faut cependant éviter, c'est ne pas reconnaître et ne pas apprendre de ses erreurs.

Faire un bon usage de son temps

Un bon nombre d'Africains ne réussissent pas dans ce qu'ils font, suite à une mauvaise conception du temps et de son mauvais emploi. La plupart des gens croient que le temps est toujours de leur côté, traînent en longueur des projets, ne respectent pas les engagements qu'ils prennent, sont maîtres du retard dans tout ce qu'ils font, consacrent leur temps à des choses marginales et moins prioritaires par rapport à leurs ambitions, et arrivent à peine à terminer une activité ou un projet dans les limites de temps qu'ils se sont prescrites. Aujourd'hui, l'expression " temps africain " a, non seulement, une connotation négative qui ajoute à la subordination africaine, mais serait également une source non moins négligeable de la sous-performance. En fait, la prise en compte du facteur temps est l'une des valeurs sur lesquelles repose la logique rationnelle de toute personne responsable pour réaliser ses objectifs. " Nul ne peut maîtriser son travail en jouant de façon permissive avec l'aiguille de sa montre. "

Le seul moyen de faire un bon usage de son temps, c'est de mieux l'organiser. La première étape dans l'organisation de son temps revient à comprendre que le temps est la ressource économique la plus rare sur la terre. Le temps, " c'est de l'argent. " Chaque minute compte et doit être valorisée. Ensuite, il convient d'analyser la manière dont vous utilisez votre temps et d'identifier ses rongeurs. Les rongeurs les plus réputés du temps sont : [366] l'improvisation, l'absence de planning et des priorités, l'excès d'engagements, la désorganisation (par exemple pas de tâches bien définies à exécuter, conflits), la précipitation, la routine, le bavardage, l'excès des visites, des appels téléphoniques, des réunions, l'indécision, le manque de la délégation, l'excès d'activités protocolaires et de congés dans le cas d'un pays. [367]

---

[366] Meredith et al. , op. cit.

[367] La planification de l'emploi de son temps exige le respect d'un certain nombre de principes de bonne gestion, notamment : (1) l'allocation de son temps par l'utilisation d'un agenda ;(2) la fixation d'objectifs quotidiens pouvant se faire à la fin de la journée précédente ou au début de la journée concernée. Fixez-vous des objectifs quotidiens: préparez une liste de choses que vous comptez faire pour la journée. Les tâches de la journée doivent être énumérées par ordre d'importance, en commençant par les tâches les plus importantes. Les tâches essentielles exigent une grande concentration. Par conséquent, elles doivent être prévues au moment de la journée où vous êtes plus calme et plus fécond intellectuellement. Commencez la journée par les objectifs les plus importants. (3) la programmation rigoureuse des activités avec des résultats, responsabilités et délais de réalisation fixes (programme ou plan d'action). Imposez-vous des délais réalistes pour achever les tâches prévues. Dès que vous débutez une tâche, vous devez la terminer. (4) la délégation de certaines tâches: apprenez à déléguer certaines tâches ;ne soyez pas un maître à tout faire. Attachez- vous à ce qui est important et déléguez, tant que possible le reste à votre partenaire. Renoncez aux tâches sans rapport direct avec vos objectifs

b. Construire l'autoresponsabilité dans une perspective collective

Lorsqu'elle est posée dans le contexte collectif, la problématique de l'autoresponsabilité revêt d'autres dimensions. Plusieurs ouvrages ont été consacrés à cet aspect, notamment dans le cadre des recherches sur la gouvernance et la décentralisation. Ces recherches mettent plus l'accent sur la responsabilité nationale ou régionale. Il faut souligner que la responsabilité collective couvre plusieurs niveaux, avec des actions impliquant deux ou plusieurs personnes, jusqu'à celles de grande envergure et qui qui reçoivent le plus d'attention.

Dans une perspective minimaliste de collaboration entre quelques individus, les diagnostics effectués ont révélé la faiblesse de la collaboration intraafricaine intimement liée à l'effritement de la solidarité dans les communautés africaines. Il suffit de circuler dans des quartiers africains pour palper du doigt des symptômes d'irresponsabilité notoire qui traduisent un manque de prise de conscience du capital social libérateur. On remarque, par exemple, des gens jeter des ordures ménagères sur les routes publiques où elles s'entassent sous les yeux des passants, et créent des foyers de moustiques qui occasionnent des problèmes de santé publique. Une route peut être barrée complètement avec des ordures, au vu et au su des usagers qui attendent que l'État, dont ils reconnaissent déjà l'impuissance, réagisse. Qu'est-ce qui empêcherait les habitants d'un quartier de s'organiser pour remédier à une situation qui menace leur bien-être et effectuer des actions de nettoyage des artères publiques dont ils sont les premiers bénéficiaires ? Ils ne se sentent certainement pas responsables ; ils ont toujours pensé que la voirie publique relève des prérogatives de la puissance publique : donc ce n'est pas leur affaire.

Dans beaucoup de cas, l'État lui-même aurait contribué à cimenter une perception erronée du rôle du citoyen dans le développement de son pays. Je me rappelle encore un homme d'affaires du nom d'Ilunga wa Tshimbanku, qui avait réussi à se faire de l'argent, à Kananga, en RDC, dans le commerce du diamant dans les années soixante-dix du siècle dernier. Il avait construit un bar moderne qui faisait la fierté de toute la ville. Non loin de son bar, un ravin avait commencé à se former sur une voie publique vitale qui donnait non seulement accès au bar, mais qui reliait la ville aux grands établissements scolaires et aux grandes agglomérations rurales. Face à cette

prioritaires. (5) l'évitement de la procrastination: dès que vous vous fixez un ordre du jour, il faut le suivre sans hésitation. Ne remettez pas à demain ce que vous pouvez faire aujourd'hui. (6) un usage rationnel du téléphone/cellulaire: vous pouvez régler plus rapidement un problème au téléphone qu'en cherchant à effectuer un déplacement. Centrez la conversation sur des points précis et soyez bref. Evitez de répondre aux appels pendant les heures de travail. Utilisez votre secrétaire pour filtrer les messages et vous passez seulement des appels importants auxquels vous devez répondre immédiatement.

menace naturelle et à l'inertie du gouvernement, il se décida de réaménager la route principale avec ses propres fonds. A cause de cette décision, il sera bizarrement accusé du fait que, la source de sa richesse étant le diamant, il voulait montrer, par son geste, que le Parti-Etat n'était bon à rien. Son bar fut saccagé et pillé par les forces de sécurité mobutistes, et il fut forcé de quitter définitivement sa ville natale, pour aller s'installer à Kinshasa.

Un autre homme d'affaires très connu, Monsieur Musube, toujours de la Ville de Kananga, fut tout simplement arrêté parce qu'il aurait pris l'initiative de faire ce que je suis en train de préconiser ici, c'est-à-dire d'enlever des immondices sur la place du grand-marché de Kananga. Il fut jeté, sans jugement, au cachot pour " avoir défié l'État. " Comme ces exemples en témoignent, des citoyens responsables ne manquent jamais dans toute société ; le système de gouvernance politique peut anéantir toute initiative civique dans la société, au point de condamner les citoyens à attendre tout d'un Etat-Providence totalitaire et moribond qui, malheureusement, ne sait faire rien d'autre que des promesses. Il reste cependant vrai qu'une coopération étroite, guidée par une véritable connaissance de ses intérêts, comme de la façon de les servir, demeure la clé de voûte pour affronter, avec grand succès et de manière durable, les défis qui dépassent les possibilités individuelles, ou d'intérêt commun, qu'il s'agisse de nettoyer les quartiers urbains, d'investir dans l'exploitation minière, de créer une entreprise d'exploitation du bois ou de se débarrasser d'un dictateur entêté.

Toujours dans la même lignée, la capacité à collaborer doit être bien assise, pour assurer le succès d'une action collective. A la suite des travaux de Ficher et Brown[368], la collaboration comme toute relation humaine implique les compétences suivantes : (a) *la compréhension mutuelle* (connaissance de l'un et l'autre en termes d'atouts et de limites, connaissance de ce que l'autre partenaire veut, sa façon de voir et de faire les choses, ses sentiments, ses besoins et ses intérêts) ; (b) *la communication* (on ne peut pas mieux se comprendre si on ne partage pas des informations, ou si on le fait de manière sélective, opaque, rare et ambigüe) ; et (c) *la confiance* (cette compétence provient de deux premières, car on ne peut pas se faire confiance si on ne se comprend pas, on communique à peine, on se cache des informations, et on se suspecte mutuellement). [369] La capacité à

[368] Roger Fisher and Scott Brown, D'une bonne relation à une négociation réussie. Paris: Editions du Seuil, 1982.

[369] Il existe beaucoup d'autres compétences interpersonnelles complémentaires pour réussir une action collective: ajuster ses attitudes et ses conduites tout en préservant son identité, son autonomie de pensée et son sens critique ;respecter et valoriser les différences, les divergences et les frontières ;négocier des solutions dans l'optique " gagne-gagne " , cultiver la mentalité de " nous " au lieu de " je " ;traiter les autres comme vous souhaiteriez qu'ils vous traitent ;mettre à profit les compétences et le

collaborer exige la capacité de reconnaitre, et d'accepter, ses propres limitations, et de respecter les idées et les vues des autres. [370] Les recherches sur la collaboration interpersonnelle et interorganisationnelle ont trouvé que le succès de toute action collective repose sur la réciprocité, la confiance mutuelle et la communication. [371]Dans une collaboration, les parties prenantes exhibent la mentalité de " I will if you will " (je veux si tu veux) basée sur le degré de perception des obligations réciproques que chaque partie aura vis-à-vis de l'autre. Les partenaires sont enclins à faire quelque chose, à supporter disproportionnellement certains coûts parce qu'ils s'attendent à ce que les autres fassent le même geste dans l'avenir, poussés par le sens du devoir et des responsabilités partagées. [372]

Cette considération est très importante, dans la mesure où la plupart des conflits qui surgissent dans les relations de collaboration entre Africains proviennent de la perception selon laquelle un individu ou deux travaillent plus, ou supportent l'essentiel des charges, tandis que les autres attendent seulement de tirer profit des bénéfices. Les charges et les bénéfices doivent être répartis équitablement, si la collaboration doit survivre. Tout le monde doit investir son temps et ses ressources pour que vive la cause du groupe. Force est de reconnaître, ici, l'importance d'une structure solide de gouvernance participative, pour s'assurer que la prise de décision du groupe reste collective, et qu'il existe des procédures transparentes de gestion et de distribution des bénéfices ainsi qu'une claire division des tâches et des responsabilités entre les membres à l'égard des objectifs bien tracés et partagés par tous. Aussi, ne faudra-t-il pas oublier que le principe de réciprocité sous-entend que chaque partie dispose de ressources uniques (connaissances, argent, réseaux, information et autres ressources) dont les autres parties ont besoin, ou dont ils pourraient bénéficier, et vice versa. Aussi longtemps que les acteurs peuvent inscrire leur action dans les objectifs mutuellement agréés, s'investir tous dans leur réalisation, et satisfaire aux intérêts des uns et des autres, sans se heurter entre eux, il y a forte chance que la collaboration soit fructueuse et qu'elle perdure.

---

potentiel d'autrui pour trouver des solutions ;croire dans la bonne foi des autres et dans leur disposition à faire leur part dans le projet de collaboration (tout en faisant attention à des croyances aveugles et non appuyées par des faits.

[370] Mpoyi, op. cit. pp. 1.

[371] Barbara Gray, Collaborating : Finding Common Ground for Multiparty Problems. San Francisco, CA: Jossey Bass, 1989. Robert Axelrod, The Evolution of Cooperation, Princeton, NJ : Princeton University Press, 1984. Du même auteur : The Complexity of Cooperation, Princeton, NJ: Princeton University Press, 1997. Ann Marie Thomson, James L. Perry and Theodore K Milles, Conceptualizing and Measuring Collaboration, " Journal of Public Administration Research and Theory" , December 1, 2007.

[372] Ann Marie Thomson et al, op. cit.

La confiance est la base de toute collaboration solide entre les individus. Thomson et al voient la "confiance comme une croyance partagée par les membres d'un groupe, selon laquelle chacun fera des efforts de bonne foi pour se conformer à tout engagement, implicite ou explicite, pris dans le cadre de la collaboration ; sera honnête dans toute négociation et ne cherchera pas à tirer un avantage excessif sur l'autre, même quand les opportunités se présentent. "[373] Une confiance mutuelle fondée sur une expérience commune de loyauté facilite le règlement des problèmes. La collaboration interpersonnelle est rendue quasi difficile par un état mental plein des préjugés, que l'on refuse de soumettre à une vérification objective. Souvent des sursauts d'humeur, des incompréhensions et des suspicions, parfois injustifiées, minent la collaboration entre Africains alors qu'ils peuvent bien être aplanis par le biais d'une bonne connaissance mutuelle et une communication intense et sincère entre les parties.

Une collaboration fructueuse nécessite une certaine humilité. Mais les Africains qui accumulent quelques moyens développent rapidement l'esprit de suffisance ; ils se croient au-dessus des autres, et commencent à éviter les gens, ou ceux dont ils suspectent qu'ils pourraient solliciter des services auprès d'eux, ou leur demander de l'argent. On est ainsi nommé Ministre, ou haut cadre de l'administration publique nationale ou internationale ; on se désolidarise aussitôt de ses amis d'antan, jusqu'à ce qu'on perde son emploi, ou qu'on se retrouve inopinément dans des difficultés. Un tel comportement d'arrivisme n'est pas de nature à promouvoir une collaboration effective et durable. Pourtant, c'est en travaillant ensemble, dans la compréhension et la confiance mutuelles, autour de grands projets d'intérêt commun, que les Africains peuvent défier l'opinion, largement répandue en Occident, qu'ils sont incapables de se soutenir les uns les autres, et de coopérer entre eux, et sont enclins à la mendicité et à la division.

Même dans les questions aussi personnelles que les relations maritales, les principes similaires s'appliquent. Le secret d'une relation maritale durable et heureuse n'est autre chose que des efforts partagés de compréhension mutuelle, de communication régulière et transparente, et de confiance réciproque, vertus auxquelles il conviendrait d'ajouter le sens du pardon. En se mariant, chaque membre du couple vient, non seulement, avec des qualités, mais aussi des lacunes et des défauts, faiblesses qui deviennent plus apparentes, au fur et à mesure que les années de vie maritale s'accumulent. Les divergences sont inévitables parce que chaque membre du couple n'a pas la même perception des choses sur chaque problème qui se pose, les priorités et les intérêts pouvant s'opposer. C'est justement l'habilité à gérer efficacement ces divergences, tout en comptant sur les qualités qui ont abouti à la formation du couple, et la capacité de se pardonner mutuellement, qui différencie les bons couples des mauvais. C'est ici que les

[373] Ann Marie Thomson, op. cit.

compétences de la connaissance de soi et des autres, de compréhension, de communication et de confiance mutuelle, sont mises à contribution.

Une bonne communication reste un des piliers essentiels du succès de toute relation humaine. La communication alimente la confiance et accroît l'engagement et l'interdépendance entre les gens. Pour la promouvoir, il convient d'être vigilant sur un certain nombre de points principaux, à savoir[374] :

- ✓ **Soyez consistant** : vos actions doivent, non seulement, confirmer vos paroles, mais, également, vous devez éviter des contradictions dans ce que vous dites. Une personne qui dit une chose aujourd'hui et se contredit quelques minutes après ou le lendemain, ne sera jamais respectée. Sa crédibilité va en pâtir, et éventuellement affecter le travail du groupe avec lequel elle est associée.

- ✓ **Soyez clair** : évitez des messages confus, qui prêtent à des interprétations diverses. Soyez simple dans vos expressions ; évitez le langage ésotérique dans un milieu non professionnel. Utilisez, tant que de besoin, le feedback, pour vous assurer que le message original est bien compris. Alternez le message écrit avec des messages oraux.

- ✓ **Soyez courtois** : toute personne humaine est importante, doit compter, et doit être respectée, quelle que soit sa position dans une société. Demeurez courtois dans votre comportement et votre langage ; et cela va inspirer les autres, même ceux qui doivent leur estime à leurs avoirs en banques.

Responsabiliser son personnel, c'est reconnaître, d'abord, ses besoins fondamentaux d'appartenance à l'organisation, d'y être respecté et apprécié et de s'y épanouir. A cet égard, il conviendrait de mettre les agents devant des situations qui leur permettront de se dire qu'ils ont de la valeur personnelle et des capacités pour contribuer à leur service (par exemple, participation effective au processus du travail, consultation sur des dossiers clés, être à l'écoute attentive de leurs besoins sociaux et professionnels), mais à percevoir aussi qu'ils ont – comme tout le monde- des difficultés, qui sont des défis à surmonter. Aucune situation, si difficile soit-elle, n'est insurmontable. Le responsable doit parler des réussites de ses collaborateurs, pour pouvoir intérioriser les sentiments de valeur personnelle, mais également de leurs échecs, de manière à ce qu'ils en tirent les conséquences en termes de stratégies d'amélioration. La prise de conscience des succès accroît les sentiments d'efficacité (confiance en soi), et conduit les agents à

---

[374] Tiré de Bruno Mukendi, Le développement des compétences de leadership. Washington DC: Washington International Management Institute, 2008.

se sentir davantage responsables et acteurs, ce qui éventuellement conduira à plus de succès dans l'avenir.

Quelle que soit la situation, la responsabilité collective ne saurait s'implanter sans de nouvelles attitudes et des mentalités orientées vers la promotion du bien commun ou l'avancement mutuel ; et sans un nouvel état d'esprit, susceptible de favoriser l'émergence d'une citoyenneté responsable et consciente de son rôle dans la lutte contre le sous-développement, rien ne changera dans le sort des Africains. Promouvoir un tel état d'esprit exige, entre autres d'identifier et d'investir dans de différents espaces de transmission de valeurs au sein de la société, pour ancrer les valeurs qui stimulent la responsabilité individuelle et collective. L'État et les acteurs sociaux sont interpellés ici pour utiliser, d'une manière proactive, les divers leaders d'opinion (les parents, les chefs religieux, les enseignants, le patronat, les journalistes), afin de servir de repères et de transmetteurs des messages positifs, au moyen de plusieurs canaux. Cette démarche sous-entend, au premier niveau, la réhabilitation des valeurs civiques et éthiques (patriotisme, engagement communautaire, respect du bien public, etc.), en vue de corriger les anomalies propagées par des systèmes politiques patrimoniaux qui ont, jusqu'à présent, participé à la production des valeurs et des références sociétaires.

J'estime, également, que la responsabilité collective nationale exige que les pays africains détiennent un contrôle effectif sur les stratégies de développement. Un pays qui ne maîtrise pas son système de planification macroéconomique, et dont la direction est déterminée ailleurs, n'est ni véritablement souverain, ni responsable de sa destinée. Autrement dit, les Africains doivent devenir les véritables auteurs de leur propre développement, et s'abstenir de croire que ce dernier viendra de Washington, de Paris, de Londres, de Bruxelles, ou de Lisbonne. Un pays aliéné ne peut générer que de l'aliénation. Un homme aliéné n'est pas du tout responsable, parce qu'il n'a pas de prise sur ce qu'il produit, parce qu'il ne peut pas décider de ce qu'il désire faire, et parce qu'il est lui-même un simple objet, une " chose " dans le processus de production. L'aliénation signifie le divorce entre l'homme et l'ego réel présumé. Un citoyen aliéné est contraint de nier son essence, pour se conformer aux exigences des autres, qui lui imposent de nouveaux rôles à jouer dans son pays comme consommateur et suiveur. Il est alors obligé de porter un masque pour dissimuler son véritable être. [375]

Les expériences africaines montrent que le développement durable ne peut pas s'enraciner par le biais de projets, petits ou grands, qui ne sont pas conçus avec, à cœur, les intérêts primaires des populations africaines, ou

[375] Bruno T. Mukendi, Pour une technologie de la libération en Afrique. In La dépendance de l'Afrique et les moyens d'y remédier. Edité par V. Y. Mudimbe, Paris: Berger Levrault, 1980, pp. 688.

quand tout un budget soi-disant de développement d'un pays est pris en charge par les bailleurs de fonds étrangers, et se focalise sur la consommation. C'est en partie à cause de cette situation, que, malgré des investissements énormes, aucun pays africain ne peut prétendre aujourd'hui avoir créé des bases productives solides et diversifiées pour asseoir son développement, ou prétendre à une économie réellement nationale, et, cela, après plus de quatre décennies de coopération au nom du développement ! La faim est endémique, et les crises périodiques de famine sont légion, non seulement dans des régions désertiques et sahéliennes, mais un peu partout dans un continent plein de terres fertiles et jouissant d'alternances saisonnières propices à la production agricole. Comment, dans ces conditions, les Africains peuvent-ils mourir de faim ou de sous-alimentation ? Les boutiques d'alimentation sont remplies de denrées importées, alors que le potentiel agricole local est énorme. Cette incapacité africaine à transformer la nature a poussé Alexandre de Souza, lui-même africain, à se demander si l'homme africain était réellement intelligent. [376] Il y a certainement un problème sérieux de gouvernance à régler, car, comme disait un Directeur Général de la FAO (Organisation des Nations Unies pour l'agriculture et l'alimentation), " lorsque dans un pays potentiellement riche, la majorité de la population connaît la faim et la pauvreté et vit au seuil de la misère, c'est qu'il existe un désordre radical à l'intérieur même de cette société. "

Pour gagner le respect et la dignité dans un monde capitaliste globalisé, les pays africains doivent devenir responsables de leur sort, c'est-à-dire qu'ils doivent passer du stade de la consommation de ce qu'ils ne produisent pas à celui de la production et de l'acceptation de leurs propres idées, biens et services, en rapport avec leurs priorités. J'exprime, à ce stade de mon exposé, mon accord avec Mpoy quand, s'adressant aux Noirs Américains et Africains dans des termes militants, il déclara :

> " Pour gagner le respect, nous devons devenir producteurs au lieu d'être consommateurs. La seule façon pour nous de devenir producteurs, c'est de collaborer… Nous devons encourager nos enfants à étudier les sciences pour devenir des producteurs. La production conduira au pouvoir économique qui conférera, à son tour, le pouvoir politique et social. C'est la voie obligée pour gagner du respect, au lieu de l'exiger. " [377]

Des transformations sérieuses des sociétés africaines sont également indissociables des changements profonds des systèmes de gestion, des

---

[376] Alexandre de Souza, L'homme africain est-il intelligent, Paris: Editions AFNOD, 2010.

[377] Bruno Mpoy, op. cit. pp. 10

mentalités et des comportements au niveau du leadership et des populations. D'emblée, la logique taylorienne, fayolienne et wébérienne, [378] basée à la fois sur l'obéissance et la soumission à la hiérarchie et des structures standardisées, logique qui a présidé à l'organisation des institutions dans presque tous les pays, est aujourd'hui remise en question à travers le monde, à la faveur d'un nouveau paradigme organisationnel qui prêche la responsabilisation, l'obligation de résultat, la reddition des comptes, la collégialité dans la prise de décision et la subsidiarité. Il convient, donc, pour les Africains de rompre avec des modes de gestion qui préconisent la distance hiérarchique, le cloisonnement, le pilotage par le sommet, et la bureaucratie, pour donner une place plus grande aux structures et procédures d'organisation renforçant la gestion et le contrôle de proximité, le dialogue, l'implication des différents échelons organisationnels dans la prise de décision les concernant, la prise en compte des spécificités de chaque organisation et le souci de la performance. [379]

Quant aux mentalités et attitudes, nombre de recherches ont mis au point les effets anti-développement de certaines d'entre elles. En particulier, la gestion de l'aide publique au développement a créé toute une culture, avec ses propres antivaleurs qui contrecarrent toutes les ambitions légitimes pour des transformations économiques autonomes et profitables aux citoyens africains. Ce n'est pas sans raison que Fantu Cheru, [380] l'ancien Rapporteur spécial des Nations Unies sur le Programme d'ajustement structurel et la dette extérieure, que j'ai cité au Chapitre 2, insiste sur l'idée que l'Afrique cesse sa dépendance vis-à-vis l'aide étrangère. Car, suivant ses propres conclusions, l'aide, a fait plus pour maintenir l'Afrique vers le bas et déresponsabiliser son peuple. Dans son ouvrage " Les marabouts du développement, " Kankwenda Mbaya[381] défend la même thèse, avec des preuves à l'appui. Les attitudes de dépendance intellectuelle et commerciale, d'une mendicité généralisée qui a été érigée en règle de gouvernance (la mobilisation des ressources extérieures l'emporte sur celle interne), de subordination, et la vénération des organismes de financement, sont autant de goulots mentaux d'étranglement qui retardent la mise en chantier des stratégies endogènes.

---

[378] L'américain Frederick Taylor (1856-1915), le français Henri Fayol (1841-1925) et l'allemand Max Weber (1864-1920) sont les grands pionniers de l'école classique du management. Le premier est connu pour ses principes de gestion scientifique de travail, le deuxième par ses principes de gestion administrative et le dernier est fondateur du modèle bureaucratique. Pour plus d'informations, voir Bruno Mukendi, Concepts et approches de base du management: fondements de l'efficacité organisationnelle. Washington DC: Washington International Management Institute, Edition révisée 2008.

[379] Bruno Mukendi, Le développement des compétences de leadership, op. cit.

[380] Fantu Cheru, op. cit.

[381] Kankwenda, op. cit.

Une voie importante de responsabilisation collective, suffisamment documentée dans la littérature, passe par le biais de la participation citoyenne au développement, à travers des mécanismes bien identifiés, élaborés et connus par les parties prenantes. Des citoyens, qui ne participent pas aux décisions majeures qui affectent leur vie, ne sont pas des responsables, bien qu'ils puissent détenir des postes dits de responsabilité. Ils sont des spectateurs dans leurs propres pays. Pour être opérationnelle et génératrice du progrès, la participation effective au développement exige que la population soit régulièrement informée de la gestion qui est faite des affaires publiques (voir détails sous la section affirmation de soi). Enfin, la responsabilité collective implique une participation équitable de tous les groupes sociaux au développement, et une mise en place effective des politiques visant à réduire les inégalités et les disparités socioéconomiques. Car une personne, souffrant de discrimination risque de se remettre en question, de douter de sa valeur intrinsèque et de sa contribution à la vie nationale, et donc, de constituer une charge pour la communauté, au lieu d'être un acteur dynamique de changement.

Axe stratégique IV : Développer l'affirmation de soi

La conscience de soi, l'acceptation personnelle et l'autoresponsabilité sont bâties sur l'affirmation de soi. Les cultures humaines ont besoin d'être constamment affirmées, faute de quoi, elles périssent. L'avancement individuel et collectif passe par l'affirmation de soi, par un travail assidu et intelligent, par la volonté, ferme au niveau individuel et collectif, de sortir d'une situation indésirable ou aliénante. L'affirmation de soi a toujours été une préoccupation majeure dans la littérature noire, au regard des expériences dégradantes de la traite négrière, de la colonisation, de l'apartheid, et aujourd'hui de la néo-colonisation et de la mondialisation. Je voudrais d'abord situer cette problématique sur le plan de la vie quotidienne avant de revenir sur sa dimension collective.

a. L'affirmation de soi dans la vie quotidienne

Il existe plusieurs manières de s'affirmer. Un bandit qui terrorise des quartiers peut se croire en train de s'affirmer. Un jeune homme (ou une jeune fille) qui commence à dire et à faire n'importe quoi devant ses parents, pour montrer qu'il (elle) a atteint l'âge adulte, peut justifier son comportement comme un signe d'affirmation de sa maturité. Des individus qui se lancent dans la consommation somptueuse, ou adoptent un mode de vie ostentatoire, dans le souci de paraître riches et grands, agissent également au nom de l'affirmation de soi. Il s'agit dans tous ces cas d'une affirmation de soi irresponsable ou négative, sans valeur ajoutée significative, et qui ne doit pas être confondue avec les expériences constructives d'affirmation individuelle dont il est question ici.

Je m'affirme positivement quand j'exprime et fais entendre mes besoins, mes aspirations et mes opinions, avec confiance et assurance, et dans le respect de mon interlocuteur ; je sais opérer des choix qui s'imposent à moi ; je m'accepte tel que je suis et ne nie pas ma part de responsabilité dans ce qui m'arrive, bon ou mauvais ; je prends des actions en cohérence avec mes valeurs, mes priorités et mes intérêts, mais d'une manière qui apporte une valeur ajoutée à la société ; j'agis de façon éthique sans peur de la contradiction, mais non au détriment des autres. Une personne s'affirme quand elle met à profit ses forces pour réduire ses points de vulnérabilité, à travers un travail organisé qui produit des résultats concrets ; elle établit et fait respecter ses limites avec gentillesse et fermeté ; elle exprime ses pensées librement sans avoir le sentiment d'être placée sur le banc des accusés ; elle critique avec élégance et sans froisser autrui. En somme, s'affirmer, c'est se développer, s'améliorer et se confirmer dans ses capacités intrinsèques et ses talents. Historiquement, l'affirmation de soi invite à une action constructive et originale pour changer sa propre trajectoire ; mais le complexe d'infériorité, hérité du passé ou de structures sociales aliénantes, a souvent opéré à contre-courant de ce principe, en incitant à l'imitation servile des autres ou à la passivité.

On ne s'affirme pas dans la médiocrité ou dans le mal, mais en créant des points de supériorité ou des atouts qui augmentent la valeur de la personne comme sa contribution à la société. Si l'opinion autour de moi est que je ne suis pas intelligent en classe, je m'affirme en posant des actes qui prouvent le contraire : j'étudie régulièrement mes leçons, je fais soigneusement mes devoirs et améliore mes notes aux examens. De cette manière, j'affirme mon intelligence. Si mon employeur se plaint de ma performance, et pense que je ne suis pas à la hauteur de mes tâches, j'affirme le contraire en auditant avec lui ma performance au travail, pour isoler mes zones de faiblesses ; je mets en place un plan d'action pour combler mes lacunes et je travaille diligemment sur ce plan. Je prends, par exemple, un cours sur la gestion axée sur les résultats, pour acquérir des compétences qui vont m'aider à relever ma performance. C'est là encore une autre voie pratique vers l'affirmation positive.

On s'affirme en prenant sérieusement en mains ses responsabilités, c'est-à-dire en travaillant davantage selon un plan bien réfléchi et maîtrisé. Qui veut réussir, et devenir un champion, investit dans le travail bien organisé. N'est-ce pas là le plus grand conseil que le fameux laboureur de Jean de la Fontaine a laissé à ses enfants avant sa mort : le travail est un trésor, " Travaillez, prenez de la peine, c'est le fond qui manque le moins. " La cigale[382] n'avait plus de poids devant la fourmi, tout simplement parce qu'en fin de saison, elle n'avait aucun résultat à montrer, ayant passé tout l'été à chanter pendant que sa voisine la fourmi labourait la terre. En conséquence,

[382] Jean de la Fontaine, La cigale et la fourmi.

la cigale s'est trouvée dépourvue, devant quémander sans succès à manger auprès de la fourmi aux yeux de qui elle avait perdu toute valeur. Elle ne pouvait ni chanter, ni, encore moins, danser.

Si l'affirmation personnelle se réfère à la capacité de se mettre en position de supériorité, il convient d'abord d'identifier ses faiblesses pour, ensuite, se proposer un plan d'action ou de travail dont la mise en application disciplinée conduira à son affirmation. L'ennemi principal d'une affirmation constructive de soi demeure la peur : la peur de prendre une action libératrice, la peur de confronter une situation difficile ou les personnes/facteurs qui en sont responsables, ou, tout simplement, la peur vis-à-vis d'autres personnes qu'on tient en haute estime. Une peur disproportionnée des non-Africains par les Africains, souvent sur la base des mythes, des préjugés ou des suppositions incorrectes, à défaut de les mettre en perspective réelle, et la peur de secouer le statu quo, apparaissent profondément ancrées dans la conscience africaine. La plupart des Africains affichent aujourd'hui peu de confiance en eux-mêmes pour relever les défis du sous-développement, de l'appauvrissement et de la marginalisation. Les Africains se complaisent dans l'existant, même si celui-ci ne conforte pas leurs intérêts. En réalité, l'affirmation de soi exige de cultiver du courage. Le courage n'est pas l'absence de la peur - je le répète - mais la capacité d'agir malgré la peur et de prendre des risques calculés pour changer ses conditions. La peur est l'ennemi principal du progrès, car elle pousse les gens à fermer leur bouche quand ils veulent agir pour défendre leurs droits et intérêts et les empêche de saisir des opportunités que décèle l'environnement pour améliorer le cadre de leur vie. Une mort collective provoquée par la maladie de la peur est probablement la fin la plus humiliante pour une nation.

b. L'affirmation de soi sur le plan collectif

La question de l'affirmation de soi collective a été historiquement posée en termes d'une interprétation africaine de choses : la relecture de son histoire, la production des connaissances endogènes ou des propres schémas de maîtrise et d'entendement de soi (utilisation des langues africaines, science africaine, démocratie à l'africaine, etc.), [383] mais aussi dans le sens de la conquête du pouvoir politique (auto-gouvernance) et économique (africanisation de l'économie) pour se débarrasser de la condition servile imposée par l'esclavage, la colonisation, l'apartheid et le néo-colonialisme. La position périphérique de l'Afrique dans le concert des nations et des défis persistants de déracinement culturel, d'exploitation et d'appauvrissement suscitent encore des interrogations quant à son affirmation effective. [384] Si

---

[383] Achille Mbembé, op. cit. pp. 39.

[384] Voir à ce sujet des idées intéressantes discutées par Désiré Boniface Some, enseignant à l'Université de Ouagadougou dans " La voix africaine dans le concert

les travaux d'éminents scientistes ont prouvé que l'Afrique est le berceau de l'humanité, et que le vieux continent héberge des richesses immenses, l'évidence indique, malheureusement, qu'elle n'est ni le berceau des idées et des technologies, ni l'eldorado de la planète. Les rapports de type " centre-périphérie " traduisent mieux sa position actuelle avec le reste du monde.

En effet, l'Afrique est l'une des grandes consommatrices de capacités de production, des biens d'équipement et des modèles épistémologiques étrangers. Les économies africaines sont essentiellement périphériques, tournées vers l'exportation des matières premières en Occident. Sa croissance économique périodique est liée, non à une quelconque productivité issue des innovations et appropriations technologiques, mais grâce à l'augmentation de la production et celle des prix de ses matières premières sur le marché international, qui échappent par ailleurs à son contrôle. L'Afrique contribue pour seulement 1% du PIB mondial et pour environ 2% du commerce international ; devenant de ce fait l'épicentre de la pauvreté au monde, même si les spécialistes sont optimistes quant à ses perspectives futures de croissance économique. L'Afrique est pauvre, affirme Klein, parce que ses créditeurs sont très riches. [385] L'Occident contrôle le capital, la créativité technique et scientifique, la voie du développement et les ressources dont il surveille l'exploitation, tandis que l'Afrique imite les courants de progrès, les modes de vie, les valeurs dominantes dans le centre et survit de la générosité financière extérieure.

Le comportement des Etats africains reste, entre-temps, sous la surveillance des puissances occidentales, qui opèrent soit directement, soit à travers des institutions internationales et des compagnies transnationales. Ainsi, les stratégies de développement s'inscrivent-elles dans un cadre des politiques initiées et agréées par le centre, à travers des institutions comme la Banque mondiale et le FMI ; et les forces centrifuges locales courent le risque de sanctions, telles que la suspension ou le retrait de l'aide ou des menaces de coup d'État. L'Occident, tout en se proclamant pionnier du mouvement démocratique contemporain, contribue, en même temps, à sa régression, notamment en validant parfois des élections truquées dans les pays où ses intérêts ou ceux de la classe nationale compradore sont menacés. Il passe l'éponge sur les abus des droits humains et la dilapidation des ressources publiques par cette même classe qui lui est soumise. Un diplomate résume bien le double langage politique des Occidentaux quand il s'agit d'élections " démocratiques " des chefs d'État africains : "Pour être élu en Afrique, pas besoin de mouiller la chemise. Avec un peu de chance et

des nations: capacités diplomatiques et affirmation de soi " http: //www. nai. uu. se/ecas-4/panels/1-20/panel-2/Desire-Boniface-Full-paper. pdf.

[385] N. Klein, " A Noose, Not a Bracelet" , In the Nation, June 10, 2005.

quelques copains bien placés à l'ONU, à la Maison Blanche, à l'Elysée ou au Quai d'Orsay, vous êtes sûr de passer même à 18%. " [386]

La spécificité de la crise actuelle réside bien dans ce positionnement périphérique chronique, qui fait que des décisions importantes échappent au contrôle des peuples africains. Une forte dépendance politique, économique, commerciale et culturelle de l'Afrique vis-à-vis de l'extérieur fait que toute tentative d'affirmation et d'assertivité africaine soit obnubilée constamment par des stratégies et des résolutions apparemment attirantes, mais fonctionnellement inopérantes.

L'affirmation africaine est encore loin de se concrétiser parce que le désir pour les Noirs de devenir des Blancs, de leur ressembler à tout prix, ou de leur donner des traitements préférentiels, sans pour autant internaliser les facteurs qui font leur supériorité en tant que groupe social, semble aussi fort qu'il l'était au moment des indépendances, si pas pire. D'autre part, la perception générale des Occidentaux du Noir et de l'Afrique est encore pleine de mythes et de préjugés racistes. [387] Il apparaît que l'incapacité africaine à promouvoir un quelconque développement endogène significatif, à résister à l'exploitation sous toutes ses formes, à sortir de la mendicité de l'aide, et surtout à travailler ensemble et à s'entraider pour des réalisations nobles et grandioses, ait donné lieu à ces préjugés dégradants. Sur ce dernier point, les conflits ivoiriens, maliens et libyens ont prouvé encore une fois l'impuissance africaine. Les Etats africains se sont chamaillés sans trouver une réponse africaine à ces conflits, se résolvant chacun par l'intervention d'une force armée non africaine. En Lybie, bien que le Conseil de paix et de sécurité de l'Union africaine (UA) ait rejeté le 10 mars 2012 toute intervention militaire étrangère, mandatant le Comité ad hoc à proposer une

---

[386] Cité par Désiré Boniface Some, op. cit.

[387] J'ai entendu certains sénateurs américains déclarer du haut de la tribune lors du processus de désignation de Koffi Annan comme Secrétaire Général des Nations Unies qu'un Africain n'était pas capable de diriger une institution comme l'ONU. Cette poignée de politiciens devait être honteuse devant la manière compétente et assertive dont Annan a dirigé cette institution au point de déclarer illégale la guerre d'Irak. Voir aussi les propos de l'ancien président français Nicolas Sarkozy dans son discours de Dakar, le 26 juillet 2007 à l'Université Cheikh Anta Diop de Dakar devant les étudiants, des enseignants et des personnalités politiques. Ce discours a été critiqué partout à travers le monde, surtout en France et en Afrique pour ses insinuations racistes. Sarkozy déclara que la colonisation fut une faute tout en estimant que le problème principal de l'Afrique venait de ce que " l'homme africain n'est pas assez entré dans l'histoire… " Le problème de l'Afrique est qu'elle vit trop le présent dans la nostalgie du paradis perdu de l'enfance. Voir commentaires faits par Désiré Boniface Some, enseignant à l'Université de Ouagadougou dans " La voix africaine dans le concert des nations : capacités diplomatiques et affirmation de soi " http: //www. nai. uu. se/ecas-4/panels/1-20/panel-2/Desire-Boniface-Full-paper. pdf.

solution à la crise, les premiers raids occidentaux touchaient la Libye, dans le cadre de la Résolution 1973 de l'ONU le 19 mars, au moment même où le comité en question se réunissait à Nouakchott. La coalition armée occidentale a tout bonnement négligé la résolution de l'UA. Celle-ci a par ailleurs croisé les bras, se conformant sans aucun procès à la position occidentale incarnée dans la résolution onusienne. Pire, cette résolution de l'ONU était votée par trois pays membres de l'UA, traduisant par là une défaillance notoire de stratégie commune du côté africain. [388]

A quoi sert l'Union africaine si elle persiste à ne pas parler d'une voix face aux défis auxquels le continent est confronté et à ne pas peser sur les dossiers brûlants du continent, ou même à projeter la faiblesse dans la conduite des opérations dans lesquelles elle est interpellée pour intervenir ? Au moment où j'écrivais ces lignes, le 10 avril 2013, Michael Sheehan, Secrétaire Assistant à la Défense chargé des opérations spéciales au Pentagone, informait le Sous-comité du Sénat en charge des forces armées que les troupes de la CEDEAO étaient " totalement incompétentes " pour remplacer les troupes françaises au Mali, et que le risque était grand pour qu'Al Qaeda reprenne les parties du pays après le départ des forces armées françaises. [389] En plus, l'incapacité de l'Union africaine d'arrêter le carnage sectaire en République Centrafricaine après la chute du Président François Bozize, a obligé l'ancienne puissance coloniale à intervenir militairement dans ce pays. Ce qui poussera le Président guinéen Alpha Condé à faire remarquer en décembre 2013 :

> " Nous apprécions le geste de la France, mais si après 50 ans d'indépendance, elle est encore obligée d'intervenir militairement pour nous sauver, cela n'est pas normal. Il est humiliant que nous ne soyons pas capables de résoudre nous-mêmes nos problèmes après 50 ans d'indépendance. " [390]

---

[388] Ce manque de stratégie commune a été noté également dans les débats sur la représentation de l'Afrique au sein du Conseil de sécurité des Nations Unies. Le Nigeria recherche une stratégie commune avec le groupe des Quatre –G4- Brésil, Allemagne, Inde et Japon. En revanche, d'autres pays (le Sénégal et l'Algérie) préfèrent s'en tenir au seul consensus africain d'Elzuwimi. Voir Boniface Some, op. cit.

[389] Voir détails sur: www. france24. com/en/20130410-usa-slams-africa-force-ecowas-france-troop-withdrawal. Il s'agit des 4300 soldats de la CEDEAO venant du Togo, Sénégal, Bénin, Ghana, Niger, Sierra Leone, Côte d'Ivoire et Burkina Faso.

[390] Krista Larson and Lori Hinnant, Thousands flee to Centrafrican Republic airport, AP, 6 décembre 2013, news. yahoo. com/thousands-flee-c-african-republic-airport-193000419. html.

L'image que l'Afrique et l'Africain continuent à projeter dans le monde est, généralement, celle de la faiblesse, du désordre, des divisions, de l'incompétence, de la misère et de la maladie, ce qui accentue le complexe d'infériorité et de subordination. Comment pourrait-il en être autrement, si les pays africains et leurs organisations régionales, à commencer par l'Union africaine elle-même, dépendent fortement des aides étrangères sans lesquelles leur fonctionnement et leur viabilité seraient sérieusement compromis ? L'espoir de l'Afrique repose, aux dires de l'ancien Président de la Banque mondiale, James Wolfensohn sur " des gens qui refusent des aumônes et veulent simplement qu'on leur donne une chance ; des gens dignes et nobles. " [391] J'ai été étonné, lors de mes discussions avec les hauts responsables de l'UA, au cours d'une mission dans la capitale politique africaine en 2012, que cette organisation panafricaine, avec des ambitions louables, souffre d'un manque chronique de moyens financiers et humains. Certains services disposent seulement d'un cadre obligé à tout faire. L'assistance technique ponctuelle aide à couvrir des besoins prioritaires. Ce qui fait que l'UA doit faire la queue, comme ses Etats membres, pour quémander de l'aide auprès des bailleurs de fonds bilatéraux et multilatéraux, afin d'assurer sa survie. Avec l'aide pénètre, donc, l'influence sur ce qui doit se faire, comment ça doit se faire et par qui. Une influence nocive, similaire à celle qu'exercent les grandes compagnies américaines et leurs lobbyistes sur les politiques publiques, en raison de leurs contributions massives aux campagnes électorales des membres du Congrès et des candidats à la présidence. [392] Pour tout dire, une entité qui vit sur le dos d'autrui aliène tout ou une partie de son indépendance et de sa liberté de manœuvre indispensables pour engager des solutions authentiques et durables à ses problèmes.

Il ne fait point de doute que regagner l'affirmation de soi reste une tâche monumentale dans un environnement où le néo-colonialisme, certaines méthodes punitives de la politique de la guerre froide et des politiques maladroites de l'aide extérieure ont cimenté la culture de peur et de passivité. Certains dirigeants africains semblent réticents à remettre en question, ou à penser pour eux-mêmes en dehors des schémas préconçus qui leur sont proposés. Ils ont encore vivant à l'esprit ce qui était arrivé à ceux qui, avant eux, avaient tenté d'élaborer des visions alternatives de transformation de leur société ; et qui, souvent motivés par l'intérêt personnel ou l'instinct de survie, se décident à jouer le jeu avec les forces impérialistes au point de compromettre les intérêts de leur propre pays. Feu le Président Laurent-Désiré Kabila de la RDC était réputé pour son esprit indépendant.

---

[391] James D. Wolfensohn, L'heure de l'Afrique, op. cit. pp. 2

[392] Voir commentaires sur ce sujet par Jeffrey D. Sachs, The Price of Civilization. Reawakening American Virtue and Prosperity. New York: Random House, 2011, notamment à partir du Chapitre 12.

Son soudain assassinat, dans des conditions obscures, a suscité la question de savoir s'il n'avait pas été une autre victime de l'impérialisme mondial !

Dans les lignes qui suivent, je voudrais avancer quelques pistes de réflexion sur les stratégies opérationnelles de construction de l'affirmation collective en m'appuyant sur l'éducation, la formation professionnelle et la recherche scientifique ainsi que sur le renforcement de la bonne gouvernance et le partenariat entre les Etats et la diaspora africaine.

c. *Affirmation de soi par l'éducation, la formation et la recherche scientifique*

1- Problématique

Galbraith avait déjà soutenu l'idée que le pouvoir et la richesse se déplaceraient au bénéfice des détenteurs de l'information scientifique et technique. [393]Nous vivons dans un âge où le pouvoir s'acquiert par le contrôle des savoirs. Les véritables racines de la civilisation industrielle en Europe doivent être recherchées dans l'esprit humain. " L'Europe n'aurait pas en quelques siècles enlevé la suprématie technologique à l'Orient et conquis le monde, simplement grâce à un accroissement fragmentaire des connaissances. La révolution industrielle a été appuyée d'une révolution intellectuelle et spirituelle et les fondements intellectuels de la civilisation industrielle fournissent de nos jours le support intellectuel nécessaire à la civilisation technologique. " [394] Autrement dit, la civilisation industrielle repose sur le développement de la science et de la technique, considérées comme des instruments permettant à la personne humaine d'accroître son pouvoir sur son milieu physique et sur ses semblables, de mieux satisfaire ses besoins physiologiques en matière d'alimentation, de logement, d'habillement ainsi que sa passion du pouvoir sur les choses et sur les hommes. Seule la science peut nourrir, habiller, loger, éduquer, c'est-à-dire rehausser son estime personnelle et collective.

L'affirmation de soi africaine doit obligatoirement transiter par l'élévation de la science au rang des sources du pouvoir et l'organisation consciente de l'acquisition des connaissances scientifiques dans le cadre de la recherche de la puissance. " C'est sur le rôle de la connaissance en tant que support de la transformation économique que devrait se concentrer une nouvelle vision du développement économique africain, qui s'exprimerait à l'échelle plus élevée des gouvernements, " déclarait une étude parrainée par

---

[393] Voir Bruno T. Mukendi, Pour une technologie de la libération en Afrique: problématique et suggestions, op. cit. pp. 691.

[394] Victor Ferckiss, L'homme technologique, Paris: Nouveaux Horizons, 1972. Cité par B. T. Mukendi, Pour une technologie de la libération en Afrique, op. cit. pp. 694.

la Banque africaine de développement. [395] Rares sont les pays africains qui sont arrivés à des avancées significatives dans la maîtrise scientifique et technologique. On comprendra pourquoi l'exploitation de leurs richesses naturelles n'a eu que des effets limités en termes de développement. Les facteurs qui engagent les économies les plus performantes dans la voie de l'élévation constante du niveau de vie, c'est-à-dire l'innovation et la créativité, sont soit absents, soit insuffisants en Afrique.

Parler de la valorisation de la science nécessite de revisiter d'abord les systèmes éducatifs africains, à tous les niveaux. La matière première du développement est avant tout de la matière grise, car la richesse des nations repose premièrement sur la qualité et la quantité des gens formés et éduqués. Il s'agit de la formation du capital humain qui devra penser, réfléchir, inventer, produire, collaborer et gérer au mieux des biens et des services créés dans l'intérêt public. Pour mériter l'estime d'elle-même et des autres, l'Afrique doit prouver à elle-même qu'elle a compris où réside le secret derrière le succès des pays les plus performants économiquement, et ce qui fragilise son propre destin : la maîtrise de la connaissance scientifique et technologique. Le Rapport mondial sur le développement humain 2013 du PNUD réitère encore une fois que l'éducation est l'un des instruments les plus efficaces du développement, " car elle stimule la confiance en soi des personnes, ce qui leur permet de trouver de meilleurs emplois, de s'engager dans le débat public et de revendiquer auprès des gouvernements des droits en matière de santé, de sécurité sociale et autres. " [396]C'est l'éducation qui crée des capacités techniques, technologiques et humaines permettant à toute société de répondre de manière efficace et efficiente à ses besoins. Richard Easterlin souligne avec raison :

> " Les origines de la croissance économique moderne résident dans l'extension des sciences et la diffusion de l'éducation… La source de cette nouvelle ère se trouve dans la tendance séculière et rationaliste de la pensée intellectuelle, issue de la Renaissance et de la Réforme. En rejetant l'autorité de l'Eglise médiévale, l'humanité a adopté une nouvelle religion de la connaissance dont les temples sont les écoles et les universités du monde, et les enseignants, ses prêtres, et dont la foi est la croyance dans la science et le pouvoir de l'enquête rationnelle. " [397]

---

[395] Calestous Juma, Réinventer la croissance: innovation technologique et renaissance économique en Afrique. In, Echange de visions sur le développement de l'Afrique. Série des conférenciers éminents, Volume 1, BAD, Institut africain de développement, 2008, pp. 32-66.

[396] PNUD, Rapport mondial sur le développement humain 2013, pp. 10.

[397] Richard Easterlin, Why Isn't the Whole World Developed? In " Journal of Economic History" , XLI (1), 1981, pp. 1-19. Cité par Jacques Brasseul, Le rôle de l'éducation dans le développement économique des Etats-Unis: le cas du GI Bill.

Une société qui veut se reconstruire et reconfigurer son avenir débute par la fondation, c'est-à-dire l'école. Des expériences historiques démontrent une corrélation positive entre, d'un côté, le développement précoce de l'éducation de masse, et, de l'autre, une maîtrise technique répandue (aptitudes à maîtriser et adopter les processus techniques dans la population), la croissance économique sur le long terme et l'augmentation des niveaux de vie des populations. [398] Les États-Unis sont devenus la première puissance économique mondiale, de loin supérieure aux pays continents de taille comparable, comme la Russie, la Chine et l'Inde, grâce à l'universalisation de l'enseignement primaire dès le XIXe siècle, puis secondaire et tertiaire dans la première partie du XXe. [399] La démocratisation précoce de l'enseignement est aussi à la base du développement rapide des pays européens, comme l'Allemagne, la France et l'Italie. Nombre d'observateurs attribuent aujourd'hui la poussée phénoménale de l'Inde, en tant que puissance émergente sur la scène économique internationale, aux efforts coordonnés initiés depuis plusieurs décennies pour soutenir l'enseignement universitaire et supérieur, en l'orientant vers la technique, et en le rendant accessible à un nombre important de ses citoyens.[400] Les USA saisirent, tôt après leur indépendance, l'importance cruciale de l'éducation, en tant que véhicule privilégié d'apprentissage de savoirs et d'inculcation des valeurs républicaines et d'attitudes souhaitées. Consciente des enjeux, cette puissance a favorisé d'importants investissements publics dans le secteur éducatif :

> " Une société stable et démocratique est impossible sans un niveau de connaissances et de maîtrise de la langue de la part du plus grand nombre et sans l'acceptation répandue d'un ensemble de valeurs communes. L'éducation peut contribuer aux deux... L'école publique eut une fonction importante dans cette tâche, à commencer par le fait d'imposer l'anglais comme langue commune. " [401]

Aujourd'hui encore, la compétitivité des Etats, dans une économie de la connaissance mondialisée, est de plus en plus déterminée par leur aptitude à

Mondesfrancophones. com/espaces/politiques/le-role-de-l'education-dans-le-developpement-economique-des-etats-unis-le-cas-du-gi-bill/

[398] Brasseul, op. cit.

[399] Jacques Brasseul, op. cit.

[400] David Bloom et al, op. cit. pp. 2.

[401] Le problème majeur des Etats-Unis au XIXème et au début du XXème siècle n'était pas de promouvoir la diversité, mais de créer des valeurs communes essentielles à une société stable. L'école publique a beaucoup contribué à créer et diffuser ces valeurs. Voir pour plus de details: Milton Friedman, Capitalism and Freedom, Chicago: University of Chicago Press, 1962. Cité par Brasseul, pp. 6

former, en nombre, des talents hautement qualifiés, comme le démontre les pays émergents tels que la Corée du Sud et le Singapour, sans citer les pays industrialisés de l'Amérique du Nord et de l'Europe occidentale. [402] Ce n'est pas sans raison qu'un des piliers majeurs de la politique du Président américain Barack Obama pour relancer l'économie, créer des emplois rémunérateurs et assurer l'hégémonie et la compétitivité américaine dans le monde, repose, encore une fois, sur le renforcement des systèmes éducatifs américains, lesquels devraient garantir que les Américains disposent de compétences dont a besoin l'économie ou le monde de demain. Dans son premier discours sur l'état de la Nation, prononcé devant le Congrès en février 2013, et ouvrant son deuxième mandat, le Président a souligné, avec force, que ses initiatives en matière d'implantation d'industries manufacturières, énergétiques, d'infrastructures et de logement exigent que les citoyens soient équipés des connaissances et des savoirs qu'il faut. Reconnaissant l'importance d'une éducation maternelle solide dans la vie scolaire d'un enfant et dans la société, il annoncera que les écoles maternelles de haute qualité seront rendues accessibles à tous les enfants américains. Dans le même cadre, il édictera des mesures pour professionnaliser l'enseignement secondaire, rendre l'université encore plus accessible et appuyer la recherche scientifique.

2-Réformes scolaires en Afrique

L'Afrique n'est pas inconsciente de l'importance cardinale de l'éducation pour sa croissance économique, son industrialisation, bref, son développement. Bien au contraire ! Virtuellement, tous les plans régionaux et nationaux de développement (Documents de Stratégie de réduction de la pauvreté-DSRPs), ainsi que de nombreuses études, mettent en évidence le rôle du capital humain pour accélérer la croissance économique et le développement humain en Afrique. L'investissement dans le capital humain (dont l'éducation) est un des axes prioritaires retenus par la Banque mondiale, la Banque africaine de développement (BAD) et la Commission économique des Nations Unies pour l'Afrique dans leur étude collective intitulée : " L'Afrique peut-elle revendiquer sa place dans ce 21e siècle ? " en plus de l'amélioration de la gestion gouvernementale, l'accroissement de la compétitivité et de la diversification des économies, la réduction de la dépendance sur l'aide et le renforcement des partenariats, sur lesquels je reviendrai dans la deuxième section en rapport avec la gouvernance. [403] Le

---

[402] Déclaration faite par Andreas Schleidcher de la Direction de l'Education de l'OCDE dans son avant-propos introduisant le Rapport réalisé par McKinsey & Company sur Les clefs du succès des systèmes scolaires les plus performants, septembre 2007.

[403] Banque mondiale, L'Afrique peut-elle revendiquer sa place dans ce 21e siècle. Washington DC: Banque mondiale, 2000.

Rapport BAD-Banque mondiale-Forum économique mondial sur la compétitivité en Afrique en 2009, retient l'éducation parmi les facteurs critiques qui influent sur celle-ci et la productivité des entreprises africaines, observant que " les économies ont besoin de se doter de gisement de travailleurs instruits qui soient capables de s'adapter rapidement aux mutations de l'environnement à l'heure de la mondialisation. " L'étude fait ainsi un plaidoyer pour l'universalisation de l'accès à l'école primaire (proclamée aussi dans la Déclaration de Dakar sur l'éducation pour tous en l'an 2000), l'augmentation du financement des écoles, une meilleure répartition des enseignants qualifiés, la construction des écoles en tenant compte de leur accessibilité géographique, et le partenariat public-privé. [404]

Une étude, commanditée plus tôt par la BAD (2006-2007), en quête de visions alternatives pour une croissance accélérée du continent, mettait l'accent sur l'innovation technologique comme ferment de la renaissance économique. Celle-ci passe par l'élévation de la connaissance comme support à la transformation économique par le biais, notamment des réformes des institutions d'enseignement supérieur et universitaire et des centres de recherche. [405] Dans le même sens, la Banque mondiale, qui s'était focalisée sur l'éducation primaire et secondaire, plaide pour la nécessité d'appuyer l'éducation tertiaire, permettant d'accumuler des compétences de haut niveau et des chercheurs de haute qualité, pour donner de la valeur ajoutée aux activités économiques existantes, pénétrer de nouveaux créneaux d'industries et de services, soutenir l'entreprenariat, manager le développement, et favoriser l'accès des pauvres aux meilleures opportunités d'emploi qui viennent avec des diplômes supérieurs. [406]

---

[404] Banque africaine de développement, Banque mondiale, Forum économique mondial, Rapport sur la compétitivité en Afrique 2009, pp. XVI.

[405] Calestous Juma, Réinventer la croissance: innovation technologique et renaissance économique en Afrique. In Echange de visions sur le développement en Afrique, Série des conférenciers éminents, Vol. 1, 2008, pp. 32-66.

[406] World Bank, Accelerating Catch-up: Tertiary Education for Growth in Sub-Saharan Africa, octobre 2008. Déjà d'autres études de la Banque ou commanditées par elle, avaient dégagé l'importance de l'enseignement supérieur en Afrique. Par exemple, le rapport de David Bloom, David Canning et Kevin Chon sur l'Enseignement supérieur et le développement économique en Afrique, publié en janvier 2006, aboutissait aux conclusions suivantes: " l'accroissement de l'enseignement supérieur peut être un facteur important pour promouvoir un rattrapage technologique plus rapide et améliorer la capacité d'un pays à maximiser son rendement économique. Le niveau de production actuel en Afrique subsaharienne est en dessous de sa limite de production potentielle d'environ 23 pour-cent. Etant donné cette insuffisance, l'augmentation du stock d'enseignement supérieur d'un an pourrait déplacer la limite de production potentielle de l'Afrique et augmenter le taux de convergence vers cette limite, ce qui résulterait en une

Dans le même temps, beaucoup d'observateurs ont fait remarquer que les problèmes éducatifs du continent étaient indissociables des contextes historiques, politiques, économiques et socioculturels des Etats. Ainsi, des réformes des politiques éducatives et des curricula ont-elles été initiées dans tous les pays africains, et cela depuis les indépendances. L'intention première a été d'adapter l'éducation aux réalités socio-économiques et culturelles des scolarisés, pour en faire la courroie de transmission du développement, en forgeant particulièrement l'esprit critique, la créativité et la mise à disposition des outils pertinents.

A titre d'exemple, pour le niveau supérieur, je viens de participer (2011-2012) à la révision et au développement de nouveaux programmes de l'Ecole nationale d'administration (ENA) au Burundi, où tout le système d'enseignement supérieur et universitaire du pays est dans la mouvance de changement inspirée par la Déclaration de Bologne ou la mise en place du système LMD (Licence, maîtrise et doctorat). Les Etats membres de l'Union économique et monétaire ouest africaine (UEMOA) : Bénin, Burkina Faso, Côte d'Ivoire, Guinée-Bissau, Mali, Niger, Sénégal et Togo, vivent dans la même fièvre de professionnalisation de l'éducation, avec la mise en place du système LMD. Je me souviens aussi des mesures prises jadis par le gouvernement zaïrois pour inciter les étudiants (universités et autres institutions d'enseignement supérieur) vers des matières fondamentales, en octroyant aux candidats en sciences exactes une bourse d'études deux fois supérieure à celle accordée à ceux en sciences sociales et lettres. Des programmes d'études ont été révisés (par exemple : création de diplômes professionnels) pour les adapter aux besoins du pays, la création d'un centre de linguistique appliquée pour favoriser la recherche et la promotion des langues nationales, etc.

Dans cette lancée, le gouvernement de l'Ethiopie a annoncé, en juin 2003, une batterie de mesures visant à renforcer l'enseignement supérieur du pays, en permettant aux universités de choisir leur propre personnel à tous les niveaux ; il les a encouragés à introduire de nouveaux cours débouchant sur des diplômes qui correspondent le mieux aux besoins économiques du pays ; il a mis en place une Agence nationale d'assurance qualité, et a introduit une nouvelle taxe de diplômé imposant aux étudiants de rembourser au gouvernement les frais d'enseignement universitaire par le truchement d'une contribution fiscale déduite de leur revenu à la fin des études. Dans l'optique de l'application de nouvelles technologies, l'expansion des institutions d'enseignement à distance en Afrique subsaharienne s'est accélérée dans plusieurs pays, tels que l'Afrique du Sud (Université du Kwazulu Natal), la Namibie (Université de Namibie) et le Congo (Université Marien Ngouabi).

---

croissance de 0. 63 points de pourcentage des revenus dans la première année et un gain de revenus d'environ 3 pourcent après cinq ans. "

En plus des questions qualitatives, les réformes ont visé à améliorer les rendements des systèmes scolaires, tant au niveau interne[407] qu'externe (professionnalisation de l'enseignement ci-dessus évoquée pour qu'il ne se limite plus à servir de centre de fabrication des chômeurs). Ces réformes de l'éducation ont été hautement influencées par les bailleurs de fonds, notamment la Banque mondiale, en raison de l'importance de ses dons et de ses prêts à l'éducation, ainsi que de sa capacité unique en matière d'expertise et de la recherche dans le secteur de l'éducation. [408] Quand les Africains parlent d'une vision globale de la réforme scolaire, il s'agit principalement de ces facteurs auxquels la Banque a attribué des critères de référence, et qui sont supposés conditionner le succès des systèmes scolaires africains qui, par ailleurs, doivent impérativement être mis en synergie.

3- Questionnement autour des résultats de réformes scolaires

Pour l'Afrique, le défi n'est pas qu'il n'y a pas de réformes ; en fait, il y en a eu un peu trop. Plus on réforme, plus la situation visée se détériore dans certains pays, au moins qualitativement. Le défi majeur est que, malgré cette prise de conscience et les efforts des réformes qu'elle a suscités, la plupart des mesures prises n'ont eu que des effets marginaux sur la qualité de l'éducation et de l'enseignement dans nombre de pays africains, exprimée globalement en termes de compétences effectives acquises par les apprenants, eu égard aux besoins prioritaires de leurs sociétés respectives, ou en rapport avec des comparaisons internationales, obligeant à s'interroger encore sur le contenu même des réformes et leur pertinence. Des analyses montrent des disparités criantes dans les résultats scolaires entre les pays, disparités issues elles-mêmes des spécificités historiques, politiques, socioculturelles et économiques.

Même s'il y a eu augmentation des ressources budgétaires allouées à l'éducation (souvent primaire et secondaire) dans la plupart des pays après la période d'ajustement structurel, la corrélation entre ressources et performance scolaire reste non tranchante et souvent faible. Les taux de

[407] Il s'agit de: taux d'accès à l'éducation/sexe, taux d'abandon, taux de redoublement, taux d'achèvement du cycle primaire et secondaire, taux de scolarisation, augmentation de la part des dépenses de l'éducation dans les dépenses totales de l'Etat, ou la part de la dépense publique éducative en part du PIB ;accroissement du pourcentage des dépenses éducatives consacrées au primaire et au secondaire, augmentation du salaire moyen de l'enseignant en part du PIB per capita ;augmentation des dépenses éducatives réservées aux charges récurrentes en dehors des salaires du personnel ;décentralisation de la gestion scolaire, gestion de la diversité, partenariat public privé.

[408] Nadir Altinok, la Banque mondiale et l'éducation en Afrique subsaharienne. Analyse normative du meilleur système éducatif, IREDU-CNRS, Université de Bourgogne.

scolarisation (au primaire surtout) se sont améliorés presque partout, mettant tous les Etats africains en position favorable sur cet indicateur, laissant apparaître des progrès dans l'atteinte des objectifs du millénaire pour le développement ! Mais, quelle est la signification de ces indicateurs, si les élèves qui ont accès à l'école ne sont capables ni de lire, ni d'écrire correctement dans la langue officielle d'enseignement ? Le taux d'achèvement du primaire ou du secondaire peut être de 95%, mais il ne signifie rien si les diplômés ne sont pas en mesure de faire preuve des compétences de base dans des matières essentielles.

J'ai servi deux ans comme Professeur du secondaire et deux autres années comme directeur des études dans un établissement scolaire dans l'ancien Zaïre, fonctions que j'exerçais cumulativement avec mes tâches de recherche à l'enseignement universitaire. Il m'est arrivé de m'interroger, à plusieurs reprises, sur la qualité des élèves qui sortaient du système scolaire zaïrois. Ces élèves avaient, certes, des diplômes d'État de cycle secondaire, mais étaient incapables de rédiger une lettre en français, la langue officielle d'enseignement. La même observation s'applique aujourd'hui non seulement aux lauréats du primaire et du secondaire, mais aussi à un bon nombre de diplômés universitaires à travers le continent, conclusion que je tire de mes interactions avec les cadres. Il n'est pas seulement question d'écrire une brève lettre sans fautes, mais de présenter des idées d'une façon cohérente. Ce n'est pas sans raison que seulement 52 pour cent des personnes interrogées en Afrique subsaharienne, seraient satisfaites de la qualité de l'éducation, alors que la moyenne pour les pays les moins développés est de 58, 2%, contre 64, 2% pour le monde. [409]

4- Piliers de la réforme pour une revalorisation de l'enseignement

Une étude réalisée par McKinsey & Co pour le compte de l'OCDE auprès des systèmes scolaires en Amérique du Nord, Europe, Asie, Moyen-Orient et Amérique Latine, a révélé que les systèmes scolaires les plus performants dans le monde partagent trois critères communs, en dépit du contexte culturel, de la quantité des investissements monétaires et des programmes d'études. Il s'agit des critères suivants : (1) " ils incitent des personnes compétentes à devenir des enseignants, car la qualité d'un système scolaire ne peut excéder celle de son corps enseignant ; (2) ils leur fournissent une éducation de qualité, car, seule l'amélioration dans l'enseignement dans les salles de classe produit des résultats ; et (3) ils s'assurent que le système scolaire est conçu de manière à offrir à chaque élève un meilleur enseignement possible, car la performance globale du

[409] PNUD, Rapport mondial sur le développement humain 2013.

système éducatif passe par la réussite de chaque élève. " [410] Si ce dernier critère se réfère à des investissements visant l'universalisation de l'éducation assortie d'une mobilisation des ressources adéquates pour asseoir un environnement favorable à l'apprentissage, les deux premiers critères du meilleur système scolaire portent avant tout sur l'enseignant.

La qualité de l'enseignant demeure le premier facteur explicatif des avantages comparatifs sur l'échelle de la haute performance scolaire mondiale. Les chercheurs de McKinsey& Co ont, en effet, observé que les élèves confiés à des enseignants performants progressaient en moyenne trois fois plus vite que ceux confiés à des enseignants peu performants, surtout pendant les premières années de la scolarité où l'impact négatif des enseignants peu performants était considérable. L'efficacité des enseignants dans les systèmes scolaires les plus performants est liée à quatre facteurs principaux, à savoir : (1) une sélection rigoureuse des candidats pour suivre la formation d'enseignant, (2) des salaires d'embauche attirants, (3) un grand prestige associé à la fonction enseignante, lequel prestige confère respect aux enseignants dans la société et (4) une formation rigoureuse des enseignants (pour certains pays dans des institutions spécialisées) dont la solidité contribue au prestige de la profession enseignante.

Il est important de réformer l'éducation en restructurant les cours, en professionnalisant l'enseignement, en introduisant de nouvelles méthodes d'évaluation des connaissances des apprenants, en réduisant les effectifs scolaires par enseignant à travers de nouvelles infrastructures, en assurant l'accessibilité géographique des écoles, ou en décentralisant les ressources et la prise de décision scolaire. Mais si l'enseignant, qui est la charpente du système scolaire, n'est pas touché systématiquement dans ses compétences et dans ses conditions de travail, les résultats escomptés risquent d'en pâtir. Ce qui se dit et comment cela se dit ; ce qui se fait et comment cela se fait, dans des salles de classe et dans des auditoires, est déterminant pour la qualité d'un enseignement. Des enseignants médiocres ne reproduiront que de la médiocrité dans les salles de classe : reproduisant des idées dépassées ou/et aliénantes, incapables d'adapter l'expérience éducative aux besoins des scolarisés et de leurs communautés, incapables de les entraîner à réfléchir de manière critique et à découvrir d'eux-mêmes et incapables de les inciter à des actions transformatrices de leur environnement. La conséquence qui en découle est malheureusement bien claire : des apprenants, pour la plupart en dessous de la moyenne, reflétant l'image de leur maître.

Il est admis que le métier d'enseignant ne jouit d'aucun prestige dans nombre de pays africains, et cela, à tous les niveaux. Une situation facilement explicable quand on sait que, dans certains pays, n'importe qui peut être recruté pour devenir enseignant, parfois, sur la base d'une

[410] McKensey & Company, Les clefs du succès des systèmes scolaires les plus performants, OCDE, septembre 2007.

recommandation et d'un diplôme douteux. Certes, les données du Rapport mondial sur le développement humain 2013 indiquent une tendance positive avec plus de 50% des enseignants de l'école primaire en Afrique subsaharienne ayant une formation pédagogique. La situation varie, cependant, selon les pays comme Sao Tomé et Principe, Sénégal, Bénin, Liberia et Tchad tombant dans moins de 50% et l'Ethiopie avec 39% seulement des enseignants du primaire avec une formation pédagogique. [411] La politisation croissante des nominations du personnel enseignant, dans un contexte de dégradation des valeurs morales et éthiques, a accentué ce phénomène. L'enseignement (au niveau primaire et secondaire) est réservé à ceux qui n'arrivent pas à trouver du travail ailleurs : au gouvernement, dans les entreprises publiques ou privées ou dans les bureaux locaux des agences de coopération internationale.

L'image que projette l'enseignant dans la société est celle d'un fonctionnaire mal payé, dont le maigre salaire est rarement payé à temps, l'obligeant à vivre sur le dos de ses élèves, ou de petits commerces de survie, à défaut d'un second emploi quelque part. Accablé par les difficultés de la vie quotidienne, il n'a ni le temps pour se documenter ou préparer sérieusement ses cours, ni les moyens propres pour perfectionner ses connaissances, en l'absence d'une politique opérationnelle de formation continue par son institution, pour une mise à niveau des compétences. [412] Même si un tel enseignant était techniquement à sa place, ses conditions de travail suffiraient pour le rendre incompétent.

Des écoles spécialisées de formation des enseignants (écoles normales pour les enseignants du primaire et instituts supérieurs pédagogiques pour le secondaire) existent partout à travers l'Afrique (en RDC dans presque chaque province du pays). Il existe aussi des possibilités de se perfectionner dans l'enseignement, pour ceux qui ne l'ont pas fait (au niveau de la licence) par le canal de l'agrégation d'enseignement moyen du degré supérieur. Ces écoles normales sortent annuellement des diplômés, mais paradoxalement, les enseignants de qualité manquent aussi bien dans les écoles primaires que les établissements d'enseignement secondaire. Cette situation paradoxale exige que l'on revisite encore une fois les conditions dans lesquelles les

---

[411] PNUD, Rapport mondial sur le développement humain 2013.

[412] Une politique opérationnelle de formation continue peut aider à combler les déficits liés à la formation de base. Par exemple, des enseignants de math de la RDC peuvent visiter les écoles primaires ou secondaires du Sénégal, étudier comment ce cours y est offert, échanger les notes avec leurs collègues sénégalais. Cette pratique de visites professionnelles pourrait s'étendre aux élèves et étudiants qui visitent d'autres pays africains considérés pilotes dans un domaine donné pour apprendre de leur expérience. Ceci est d'autant plus pertinent quand on sait que les Africains connaissent mal d'autres pays africains. Favoriser l'échange d'expériences entre pays africains dans le cadre de partage de meilleures pratiques est en train d'être expérimenté avec succès dans le domaine de l'administration publique.

étudiants, futurs enseignants, sont sélectionnés et formés, sans négliger le contexte général de travail, souvent marqué par des insuffisances ou des carences en ouvrages et manuels appropriés, en équipements pédagogiques, en infrastructures physiques de base et en politiques socioéconomiques incitatives pour valoriser la fonction enseignante.

A tout voir, l'exemple des systèmes scolaires les plus performants dans le monde indique qu'il faut une sélection rigoureuse des candidats à la formation supérieure, sélection qui devra aller en tandem avec une volonté politique ferme de sortir des réformes scolaires cosmétiques des programmes d'études, [413] afin d'adapter ceux-ci aux préoccupations majeures de développement socioéconomique et technologique. Il convient, en particulier, d'initier des innovations pour cultiver l'esprit de créativité chez les apprenants, l'amour des mathématiques et des sciences exactes ainsi que l'esprit de responsabilité citoyenne, du patriotisme et de l'estime de soi. Sur ce dernier point, les diagnostics ont montré que nombre d'Africains doutent d'eux-mêmes, croient à peine en leur potentiel intrinsèque, se font des représentations négatives d'eux-mêmes, ne pensent qu'en termes de problèmes et de contraintes, se combattent mutuellement, tout en donnant des traitements préférentiels aux non-Africains.

L'acquisition des compétences de l'estime de soi s'avère indispensable pour lutter contre ces comportements inhibitifs et équiper la jeunesse montante des outils de base pour assurer son épanouissement, sa contribution à la société et le développement accéléré du continent. Dans plusieurs pays occidentaux, les cours liés à l'acquisition de ces compétences commencent à partir de la maternelle, pour aider les jeunes enfants à se connaître eux-mêmes d'abord (Socrate : " Homme ! Connais-toi toi-même "), à savoir comment comprendre et gérer leurs émotions, pour vivre heureux, et améliorer leurs relations avec eux-mêmes et avec les autres enfants. Ils développent, dès le bas âge, les sentiments d'assurance en eux-mêmes (la confiance en soi) et apprennent à voir les choses sous l'angle positif dans la vie. Les cours sont d'un apport positif dans la santé mentale des enfants. Dans les communautés africaines, en proie à des expériences historiques et quotidiennes d'aliénation, de subordination et de négation de soi, de tels cours devraient faire partie des programmes d'enseignement à tous les niveaux.

Il en est de même pour l'histoire africaine, dont il faudra arriver à la relecture, de manière à tracer objectivement le rôle joué par les Africains dans la construction de leur propre histoire. On ne peut pas aimer ou expliquer objectivement ce que l'on ne connaît pas très bien. La connaissance de son pays : son histoire, sa géographie, sa culture ou ses potentialités humaines, économiques et écologiques, est le meilleur

---

[413] Les états généraux de l'éducation dans presque tous les pays africains qui les ont organisés, ne cessent de revenir sur la nature étrangère de l'école.

fondement du patriotisme. Il suffit de remarquer, par exemple, que les sites touristiques étrangers trouvent plus de publicité en Afrique que ce que les pays africains possèdent, en grande partie parce que les potentialités internes sont mal connues et sous-valorisées par les Africains eux-mêmes. [414] De ce fait par exemple, les parents, qui ont des moyens, préfèrent amener leurs enfants en dehors du pays, au lieu de leur permettre de découvrir les richesses immenses qu'égorge leur propre pays. Ce comportement a malheureusement des conséquences négatives, à court, moyen et long terme, sur la perception et l'amour que les enfants ont de leur nation, sans parler de l'extraversion des goûts.

Dans le même temps, la méthodologie éducative devrait évoluer vers des approches actives et interactives d'apprentissage (discussions en groupes, études de cas, discussions autour d'un livre lu par un membre de la classe), qui impliquent l'apprenant dans ce processus, aiguisent sa capacité de prise de décision et de résolutions des problèmes dans la société et lui présentent des expériences comparatives en vue d'apprendre à les analyser et tirer des leçons sur la base des critères objectifs. Des approches classiques d'enseignement, fondées, principalement, sur la dictée par l'enseignant et la mémorisation par l'étudiant, n'ont fait qu'aggraver le mimétisme intellectuel et l'inaptitude à trouver des solutions idoines aux maux qui rongent les sociétés africaines. Les enseignants ne font que reproduire, à leur tour, ce qu'ils ont appris à l'école, comme me l'ont confirmé les Professeurs de l'ENA au Burundi. Subsidiairement à cette préoccupation, il faudra se demander dans quelle mesure les différents moyens de contrôle des aptitudes et des connaissances des étudiants (à tous les niveaux d'enseignement) permettent d'apprécier les capacités d'analyse, de créativité et de résolution des problèmes concrets dans le domaine de la formation, et cela conformément au type de savoirs/compétences souhaitées à la fin d'un cycle de formation. Encore une fois, l'expérience indique que certains enseignants testent plus la mémorisation que l'acquisition des compétences analytiques et professionnelles.

Contributions spécifiques de l'enseignement supérieur

Parlant de l'enseignement supérieur africain, l'ancien Secrétaire Général de l'ONU, Kofi Annan déclarait :

> " L'université doit devenir un outil primordial pour le développement de l'Afrique dans le nouveau siècle. Les universités peuvent aider à développer l'expertise africaine ; elles peuvent favoriser l'analyse des problèmes africains ; renforcer les institutions nationales ; servir comme

[414] Le tourisme interne et intra africain est aussi handicapé par le manque d'infrastructures routières, aéroportuaires, énergétiques, hôtelières et autres.

modèles pour la pratique de la bonne gouvernance et le respect des droits de l'homme, et permettre aux universitaires africains de jouer un rôle actif dans la communauté mondiale des savants. " [415]

Malheureusement, l'enseignement supérieur africain partage tous les maux que j'ai discutés dans cette section sur la qualité de l'enseignant des cycles primaire et secondaire, et de sa condition socioprofessionnelle. Des études variées en ont fait des diagnostics pessimistes : mauvaises conditions salariales, surpeuplement des campus, programmes d'études plus théoriques que pratiques, politisation des nominations de hauts gestionnaires et du personnel enseignant, avec des répercussions sur la qualité baissant de l'enseignement, délabrement ou/et manque d'infrastructures et d'équipements, etc. [416]Juste un exemple ; le salaire net d'un Assistant d'université était de 120,000FCFA par mois au Burkina Faso en 2000. Pendant ce temps, une mobylette Yamaha qui coûtait 500,000FCFA avant la dévaluation était passée à 1,300,000FCFA. Il faudrait donc à cet assistant environ 11 mois de travail pour payer son moyen de déplacement, indispensable dans la société burkinabé pour aller au travail. En plus, un terrain d'habitation qui coûtait sous la révolution 125,000FCFA payables en 5 ans, se vendait entre 1,500,000 et 2,500,000FCFA, soit entre environ 13 à 21 fois la rémunération mensuelle du jeune assistant de l'Université. La faible rémunération constituerait, de ce fait, le premier facteur de démotivation, forçant le personnel enseignant à rechercher des emplois alternatifs. [417] Avec la mondialisation, les compétences se placent là où elles trouvent une bonne rémunération et de bonnes conditions de travail, soulevant la question de la compétition internationale pour l'embauche de l'expertise de haut niveau, avec les implications que cela comporte sur la fuite des compétences vers les pays à forte attractivité.

En plus, bien que des universités aient été refocalisées pour promouvoir le développement économique et social, l'enseignement tertiaire, tant public que privé, demeure dans son ensemble, tributaire des pratiques coloniales ; il est souvent divorcé de son milieu d'accueil. Dans nombre de pays, cet

---

[415] www. unis. unvienna. org/unis/pressrels/2000/sg 2625. html. Cité dans David Bloom, David Canning et Kevin Chan, L'enseignement supérieur et le développement économique en Afrique, Harvard University, étude commanditée par la Banque mondiale, janvier 2006.

[416] Benoît Verhaegen, L'enseignement supérieur: vers l'explosion, Politique africaine, No 41, mars 1991. Une situation qui s'est détériorée davantage actuellement en ce qui concerne la RDC.

[417] Taladidia Tshiombiano, L'exode des compétences au Burkina Faso, Centre d'études, de documentation, de recherches économiques et sociales (CEDRES), Ouagadougou. Communication faite à la Conférence régionale sur l'exode des compétences et le développement des capacités en Afrique, du 22-24 février 2000, Addis-Abeba, Ethiopie, 2000.

enseignement reste essentiellement élitiste et aliénant. Parfois, les enseignants perpétuent cette aliénation à travers un conformisme intellectuel débilitant et des méthodes pédagogiques qui renforcent l'imitation servile de l'étranger. Je me souviens encore, avec tristesse, d'un Professeur d'économie politique, lui-même docteur en économie dont la source principale d'enseignement à l'université reposait sur la reproduction, presque mot à mot, des tomes 1 et 2 du manuel de science économique rédigé par Raymond Barre !

L'affaiblissement de l'enseignement supérieur est indissociable de celle de la recherche scientifique, l'une de ses fonctions principales. Les résultats de la recherche fondamentale demeurent encore faibles en Afrique. Selon certaines sources, en 1995, la région ne produisait que 5 839 articles publiés pendant que l'Asie du Sud en produisait 15. 995 et l'Amérique Latine et les Caraïbes, 14. 426, au cours de la même période. [418] Par extension, il devient facile de comprendre pourquoi les outils agricoles restent essentiellement dans le même état que ceux utilisés il y a plus d'un siècle par nos ancêtres ; pourquoi l'histoire africaine enseignée dans des écoles demeure encore l'histoire des Européens en Afrique, pourquoi les langues africaines principales sont toujours accusées à tort ou à raison d'être faibles en vocabulaire. Le point essentiel est que la recherche devrait sortir de l'ornière coloniale et néocoloniale pour s'engager sur des voies concrètes ayant trait aux préoccupations actuelles de l'Africain. Une telle préoccupation passe sans aucun doute par la valorisation de la recherche scientifique dans toutes ses phases : production, dissémination et utilisation de ses résultats, avec les implications sur l'adéquation des infrastructures et l'importance des moyens à mettre à la disposition des centres de recherche concernés.

Il ne s'agit pas seulement de produire la connaissance, mais aussi de savoir comment la connaissance produite peut contribuer à résoudre les problèmes majeurs de développement africain. Il se pose ici la question spécifique d'intégration effective des institutions d'enseignement universitaire et supérieur dans des transformations socio-économiques et politiques auxquelles aspirent des communautés et des provinces dans lesquelles elles sont implantées. Aux dires de Dr. Donald Kaberuka, Président de la Banque africaine de développement, les institutions d'enseignement universitaire sont appelées à se réinventer pour servir de moteurs de développement communautaire et national. [419]Des signes de progrès s'annoncent dans cette direction dans certains pays africains et des expériences étrangères peuvent également être capitalisées. La BAD a recensé un nombre important de meilleures pratiques. Par exemple,

---

[418] David Bloom et al, op. cit. , pp. 5.

[419] Dr. Donald Kaberuka, Allocution de clôture de la Série des Conférenciers éminents, Echange de visions sur le développement de l'Afrique, Volume 1, BAD 2007, pp. 67.

l'Université des sciences de l'éducation à Winneba au Ghana recourt, pour participer au développement local, aux techniques de média de masse, comme la radio communautaire. La radio Windy Bay diffuse des cours, des conférences, des manifestations universitaires, de la publicité et toutes sortes d'informations éducatives en rapport avec le développement socioéconomique de Winneba. La station est appréciée, non seulement par les étudiants qui peuvent suivre des cours dans leur chambre/ou dans des endroits publics et échanger par téléphone avec les conférenciers, mais également par la communauté tout entière, pour la valeur informative et éducative des émissions. Cette radio contribue, entre autres, à développer le sens de la responsabilité civique, qui porte à exiger la bonne gouvernance, et permet un retour d'informations vers les décideurs concernant les réactions du terrain aux politiques publiques et aux services offerts. [420]L'Université de Stellenbosch, en Afrique du Sud, ne s'est pas bornée à la formation de diplômés ;[421] elle a conçu et lancé un satellite pour aider à résoudre des problèmes spécifiques, tels que le développement de nouveaux produits ou l'amélioration de l'environnement. Des expériences d'implication des institutions d'enseignement supérieur dans la résolution des problèmes de santé publique en exigeant, entre autres, des diplômés de pratiquer dans leurs propres communautés pour une certaine durée après leur graduation, montrent que ces institutions peuvent servir non seulement à la production et à l'amélioration du capital humain, mais aussi de leviers moteurs du développement communautaire.

Dans les pays développés, les institutions d'enseignement universitaire et supérieur s'affirment, au jour le jour, comme des agents du développement local qui pourvoient à l'amélioration des ressources humaines, au développement technologique par le biais de la recherche et à la création d'entreprises via des transferts de compétences. Nombre d'entre elles ont créé des programmes spécialisés pour promouvoir des innovations technologiques et l'entreprenariat, visant l'enrichissement et la gestion de la base commune des connaissances, l'interface ou la mise en réseau des acteurs d'innovation et le conseil ou l'expertise qui font évoluer les compétences des acteurs pris individuellement. Elles jouent le rôle de véritables incubateurs d'innovations, de promotion d'entreprenariat et de création d'emplois, en mettant à la disposition des entreprises locales leur expertise, les résultats de leur recherche, un environnement propice pour développer leurs projets, et, partant, favorisent le développement économique et la génération d'emplois dans leurs secteurs d'activités. Elles apportent leur soutien à de jeunes entreprises pour assurer leur survie et croître au cours de la période de démarrage, pendant laquelle ces entreprises sont les plus vulnérables.

---

[420] Calestous Juma, op. cit. pp. 45.
[421] Calestous Juma, op. cit, pp. 43.

Les services que ces universités proposent diffèrent selon le but et la nature de l'incubateur et des promoteurs. Opérant comme incubatrices dans le secteur d'entreprenariat, les institutions d'enseignement supérieur fournissent généralement une assistance variée sur la gestion, les sources de financement, les " tuyaux " pour gagner des marchés et s'y maintenir, les techniques pour réussir dans les affaires et des services d'appuis divers : l'aide au montage d'un plan d'affaires, la mise à disposition d'un réseau de spécialistes en management et en droit des affaires et la mise en relation avec un réseau industriel, technologique, institutionnel et financier qui est vital pour la réussite de l'entreprise concernée. Elles offrent ainsi une assistance technique et des aides adaptées, jusqu'à ce que les jeunes firmes dans l'incubation soient assez fortes pour exercer elles-mêmes leurs activités. Les étudiants, fortement impliqués dans ce processus (cours des pratiques, stages), développent le goût de l'entreprenariat et ont plus de chance de se constituer des entreprises plus tard dans la vie. [422]

Avec le développement des technologies de l'information, le modèle de fourniture des services dans un espace physique commun est actuellement complété par le modèle d'incubation virtuelle, par lequel les mêmes services sont offerts en ligne aux compagnies bénéficiaires. L'Université de Maryland aux États-Unis est bien connue, notamment par ses facilités de promotion technologique et entrepreneuriale, en fournissant de l'assistance technique diverse aux entrepreneurs et gestionnaires des entreprises régionales. Sa faculté d'agronomie travaille étroitement avec les fermiers de la région, en partageant périodiquement avec eux les meilleures pratiques agricoles, y compris des semences améliorées produites par ses laboratoires d'expérimentation.

C'est ce genre de structures éducatives qui sont connectées avec le monde professionnel, dont l'Afrique a besoin pour combattre le chômage et sortir rapidement du sous-développement technologique et économique qui pèse lourdement sur sa sous-estimation d'elle-même. Cela implique que les institutions d'enseignement supérieur et universitaire soient suffisamment autonomes pour prendre des décisions qui s'imposent en fonction des besoins et des exigences du marché, nomment et maintiennent leur personnel sur la base de la compétence et de performance affichées, et fassent preuve de bonne gouvernance dans la gestion des moyens à leur disposition.

Rôle des parents et de la société

Les réformes scolaires internes ne suffisent pas pour améliorer la qualité de l'enseignement africain. Les Noirs Américains ont accès à des écoles

---

[422] Sur les incubateurs du développement local, voir Bruno Mukendi. La décentralisation et le développement local en Afrique: un guide pratique à l'usage des praticiens et formateurs chargés du développement local, Washington DC: WIMI, 2005.

mieux équipées, mais ce n'est pas pour autant qu'ils excellent nécessairement à l'école. Mpoy établit, dans son étude, que les élèves noirs obtiennent généralement des notes inférieures à celles des enfants blancs aux examens d'aptitude. [423] Outre les questions liées à la qualité des enseignants, déjà discutées, des recherches associent la performance scolaire à l'environnement dans lequel baignent les élèves. Les enfants qui passent un temps intime et de qualité avec leurs parents ont tendance à développer la confiance en eux-mêmes et à développer leur intelligence. [424] Ils s'abstiennent aussi des fléaux qui rongent la jeunesse : la drogue, l'alcoolisme, le tabagisme, le sexe prématuré et la vie de la rue. [425] Cherchant à expliquer l'échec chez les enfants noirs, Mpoy observe que les parents noirs américains n'investissent pas leur temps dans leurs enfants, les abandonnant à eux-mêmes, pendant que les parents blancs passent plus de temps à aider leurs enfants à lire et écrire. [426] Les parents blancs participent activement aux associations des parents d'élèves pour un suivi rapproché, et pour s'imprégner des progrès et des difficultés de leurs enfants ; ils les amènent dans des bibliothèques et des musées pour leur apprendre le goût de la lecture et de la découverte. Ils les assistent dans les devoirs et travaux pratiques. Il n'est pas, dès lors, étonnant que les enfants blancs entrent en maternelle connaissant déjà les lettres de l'alphabet et sont capables de compter. Mpoy trouve la même similitude chez les Noirs Africains qui ne passent pas de temps de qualité avec leurs enfants, arguant qu'ils laissent leur éducation à la communauté, qui selon ce chercheur, est mal équipée pour s'occuper de cette éducation. [427]

Cependant, Mpoy attribue fondamentalement la différence d'aptitudes entre les enfants noirs et blancs aux prédispositions génétiques (intelligence), ce qui n'est pas correct. [428] Je pense que les conditions socioéconomiques

---

[423] Mpoy, op. cit.

[424] Le temps intime et de qualité est ici compris dans le sens de rester à l'écoute attentive des enfants, les aider à lire, à écrire, à se découvrir et à développer des atouts qui vont les aider dans la vie. Le temps de qualité n'inclut point le temps passé avec les enfants en train de regarder la TV ou un match de football.

[425] Mpoy, op. cit. pp. 289. Il note une corrélation entre le succès scolaire et la structure familiale et le partage des activités entre les pères et leurs enfants telle qu'issue de l'étude par: Elizabeth Cooksey and Michelle Fondel, Spending Time with his Kids: Effects of Family Structure on Father's and Children's Lives, Journal of Marriage & Family, Vol. 58, August 1996, Issue 3, pp. 693-707.

[426] Ibidem, pp. 289-290.

[427] Ibidem, pp. 307-310. It takes a village to raise a child.

[428] Nombreuses personnes de race noire ont inventé des produits ou services qui ont contribué à améliorer les conditions humaines. Harret Morgan (signaux de trafic), Drew Charles Richard (banque de sang), Nillard H. Bennett (imaging X-Ray Spectorometer), Carver George Washington (produits alimentaires, coton, piments, etc) et la liste est très longue, pour montrer que la thèse biologique de l'intelligence,

des parents noirs influent, en partie, sur les succès scolaires de leurs enfants. Un cadre pauvre de vie, des familles, souvent dirigées par des femmes seules et sans modèle de référence pour les enfants masculins, un cumul excessif d'emplois ou d'heures supplémentaires que les parents assument pour survivre, et qui les obligent à être constamment loin de leurs enfants, des proches parents illettrés ne sachant pas eux-mêmes comment appuyer leurs enfants en cas de besoin, tels sont les facteurs socio-familiaux importants à prendre en compte dans l'explication des disparités constatées dans les performances scolaires entre Noirs et Blancs Américains. Cette considération est aussi valable pour les Africains, tout en rappelant l'importance majeure de l'encadrement rapproché des parents dans la réussite scolaire. Des actions individuelles et familiales doivent être accompagnées d'un engagement public fort, visant à créer des conditions pour une croissance économique dynamique, créatrice des richesses et inclusive.

Formation continue

L'éducation ne se limite pas à la formation débouchant sur un diplôme initial. Un renouvellement continu des connaissances facilite l'adaptation aux nouvelles innovations et façons de faire les choses, et aux comportements ouvrant à l'efficacité et l'efficience, contribuant ainsi à l'amélioration des performances des ressources humaines. Un des secrets de l'Occident, c'est d'avoir réussi à s'appuyer sur un apprentissage permanent pour améliorer les processus et les outils de production, afin de s'adapter aux exigences de sa clientèle dans un environnement en constante mutation. Personne n'est épargné par ce renouvellement des connaissances, y compris la haute direction qui investit dans des retraites éducatives, des séminaires et conférences professionnels et dans des publications pertinentes en relation avec les secteurs d'activité.

Le chainon manquant dans le développement africain est globalement attribué au leadership. C'est une situation explicable, du fait que certaines personnes accèdent au pouvoir ou sont nommées à des postes pour lesquels elles ne possèdent pas de qualifications requises. Cependant, " un leader non formé, " concède Okumu, " risque de souffrir d'un complexe débilitant d'infériorité ; il tentera de surmonter ce problème par la confiscation du pouvoir et l'acquisition de la richesse, avec tout ce que cela implique en termes de dictature, du recours à la violence, d'intimidation et du meurtre des opposants réels ou imaginaires. Ces types de dirigeants ont du mal à raisonner ou à argumenter, ne tolérant pas de points de vue contraires aux

---

associée avec les Blancs est fausse. Certes, le Blanc, en tant que groupe compte plus des gens intelligents, mais cela n'est pas lié aux prédispositions génétiques. L'environnement économique, politique et socioculturel ainsi que l'histoire jouent un rôle majeur.

leurs. " En plus, ceux qui vont de réunion en réunion, à l'intérieur comme à l'extérieur du pays, discutent et négocient des programmes et projets avec des partenaires étrangers, qui projettent la subordination et dans certains cas l'incompétence. Ce sont, dans beaucoup de cas, des hauts placés dans des hiérarchies administratives. La formation exécutive qui développe à la fois des compétences stratégiques, techniques et humaines (y compris psychologiques) est donc un préalable indispensable à l'accélération du changement. Si elle est bien structurée, ciblée et acceptée,[429] elle peut aider à actualiser les connaissances des autorités politiques et de cadres supérieurs, leur permettant de mieux s'adapter aux exigences de leurs tâches, à combler des lacunes constatées dans la réalisation des missions, à acquérir de nouvelles méthodes et techniques de pilotage du changement et de gestion et à inculquer des attitudes et valeurs indispensables pour une gouvernance responsable, efficace et assertive au service de la communauté.

J'insiste sur l'adoption de la formation continue, surtout par les hauts responsables. Quand on est Ministre, Secrétaire Général, Directeur Général, ou qu'on possède des titres équivalents, on pense, en Afrique, qu'on peut se passer de formations de remise à niveau(en dehors de la participation aux conférences de sensibilisation sur des thématiques données), alors que c'est à ce niveau que des formations sont absolument indispensables pour s'imprégner à la fois des aspects stratégiques, techniques et humains liés à leurs responsabilités. Quelle est par exemple l'implication de la gestion axée sur les résultats ou le budget-programme pour le pilotage et la gestion d'un ministère ou d'une entreprise ? Les ministres, les présidents-directeurs généraux des entreprises et autres hauts cadres sont les premiers à être interpellés pour appréhender l'importance et les enjeux que présentent ces outils et leurs implications organisationnelles. Mais si les hauts responsables délèguent la responsabilité de formation au personnel de collaboration ou d'appui, s'estimant trop grand pour suivre une formation, il y a risque de ne rien voir se concrétiser en termes de changement au-delà des discours stériles. J'ai constaté, dans une formation d'une cinquantaine d'agents publics en Guinée sur le budget-programme en 2011, que tous les participants avaient, à l'unanimité, insisté pour que leurs chefs (directeurs nationaux) fussent les premiers bénéficiaires de cette formation. Il en est de même de deux sessions de formations sur la GAR en 2012 à Bobo Dioulasso au Burkina Faso, où plus d'une soixante de cadres de l'Union économique et monétaire ouest-africaine (UEMOA) soulignèrent que la cible des formations relatives à la GAR n'était pas appropriée, et qu'il fallait que je commence avec la haute direction et les hauts responsables.

Par ailleurs, le contenu d'une formation reste capital pour sa réussite. Le potentiel du leadership sera sensiblement accru si la formation envisagée lui permet, en plus des connaissances dans son domaine technique spécifique,

---

[429] Voir Bruno Mukendi, *Raising Self-Esteem to Accelerate Sustainable Development in Africa, op. cit.*

de mieux se découvrir, d'apprendre comment son comportement, ses attitudes et ses actions peuvent influer sur son rendement et celui de son équipe, de savoir comment transiger efficacement avec son environnement interne et externe, et d'identifier des voies et moyens pour son auto-amélioration. C'est pour cette raison que nous avons institué au Washington International Management Institute (WIMI) une démarche originale consistant en un tronc commun obligatoire de trois jours en moyenne au début de tout séminaire. A travers ce tronc commun, les participants sont familiarisés avec des concepts et approches de base du management public et leur pertinence sur la gestion organisationnelle, ainsi que l'acquisition des compétences émotionnelles et de l'estime de soi. Les participants découvrent comment améliorer l'efficacité individuelle et organisationnelle et la confiance en eux-mêmes, aux fins de briser les attitudes et les comportements qui les font reculer ou les bloquent au travail ou dans leur environnement ambiant. A la fin de la formation, ils ont non seulement une meilleure compréhension des approches et techniques relatives à leurs domaines de spécialisation, mais aussi la maîtrise des éléments essentiels pour réussir dans la vie, construire une organisation et la gérer avec une grande efficacité et efficience.

La formation perfectionnement reste ainsi un maillon essentiel d'une stratégie de renforcement des capacités. Mais, pour qu'elle contribue au changement escompté, un minimum de conditions s'impose. Il faut que les personnes désignées pour cette formation soient complètement dégagées de leurs responsabilités dans leurs services respectifs. Il sert à très peu de choses de voir, sur un programme de formation de cinq jours, un cadre participer à une ou deux séances, tout simplement parce qu'il est de temps en temps interpellé par son service pour s'occuper de dossiers urgents. De ce fait, il convient de délocaliser les formations résidentielles en dehors du siège de l'institution, tout en s'assurant que les stagiaires ne transforment pas le temps de la formation en occasions de vacances ou de tourisme. Aussi faudra-t-il que les bénéficiaires d'une formation soient obligatoirement appelés à restituer, dans leur service ou département, l'enseignement qu'ils ont reçu, tout en démontrant comment les enseignements et outils du cours aident à mieux comprendre et à résoudre les problèmes qui ont suscité la formation en question.

Encore plus important, la cible de la formation doit être correcte. Comme indiqué plus haut, l'expérience montre que les hauts cadres prévus pour des formations se sentent souvent mal à l'aise pour y participer, se faisant représenter par des subalternes qui, en raison de leurs responsabilités, ne sont pas les premiers intéressés. La formation n'atteint donc pas l'impact souhaité. Dans ce sens, il ne sert à rien d'insister sur des formations locales, lorsque l'évidence suggère que les hauts responsables pressentis pour ces formations sont souvent absents. [430] Dans ce cas de figure, il serait utile de combiner plusieurs stratégies de formation, pour s'assurer de la participation effective de hauts responsables et autorités supérieures : des voyages d'études à l'étranger dans le cadre de formations bien structurées et ciblées, l'organisation de formations de formateurs à l'étranger, pour des cibles bien déterminées, et des séminaires résidentiels en dehors du siège de l'institution.

Il faudra cependant garder à l'esprit que les réformes des institutions d'enseignement et de formation devraient se poursuivre selon une démarche cohérente et intégrée dans le cadre d'une planification réellement nationale visant à faire de l'éducation et de l'apprentissage les instruments de transformations sociétaires, dans la perspective d'une recherche consciente de la puissance technologique et économique comme fondements majeurs de la valorisation de soi.

Stratégies de financement de l'éducation

Le succès des systèmes scolaires les plus performants dans le monde dépend d'abord et avant tout de la qualité des enseignants et de leurs conditions salariales ; l'accès à une éducation de qualité par tous les fils et toutes les filles du pays, qui implique à son tour des infrastructures et des équipements scolaires adéquats. La formation du corps enseignant, en initial comme en continu, la valorisation de leurs rémunérations pour les rendre compatibles avec le taux d'inflation, la modernisation ou la construction des infrastructures et la mise à disposition des équipements (laboratoires, livres, ateliers technologiques, etc.) nécessitent des fonds dont les montants pourraient excéder les disponibilités budgétaires de beaucoup de pays africains. Où trouver l'argent pour mettre en œuvre ces idées ?

Je propose deux formules : la première concerne le développement de l'éducation primaire et secondaire, en s'appuyant sur le partenariat avec le Système des Nations Unies dans le cadre des programmes conjoints du Plan cadre des Nations Unies pour l'assistance au développement, connu sous le sigle anglais : UNDAF ("United Nations Development Assistance Framework"). Le partenariat vise essentiellement à former et remettre à

[430] Ces hauts responsables (directeurs, directeurs généraux, secrétaires généraux, conseillers principaux, chefs de cabinet, ministres, commissaires, etc.) ne voient pas d'intérêt dans les formations locales, même en dehors du siège de l'institution. Certains prennent part à quelques sessions et disparaissent pour toujours. Certains pays ont réussi à utiliser de la motivation organisationnelle par le biais des formations ciblées et des voyages d'études à l'étranger pour permettre aux responsables supérieurs d'acquérir des connaissances sur des thématiques au cœur de la modernisation organisationnelle telle que la gestion axée sur les résultats et le budget-programme. Le fait que la formation ait lieu dans un pays étranger constitue déjà une motivation, sans compter les contreparties financières que cela comporte.

niveau le personnel enseignant, favoriser des échanges interscolaires entre pays africains au niveau des enseignants, des élèves et de la direction, promouvoir des compétitions interscolaires, réhabiliter/construire des infrastructures et renforcer les capacités institutionnelles en équipements et développement des curricula. La deuxième formule porte sur une série de propositions visant à améliorer la mobilisation des ressources au profit des institutions d'enseignement supérieur et universitaire.

i) Partenariat avec l'ONU dans le cadre des programmes conjoints de l'UNDAF

L'aide extérieure peut avoir des effets anti-développement, mais demeure un mal nécessaire dans la conjoncture actuelle où de nombreux pays africains ne disposent pas de liquidités nécessaires pour financer leurs programmes, même s'ils détenaient l'initiative de la genèse et le contrôle de leurs politiques. La question, à mon avis, se pose ainsi : comment, aux fins d'asseoir des bases de développement endogène durable en Afrique, utiliser, au mieux et stratégiquement, certains types d'aide disponibles ou mobilisables dans le court et le moyen terme ? Je pense que la coopération onusienne offre quelques avantages comparatifs, qui peuvent être mis à profit de façon stratégique et progressive, en vue de relever les défis dans le secteur spécifique de l'enseignement de demain en Afrique.

En réponse à la réforme sur l'harmonisation et la simplification de ses opérations, le Système des Nations Unies, dispose actuellement d'un processus de programmation commune visant à aider efficacement les pays dans lesquels il opère à attaquer les défis pour la réalisation des Objectifs du millénaire pour le développement (OMD). Dans ce contexte, ses agences résidentes sont appelées à élaborer ensemble un bilan commun du pays à partir duquel elles préparent leur UNDAF. Ce document reflète la compréhension onusienne des priorités gouvernementales et des problèmes de développement auxquels un État est confronté, et représente une vision commune du Système sur les actions collectives à prendre afin d'aborder les priorités de développement du pays en question. Pour sa mise à exécution, l'Equipe-Pays du Système est supposé préparer des programmes ou des projets conjoints, qui transcendent les secteurs de travail des agences, dans l'intention d'assurer la visibilité des résultats des Nations Unies en tant qu'une entité homogène (Delivering as One). C'est à ce niveau des programmes et projets communs que les Etats peuvent intervenir avec des priorités comme l'édification des systèmes éducatifs de demain.

Malheureusement, dans beaucoup de pays, on ne voit pas clairement les résultats qui doivent être réalisés ensemble par le Système des Nations Unies en dehors de ceux découlant du mandat spécifique de chaque agence. L'UNDAF apparaît, en réalité, comme une compilation d'actions et de projets des programmes des agences, et non comme un réel cadre intégrateur couvrant de grands projets d'intérêt commun pour les pays. La tendance à la fragmentation, en réponse aux exigences du mandat spécifique de chaque agence, entraîne une compétition inter-agence ouverte ou camouflée, où chacune tente de planter son propre drapeau. Parfois, la dispersion des interventions autour de petits projets, elle-même alimentée par la tendance à vouloir tout faire sans priorisation, dilue les impacts des actions, et nuit à la visibilité du système onusien dans le pays.

Les pays africains peuvent engager des dialogues sérieux avec les agences résidentes du Système des Nations Unies pour monter ensemble, dans le cadre des programmes conjoints de l'UNDAF, un plan de dix ans (ou cinq ans selon le cycle de programmation convenu) qui se focalisera, dans un premier temps, sur le développement de l'enseignement primaire et secondaire. Ce plan, piloté et coordonné par le pays bénéficiaire, comportera plusieurs volets : formation des enseignants, construction de nouvelles écoles modernes, entretien des écoles existantes, équipement des laboratoires et bibliothèques et appui à la réforme des programmes et à leur mise en œuvre effective et formations. Son élaboration sera coordonnée avec d'autres bailleurs intervenant dans le secteur comme la Banque mondiale, l'Union européenne et les bilatéraux (USAID, France, pays nordiques, etc.), pour éviter des duplications et des chevauchements des projets, et axer les actions sur les priorités telles que définies par les gouvernements.

D'emblée, les moyens financiers modiques dont dispose l'ONU amèneront à rétrécir toute ambition pour elle de jouer un rôle majeur de chef de file dans un processus de reconstruction profonde des infrastructures scolaires et de la formation des enseignants. Encore faut-il qu'elle ne s'embourbe pas dans la lutte d'intérêts, caractéristique de coopération internationale. Les moyens financiers viendront certainement de plusieurs sources. A titre d'expression de son engagement, chaque État devra contribuer, avec des ressources propres à un fonds spécial de développement de l'éducation créé à cette fin. Il devra également mobiliser des ressources additionnelles auprès des bailleurs potentiels, y compris les pays émergents, le secteur privé national et international, les organisations philanthropiques et la diaspora.

La question de la gestion des fonds mis en place nécessite une structure sous le contrôle de l'État, mais avec des garde-fous destinés à prévenir des dérapages éventuels dans la gestion. La formule de cogestion avec l'ONU est envisageable dans un premier temps. Le danger avec l'ONU est qu'elle manque de moyens de pression sur les gouvernements. De par les actes internationaux qui organisent sa coopération, ses agences sont obligées de se tenir aux côtés d'un gouvernement, quelle que soit sa performance. Même si ce dernier ne fait pas preuve de discipline ou de progrès, le mot d'ordre est de rester à ses côtés et de l'appuyer. Cette situation tend à encourager, du côté gouvernemental, le moindre effort aussi bien qu'une attitude de laisser-faire. L'auto-affirmation exige toutefois que les Africains apprennent à se surveiller eux-mêmes, en renforçant et en respectant les structures nationales de gouvernance, de surveillance et de contrôle qu'ils mettent en place.

Dans le même contexte, le Bureau régional du PNUD pour l'Afrique pourrait refocaliser ses priorités dans le domaine du renforcement des capacités, en contribuant à la mise en place des infrastructures culturelles en Afrique, en collaboration avec d'autres institutions internationales ou régionales (BAD, UNESCO, etc.). Dans une civilisation du savoir, l'accès rapide à l'information et à la connaissance scientifique devient une priorité pour accéder au statut de champion. Diffuser la connaissance à travers l'organisation de conférences, de séminaires et de communautés de pratiques, comme le fait le PNUD n'est pas une mauvaise chose. Cependant, la dissémination et l'utilisation des connaissances acquises ne sont pas évidentes. Ce qui donne l'impression de contribuer dans les termes chers au Professeur Benoît Verhaegen à " la création d'une société de consommation savante, " sans impacts visibles sur le changement des conditions de vie. Ce qu'il convient de faire pour le PNUD-Afrique, c'est d'investir, par exemple, dans le développement des bibliothèques sous-régionales servant chacune un groupe de pays. Bien achalandées et équipées, elles serviront de centres de diffusion des informations et des connaissances, accessibles aux élèves, étudiants, fonctionnaires, entrepreneurs, hommes et femmes de la rue, journalistes, politiciens, ou à toute personne qui veut s'éduquer et ne peut pas participer aux conférences professionnelles.

La population est lassée des conférences et des assemblées qui se répètent chaque année, ainsi que de la bureaucratisation de l'assistance technique (assistance technique de production des rapports rarement lus par les parties prenantes principales), consommant des moyens qui auraient pu aider à construire et à équiper des écoles, fondations de l'Afrique de demain. Pour devenir plus visible, le PNUD régional devrait se réorienter vers des priorités qui créent des capacités physiques qui, potentiellement, accroissent la compétitivité intellectuelle et technique de l'Afrique. [431]

ii) Partenariat pour le développement de l'enseignement supérieur

L'enseignement supérieur forme des enseignants, des chercheurs, ainsi que toutes les autres catégories de professionnels et spécialistes, qui constituent la base intellectuelle et technique d'un pays. Il a des effets multiplicateurs dans l'économie, par le biais des transferts des connaissances, des technologies et des résultats de ses recherches. Malgré son importance reconnue dans le processus d'adaptation à la mondialisation et à ses exigences technologiques, ce niveau d'enseignement souffre, pour

[431] Je suggère ici que le PNUD-Afrique prenne le leadership dans le développement des infrastructures culturelles en collaboration étroite avec d'autres partenaires clés comme l'UNESCO et la BAD. Sa présence dans tous les pays est un des facteurs importants susceptibles de favoriser la mobilisation des acteurs et des ressources.

assumer pleinement sa vocation d'enseignement, de recherche et d'assistance technique et technologique pour le développement, d'une carence généralisée de moyens qui touche tant les institutions publiques que privées. Je propose, ci-dessous, quelques alternatives de financement pour l'enseignement supérieur public.

- En vue de promouvoir le développement technologique, les Etats peuvent envisager de fournir, de manière sélective, des bourses d'études aux étudiants qui choisissent des sciences exactes (mathématiques, génie civil, géologie, médecine). Compte tenu des possibilités financières, ces bourses peuvent soit couvrir le cycle complet d'études, soit couvrir une partie.

- Les gouvernements peuvent solliciter des entreprises publiques et privées, et leur demander, moyennant un traitement fiscal préférentiel, de sponsoriser des étudiants en leur offrant des bourses complètes dans leurs domaines d'activité. Ainsi, les entreprises minières pourraient-elles accorder des bourses à ceux qui s'orientent vers les sciences géologiques ; des entreprises agro-industrielles pourraient octroyer des bourses pour l'agronomie ; des entreprises bancaires et des services pourraient offrir des bourses dans le secteur du management, marketing, économie, droit, administration publique et science politique.

- Les institutions d'enseignement doivent apprendre à mobiliser des partenariats et des ressources pour elles-mêmes. Pour faciliter ce processus, elles devraient se doter d'un Plan stratégique de 5 à 10 ans qui servirait d'outil de mobilisation des ressources auprès des partenaires nationaux et internationaux. Ce Plan préciserait, entre autres, les besoins concrets de l'institution pour atteindre ses objectifs, par exemple : formation des enseignants, laboratoires, équipements informatiques, construction des auditoires, développement des outils pédagogiques, recyclage du personnel, etc. Dans le cadre d'une vision bien précisée, les partenaires potentiels peuvent examiner chacun de ces besoins et voir ce qu'ils peuvent faire sur la base de leurs propres programmes de coopération ou possibilités budgétaires. Sans un Plan stratégique bien ficelé, il sera très difficile de convaincre les partenaires et d'obtenir d'eux des engagements multiannuels importants. Il est à noter que les objectifs des partenariats peuvent aller au-delà de la mobilisation des ressources financières, pour embrasser le renforcement des capacités et la recherche des synergies et des complémentarités permettant d'améliorer l'efficacité des actions initiées dans le Plan stratégique. Dans le cadre d'une convention de partenariat, par exemple, un enseignant d'une université peut poursuivre des études doctorales dans une institution d'enseignement supérieur partenaire qui s'occupera de son encadrement. Tout comme une institution, partenaire professionnelle disposant de l'expertise pour offrir des cours proposés par l'université, peut, dans le cadre d'un accord de partenariat, mettre cette expertise à sa disposition à un coût plus bas que celui du marché.

- Les institutions d'enseignement supérieur peuvent vendre des services pour accroître leurs capacités d'autofinancement. Le modèle de l'État providence a démontré ses limites dans le financement du développement, bien que la mentalité de dépendance qu'il a secrétée continue son bout de chemin. En Occident, les frais des étudiants et les subsides de l'État ne sont qu'une portion de ressources financières des institutions d'enseignement supérieur. Nombreuses d'entre elles font de l'argent par la création de services de consultation et de formation professionnelle. Qu'est-ce qui empêcherait une faculté d'économie de créer un Centre d'expertise en analyse et gestion financière destiné à fournir de l'assistance technique, de la formation et des études sur le montage des projets et leur gestion en faveur des personnes physiques et morales ? Les universités pourraient même s'organiser pour négocier avec la coopération internationale bilatérale, pour qu'elle puisse les associer dans les appels d'offres juteux, qui, jusque-là, ne bénéficient qu'à certaines compagnies de leurs pays respectifs.

d. Affirmation de soi par la consolidation de la bonne gouvernance

Il a été établi au Chapitre 6 que les échecs répétés en matière de développement poussent les Noirs Africains à penser qu'ils ne sont pas capables de se gouverner. Par conséquent, ils se diminuent, et perdent de la considération et du respect vis-à-vis d'eux-mêmes. L'une des raisons principales, à la base du manque de transformations économiques et technologiques significatives du continent, réside fondamentalement dans la mauvaise gouvernance, symbolisée généralement par des régimes politiques patrimoniaux, une corruption systémique érigée en règle de gouvernance, le non-respect de la loi et l'organisation de la désorganisation. [432] La Présidente du Liberia, Ellen Johnson Sirleaf n'a-t-elle pas déclaré une fois que " la crise africaine était un échec du leadership et du management. L'Afrique subsaharienne est riche en ressources, talents, énergie et esprit ; mais elle n'a pas été riche en leadership. Elle est composée de pays qui ont été mal gérés, et les résultats ont été désastreux. " [433]

Un des facteurs de succès des pays hautement industrialisés, en dehors de l'éducation, est la qualité du leadership. La logique est simple : une bonne direction va réfléchir et mettre en place de bonnes politiques. Même sur le

---

[432] Voir le Rapport de la Banque mondiale, L'Afrique peut-elle revendiquer sa place dans ce XXIe siècle. Washington DC: Banque mondiale, 2000.

[433] Ellen Johson Sirleaf, Introduction au livre: Emerging Africa par Steven Radelet, Washington DC: Center for Global Development, 2010, pp. 5.

continent africain, il se vérifie que les pays les mieux gérés comme le Botswana et le Cap-Vert (celui-ci est sans ressources naturelles) s'en sortent mieux que les autres. En fait, sans la bonne gouvernance, l'autodestruction et l'auto-négation risquent de se perpétuer, accentuant le cercle vicieux de la prétendue incapacité congénitale africaine et le sous-développement. S'affirmer exige donc de gouverner différemment, de manière qui facilite des transformations susceptibles de contribuer au mieux à la réalisation du bien-être individuel et communautaire et à l'augmentation de la valeur intrinsèque de l'Africain. [434] Le rôle de l'État est vital à ce titre. La gouvernance a déjà fait l'objet de beaucoup d'écrits ; mais, je vais tout de même survoler quelques éléments qui me paraissent importants.

Depuis le début des années quatre-vingt du siècle dernier, le concept de gouvernance domine la littérature sur les stratégies des réformes dans les pays tant industrialisés, émergents qu'en développement. La réinvention de l'État est prônée pour améliorer sa compétitivité, sa légitimité et sa capacité de réponse face aux demandes croissantes des citoyens, et cela dans un contexte marqué par le resserrement des ressources budgétaires. La bonne gouvernance d'entreprise est aussi préconisée. Même s'il est vrai que le développement économique soit possible sans la bonne gouvernance publique, comme l'atteste l'histoire de certains pays de l'Amérique du Sud (Brésil et Argentine) ou les dragons asiatiques (Corée du Sud, Singapour, Taiwan, Malaisie, Thaïlande), qui ont pu connaître un développement économique sous des régimes pas nécessairement démocratiques, un tel développement s'est avéré cependant éphémère en l'absence de transformations politiques profondes. En dépit du caractère universel de la bonne gouvernance, le souci de son amélioration a pris un essor particulier dans les pays en développement, notamment en Afrique. Des études ont montré que la mal gouvernance constitue l'une des causes principales de la pauvreté sur le continent africain. En conséquence, les stratégies visant à réduire l'appauvrissement sont appelées à renforcer les structures et processus de gouvernance. Les donateurs et bailleurs de fonds en ont fait une conditionnalité principale pour l'octroi de leurs ressources. Certains pays africains (comme le Sénégal) ont même à un moment donné, créé un ministère exclusivement chargé de promouvoir la bonne gouvernance. De quoi s'agit-il au juste ?

Deux conceptions majeures dominent les interprétations sur la notion de gouvernance : celle de la Banque mondiale et celle associée avec le Système des Nations Unies ou le Programme des Nations Unies pour le développement (PNUD). La Banque mondiale perçoit la gouvernance comme la manière dont le pouvoir est utilisé dans la gestion des ressources

[434] Cette partie sur la gouvernance est basée et adaptée à partir de ma présentation: La bonne gouvernance: pilier stratégique pour la renaissance et la reconstruction de la République Démocratique du Congo, Washington DC: WIMI, 2009.

publiques. Par souci de se conformer à ses statuts qui lui interdisent de s'immiscer dans les affaires politiques des Etats membres et de s'en tenir aux considérations économiques, la vision de la Banque est essentiellement économiste. Elle ramène la gouvernance simplement à une gestion économique et financière saine, transparente et efficace ; faisant ainsi fi de l'environnement politique et socioculturel dans lequel s'inscrivent les modes de gestion économique. Cette vision économiste sera ensuite révisée pour inclure les aspects politiques qui fondent la perspective onusienne :

> ″ La gouvernance est l'exercice de l'autorité économique, politique et administrative en vue de gérer à tous les niveaux les affaires d'un pays. Elle comprend les mécanismes, les processus et les institutions à travers lesquels les citoyens et les groupes articulent leurs intérêts, exercent leurs droits légaux, répondent à leurs obligations et résolvent leurs différences″ [435]

La notion de bonne gouvernance, selon le système des Nations Unies renvoie globalement à la manière de piloter, diriger et gérer la chose publique qui soit fondée sur l'adhésion et la participation des citoyens, la transparence et la recherche constante de l'efficacité, l'efficience et l'équité. Elle postule un système politique fondé sur la démocratie et l'État de droit. En d'autres termes, elle suppose le pluralisme idéologique, la séparation des pouvoirs, le suffrage universel, l'alternance politique, l'égalité juridique des citoyens, le respect des droits de l'homme, une justice indépendante, un État libéral, la possibilité juridique pour les citoyens d'attaquer l'État et ses démembrements en justice, la transparence dans la gestion des affaires publiques, l'association de la population à cette gestion (notamment par la voie de la consultation et de la décentralisation), la responsabilité ou l'obligation de rendre des comptes et la lutte contre la corruption. Elle implique également un état d'esprit qui stimule des valeurs indispensables à la promotion et à l'émergence d'une citoyenneté responsable et de la valorisation de soi. [436]

La bonne gouvernance implique des choix de politiques de gestion qui mettent l'accent sur l'utilisation judicieuse et rationnelle des ressources, afin d'optimiser l'indice de développement économique et social. Ce qui requiert certainement une gestion économiquement efficiente, transparente, participative et efficace, soutenue par des stratégies et politiques cohérentes en articulation avec les besoins prioritaires de la population et des impératifs

---

[435] UNDP, Governance for Sustainable Human Development, A UNDP policy document, New York: UNDP, 1997, pp. 2-3.

[436] Bruno Mukendi, Les éléments fondamentaux de la bonne gouvernance pour le développement. Washington International Management Institute, Edition révisée, 2006.

de développement auto-entretenus et durables. La bonne gouvernance ne se limite pas aux considérations économiques et financières, bien que celles-ci soient importantes. Elle met en exergue la capacité des pouvoirs publics à promouvoir une dynamique interactive entre les citoyens et l'État, en vue de réconcilier celui-ci avec ceux-là, et de légitimer son action. Ainsi, la bonne gouvernance postule-t-elle un système politique basé sur la démocratie et l'État de droit. Le droit devient l'instrument par excellence de la régulation de l'organisation et des rapports sociopolitiques et économiques au sein la société. De ce fait, le principe de légitimité est subordonné à celui du respect de la légalité.

Si la bonne gouvernance est multidimensionnelle et embrasse donc différents aspects - politique, économique, financier, administratif et culturel - son architecture conceptuelle repose sur les principes fondamentaux énoncés ci-haut (État de droit, participation populaire, responsabilité, transparence, efficacité, efficience, équité et éthique), qui demeurent au centre de tout dispositif qui prétend la renforcer.

Ces éléments essentiels de la bonne gouvernance sont bien reconnus en Afrique, mais leur application effective reste quasiment problématique dans la plupart des pays, obligeant les gens à percevoir l'Afrique comme les lieux du non-droit où sévissent la corruption et l'inefficacité généralisées, comme signalé dans cette étude. La question, en cette étape précise, est de savoir comment affirmer la bonne gouvernance dans les faits. Je propose des actions prioritaires suivantes qui résument les résultats de mon étude sur ce sujet.

Lutter contre le formalisme juridique

Quelles que soient les imperfections qu'elles puissent contenir en tant que produits humains, la plupart des Constitutions africaines actuelles représentent des plateformes solides et progressives, susceptibles d'engager les Etats sur la voie de la bonne gouvernance et du développement harmonieux, auto-entretenu et durable. Le grand défi se pose plutôt en termes d'une volonté politique affichée pour appliquer systématiquement les dispositions de ces Lois Fondamentales et d'autres lois de la République. La suprématie de l'Exécutif, avec, comme corollaire, la faiblesse du Parlement et du Pouvoir Judiciaire, souvent cooptés par le premier à travers des modes de gestion clientélistes et patrimoniaux, aboutit, dans certains pays, à la subordination du droit aux caprices et intérêts de la classe dirigeante. Bien que la solution directe à cette situation soit souvent associée avec la promotion et l'émergence d'une société civile active, forte et vigilante, pour obliger les gouvernants à respecter les lois de la République, un leadership transformationnel peut initier un certain nombre d'actions afin d'assurer la convergence entre le verbe, la loi et l'action.

D'emblée, il doit être tiré au clair que toute personne doit être soumise à la loi, à commencer par le Président de la République, qui est le garant de la Constitution. Toute violation des dispositions constitutionnelles et légales, par n'importe qui, n'importe quelle personnalité, sa famille naturelle ou politique, doit être sanctionnée conformément à la loi. Il en découle un système de gestion par l'exemple, à partir du sommet de l'État. Les déceptions liées à l'inaction se sont tellement accumulées que les populations ne croient plus dans les discours et dans les textes. Les institutions supérieures de la République dont la Présidence, le Parlement et le Pouvoir Judiciaire, et leurs hauts responsables, doivent être jugées en fonction de leurs performances dans l'application et le contrôle de l'application des lois et de la lutte contre l'impunité.

Placer la participation citoyenne au cœur du développement

Dans la philosophie du développement humain, le concept de participation renvoie au souci de faire de tout être humain l'acteur principal du progrès économique, et de faire en sorte qu'il soit, en même temps, le bénéficiaire de ce processus. Dans le contexte de la gouvernance politique, la participation prend des dimensions particulières. Des élections (pluralistes qui soient libres et transparentes) permettent aux institutions qui en sont sorties d'acquérir la " légitimité juridique. " Bien qu'importante, cette légitimité juridique n'est pas suffisante pour connecter les gouvernants des gouvernés. Il faut la compléter par une autre forme de légitimité, cette fois-ci acquise. La " légitimité acquise " repose sur l'adhésion et la participation effective des citoyens à la gestion des affaires publiques. C'est en participant activement et librement à la vie politique, économique, socioculturelle et spirituelle de leurs pays, que les Africains construiront leur propre histoire inspirée par leurs réalités et créativité. La participation effective facilite la responsabilisation et l'appropriation du développement à tous les niveaux de la société où elle s'applique. L'Afrique, asserte un rapport de la Banque mondiale publié en collaboration avec des organisations africaines, peut revendiquer sa place dans ce XXIe siècle, mais elle devrait pour y arriver améliorer fondamentalement entre autres sa gestion gouvernementale :

> " La plus grande partie de l'histoire économique récente de l'Afrique peut être considérée comme un processus de marginalisation, d'abord de sa population, ensuite de ses gouvernements. Pour inverser ce processus, il convient de responsabiliser davantage les parties prenantes et de donner plus de pouvoir économique à la société civile et aux

entreprises lorsqu'elles traitent avec les gouvernements, ainsi qu'aux bénéficiaires de l'aide lorsqu'ils traitent avec les bailleurs de fonds. "[437]

Ce rapport insiste avec force sur la nécessité de " transférer le pouvoir et la responsabilité aux acteurs primaires sans lequel il sera difficile de créer les incitations dont a besoin l'Afrique pour accélérer son développement et se libérer de la pauvreté. " La mise en place du citoyen au cœur du développement, tel qu'évoqué dans cet ouvrage, implique des approches et des méthodes de gouvernance axées sur : (1) l'institutionnalisation du dialogue, de la coopération et du travail d'équipe comme source d'apprentissage et d'enrichissement mutuel des diverses parties dans la recherche collective de solutions aux défis du développement ; (2) la mobilisation des ressources humaines qualifiées comme source d'information de qualité et des solutions efficaces et appropriées ; (3) le renforcement de la décentralisation pour permettre aux institutions de jouir de toutes leurs compétences constitutionnelles sur le plan de la gestion politique, administrative, financière, fiscale et économique et (4) la mise en œuvre du partenariat public-privé susceptible de favoriser le développement économique local, garant d'une décentralisation effective.

Aussi, le Parlement doit-il constituer l'enceinte de la volonté populaire et le forum par excellence à travers lequel le peuple participe indirectement à la formulation et à la gestion des politiques publiques, notamment par la législation et le contrôle des ressources. A ce titre, il convient d'établir des diagnostics afin de renforcer les compétences des parlementaires sur des problématiques brûlantes du développement (pauvreté, aide, dette, privatisation, corruption, genre, patrimonialisation de l'État, etc.), ainsi que sur la gestion de leurs fonctions classiques de législation, contrôle budgétaire et représentation des citoyens.

Réformer les services de sécurité

La réforme des services de sécurité représente un défi monumental, surtout dans les Etats fragiles, car les forces de sécurité (l'armée, la police et les agences multiples d'intelligence) sont invariablement demeurées les artisans principaux de la terreur, de la répression massive, des abus graves des droits humains, ainsi que d'actes de pillage, qui ne cessent de fragiliser davantage ces Etats. La stratégie de la réforme des services de sécurité à adopter doit être suffisamment exhaustive pour tenir compte de toutes les sources d'insécurité dans la société.

Depuis quelques années, on assiste, dans le monde, à un changement de conception d'une sécurité traditionnelle centrée sur la sûreté de l'État vers

[437] Banque mondiale, L'Afrique peut-elle revendiquer sa place dans le 21e siècle. Washington DC: Banque mondiale, 2000.

une sécurité humaine ciblée sur les individus. La sécurité humaine exige des mesures, pour défendre, non seulement, l'État, mais, également, les citoyens contre des menaces pesant sur leur sécurité. Le PNUD s'est fait défenseur de cette nouvelle vision ; il distingue deux aspects de la sécurité humaine : d'une part, la protection contre les menaces chroniques telles que la famine, la pauvreté, la maladie et la répression ; et d'autre part, tout événement brutal susceptible de perturber la vie quotidienne (catastrophes naturelles). La notion de la sécurité humaine élargit ainsi le concept de sécurité classique qui est assurée par la voie des armes à une nouvelle forme de sécurité axée sur la promotion du bien-être des individus par le biais du développement. " La sécurité humaine est donc envisagée comme un bien public répondant au besoin stratégique de favoriser le développement humain durable. "

Cette nouvelle vision de la sécurité implique de mettre en avant les obligations de l'État à l'égard de la sécurité de ses citoyens. Dans cette optique, la démarche et les politiques en matière de sécurité doivent être guidées par au moins trois axes prioritaires :

- La réforme sécuritaire doit être partie intégrante d'un programme de réformes globales visant à instaurer la bonne gouvernance dans l'appareil de l'État et dans la gestion des affaires publiques. Cela revient à dire que les forces de sécurité doivent être astreintes aux principes du respect de la règle de droit, de l'imputabilité démocratique et de l'efficacité. Les forces de sécurité doivent être comptables de leurs actions devant un Parlement démocratique. Elles doivent rendre des comptes aux autorités civiles compétentes. Une division claire du travail doit être définie pour améliorer l'efficacité dans leur fonctionnement.

- La réforme sécuritaire doit se faire en articulation avec la vision globale de la nouvelle société africaine à construire. Il ne s'agit pas de reconstruire un système sécuritaire qui a failli à sa mission principale de la protection des biens et des personnes, mais de le transformer dans le cadre d'un nouveau projet de société dans lequel l'armée, la police et les services d'intelligence sont appelés à jouer de nouveaux rôles. Dans ce sens, on peut penser que la mission d'une armée de développement ne se limite pas à faire la guerre (ce qui impliquerait une formation strictement militaire et des équipements et matériels de guerre modernes), mais aussi à contribuer au développement pendant la période de paix (développer des métiers et des valeurs spécifiques pour appuyer le développement économique et social ; formation au respect des droits humains, intégrité, genre, etc.). Ce sont les nouvelles fonctions des forces de sécurité qui détermineront le type de formation et autres réformes à initier.

- La réforme sécuritaire doit se faire dans la transparence et avec l'adhésion et la participation de toutes les parties prenantes de la société. C'est la seule condition incontournable pour la pérennisation de ses acquis. En d'autres termes, le projet de réforme doit être interne au pays et doit faire l'objet d'un dialogue national incluant tous les services chargés de la sécurité. [438]

Renforcer le pouvoir judiciaire

Les solutions à la crise dont pâtit le pouvoir judiciaire en Afrique sont déjà connues pour avoir été proposées dans divers rapports et études. Il ne s'agit pas de les réinventer, mais de les appliquer, selon une séquence prioritaire qui tient compte des ressources disponibles et mobilisables dans chaque pays. En gros, il se pose cinq défis prioritaires à relever pour renforcer le pouvoir judiciaire en Afrique : (i) confirmer dans les faits son indépendance vis-à-vis des autres pouvoirs, surtout de l'Exécutif ; (ii) améliorer les conditions salariales et de travail du personnel judiciaire ; (iii) lutter contre la corruption ; (iv) développer et entretenir les infrastructures et (v) assurer la formation du personnel.

En ce qui concerne ce dernier point, il est significatif de noter que la grande majorité des juges africains a obtenu une formation universitaire et dispose de l'expérience dans leur travail. Ce qui importe le plus pour elle est de créer des conditions qui lui permettent de lire le droit tel qu'il se doit sans distraction et sans influences politiques. C'est la raison pour laquelle des améliorations au niveau des quatre points précédents sont cruciales. Par contre, la formation devrait être systématique pour le personnel parajudiciaire et d'autres catégories administratives en fonction des diagnostics spécifiques.

Améliorer l'efficacité dans la gestion économique

La bonne gouvernance économique sera améliorée à travers des actions dans quatre directions : (i) la remise de la planification stratégique au centre de l'action de l'État, pour en finir avec la gestion réactive à court terme, imprimer une dynamique de coordination interne à l'économie et réfléchir sur des solutions alternatives de nature durable aux défis du développement ; (ii) le renforcement de la capacité d'adaptation de l'économie, à travers des stratégies de diversification axées sur la complémentarité entre les secteurs générateurs de la croissance dont l'agriculture, les mines et les services ; (iii) l'implantation d'une culture de gestion qui valorisera entre autres les

---

[438] Ces développements s'inspirent de mon expérience récente au Liberia et aussi en Guinée-Bissau. Bruno Mukendi, Leadership and Change Management in Post Conflict Societies: The Case of Liberia. New York: UNDP, Learning Network on Global Capacity Development, 2010.

fonctions de planification et de gestion axée sur les résultats, de contrôle, de suivi-évaluation, de gestion de l'information et de reddition des comptes ; et (iv) la sélection du personnel stratégique à tous les niveaux en fonction du mérite et des compétences effectives.

Attaquer la corruption sous toutes ses formes

La corruption est un mal pernicieux, décrié par tous les pays du monde. Elle entraîne des hémorragies massives du capital, augmente les coûts de l'administration pour le public, réduit la capacité d'un gouvernement et de son peuple à attaquer effectivement les défis du sous-développement et de l'appauvrissement, fausse les règles de la concurrence et de la compétitivité : elle paralyse le libre jeu des forces du marché, rompt les équilibres moraux de la société, engendre et accentue les inégalités sociales. Les remèdes à une corruption devenue endémique exigent des mesures radicales, de nature curative et préventive, dans tous les secteurs de la vie nationale.

Au moins dix mesures essentielles sont nécessaires pour lutter effectivement contre la corruption : (1) un engagement clair et ferme, de la part du leadership au sommet de l'État, de combattre la corruption, quelle que soit la personne concernée, engagement se traduisant, entre autres, par des mesures draconiennes prises à l'endroit des chefs corrompus et des membres de leur famille ; (2) une législation anticorruption est adoptée, prévoyant la mise en place d'une agence indépendante et compétente pour en assurer la mise en œuvre ; (3) un système judiciaire indépendant et renforcé existe pour juger et condamner les personnes morales et physiques impliquées dans les cas de corruption, et cela avec toute la rigueur de la législation anticorruption ; (4) chaque pouvoir de l'État (Législatif, Exécutif, Judiciaire) opère dans le cadre de ses limites constitutionnelles et les déviations sont sanctionnées conformément à la loi ; (5) les institutions, chargées de contrôle, de vérification et d'audit, sont revalorisées et renforcées, pour détecter et surveiller les actes de corruption (Cour des Comptes, Inspection générale des finances, etc.) ; (6) les salaires des agents sont rendus compatibles avec leurs responsabilités et les conditions socio-économiques ; (7) les lois et règlements sont dissuasifs et orientés vers une sévère répression des parties impliquées dans la corruption, (8) un Code d'éthique pour le leadership et les cadres supérieurs est non seulement élaboré, mais suivi et exécuté sans défaillance ; (9) une presse indépendante est mise à profit pour mettre à nu les actes de corruption et décourager les personnes impliquées ou celles qui sont tentées de s'y investir ; et (10) le rôle de la société civile dans la promotion des valeurs démocratiques et de la transparence est affirmé par le gouvernement et celle-là est active dans la dénonciation, la discussion et le report des actes de corruption. [439]

Renforcer la transparence

La participation effective au développement, ainsi que la lutte effective contre la malfaisance, exigent que la population soit régulièrement informée de la gestion qui est faite des affaires publiques. Cela implique que l'information circule sans entraves et qu'elle soit communiquée en temps réel, pour permettre aux acteurs sociaux de préparer en conséquence leurs stratégies d'intervention. Pour ce faire, il faut : (a) une législation qui autorise un accès gratuit à toute information publique, sous réserve des questions spécifiques relevant du secret d'État ; (b) des systèmes organisés d'information et de suivi sur le plan budgétaire, financier et comptable ; (c) le respect des garanties constitutionnelles en faveur d'une presse libre, indépendante et plurielle, ayant accès à toutes les sources d'information ; et (d) des contacts réguliers organisés par les gouvernants, en vue de se mettre à l'écoute des gouvernés et de fonder les décisions sur leurs besoins réels.

Moderniser l'administration publique

L'État entre en contact quotidien avec les populations, à travers ses services, dont l'Administration publique. La performance de l'État est jugée par rapport à la qualité et l'efficacité de ces contacts. Une gouvernance efficace de l'Administration publique est handicapée par une série de facteurs, à savoir : le clientélisme, le favoritisme, la corruption, de mauvaises conditions de travail, le manque de moyens, une perception négative du fonctionnaire par les usagers, une gestion routinière, un personnel pléthorique, des règles et procédures de gestion administrative et financière obsolètes et lourdes, des mécanismes inefficaces d'organisation et de répartition des emplois, un système de rémunération opaque et une centralisation excessive. Des remèdes à ces fléaux existent et préconisent, entre autres, la rationalisation des missions, des structures, des postes et des effectifs ; l'amélioration des conditions matérielles et salariales, la décentralisation et la modernisation des ressources humaines. Cependant, les dysfonctionnements administratifs se sont succédé d'un régime politique à l'autre, de telle sorte qu'ils font aujourd'hui partie des cultures organisationnelles. Cela nécessite que la refondation de l'Administration publique africaine transcende l'approche techniciste, pour intégrer les réformes dans les préoccupations qui suscitent aujourd'hui l'émergence et la

[439] Bruno T. Mukendi and David Gould, Bureaucratic Corruption in Africa: Causes and Consequences, op. cit. Voir aussi Bruno Mukendi, Leadership and Change in Post-Conflict States: The Case of Liberia (2010), op. cit.

promotion d'un État de droit, la participation, la responsabilité, l'estime de soi, l'efficacité, l'équité, l'éthique et la gestion axée sur les résultats.

De ce point de vue, il conviendrait de reposer les réformes administratives sur les principes directeurs suivants : (i) la création d'une administration citoyenne capable de garantir le respect des droits et libertés des citoyens, c'est-à-dire, une administration de proximité, soucieuse de la légalité, transparente et au service du public ; (ii) la réhabilitation des valeurs et des attitudes qui font des fonctionnaires publics des missionnaires de l'intérêt collectif (impartialité, intégrité, responsabilité, estime de soi, ouverture, engagement, honnêteté) ; (iii) le développement du professionnalisme ; (iv) la valorisation de la Fonction publique, notamment par la mise en place des conditions financières, matérielles, logistiques et humaines adéquates ; (v) et la création d'un corps spécialisé de cadres supérieurs dans tous les ministères du gouvernement- à l'instar de " Senior Executive Service " dans les pays tels que les États-Unis, la Tanzanie, le Kenya et le Liberia- composé des leaders managériaux acquis aux réformes, et rompus aux techniques modernes de gestion axée sur les résultats et de mobilisation du personnel, pour faciliter le changement de la culture organisationnelle dans chaque institution.

Promouvoir les valeurs éthiques

La bonne gouvernance ne saurait s'implanter sans de nouvelles attitudes et mentalités orientées dans le sens de la promotion de l'État de droit, de l'égalité de tous devant la loi, de la justice, de l'efficacité, de l'équité, du patriotisme, de la responsabilité individuelle et collective et du développement collectif. L'édification des valeurs éthiques est, certes, une responsabilité partagée qui incombe à la famille, l'école, l'église, les médias, les organisations de la société civile et l'État. Mais ce dernier, en tant que seule force contraignante de la société, doit imprimer le sens de direction nécessaire, en canalisant l'attention et les efforts de la société vers des valeurs morales et éthiques supérieures, et modeler, en conséquence, les comportements des acteurs sociaux.

La réhabilitation des valeurs éthiques vise essentiellement à promouvoir des attitudes et mentalités favorables au développement, à la collaboration interpersonnelle, à favoriser l'émergence d'une citoyenneté responsable et consciente de son rôle dans la lutte contre le sous-développement, la corruption, l'injustice sociale, la dépendance sous toutes les formes, et les divisions qui ne cessent d'affaiblir les pays. Cette reconstruction des valeurs reposera sur quatre stratégies globales :

- Promouvoir la culture républicaine, en aiguisant, d'une part, la conscience des acteurs institutionnels, des individus et des communautés sur leurs droits et devoirs vis-à-vis de la collectivité publique et, d'autre part, en renforçant en eux la volonté qu'ils doivent manifester à traduire cette conscience dans tous les actes publics. Des valeurs, telles que la suprématie du droit sur tous, l'égalité de tous devant la loi, la justice sociale, la responsabilité individuelle et collective, la solidarité nationale et l'entraide, sont mises en tête de liste de l'agenda. L'intention est de réhabiliter les valeurs positives, afin de corriger les anomalies des systèmes patrimoniaux qui ont, jusqu'ici, participé à la production des références sociétaires, en dehors du champ républicain.

- Utiliser les divers leaders d'opinion, tels que les parents, les chefs religieux, les enseignants, les patrons et les journalistes, pour servir de repères et de transmetteurs des valeurs et messages positifs, au moyen de plusieurs canaux.
- Instaurer un système de gestion par l'exemple, à travers un engagement soutenu par le leadership, à tous les niveaux, d'agir et de vivre selon les nouvelles références éthiques.

Mobiliser et renforcer la société civile africaine

Tout dispositif qui prétend instaurer la bonne gouvernance ne peut être complet, s'il n'intègre pas le rôle attendu des organisations de la société civile (OSC). La bonne gouvernance, tout comme la démocratie participative sur laquelle elle se fonde, est un processus de longue haleine ; la démocratie s'apprend ; elle implique un renforcement permanent des valeurs républicaines dans la société. La population doit connaître ses droits et ses obligations, pour être en mesure d'exiger des gouvernants qu'ils rendent compte de leur gestion, et respectent les engagements qu'ils ont pris. Sans une opinion publique avertie et active, dit-on, la bonne gouvernance serait vaine.

L'éducation citoyenne et la responsabilisation des masses, pour qu'elles prennent en charge leur propre destinée, sont souvent facilitées par les organisations de la société civile. Les expériences réussies de la démocratie et du développement reposent, en grande partie, sur des réseaux bien structurés d'associations bénévoles, autonomes et civiques, telles que les mouvements religieux, les syndicats, les organisations professionnelles, les associations de défense des droits de l'homme et de la démocratie, la presse, les chefferies traditionnelles, les associations de femmes, etc. Sentinelles de la gestion politique, économique et sociale, ces organisations, du fait qu'elles ne sont pas motivées par la conquête du pouvoir, mais par le bien-être de leurs membres, constituent généralement des garde-fous contre l'arbitraire, la dictature, l'impunité et la médiocrité des gouvernements irresponsables, inefficaces et corrompus.

La société civile africaine n'est pas épargnée par le mal qui paralyse les Etats, le comportement de ses responsables n'étant pas nécessairement différent de celui de la classe politique. La recherche du gain personnel, le parasitisme, le vagabondage politique, la duplicité du discours, l'immoralité et la division sont parmi les caractéristiques visibles de ceux qui l'animent. La pénurie des moyens financiers rend ses membres vulnérables à la cooptation et à la corruption, pendant que les difficultés internes de gestion (transparence, imputabilité, légalité et efficacité) soulèvent des questions quant à la durabilité de ses interventions. [440] Il suffit de jeter un regard rapide sur les organisations religieuses africaines pour s'en convaincre. Les plaintes de cooptation politique (par la corruption) des clergés, pasteurs, marabouts et autres chefs religieux sont légion en période électorale, alors que les fidèles s'attendent à ce qu'ils prêchent la Bible ou le Coran par l'exemple. En plus, des motivations matérielles et financières incitent à l'émiettement de certaines églises, chaque prétendant cherchant à créer sa propre paroisse (église) dans le but ultime, non de prêcher la Parole de Dieu et de soutenir sa pratique, mais surtout de disposer d'un contrôle effectif sur les entrées financières. Pourquoi ne pas se mettre ensemble pour glorifier le Seigneur et renforcer les capacités d'action pour un impact spirituel et socioéconomique plus large et plus sensible dans la société cible ?

Tout ceci ne veut pas dire qu'il n'existe pas d'organisations civiques disciplinées, organisées et engagées pour la cause du changement et de la promotion de l'État de droit et du développement collectif. Les mouvements associatifs ont joué un rôle décisif dans l'affaiblissement des Etats dictatoriaux au Bénin, au Mali, au Zaïre et dans d'autres pays, notamment avec le système des Conférences nationales souveraines. Aujourd'hui encore, certaines églises et associations de protection des droits de l'homme militent en faveur de l'instauration d'une démocratie et d'une gouvernance effectives en Afrique. La question est de savoir comment capitaliser cette force sociale active, et porteuse des préoccupations et des aspirations de citoyens, pour crédibiliser et renforcer la société civile africaine ? Cinq voies d'action sont envisageables :

- Reconnaître la contribution de la société civile au développement politique, économique et social, en lui apportant le support politique et matériel dont elle a besoin (exemples : en facilitant l'accès aux documents et informations dont elle a besoin ; en assistant les organisations de la société civile bien organisées à obtenir des prêts auprès des banques pour soutenir leurs activités).
- Créer des espaces de dialogue entre l'État et les organisations de la société civile pour établir des bases de confiance et de compréhension mutuelle.
- Développer des partenariats à travers la contractualisation.

[440] Voir Bruno Mukendi, Leadership and Change in Post-Conflict States, op. cit.

- Promouvoir le rayonnement d'une presse libre, plurielle et professionnelle.
- Faire participer les OSC aux activités de renforcement des capacités organisées par les institutions publiques.

Créer un environnement favorable à la promotion du secteur privé

Le secteur privé peut jouer aussi un rôle de contrepoids au gouvernement. Il est créateur de richesses et de l'emploi. En recherchant ses intérêts, il peut contribuer à la réduction des entraves imposées par le gouvernement sur les initiatives individuelles. Le règne du principe de l'État de droit, et la sécurisation des personnes et de leurs biens qui en découle ; la lutte contre l'impunité, la corruption et l'opacité ; une gestion méthodique, responsable et réglementée de l'économie ; l'actualisation du droit des affaires et de la fiscalité en fonction des exigences du marché et des priorités de développement et la modernisation de l'administration publique sont autant de facteurs essentiels qui contribueront à créer des conditions propices à l'épanouissement du secteur privé en tant que moteur de la croissance et du développement économique.

e. *Affirmation de soi par la consolidation de la collaboration avec et entre les membres de la diaspora africaine*

" L'union fait la force, " ai-je répété tout au long de cet ouvrage. On peut autrement parler de la collaboration ou du partenariat, la pensée ultime reste la même. Plus les Africains s'affirment, en tant que groupe social, par des réalisations communes significatives, plus se consolidera la confiance en eux-mêmes et en leurs capacités, et plus ils seront respectés dans le concert des nations. Cette force se traduit de plusieurs manières : la consolidation de la coopération institutionnelle interafricaine au niveau sous-régional et régional (Union africaine, communautés économiques régionales et sous-régionales, etc.), la création de nouvelles formes de collaboration avec les pays émergents (par exemple, la coopération entre l'Inde, le Brésil et l'Afrique du Sud pour favoriser des innovations technologiques dans le domaine agricole), la coopération avec les institutions spécialisées des pays industrialisés (par exemple dans les domaines technologiques et scientifiques pour créer des incubateurs technologiques et de promotion de l'entreprenariat), la mise en commun des moyens entre Africains (i. e. appuis mutuels, collaboration individuelle sur des projets d'intérêt commun), un partenariat renforcé entre les Etats et la diaspora, et l'amélioration des relations de coopération entre les membres de la diaspora africaine. Je vais me limiter aux deux dernières formes de collaboration.

Il est admis généralement que la diaspora constitue une force potentielle et indéniable du changement, et une source d'espoir pour internaliser le développement et accélérer la croissance économique. Cette préoccupation s'inscrit dans la problématique que soulève aujourd'hui l'importance du rôle des citoyens résidents à l'étranger et de leurs institutions, dans la construction et le développement national et régional. [441] Comment mobiliser la participation de la diaspora aux efforts de développement et comment en faire une pépinière pour le renforcement des capacités institutionnelles nationales et régionales, une source potentielle d'innovations, d'investissements et de création d'entreprises en vue d'une croissance économique accélérée sur le continent ?

Le nombre, de plus en plus croissant, d'Africains en dehors de leurs pays d'origine, justifie en partie ce questionnement. Selon certaines statistiques, l'Afrique aurait compté à l'étranger, en l'an 2000, près d'un million de personnes ayant poursuivi des études universitaires ;[442] et ce chiffre avoisinerait aujourd'hui les deux millions si l'on tient compte de la fuite des cerveaux occasionnée par des conflits incessants et la mauvaise gouvernance politico-économique dans certains pays de la région. Sans tenir compte du niveau d'éducation, le nombre des Africains vivant dans un pays autre que le pays d'origine a été estimé en 2009 à plus de 30 millions, la majorité vivant sur le continent même. Environ 6 millions de migrants africains sont identifiés en Amérique du Nord et en Europe, dont près d'un million aux États-Unis, 282, 600 au Canada et 4, 7 millions en Europe. [443]

Si les statistiques sur la diaspora poussent à s'interroger sur sa contribution dans les pays d'origine, c'est surtout l'impact de la diaspora dans les transformations économiques rapides des pays tels que l'Inde, la Chine, Taiwan et la Corée du Sud qui ont suscité l'attention sur son apport, et ont motivé la mise en place des politiques et des mesures incitatives pour tirer profit des ressources fournies par la diaspora africaine, qu'il s'agisse de l'expertise, l'investissement, des réseaux professionnels ou l'esprit d'entreprise. La diaspora demeure incontestablement un réservoir encore inexploité d'expertise dans presque tous les domaines : des ingénieurs, des médecins et dentistes, des professeurs et chercheurs, des entrepreneurs et managers, des artistes, etc. Presque tous les pays les plus performants du monde sur la scène économique comptent sur leur diaspora pour affermir leurs avantages comparatifs dans une économie de la connaissance. La diaspora est sollicitée de diverses manières : recensement et fichier de

---

[441] Le Conseil exécutif de l'Union africaine considère que la diaspora africaine est constituée par " les personnes d'origine africaine vivant hors du continent africain, qui sont désireuses de contribuer à son développement et à la construction de l'Union africaine, quelles que soient leur citoyenneté et leur nationalité " . Cette vision de la diaspora exclut de la catégorie de diaspora les citoyens africains résidant dans un autre pays africain.

[442] Chiffré cite par BAD, Le rôle de la diaspora dans la construction de la nation. Leçons à tirer par les Etats fragiles et les Etats sortant de conflits en Afrique, OSFU, 2011, pp. 3.

[443] BAD, op. cit.

l'expertise nationale à l'étranger et domaines d'activités, conférences de promotion des investissements, appels directs par les personnalités nationales importantes, implications dans les activités de consultation et de formation dans le pays, etc. Des exemples abondent à ce sujet. La Suisse a converti une partie de son consulat à Cambridge dans l'État de Massachusetts aux États-Unis en un point focal d'interaction entre les experts suisses aux Etats-Unis et leurs homologues au pays. La Maison de la Suisse y a été créée en tenant compte du positionnement stratégique de la région qui abrite de meilleures institutions de l'enseignement supérieur et des centres de recherche (Massachusetts Institute of Technology, Harvard University, Yale University, etc.) dans le monde et dans des domaines aussi variés que l'informatique, la biotechnologie et les sciences humaines. [444] L'Université nationale de Singapour a installé une faculté qui s'occupe des questions relatives aux biotechnologies et l'entreprenariat au sein de l'Université de Pennsylvanie. Les experts Singapouriens basés aux USA se rencontrent avec leurs homologues Américains pour explorer des possibilités de collaboration et de partenariat international dans la région. L'Inde octroie la double nationalité aux Indiens établis dans le pays, dans le but de renforcer le rôle de la diaspora dans le développement du pays. [445]

En Afrique, les efforts visant à la mobilisation du partenariat font légion, comme exposé au Chapitre 4 ; mais il est en même temps reconnu que la mobilisation de la diaspora sur le continent, pour le renforcement des capacités ou la création d'entreprises, n'a pas encore eu de résultats probants. [446] Plusieurs raisons sont évoquées. Je voudrais cependant souligner qu'aux yeux de certains politiciens africains, la diaspora continue à être négativement projetée comme un groupe monolithique formé d'opposants politiques au pouvoir en place et de réfugiés économiques survivant de petits emplois dégradants ou des programmes sociaux. D'abord, tous les immigrants ne sont pas forcément des opposants politiques et, même s'ils l'étaient, je ne vois pas en quoi cela constituerait une obstruction pour organiser leur contribution au développement socioéconomique de leurs pays d'origine, dans un contexte proclamé de démocratie multipartiste ! Un pédiatre, de renommée internationale, peut être un opposant politique, s'opposant en fait à la prise en otage de son pays natal par une équipe notoirement incompétente ; mais cela ne veut pas dire qu'il ne peut pas mettre son expertise et son expérience au profit de celui-ci, s'il existe une volonté politique minimale d'améliorer les conditions d'existence de ses concitoyens. Il est aussi incorrect de penser que la diaspora survit de petits travaux ou sur le dos des contribuables occidentaux, tout simplement parce que certains membres d'un gouvernement ou leurs familles et amis ont

---

[444] Calestous Juma, op. cit, pp. 51-54.
[445] Calestous Juma, op. cit. pp. 55.
[446] BAD, op. cit. pp. 18.

connu, ou connaissent, des situations pénibles à l'étranger. N'est-ce pas un motif de fierté d'apprendre d'un grand journaliste de la Voix de l'Amérique ou d'un riche Blanc à Washington que son cardiologue est le meilleur au monde et qu'il est Africain ? Les Sud-Africains que j'ai rencontrés à Johannesburg, alors que j'y étais en mission, n'ont pas caché de témoigner publiquement de la qualité des médecins congolais dans leur pays.

Reconnaitre l'importance développementale de la diaspora, au-delà des considérations idéologiques, politiciennes et ethniques, constitue le premier pas véritable pour sa participation effective au processus des transformations socioéconomiques dans le pays d'origine. Sans cet engagement réel de la part des Etats, les structures créées à cet effet risquent de vivre dans une léthargie perpétuelle qui conduira à leur mort silencieuse. Il est vrai aussi qu'un gouvernement qui perçoit le développement, non en termes de l'avancement de l'intérêt national, mais plutôt celui des groupes sectaires, risque de rester bloqué dans une vision moniste de la diaspora qui la confine à la dimension politique de lutte pour le pouvoir.

Dans plusieurs études, la diaspora est perçue sous l'angle de comment elle pourrait contribuer au développement socioéconomique, souvent avec des moyens financiers dont elle dispose et de son expertise. Je préfère renverser l'équation en posant la question de savoir comment les organisations et les Etats africains peuvent-ils contribuer à consolider la position financière de la diaspora africaine tout en bénéficiant de son expertise. La sous-estimation de soi africaine est en partie corrélée avec l'insuffisance des moyens financiers dont font preuve les Africains et leurs organisations, ou simplement leur carence totale. Dans un monde capitaliste globalisé, l'argent confère de la puissance, et par conséquent de l'estime de soi, comme l'a dit le Professeur Goulet, dans la première partie de cet ouvrage. La différence fondamentale entre les think tanks étrangers et africains réside au niveau de la capacité de mobilisation des ressources financières. Les think tank et instituts de formation non-africains sont pour la plupart appuyés, d'abord par leurs agences bilatérales de coopération internationale qui leur permettent d'accumuler, non seulement, de l'argent, mais également de l'expérience du terrain qui les rendent par la suite compétitifs aux yeux des autres organisations, y compris les multilatérales.

La même stratégie s'observe avec des individus. Je me suis proposé d'analyser les curricula vitae qui passent par mon bureau. A mon grand étonnement, j'ai constaté, par exemple, que de jeunes Européens ou Américains, avec une licence ou maîtrise, ont des carnets professionnels extrêmement riches avec des missions partout à travers le monde. Les sources de financement pour les Européens sont souvent l'agence nationale de coopération internationale comme la Coopération française pour les Français, ensuite l'Union européenne, puis la Banque mondiale, les agences du Système des Nations Unies, etc. Par contre, des Africains, souvent avec des doctorats et une ancienneté allant de dix à vingt-cinq ans de travail n'ont pas pour la plupart grand-chose à présenter à titre de consultations, en dehors de quelques études financées par les agences résidentes du Système des Nations Unies, et de plus en plus, les autres bureaux locaux de la coopération internationale, qui, par ailleurs, les contractent à des taux insignifiants par rapport aux non-locaux n'ayant pas les mêmes niveaux de qualifications et d'expériences. Il n'est pas étonnant dans ces conditions que le gros morceau de l'argent continue à profiter aux non-Africains dans le commerce du développement.

Les membres de la diaspora ont l'avantage de mieux connaître les pays et les institutions qui s'érigent en maîtres en matière de développement. Certains ont créé des organisations qui fournissent des services de haute qualité en matière de santé, de formation professionnelle, d'appui technique et entrepreneurial. Les Etats africains et leurs organisations peuvent lancer des politiques d'action affirmative pour soutenir la montée financière de ces institutions, après avoir étudié minutieusement les dossiers de chacun et son apport au développement économique.

Il n'est pas un secret que les pays occidentaux et certains émergents renforcent la collaboration programmatique avec les organismes internationaux (ONU, Banque mondiale, etc.), dans l'intention stratégique de positionner leurs ressortissants à des postes clés ou à faciliter leur entrée dans ces organismes. Les Européens ne cessent de financer leurs ressortissants comme volontaires ou "Juniors officers" dans différentes agences des Nations Unies, une vision stratégique pour faciliter leur intégration dans ces organisations. Le Brésil est parmi les pays émergents, avec un programme de volontaires dans les pays lusophones comme la Guinée-Bissau, œuvrant au sein des agences de Nations Unies.

Les Etats africains et leurs organisations doivent apprendre à créer des opportunités qui améliorent le capital financier de la diaspora africaine pour la rendre financièrement forte, sans attendre que celle-ci utilise ce dont elle dispose pour le continent. Plus la force financière de la diaspora est grande, plus elle créera des emplois profitables à ses membres, plus ces membres auront la capacité financière et technique d'intervenir dans le développement de leurs pays respectifs et de la région.

Répondre mieux à ces attentes exige une réorganisation de la diaspora africaine elle-même, sur la base d'une meilleure compréhension du rôle qu'elle pourrait jouer dans la transformation rapide des économies africaines. Elle se situe elle-même au centre des connaissances scientifiques, technologiques et techniques mondiales. La diaspora répercute souvent les divisions ethniques, claniques, religieuses et politiques des pays d'origine, en s'enfermant dans des logiques sectaires d'exclusion de son champ d'opération contre certaines personnes, en raison de caractéristiques identitaires. Pourtant, ses membres vivent dans un pays comme les États-Unis où les populations valorisent la différence, mais dans l'unité. Un Américain peut être de la Californie, de la Virginie, ou du Massachusetts, il sera fier de parler de son État natal, mais au- dessus des Etats, il voit l'Amérique. C'est ainsi qu'il se sent à l'aise pour travailler avec n'importe quel autre Américain, quel que soit son État d'origine. La mise en commun des moyens pour de grands projets d'intérêt mutuel doit être encouragée et poursuivie, indépendamment des origines des partenaires. Le monde notera quand les Africains collaboreront pour créer des banques, des centres de recherche et de formation, des hôpitaux et des services d'ingénierie. Il n'osera plus dire encore que les Africains sont incapables de tout. Le respect et la reconnaissance viendront presque automatiquement.

Axe stratégique V : Parvenir à l'autonomie

L'autonomie est la conclusion logique de quatre axes stratégiques précédents. Une entité autonome trace sa propre voie, sur la base de ses propres réflexions et besoins, s'autogère et compte principalement sur ses propres ressources pour atteindre les objectifs qu'elle s'est volontairement fixée. Cela ne veut pas dire qu'elle ne peut pas apprendre et interagir avec les autres - ce qui serait asphyxiant, dans un contexte où l'Afrique est connectée au monde par des produits, des machines, des ordinateurs, de l'argent et l'internet - mais elle doit le faire librement avec à l'esprit ses intérêts bien compris, connaissant ses forces et ses limites, de telle sorte qu'elle puisse apprendre des autres comment améliorer ses actifs et convertir ses faiblesses en forces. Un élément essentiel de l'autonomie demeure la confiance dans ses pensées et la dépendance sur ses propres ressources et ses capacités pour subvenir à ses besoins fondamentaux. L'autonomie ne rejette pas l'emploi des idées d'autrui, mais elle oblige à les analyser stratégiquement afin d'enrichir sa propre vision stratégique. Le défi majeur consiste à assimiler les savoirs des autres groupes humains sans être assimilé par eux.

L'autonomie implique l'indépendance : de penser son propre modèle de développement ou de définir des stratégies de développement endogène (autonomie intellectuelle) ; de mettre en place des structures économiques autocentrées (autonomie économique) et de favoriser la promotion de ses ressources et de ses valeurs culturelles, tout en restant ouvert aux apports extérieurs à capitaliser (autonomie socioculturelle). Ainsi, tous les éléments discutés au sein des axes stratégiques constituent-ils des leviers d'action pour le développement de l'autonomie, qu'il s'agisse de mieux se connaître pour actionner ses forces et réduire ses limitations, ou de prendre des actions responsables et affirmatives qui accroissent ses points de supériorité et améliorent ses avantages comparatifs. [447] La conscience pour soi (l'action

[447] Par exemple: investir dans l'éducation, la formation continue et la recherche scientifique ;réorienter l'économie vers la production des produits manufacturiers, se repositionner dans le commerce international, renforcer la mobilisation des recettes

nécessaire pour transformer sa situation) est activée par la conscience en soi (la connaissance de ses atouts et de ses limitations).

Force est de reconnaître l'importance particulière, à cette étape, de l'évaluation et de l'utilisation des ressources propres, avant d'envisager toute aide extérieure. Un être autonome parvient à satisfaire ses besoins en comptant d'abord sur lui-même. Parce que la dynamique du développement global est devenue interne, les intrants extérieurs (argent, assistance technique) sont séquencés et programmés à titre d'appui aux efforts internes. Cela veut dire que, même dans des pays comme le Liberia et la Guinée-Bissau où les talents nationaux sont rares, le problème de l'assistance technique peut être résolu rapidement et adéquatement si les politiques publiques dans ces pays sont élaborées et gérées de manière à s'appuyer sur les ressources africaines, sur le plan national, sous-régional, régional ou international. Le développement, comme le disait Joseph Ki-Zerbo, " c'est le passage de soi à soi-même à un niveau supérieur. " [448] On se développe en tirant de soi-même les éléments de son propre développement. Ki-Zerbo poursuit :

> " Aucun peuple ne s'est développé uniquement à partir de l'extérieur... En réalité, tout le monde s'est développé de façon endogène... Si l'on voulait représenter par une figure géométrique ce type de développement idéal, il faudrait le voir comme un paradigme de l'arbre. L'arbre est enraciné, il puise dans les profondeurs de la culture sous-jacente, mais il est ouvert aussi vers des échanges multiformes, il n'est pas emmuré et scellé. Donc, c'est en étant profondément enraciné qu'on est prêt à toutes les ouvertures." [449]

Il appartient donc aux Africains de découvrir et d'inventer de nouveaux paradigmes plus pertinents pour leur propre société en s'inspirant comme le suggère V. Y Mudimbe " des concepts normatifs implicites dans les institutions et les pratiques culturelles des sociétés africaines. " L'autonomie met l'accent sur l'expérimentation et un travail intelligent et assidu, parce que vous devez apprendre à vous améliorer sans cesse par vos erreurs, et à gagner votre pain par vos propres sueurs. Quand la première voiture japonaise est sortie, il y a quelques années, sur le marché en Afrique, elle n'a pas été bien accueillie. On a crié à la camelote. Cela n'a pas découragé pour autant les Japonais. En fait, la réaction négative de la part des concurrents

---

internes, améliorer la gouvernance, contractualiser avec la diaspora africaine et ses institutions pour consolider sa position financière, etc.

[448] Joseph Ki-Zerbo, Vers un développement africain endogène, Interview accordée à l'Afrique nouvelle génération, samedi 24 novembre 2007. Parue sur www. newafrika. org/spip. php? article166.

[449] Ki-Zerbo, op. cit.

occidentaux et des territoires sous leur contrôle politique et économique les a poussés à s'améliorer davantage. Ils sont devenus aujourd'hui le premier producteur mondial des véhicules de haute marque. L'histoire se répète, sous nos yeux, avec les Chinois qui ont envahi l'Afrique et le monde avec leurs produits, même ceux-là qu'ils ne consomment pas, comme les produits de beauté destinés exclusivement aux populations noires. Encore une fois, les produits et services chinois sont généralement réputés de qualité douteuse, mais cela n'empêche en rien les Chinois de s'améliorer chaque jour, conquérant partout de nouveaux marchés. Il n'est pas donc surprenant qu'ils ambitionnent la première place dans l'économie mondiale de ce vingt et unième siècle. Il n'y a pas d'autonomie effective sans risque calculé, car qui n'ose pas oser n'obtient rien, sauf une dépendance délétère.

L'autonomie est conquise, et ne sera jamais offerte sur un plat quelconque. Les forces conservatrices et leurs valets ne sont pas prêts à renoncer à une partie des pouvoirs qu'elles détiennent, ou à consentir à un partage équitable des richesses. Le développement économique est en soi une bataille qui doit être combattue jusqu'à la victoire finale. " Le pouvoir, " déclare Barack Obama, " ne cédera rien sans lutte". Mais, assurer la victoire est une question de stratégie et de tactique, plutôt que de suivisme aveugle. Pour gagner, il faut se constituer en permanence des atouts ou des points de supériorité et concentrer ses forces autour des priorités pour faire la percée et l'emporter. Construire des entités autonomes, dignes d'être estimées et respectées requiert donc de la créativité, de l'innovation, un travail acharné et organisé, ainsi que de l'engagement à collaborer et à œuvrer ensemble pour des causes nobles dans la discipline, la compréhension mutuelle et l'expérimentation continue.

Remarques finales

Le processus de construction de l'estime de soi doit être intégré dans les défis plus larges du renforcement des capacités et de l'amélioration des conditions d'existence, dont la détérioration incite les gens à douter d'eux-mêmes et de leurs capacités. Un revenu inférieur aux exigences minimales de vie, ou carrément son absence, l'analphabétisme, la vulnérabilité face aux maladies et de diverses formes de discrimination et d'exclusion ne peuvent qu'accentuer les sentiments d'inadéquation et d'insécurité. La confiance en soi est renforcée par l'accumulation des succès, en marquant des points, et en démontrant qu'il y a quelque chose de significatif que les Africains sont capables de faire par eux-mêmes.

La Renaissance africaine ne sera jamais possible sans expérimenter de nouvelles formes d'organisation, sans des changements profonds dans la façon de penser, d'agir et de faire des affaires, sans engagement résolu sur des voies non conventionnelles pour transformer et gérer les économies africaines. C'est ici que l'éducation, la formation et la recherche scientifique deviennent essentielles pour bâtir des capacités de l'Afrique de demain, digne de respect par elle-même et par les autres. L'exemple de Cheikh Anta Diop, Joseph Ki-Zerbo et bien d'autres chercheurs éminents qui ont renouvelé l'écriture historique en Afrique francophone mérite d'être souligné.

L''Afrique doit se réinventer, améliorer son profil de gouvernance, et apprendre à profiter de façon stratégique des autres, sans pour autant se subordonner à eux. C'est par un travail individuel et collectif organisé et soutenu, inspiré par les valeurs et les besoins du développement de l'Africain, par l'éducation formelle et informelle généralisée, utilisant tous les moyens disponibles, y compris la radio, la télévision, les journaux, les livres, les conférences, le théâtre et la musique qu'un sens renouvelé de soi et de l'autonomie collective pourrait progressivement s'enraciner.

Bibliographie sélective

Abiola, Irèle. 2002. Réflexions sur la Négritude. Ethiopiques No. 69, 2e semestre 2002.

Acemoglu, Daron and James Robinson. 2012. Why Nations Fail: The Origins of Power, Prosperity and Poverty, Crown Business, 2012.

Achebe, Chinua.1959, 1994. Things Fall Apart. New York : Anchor Books.

Adefuye Ade et Adele Jinadu (edit), 2009. Lutte contre la corruption en Afrique de l'Ouest : défis et stratégies, PNUD Gambie-CEDEAO, Abuja : Black & Harper Nigeria.

Adesina, J. O. 2002. Development and the Challenge of Poverty: NEPAD, Post-Washington Consensus and Beyond. Paper presented to the International Conference on " Africa and the Development Challenges of the New Millennium, " CODESRIA, Accra, Ghana, April 23-26.

Adi H and M. Sherwood. 2003. Pan-African History. Political figures from Africa and the Diaspora since 1787, New York: Routledge.

African Union. 2004. The Road to Gender Equality in Africa: An Overview, Addis Ababa, Ethiopia, 6 of July.

Akotia, Benjamin. 2010. " Pourquoi sommes-nous à développer? , " In L'église et le développement sociopolitique au Togo : 50 ans après les indépendances, édité par Laurent Kpogo, Lomé : Saint Augustin Afrique.

Altinok, Nadir. La Banque mondiale et l'éducation en Afrique subsaharienne. Analyse normative du meilleur systématique éducatif (document en ligne sans date de publication).

Amin, Samir. 1976. L'impérialisme et le développement inégal, Paris, Editions de Minuit.

Amin, Samir. 1970. L'accumulation à l'échelle mondiale- Critique de la théorie du sous-développement, Paris, IFAN-Dakar et Editions Anthropos.

Arnold, J. 1981. Modernism and Negritude: The Poetry and Poetics of Aimé Césaire, Cambridge, Harvard University Press.

Badian, S. 1964. Les dirigeants africains face a leur people, Paris : Maspero.

Bandura, Albert. 1995. Self-Efficacy in Changing Societies, Cambridge: Cambridge University Press.

Bertucci G. and A. Alberti, 2003. Globalization and the Role of the State: Challenges and Perspectives. In. Reinventing Government for the the Twenty-First Century: State Capacity in a Globalizing Society. Edit. Sennis A. Rondinelli and G. Shabbir Cheema, Bloomfield, CT: The Kumarian Press, pp. 17-31.

Blondel, Maurice. 1950. L'action-Essai d'une critique de la vie et d'une science de la pratique, Paris : PUF.

Bourgoin, H. 1984. L'Afrique malade du management, Paris : Editions Jean Picollec.

Branden, N. 1969. The Psychology of Self-Esteem, New York : Bantam.

Branden, N. 1997. Self-Esteem in the Information Age. In Organization of the Future, by Frances Hesselbein et al, edit. , the Drucker Foundation, San Francisco: Jossey Bass Press, pp. 221-229.

Brasseul, Jacques. Le rôle de l'éducation dans le développement économique des États-Unis : le Cas de GI Bill. Mondesfrancophones. com/espaces/politiques/le-role-de-l'education-dans-
Le développement-économique-des Etats-Unis-le-cas-du-gi-bill.

Bratton, M. and Nicolas Van de Valle. 1992. Toward Governance in Africa: Popular Demands and State Response, In Governance and Politics in Africa, edited by Goran Hyden and Michael Bratton, Boulder: Lynne Rienner Publishers.

Brown Jeff and Mark Fenke, 2010. Think Like a Winner. 8 Strategies Great Minds Use to Achieve Success, New York: MJF Books.

Cardoso, F. M. et E. Faletto. 1978. Dépendance et Développement en Amérique Latine, Paris : PUF.

Carre Le J. and Stearns, J. 2006. Getting Congo's wealth to its people, December 22. The Boston Globale http : //www. boston. com/news/globe/editorial_opinion/oped/articles/2006/12/22/getting_con. . .

Chabal, P. 2005. Power in Africa Reconsidered. In The African Exception, edit. Ulf Engel and Gorm Rye Olsen, Burlington VT: Ashgate Publishing Co, 2005, pp. 17-34.

Cooley H. Charles. 1902. The Human Nature and the Social Order, New York: Scribner. Coppersmith Stanley. 1967. The Antecedants of Self-Esteem. Davis : University of California.

Davidson, Basil. 1973. Black Star, New York : Praeger.

Degnbol-Martinussen J. and Poul Engberg-Pedersen. 2003. Understanding International Development Cooperation, London, New York, Zed Books Ltd.

Dérive, Jean et Marie José Dérive. 1986. Francophonie et pratique linguistique en Côte d'Ivoire, Politique Africaine, No 23, octobre 1986.

Dia, M. 1991. " Développement et valeurs culturelles en Afrique subsaharienne, " Finances et Développement, (décembre).

Deubel, Philippe. 2008. Analyse économique et historique des sociétés contemporaines.

www. pearson. fr/resources/titles/27440100430210/extras/7274_chap 12_Analyse-Eco. pdf Chapitre12 sur Les stratégies de développement.

Duffield, M. 2001. Global Governance and the New Wars. The Merging of Development and Security, New York, London: Zed Books.

Engel, U. and Gorm Rye Olsen, edit. 2005. The African Exception, Burlington, VT: Ashgate.

Fanon, Frantz. 1967. Black Skin, White Masks. New York : Grove Press.

Frantz, Fanon. 1963. The Wretched of the Earth, Penguin Book.

Ferckiss C. Victor. 1966. Africa's Search for Identity, New York: George Braziller.

Fjeldstad, O. " Fighting Fiscal Corruption: Lessons from the Tanzania Revenue Authority. " Public Administration and Development, Vol. 23, No 2, pp. 165-175.

Francois, P. 2002. Social Capital and Economic and Economic Development, London: Routledge.

Frank, André Gunder. 1976. Le développement du sous-développement, Paris : PUF, 1976.

Furtado, Celso. 1976. Théorie du développement économique, Paris, PUF, 1976.

Goulet, Denis. 1971. The Cruel Choice : A New Concept in the Theory of Development, New York: Atheneum.

Gnimadi A. , Christian Fournier et Blaise Tchabi. 2006. Capitalisation des expériences des projets d'appui au développement local et décentralisation en Afrique de l'Ouest. Le cas du Bénin, Fonds d'équipement des Nations Unies, FENU : New York.

Gordon, Jacob, (2002). African Leadership in the Twentieth Century: An Enduring Experiment in Democracy.

Green, Maia. 2006. Representing Poverty and Attacking Representations: Perspectives on Poverty from Social Anthropology. Journal of Development Studies, Vol. 42, No 7 October, pp. 1108-1129.

Gyekye, Kwame. 1996. African Cultural Values, Philadelphia: Sankofa Publishing Co.

Howard, B. T. Mukendi et Jerome McKinney. 2000. Introduction to Public Administration, University of Pittsburgh, University External Study Program, second edition. Chapter on The Use of Qualitative Methods in Organization Theory.

Juma, Calestous, 2007."Réinventer la croissance : innovation technologique et renaissance économique en Afrique, " In Série des conférenciers éminents : Echange de visions sur le développement de l'Afrique, Volume 1, Banque africaine de développement, pp. 32-66.

Kabbaj, Omar. 2003. The Challenge of African Developpement, Oxford: Oxford University Press.

Kabou, A. 1992. Si l'Afrique refusait le développement, Paris : Éditions l'Harmattan.

Kalanda, Mabika. 1967. La remise en question : base de la décolonisation mentale. Edition du Laboratoire d'analyses sociales : Kinshasa.

Kankwenda, M. 2005. L'économie politique de la prédation au Congo-Kinshasa : Des origines à nos jours 1885-2003, Kinshasa, Washington, DC : Editions ICREDES.

Kankwenda, Mbaya. 2000. Marabouts ou marchands du développement en Afrique, Paris : L'Harmattan.

Kazi-Tani, N. A. 2002. " Pour un nouveau discours africain, " In Fictions africaines et postcolonialisme, Paris : L'Harmattan, pp. 33-49.

Kebede, M. 2004. " African Development and the Primacy of Mental Decolonization, " Africa Development, Vol. XXIX, No 1, CODESRIA.

Ki-Zerbo, Joseph. 2008. Regards sur la société africaine, Dakar : Panafrica.

Ki-Zerbo, Joseph. 2007. Vers un développement africain endogène. Interview réalisée par l'Afrique nouvelle génération, samedi 24 novembre 2007. www. newafrika. org/spip. php ? article166.

Klein, N. 2005. " A Noose, Not a Bracelet, " The Nation, June 10, 2005.

Kessey, M. Z. 1998. Culture africaine et gestion de l'entreprise, CEDA : Abidjan.

Koffi, T. 2002. An Alternative Strategy for Africa's Sustainable Economic Development: The Case for a Non-NEPAD Approach. Paper presented to the International Conference on " Africa and the Development Challenges of the New Millennium, " Accra, Ghana, April23-26, 2002.

Kuepie Mathias. 2011. L'impact de la solidarité familiale sur le niveau de vie et la pauvreté des personnes âgées au Mali, CEPS, Working Paper, No. 2011-49, octobre.

Harris, P. 2003. " Sustaining Africa's Future, " Power and Interest News Report, July 7, pp. 2.

Hull W. R. Munyakare. 1971. African Civilization before the Batuuree, New York: John Wiley & Sons.

IPT (Independent Projects Trust), Perspectives Regarding the African Renaissance,
www. ipt. co. za/durhampaper. asp.

Italiaander, R. 1961. The New Leaders of Africa, NJ: Prentice-Hall, Englewood Cliffs.

Jackson, M. 1984. Self-Esteem and Meaning: A Life Historical Investigation, Albany: State University of New York Press.

James, William. 1890, 1983. The Principles of Psychology, Cambridge, MA: Harvard University Press. Aussi : Principles of Psychology (1890), Dover Publications, 1950 (vol I and vol II). . .

Jaycox, E. V. K. 1993. Capacity Building : The Missing Link in African Management, Address to the African-American Institute Conference on " African Capacity Building: Effective and Enduring Partnerships, " Reston, Virginia, May 20.

Jewsiewicki B. 1986. One Historiography or Several? A Requiem for Africanism. In Bogumil Jewsiewicki and D. Newbury, editors, African

Historiographies: What History for Which Africa? Beverly Hills : Sage Publications.

Lalande, André. 2006. Vocabulaire technique et critique de la philosophie, Paris : PUF.

Lewis, Oscar. 1962. Five Families: Mexican Case Studies in the Culture of Poverty, New York: Wiley Science Editions.

Lewis, Oscar. 1966. La Vida : A Puerto Rican Family in the Culture of Poverty. San Juan and New York, New York : Random House.

Lerner B. 1985. " Self-Esteem and Excellence: The Choice and the Paradox, " American Educator, Winter.

Madavo C and Jean-Louis Sarbid. 1997. " Africa on the Move: Attracting Private Capital to a Changing Continent, " SAIS REVIEW, Summer-Fall.

Maslow, Abraham. 1954. Motivation and Personality, New York : Harper.

Martinot, Delphine. 2001. Connaissance de soi et estime de soi : ingrédients pour la réussite scolaire, Revue des sciences de l'éducation, Vol. XXVII, No 3, pp. 483-502.

Matani, D. 2007. Transparency fears lead to review of Congo contracts. FT. com Financial Times, World Middle East & Africa, January 2.

http: //www. ft. com/cms/s/c918d3a2-9a8a-11db-bbd2-0000779e2340. html

Maxwell, J. C. 2001. The 17 Indisputable Laws of Teamwork, Nashville, Tennessee: Nelson Books.

Mbeki, T. 1998. Building a Better Future, The Washington Post, June 10, 2004. Statements on the African Renaissance, SABC, Gallager Estate, 13 August.

Mbeki, T. 1998. Statement at the United Nations University. The African Renaissance, South Africa and the World, 9 April.

Mbeki, T. 1996. Statement of Deputy President on Behalf of the African National Congress, on the Occasion of the Adoption of the Constitutional Assembly of the Republic of South Africa Constitution Bill 1996, Cape Town, 8 May.

Mbembé, Achille. 2000. " A propos des écritures africaines de soi. " In Politique africaine, N 77.

McGraw P. C. 2001. Self-Matters: Creating Your Life From Inside Out, New York: Simon & Schuster Source.

Mecca, A. M, et al. 1985. The Social Importance of Self-Esteem, University of California Press.

Memmi, A. 1985. Portrait du colonisé. Préface de Jean-Paul Sartre. Paris: Editions Correa.

Mills, M. N. Africa. 1997. US Foreign Policy and the American Media, Démocraties Africaines, No 12, octobre- novembre et décembre, Dakar, pp. 49-51.

Mobiot, G. 2004. " Africa's New Best Friends, " Guardian, July 5.
Moyo, Dambissa. 2009. Dead Aid. Why Aid is not Working and How There is a Better Way for Africa. New York: Farrar, Straus and Giroux.
Mudimbe. V. Y. edit., 1992. The Surreptitious Speech. Présence Africaine and the Politics of Otherness 1947-1987, Chicago: The University of Chicago Press.
Mudimbe, V. Y. 1988. The Invention of Africa. Gnosis, Philosophy and the Order of Knowledge. Bloomington: Indiana University Press.
Mukendi. Bruno. 2010. Leadership and Change Management in Post Conflict Societies: The Case of Liberia. New York: UNDP.
Mukendi, Bruno. 2007. Raising Self-Esteem to Accelerate Sustainable Development in Africa, In Journal of Development Alternatives and Area Studies, Vol. 26, No 1 &2, (March- June 2007).
Mukendi, Bruno. 2005. Décentralisation et développement local en Afrique, Washington, DC: Washington International Management Institute.
Mukendi, Bruno. 1993. L'Afrique et le refus du développement : une pensée controversée, Présentation sur le livre d'Axelle Kabou à l'invitation de l'Institut National d'Études et de la Recherche (INEP), Bissau, Guinée-Bissau.
Mukendi B. T. and David Gould. 1989. " Bureaucratic Corruption in Africa: Causes, Consequences et Remedies, " International Journal of Public Administration, 12 (3). pp. 427-457.
Mukendi, Bruno. 1986. An Inquiry into the Effects of Health Policy on Health Underdevelopment in Africa: The Case of Zaire. Ph. D. Dissertation, University of Pittsburgh.
Mukendi, Bruno. 1980. Pour une technologie de la libération en Afrique, " In " La dépendance de l'Afrique et les moyens d'y remédier, édit. V. Y. Mudimbe, Paris: Berger Levraut, 1980.
Mukendi B T. et Ntumba Luaba, 1980. " La problématique du développement au Zaïre: une question de leadership, In Discussion Papers, CIEDOP (1980), Campus de Kinshasa.
Mungazi A. D. 1996. The Mind of Black Africa, Westport: Praeger.
New Partnership for Africa's Development (NEPAD), October 2001.
Nyamnjoh, Francis. 2004. Pour un système éducatif adapté au développement de l'Afrique- quelques considérations épistémologiques. Traduit de la version originale anglaise " A Relevant Education for African Development: Some Epistemological Considerations, Africa Development, Vol. XXIV, No. 1 2004, pp. 161-184.
Okoy p'Bitek. 1966, 1967. Song of Lawino and Song of Ocol, Oxford: Heinemann.
Okumu, W. 2002. The African Renaissance, Trenton, NY, Africa World Press, Inc.
Osteen, J. 2004. Your Best Life Now. Seven Steps to Living at Your Full Potential. New York: Warner Faith.

Paul, E. 2002. The Poverty Reduction Strategy Paper (PRSP): Incarnation of a New Development Aid Paradigm or a SAP Sub-Product? Review of the PRSP Process in Benin. Paper presented to the International Conference on " Africa and the Development Challenges of the New Millennium, " Accra, Ghana, April 23-26.

PNUD- Madagascar. 1999. Deuxième Rapport national sur le développement humain, Antananarivo, Madagascar.

PNUD. Rapports sur le développement humain 1990, 1991, 1992, 1993, 2005, 2010, 2012, 2013.

Radelet, Steven. 2010. Emerging Africa, Washington, D. C. : Center for Global Development.

Robert E. Quinn. 2005. Moments of Greatness: Entering the Fundamental State of Leadership, July, Harvard Business Review.

Rodney, W. 1972. How Europe Underdeveloped Africa, Dar-es Salaam: Tanzania Publishing House.

Sachs D. Jeffrey. 2011. The Price of Civilization. New York: Random House.

Seale, Tyrone. 1998. " African Renaissance Takes off, " Daily News (March 20).

Schwartz J. David. 1965. The Magic of Thinking Big.

Shivji, G. I. 2005. " The Changing Development Discourse in Africa, " Pambazuka (Tanzania), October 6.

Some, D. Boniface. La voix africaine dans le concert des nations: capacités diplomatiques et affirmation de soi. http: //www. nai. uu. se/ecas-4/panels/1-20/panel-2/Desire-Boniface-Full-paper. pdf. Pas d'année de publication.

Souza, Alexandre. 2010. L'homme africain est-il intelligent ? Paris: Editions AFNOD.

Spolsky, B. 1986. Language and Education in Multicultural Settings, Rowley, MA: Newbury House.

Stiglitz, Joseph. 2003. Globalization and its Discontents, New York: W. W. Norton& Company.

Stiglitz, Joseph. 2001. Scan Globally, " Reinvent Locally: Knowledge Infrastructure and the Localization of Knowledge, " Keynote Address to the First Global Development Network Conference, Bonn, December 1999a, pp. 194-219. In Chang H. J. edit. Joseph Stiglitz and the World Bank: The Rebel from Within, London: Anthem Press.

Stiglitz, Joseph. 2001. Participation and Development: Perspectives from the Comprehensive Development Paradigm. Remarks at the International Conference on Democracy, Market Economy and Development, Seoul, February, 1999b, pp. 220-249. In Chang H. H. J. op. cit.

Tesfamichael Y. G. 2005. In Africa, Just Help Us to Help Ourselves, Washington Post, July 24.

Todaro, Michael. 1982. Economics for a Developing World, Second Edition, Harlow: Longman.

Tomasella, Saverio. L'estime de soi: un préalable à la transformation. http: //psycho-ressources. com/bibli/estime-de-soi. html.

Twerski, A 1995. , Life is Too Short. Pull the Plug on Self-Defeating Behavior and Turn on the Power of Self-Esteem, New York: St. Martin's Griffin.

Van de Walle, N and Johnson. 1996. Improving Aid to Africa, Washington, DC: Overseas Development Council.

Verhaegen, Benoît. 1991. L'enseignement supérieur: vers l'explosion, Politique africaine, No 41, mars 1991.

Young, Crawford and Thomas Turner. 1985. The Rise and the Fall of the Zairian State, Madison: The University of Wisconsin Press.

Wallenstein, Immanuel. 1974. The Modern World System: Capitalist Agriculture and the Origins of the European World Economy in the Sixteenth Century, New York: Academic Press.

Wooden John and Jay Carty. 2005. Coach Wooden's Pyramid of Success: Building Blocks for a Better Life. Ventura California: Regal Books.

Wolfensohn D. James. 1998. L'heure de l'Afrique, Allocution prononcée devant la Commission économique des Nations Unies pour l'Afrique, Addis-Abeba, le 27 janvier 1998.

World Bank. 2005. Capacity Enhancement Through Knowledge Transfer: A Behavioral Framework for Reflection, Action and Results, Washington, DC: World Bank.

World Bank. 2005. Expanding Opportunities and Building Competencies for Young People. A New Agenda for Secondary Education, Washington, DC: The World Bank.

World Bank. 2005. Le système éducatif guinéen: diagnostic et perspectives pour la politique éducative dans le contexte de contraintes macro-économiques fortes et de réduction de la pauvreté. Washington, DC: Banque mondiale.

World Bank and UNDP. 2000. Gender and Agriculture in Africa : Effective Strategies for Moving Forward, Workshop, May 3-4.

Zartman, W. Editor. 1995. Collapsed States: The Disintegration and Restoration of the Legitimate Authority, Boulder, Colorado, Lynne Rienner Publishers.

Zeleza T. P. 2003. Rethinking Africa's Globalization, Vol.1:The Intellectual Challenges, Trenton, NJ. Africa World Press, Inc.

Index

D

E

F

G

H

O

P

R

S

T

U

Table des matières

L'HARMATTAN ITALIA
Via Degli Artisti 15; 10124 Torino

L'HARMATTAN HONGRIE
Könyvesbolt ; Kossuth L. u. 14-16
1053 Budapest

L'HARMATTAN KINSHASA
185, avenue Nyangwe
Commune de Lingwala
Kinshasa, R.D. Congo
(00243) 998697603 ou (00243) 999229662

L'HARMATTAN CONGO
67, av. E. P. Lumumba
Bât. – Congo Pharmacie (Bib. Nat.)
BP2874 Brazzaville
harmattan.congo@yahoo.fr

L'HARMATTAN GUINÉE
Almamya Rue KA 028, en face du restaurant Le Cèdre
OKB agency BP 3470 Conakry
(00224) 60 20 85 08
harmattanguinee@yahoo.fr

L'HARMATTAN CAMEROUN
BP 11486
Face à la SNI, immeuble Don Bosco
Yaoundé
(00237) 99 76 61 66
harmattancam@yahoo.fr

L'HARMATTAN CÔTE D'IVOIRE
Résidence Karl / cité des arts
Abidjan-Cocody 03 BP 1588 Abidjan 03
(00225) 05 77 87 31
etien_nda@yahoo.fr

L'HARMATTAN MAURITANIE
Espace El Kettab du livre francophone
N° 472 avenue du Palais des Congrès
BP 316 Nouakchott
(00222) 63 25 980

L'HARMATTAN SÉNÉGAL
10 VDN en face Mermoz, après le pont de Fann
BP 45034 Dakar Fann
33 825 98 58 / 33 860 9858
senharmattan@gmail.com / senlibraire@gmail.com
www.harmattansenegal.com

L'HARMATTAN BÉNIN
ISOR-BENIN
01 BP 359 COTONOU-RP
Quartier Gbèdjromèdé,
Rue Agbélenco, Lot 1247 I
Tél : 00 229 21 32 53 79
christian_dablaka123@yahoo.fr

Achevé d'imprimer par Corlet Numérique - 14110 Condé-sur-Noireau
N° d'Imprimeur : 113964 - Dépôt légal : décembre 2014 - *Imprimé en France*

www.ingramcontent.com/pod-product-compliance
Lightning Source LLC
LaVergne TN
LVHW011450061026
849535LV00004BA/1034